Couvertures supérieure et inférieure détériorées

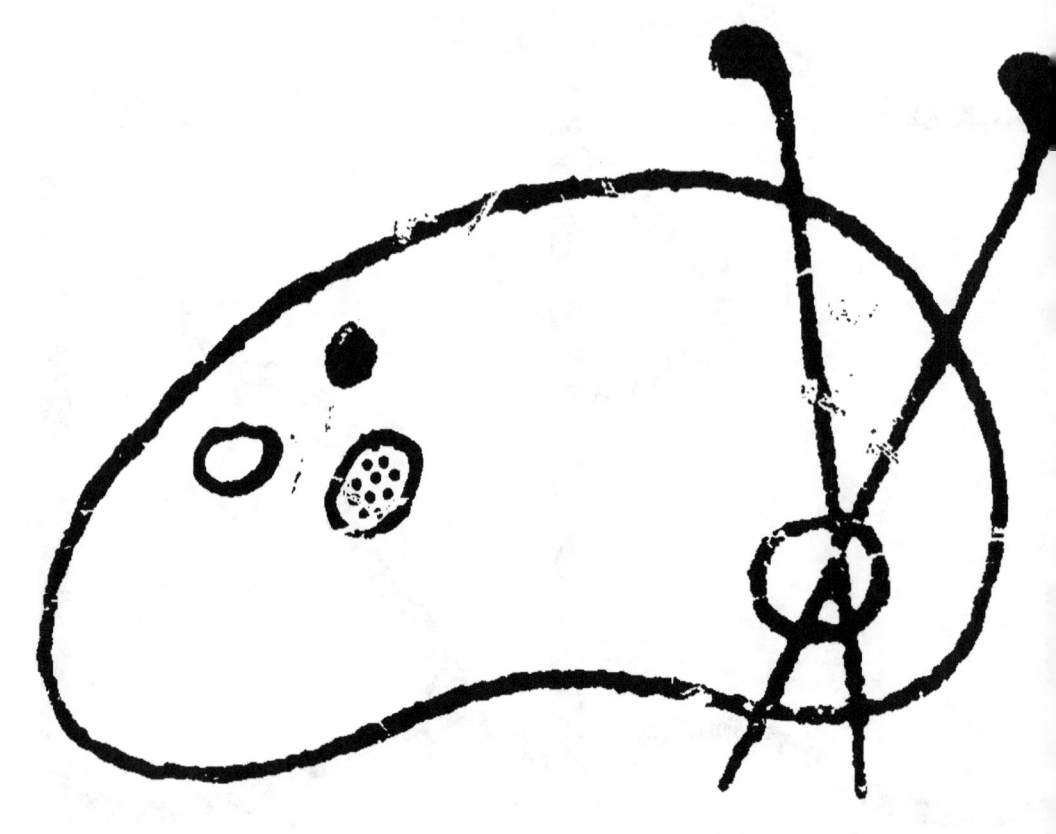

Début d'une série de documents en couleur

BIBLIOTHÈQUE
DE PHILOSOPHIE CONTEMPORAINE

# DÉGÉNÉRESCENCE

PAR

MAX NORDAU

Traduit de l'allemand par AUGUSTE DIETRICH

TOME PREMIER
FIN DE SIÈCLE — LE MYSTICISME

PARIS
ANCIENNE LIBRAIRIE GERMER BAILLIÈRE ET C<sup>ie</sup>
FÉLIX ALCAN, ÉDITEUR
108, BOULEVARD SAINT-GERMAIN, 108

1894

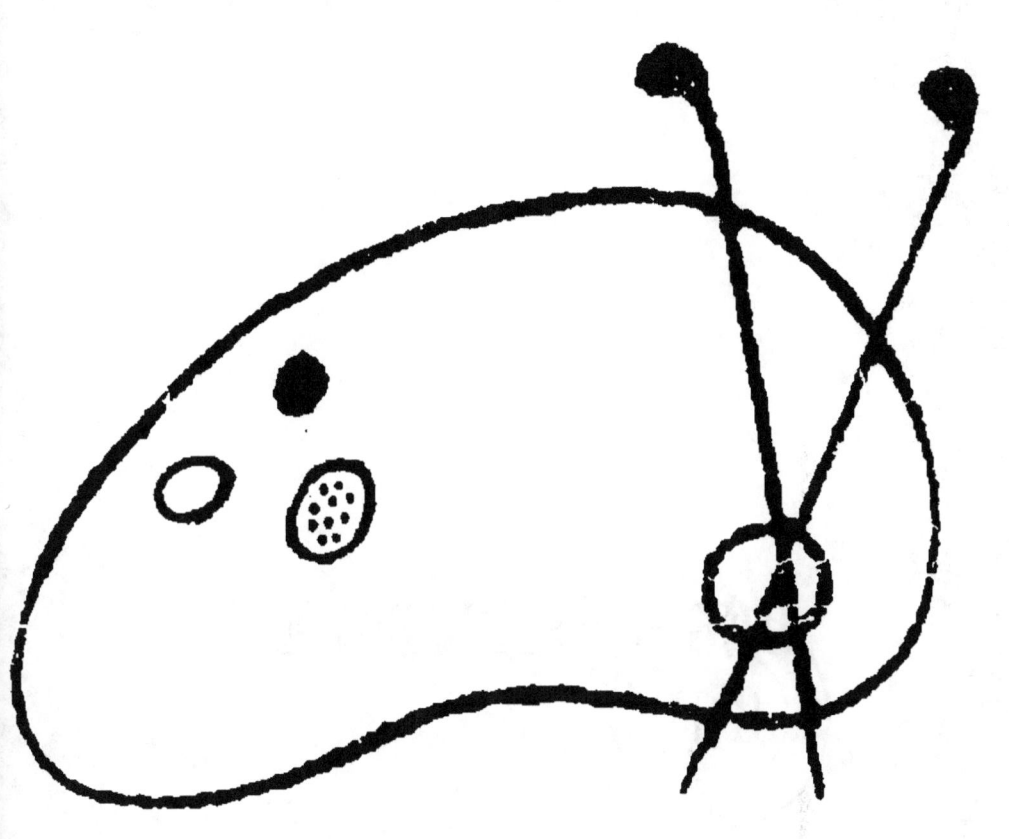

Fin d'une série de documents en couleur

# DÉGÉNÉRESCENCE

# AUTRES OUVRAGES DE MAX NORDAU

PUBLIÉS EN FRANÇAIS

## Par Auguste DIETRICH

---

**Les Mensonges conventionnels de notre civilisation**, traduits sur la 13e édition allemande. Un vol. in-8, 1886. — Nouvelle édition, un vol. in-18, 1888. — Paris, W. Hinrichsen.

**Le Mal du siècle**, roman. Un vol. in-18, 1889. Paris, L. Westhausser.

**Comédie du sentiment**, roman, avec une préface du traducteur. Un vol. in-18, 1892. — Même éditeur.

# DÉGÉNÉRESCENCE

PAR

MAX NORDAU

Traduit de l'allemand

PAR

AUGUSTE DIETRICH

TOME PREMIER

FIN DE SIÈCLE — LE MYSTICISME

PARIS

ANCIENNE LIBRAIRIE GERMER BAILLIÈRE ET C<sup>ie</sup>

FÉLIX ALCAN, ÉDITEUR

108, BOULEVARD SAINT-GERMAIN, 108

1894

Tous droits réservés.

A

Monsieur le Professeur César LOMBROSO

TURIN

Cher et honoré Maître,

Je vous dédie ce livre, pour reconnaître bien haut et avec joie que sans vos travaux il n'aurait jamais pu être écrit.

La notion de la dégénérescence, introduite d'abord par Morel dans la science, développée par vous avec génie, s'est, entre vos mains, déjà montrée extrêmement féconde dans les directions les plus diverses. Vous avez répandu sur de nombreux chapitres obscurs de la psychiatrie, du droit criminel, de la politique et de la sociologie, un véritable flot de lumière que seuls n'ont point perçu ceux qui se bouchent les yeux par entêtement ou qui ont la vue trop obtuse pour tirer profit d'une clarté quelconque.

Mais il est un vaste et important domaine où ni vous ni vos disciples n'avez encore porté jusqu'ici le flambeau de votre méthode : le domaine de l'art et de la littérature.

Les dégénérés ne sont pas toujours des criminels, des prostitués, des anarchistes ou des fous déclarés; ils sont maintes fois des écrivains et des artistes. Mais ces derniers présentent les mêmes traits intellectuels — et le plus souvent aussi somatiques — que les membres de la même famille anthropologique qui satisfont leurs instincts malsains avec le surin de l'assassin ou la cartouche du dynamiteur, au lieu de les satisfaire avec la plume et le pinceau.

Quelques-uns de ces dégénérés de la littérature, de la musique et de la peinture ont, dans ces dernières années, obtenu une vogue extraordinaire, et de nombreux admirateurs les exaltent comme les créateurs d'un art nouveau, les hérauts des siècles à venir.

Ce n'est pas là un phénomène indifférent. Les livres et les œuvres d'art exercent sur les masses une puissante suggestion. C'est en eux qu'une époque puise son idéal de morale et de beauté. S'ils sont absurdes et anti-sociaux, ils exercent une influence troublante et corruptive sur les vues de toute une génération. Celle-ci, notamment la jeunesse impressionnable et facile à l'enthousiasme pour tout ce qui est étrange et semble nouveau, doit donc être avertie et éclairée sur la nature réelle des créations aveuglément admirées. La critique ordinaire ne le fait pas. Une culture exclusivement littéraire-esthétique est aussi la plus mauvaise préparation imaginable pour bien reconnaître le caractère pathologique des œuvres de dégénérés. Le rhéteur qui moud des phrases expose avec plus ou moins d'agrément, de boursouflure ou d'esprit, les impressions subjectives qu'il reçoit des œuvres critiquées, mais il est incapable de juger si ces œuvres sont les produits d'un cerveau malade, et de quelle nature est le trouble d'esprit qui s'y révèle.

Or, j'ai entrepris d'examiner les tendances à la mode

dans l'art et la littérature, le plus possible d'après votre méthode, et de prouver qu'elles ont leur source dans la dégénérescence de leurs auteurs, et que ceux qui les admirent s'enthousiasment pour les manifestations de la folie morale, de l'imbécillité et de la démence plus ou moins caractérisées.

Ainsi, ce livre est un essai de critique réellement scientifique, qui ne juge pas une œuvre d'après les émotions qu'elle éveille, émotions très contingentes, capricieuses et variables selon le tempérament et la disposition d'esprit de chaque lecteur, mais d'après les éléments psycho-physiologiques qui lui ont donné naissance; — et il tente en même temps de combler une lacune qui existe encore dans votre puissant système.

Quant aux conséquences qu'aura pour moi mon initiative, je n'ai pas de doute à leur sujet. Il est aujourd'hui sans danger d'attaquer l'Église, car elle ne dispose plus de bûchers; il n'y a pas grand péril non plus à écrire contre les gouvernants et les gouvernements, car on risque au pis-aller d'être emprisonné, et l'on a comme compensation la gloriole du martyre. Mais fâcheuse est la destinée de celui qui a l'audace de signaler les modes esthétiques comme des formes de décomposition intellectuelle. L'écrivain ou l'artiste visé ne pardonne jamais qu'on ait reconnu en lui un aliéné ou un charlatan; la critique à hâblerie subjective est furieuse qu'on lui prouve combien elle est superficielle et incompétente, ou de quelle façon lâche elle nage avec le torrent; et le public lui-même est irrité qu'on le force à voir qu'il emboîte le pas derrière des fous, des arracheurs de dents et des saltimbanques, comme si c'étaient des prophètes. Or, les graphomanes et leurs gardes du corps critiques dominent une partie de la presse et possèdent en elle l'instrument de torture qui leur permet de tortionner jusqu'à la fin de sa vie, à la mode indienne, le trouble-fête importun.

Mais le danger auquel il s'expose ne peut empêcher un homme de faire ce qu'il a reconnu comme son devoir. Quand on a trouvé une vérité scientifique, on la doit à l'humanité et on n'a pas le droit de la lui refuser. On ne le peut d'ailleurs même pas, pas plus que la femme ne peut volontairement s'empêcher de mettre au jour le fruit mûr de ses entrailles.

Sans prétendre me comparer le moins du monde à vous, qui êtes une des plus superbes apparitions intellectuelles du siècle, j'ose pourtant prendre pour exemple la sérénité souriante avec laquelle vous suivez votre route, sans vous soucier de la méconnaissance, des insultes et de l'inintelligence.

Veuillez, cher et honoré Maître, conserver votre bienveillance à votre reconnaissant et dévoué

Max Nordau.

# LIVRE PREMIER

## FIN DE SIÈCLE

# I

## CRÉPUSCULE DES PEUPLES

Le caractère commun de nombreuses manifestations contemporaines, ainsi que la disposition d'esprit fondamentale qui se révèle en celles-ci, se résume dans le terme « fin de siècle ». On sait de longue date que l'expression d'une idée est habituellement empruntée à la langue du peuple qui, le premier, a conçu cette idée. La linguistique au service de l'histoire de la civilisation a de tout temps utilisé cette loi pour obtenir, au moyen de l'origine des radicaux, des renseignements sur la patrie des premières inventions et sur la marche du développement des diverses races humaines. « Fin de siècle » est français, car c'est la France qui, la première, a eu conscience de l'état d'esprit que l'on dénomme ainsi. Le mot a volé à travers les deux mondes et a trouvé accès dans toutes les langues cultivées. C'est la preuve qu'il répondait à un besoin. L'état « fin de siècle » des esprits se rencontre aujourd'hui partout; mais il n'est, dans beaucoup de cas, que l'imitation d'une mode étrangère tenue pour distinguée, et n'a rien d'organique. C'est dans son pays d'origine qu'il se présente de la façon la plus authentique; et Paris est l'endroit désigné pour l'observer dans ses manifestations variées.

Que le mot en lui-même soit tout à fait niais, c'est ce qu'il est inutile de démontrer. Seul le cerveau d'un enfant ou d'un sauvage a pu concevoir la grossière idée que le siècle est une sorte d'être vivant né à la façon d'un animal ou d'un homme; qu'il parcourt toutes les phases de l'existence, enfance, jeunesse, âge mûr, puis vieillit et dépérit peu à peu, pour mourir à l'expiration de la centième année, après avoir subi dans les derniers dix ans toutes les infirmités d'une pitoyable sénilité. Cet anthropomorphisme ou zoomorphisme puéril ne réfléchit même pas que la division arbitraire du Temps, qui s'avance d'un pas éternellement égal, n'est pas la même chez tous les hommes civilisés, et qu'au moment où le dix-neuvième siècle de l'ère chrétienne ainsi personnifié marche, affirme-t-on, à sa mort dans le plus profond épuisement, le quatorzième siècle du monde mahométan sautille allègrement dans les chaussures de ses premières dix années, et le cinquante-septième siècle des juifs, avec sa cinquante-deuxième année, gravit d'un pas sûr le sommet de son développement. Il naît chaque jour sur notre globe une génération de cent trente mille êtres humains pour laquelle le monde commence ce jour-là, et le nouveau citoyen de l'univers n'est ni plus flétri ni plus frais, qu'il ait surgi à la vie en 1900, au milieu de l'agonie du dix-neuvième siècle, ou en 1901, le jour de la naissance du vingtième. Mais c'est une habitude de l'esprit humain de projeter au dehors ses propres états d'âme. Cette habitude naïvement égoïste explique que les Français attribuent au siècle leur propre sénilité et parlent de « fin de siècle » là où, en bonne justice, ils devraient dire « fin de race [1] »

Mais si idiot que puisse être le mot « fin de siècle », l'état d'esprit qu'il est destiné à définir existe en fait dans les groupes dirigeants. La disposition d'âme actuelle est étrangement confuse, faite à la fois d'agitation fiévreuse et de morne découragement, de crainte de l'avenir et de gaieté désespérée qui se résigne. La sensation dominante est celle d'un engloutissement, d'un éteignement. « Fin de siècle » est une confession et en même temps une plainte. L'antique mythe du Nord renfermait le dogme effroyable du Crépuscule des Dieux. De nos jours s'éveille dans les esprits d'élite la sombre inquiétude d'un Crépuscule des Peuples dans lequel tous les soleils et toutes les étoiles s'éteignent peu à peu, et où, au milieu de la nature mourante, les hommes périssent avec toutes leurs institutions et leurs créations.

Ce n'est pas la première fois dans le cours de l'histoire que la terreur de la fin du monde saisit les esprits. A l'approche de l'an mille, un sentiment semblable s'empara

---

[1]. Ce passage a été mal compris. On a cru y lire que tous les Français étaient dégénérés et leur race en train de périr. Les derniers paragraphes de ce chapitre témoignent cependant de façon bien nette que je n'ai en vue que « les dix mille supérieurs ». La population des campagnes, une partie des ouvriers et de la bourgeoisie, sont sains. Ce sont les riches habitants des grandes villes, ceux qui s'intitulent eux-mêmes « la société », dont j'établis la décomposition. Ce sont eux qui ont trouvé le « fin de siècle », et à eux aussi s'applique le « fin de race ».

des peuples chrétiens. Mais la terreur chiliastique diffère essentiellement des émotions « fin de siècle ». Le désespoir des hommes, au tournant du premier millénaire de l'ère chrétienne, provenait du sentiment de la plénitude et de la joie de la vie. On sentait la sève circuler impétueusement dans tous ses membres; on avait conscience d'une capacité de jouissance nullement affaiblie; et l'on trouvait épouvantable de succomber avec l'univers, alors qu'il y avait encore tant de coupes à vider et de lèvres à baiser, et qu'on avait la pleine force de jouir des unes et des autres. Rien de semblable dans l'impression « fin de siècle ». Elle n'a rien de commun non plus avec la saisissante mélancolie crépusculaire d'un Faust, qui, vieillard, passant en revue l'œuvre de sa vie, est fier d'abord de ce qu'il a réalisé; puis, considérant ce qu'il a laissé inachevé, est saisi du violent désir de le voir terminé, et, réveillé la nuit par l'inquiétude qui l'aiguillonne, sursaute en s'écriant : « Ce que j'ai songé, je veux me hâter de l'accomplir ». La disposition « fin de siècle » est tout autre. Elle est le désespoir impuissant d'un malade chronique qui, au milieu de la nature exubérante et éternelle, se sent peu à peu mourir; l'envie du débauché âgé et riche qui voit un jeune couple amoureux s'enfoncer dans un bosquet discret; la confusion d'épuisés et d'impuissants qui, fuyant une peste de Florence, se réfugieraient dans un jardin enchanté pour y vivre un décaméron, et se tortureraient en vain afin d'arracher à l'heure incertaine une ivresse encore. Ceux qui ont lu *Une nichée de gentilshommes*, de Tourgueneff, se rappellent la fin de cette noble œuvre. Le héros, Lavretzky, revient, au seuil de la vieillesse, dans la maison où, jeune, il a vécu son roman d'amour. Rien n'est changé. Les fleurs embaument dans le jardin, les oiseaux gazouillent joyeusement dans les grands arbres où ils ont déposé leurs nids, des enfants espiègles s'amusent bruyamment sur le frais gazon. Lavretzky seul est devenu vieux et contemple, chagrin et mis à l'écart, le tableau de cette nature qui poursuit gaiement son existence, ne se souciant nullement que la bien-aimée Lise ait disparu et que Lavretzky soit maintenant brisé et fatigué de la vie. La compréhension par Lavretzky que, au milieu de cette nature éternellement jeune, éternellement florissante, lui seul n'a plus de lendemain; le cri d'agonie d'Alving : « Le soleil ! le soleil ! » dans *Les Revenants* d'Ibsen, — voilà la véritable disposition « fin de siècle » chez nos contemporains.

Le mot à la mode est empreint de ce vague qui le rend apte à indiquer toutes les choses à demi conscientes et peu nettes qui s'agitent dans les esprits. De même que les mots « liberté, idéal, progrès », qui paraissent exprimer des notions et sont simplement des sonorités, « fin de siècle », lui aussi, ne dit rien en lui-même et reçoit une signification variable selon le cercle d'idées de ceux qui s'en servent.

Le plus sûr moyen de savoir ce qu'on entend par « fin de siècle » est de passer en revue une série de cas où ce mot a été employé. Ceux que nous allons citer ici sont empruntés aux journaux et aux livres français des deux dernières années [1].

---

1. Une comédie en quatre actes de MM. H. Micard et F. de Jouvenot, *Fin de Siècle*, jouée à Paris en 1890, n'apporte à peu près

## FIN DE SIÈCLE

Un roi abdique, quitte son pays et s'installe à Paris. Il s'est toutefois réservé certains droits politiques. Un jour il perd au jeu beaucoup d'argent et se trouve fort embarrassé. Alors il passe avec le gouvernement de son pays un contrat aux termes duquel il renonce à jamais, moyennant une somme d'un million de francs, à tous les titres, situations officielles et privilèges qui lui restent encore. Roi « fin de siècle ».

Un évêque est poursuivi judiciairement pour offense au ministre des cultes de son pays. Au cours des débats il fait distribuer aux journalistes, par ses chanoines qui l'accompagnent, sa défense imprimée d'avance à un grand nombre d'exemplaires. A la suite de sa condamnation à une amende, il organise une souscription publique qui lui rapporte plus de dix fois le montant de cette amende. Il publie un volume-réclame renfermant toutes les lettres de félicitations qui lui ont été adressées. Il fait un voyage circulaire dans le pays, se montre dans toutes les cathédrales à la foule curieuse de voir la célébrité du jour, et ne manque pas à cette occasion de faire passer parmi les fidèles la bourse de quête. Évêque « fin de siècle ».

L'assassin Pranzini, après son exécution, est porté à la salle d'autopsie. Le chef de la police secrète enlève au cadavre un grand morceau de peau, la fait tanner, puis transformer en porte-cigares et porte-cartes pour lui et quelques amis. Fonctionnaire « fin de siècle ».

---

aucun secours au point de vue du sens attaché par les Français à ce mot, parce qu'il ne s'agissait pas pour les auteurs de représenter un état d'âme des contemporains, mais simplement de donner à leur pièce un titre qu'ils croyaient de nature à attirer le public.

Un Américain se marie dans une usine à gaz, puis monte avec sa femme dans un ballon qui les attend, et accomplit son voyage de noces dans les nuages. Mariage « fin de siècle ».

Un attaché d'ambassade chinois publie, sous son nom, des livres spirituels écrits en français. Il négocie avec des banques au sujet d'un gros emprunt de son gouvernement et se fait avancer de fortes sommes sur l'affaire à conclure. Plus tard il se découvre que les livres ont été écrits par son secrétaire français et que l'attaché d'ambassade chinois a mis dedans les banques. Diplomate « fin de siècle ».

Un élève de quatrième passe avec un camarade devant la prison où son père, un riche banquier, a été enfermé plusieurs fois pour banqueroute frauduleuse, détournements et autres crimes fructueux. Il montre le bâtiment à son ami et dit en souriant : « Voici le lycée de papa ». Fils « fin de siècle ».

Deux amies de pension de bonne famille causent ensemble. L'une soupire.

« Qu'as-tu? demande l'autre.

— Un gros chagrin.

— Lequel?

— J'aime Raoul, et il m'aime.

— Mais c'est charmant! Il est beau, jeune, élégant, et c'est cela qui t'afflige?

— Oui, mais il n'a rien et n'est rien, et mes parents veulent que j'épouse le baron, qui est obèse, chauve et laid, mais puissamment riche.

— Eh bien! épouse tranquillement le baron et fais-lui faire la connaissance de Raoul, sotte que tu es ».

Demoiselles « fin de siècle ».

Ces échantillons font comprendre quel sens on attache au mot dans son pays d'origine. Les niais pasticheurs allemands des modes parisiennes, qui emploient « fin de siècle » à peu près exclusivement dans le sens de « grivois » et « obscène », mésusent du mot, dans leur grossière ignorance. C'est ainsi que, une génération auparavant, ils ont, par méconnaissance de sa véritable signification, abaissé l'expression « demi-monde » en lui donnant le sens de « fille de joie », tandis qu'Alexandre Dumas, son créateur, a voulu désigner par ce mot des personnes dans la vie desquelles existe un point noir et qui, pour cette raison, sont exclues du milieu auquel elles appartiennent par la naissance, l'éducation ou la position, mais dont l'attitude ne révèle pas, du moins à celui qui n'est pas au fait de la chose, qu'elles sont rejetées de leur caste.

A première vue, un roi qui vend ses droits de souverain pour un chèque considérable semble avoir peu de ressemblance avec de nouveaux mariés qui font en ballon leur voyage de noces, et le rapport entre un barnum épiscopal et une demoiselle bien élevée qui conseille à son amie un mariage d'argent mitigé par un ami de la maison, n'est pas immédiatement reconnaissable. Et cependant, tous ces cas « fin de siècle » ont un trait commun : le dédain des convenances et de la morale traditionnelles.

Telle est la conception qui gît au fond du mot « fin de siècle » : le détachement pratique de la discipline transmise, qui théoriquement subsiste encore. Pour le débauché, il signifie le vautrement sans frein, le déchaînement de la bête dans l'homme ; pour le froid égoïste, le mépris de tout égard vis-à-vis ses semblables, le renversement de toutes les barrières enfermant la brutale ambition de l'or et l'avidité des plaisirs ; pour le contempteur du monde, l'impudente mise à nu des instincts et mobiles bas, qu'on avait jadis coutume sinon de supprimer vertueusement, du moins de dissimuler hypocritement ; pour le croyant, l'affranchissement du dogme, la négation du monde supra-sensible, l'adoption du plat phénoménisme ; pour le délicat, désireux d'éprouver des vibrations nerveuses esthétiques, la disparition de l'idéal dans l'art et l'impuissance de celui-ci à provoquer encore des sensations à l'aide des anciennes formes ; mais pour tous, la fin d'un ordre de choses qui, pendant une longue suite de siècles, a satisfait la logique, dompté la perversité, et fait mûrir le beau dans tous les arts.

Une période de l'histoire touche manifestement à son terme, et une autre s'annonce. Toutes les traditions sont traversées d'une déchirure, et demain ne semble pas vouloir se rattacher à aujourd'hui ; ce qui existe chancelle et s'écroule, et on le laisse s'affaler parce qu'on en est las et que l'on ne croit pas sa conservation digne d'un effort. Les idées qui jusqu'à présent ont dominé les esprits sont mortes ou expulsées comme des rois détrônés ; des successeurs légitimes et des usurpateurs se disputent l'héritage. En attendant, l'interrègne existe avec toutes ses horreurs : confusion des pouvoirs, perplexité de la foule privée de ses chefs, despotisme des forts, surgissement de faux prophètes, naissance de dominations partielles passagères et d'autant plus tyranniques. On guette avec impatience ce qui doit venir, sans pressentir de quel côté cela viendra et ce que cela sera. Dans le chaos des idées, on espère que l'art renseignera sur l'ordre qui doit succéder à la confusion. Le poète, le musicien doivent annoncer ou deviner, tout au moins laisser pressentir, dans quelles formes la civilisation continuera à se développer. Qu'est-ce qui demain sera moral, sera beau? Demain que saura-t-on, à quoi croira-t-on, pour quoi s'enthousiasmera-t-on, comment jouira-t-on? Telles sont les questions posées par les mille voix de la foule. Et là où un pitre ouvre une boutique et affirme avoir une réponse, où un fou ou un farceur commence soudainement à prophétiser en vers ou en prose, en notes ou en couleurs, ou prétend exercer son art autrement que ses prédécesseurs et ses émules, on accourt en masse vers lui, on cherche dans ses productions, comme dans les oracles de la Pythie, à deviner un sens; on essaye de les interpréter, et plus elles sont obscures, insignifiantes, et plus elles paraissent, aux yeux des pauvres gobe-mouches affamés de révélations, renfermer en elles d'avenir, plus avidement, plus passionnément on les commente.

C'est là l'aspect qu'offre, à la rouge lueur du Crépuscule des Peuples, le tourbillon humain. Les nuages fantastiques flamboient au ciel dans la belle rutilance sinistre qui, à la suite de l'éruption du Krakatoa, fut observée pendant plusieurs années. Sur terre rampent des ombres de plus en plus épaisses qui enveloppent les phénomènes d'une obscurité mystérieuse, détruisant toutes les certitudes et permettant tous les pressentiments. Les formes perdent leurs contours et se dissolvent en remous de brouillards. Un jour est fini, la nuit monte. Les vieux la voient venir avec angoisse, car ils craignent de ne pas être témoins de sa fin. Quelques jeunes, en petit nombre, sentent dans toutes leurs veines et tous leurs nerfs leur force vitale, et se réjouissent à l'avance du lever du soleil. Les songes qui remplissent les heures d'obscurité jusqu'à l'aurore du jour nouveau sont, chez ceux-là, des souvenirs désolés, chez ceux-ci, des espoirs superbes, et la forme sensible de ces songes, ce sont les productions artistiques du temps.

C'est ici le lieu de prévenir un malentendu possible. La grande majorité des classes moyennes et inférieures n'est naturellement pas « fin de siècle ». Sans doute, la disposition d'âme actuelle remue les peuples jusque dans leurs dernières profondeurs et éveille même dans l'homme le plus obscur, le plus rudimentaire, un étrange sentiment de roulis et de jactation. Mais cet état de plus ou moins léger mal de mer psychique n'excite pas en lui les désirs des femmes enceintes et ne s'exprime pas en nouveaux besoins esthétiques. Le philistin et le prolétaire, quand ils ne se savent pas observés par le regard railleur d'un homme à la mode et peuvent se livrer sans contrainte à leurs inclinations, continuent à trouver une satisfaction sans mélange dans les vieilles et très vieilles formes de l'art et de la poésie. Ils préfèrent les romans de M. Georges Ohnet à tous les symbolistes, et *Cavalliera rusticana* de Mascagni à toutes les œuvres des disciples de Richard Wagner et à celles de Wagner lui-même. Ils s'amusent royalement aux farces à gifles et aux chansons des beuglants, et bâillent ou s'irritent aux pièces d'Ibsen. Ils s'arrêtent avec un vif plaisir devant les chromos d'après les tableautins de Munich représentant des scènes de brasseries et d'estaminets rustiques, et passent sans un regard devant les peintres du plein air. Une toute petite minorité seule trouve un plaisir sincère aux nouvelles tendances et les annonce avec conviction comme les seules justifiées, les seules conduisant à l'avenir, les seules faites pour plaire et pour édifier. Mais cette minorité a le don d'occuper toute la surface visible de la société, de même qu'une très petite quantité d'huile est capable de couvrir de larges étendues de mer. Elle se compose en grande partie de gens riches et distingués ou de fanatiques. Ceux-là donnent le ton à tous les fats, imbéciles et pauvres d'esprit; ceux-ci impressionnent les faibles et les gens qui ne pensent pas par eux-mêmes, et intimident les peureux. Tous les snobs feignent d'avoir le même goût que la minorité exclusive qui, faisant bande à part, passe avec des airs de profond mépris devant tout ce qui jusqu'à présent a été réputé beau; et c'est ainsi que l'humanité civilisée tout entière semble convertie à l'esthétique du Crépuscule des Peuples.

II

**SYMPTOMES**

Mêlons-nous à la foule sur les places élégantes des grandes villes européennes, sur les promenades des villes d'eaux à la mode, aux soirées des gens riches, et examinons les types que nous y rencontrons.

Parmi les femmes, celle-ci porte sa chevelure débordant toute lisse en arrière, comme la Maddalena Doni de Raphaël aux Offices de Florence; celle-là, haut renflée sur le front, à la façon de Julie, fille de Titus, ou de Plotine, épouse de Trajan, dans les bustes du Louvre; une troisième, coupée court par devant, ondoyant longuement aux tempes et sur la nuque, frisée et floue à la mode du xve siècle, comme on la voit représentée, chez Gentile Bellini, Botticelli et Mantegna, sur les têtes de pages et de jeunes chevaliers. Chez beaucoup, les cheveux sont teints, et de telle sorte, qu'ils surprennent par leur révolte contre la loi de l'harmonie organique et produisent l'effet d'une dissonance voulue qui doit trouver sa résolution dans la polyphonie supérieure de l'ensemble de la toilette. Cette brune aux yeux noirs fait pièce à la nature, en encadrant son visage au teint mat de rouge cuivré ou de jaune d'or; cette belle aux yeux bleus, au teint de lait et de roses, accroît la blancheur de ses joues par une bordure de cheveux artificiellement aile-de-corbeau. Celle-ci couvre sa tête d'un large et lourd feutre qui, avec son bord relevé par derrière et sa garniture de gros pelotons de peluche, est évidemment imité du sombrero des toréros espagnols qui, pendant l'exposition universelle de 1889, ont exercé leur art à Paris et suggéré aux modistes toutes sortes de motifs; celle-là plante sur sa chevelure le béret de velours vert et rouge des escholiers du moyen âge. Le costume continue les étrangetés de la coiffure et du chapeau. Ici, un mantelet descendant jusqu'à la ceinture, fendu sur un côté, drapé devant la poitrine comme une portière, et garni, au bord, de petites pelotes de soie dont le trémoussement incessant est fait pour hypnotiser ou mettre en fuite, en un instant, un spectateur nerveux; là, un peplum grec, dont le nom est devenu aussi familier au tailleur qu'à un respectable philologue; à côté de la monumentale robe empesée de Catherine de Médicis et de la haute fraise cuirassée de Marie Stuart, les blancs vêtements flottants des anges de l'Annonciation dans les peintures de Memling; et, en complet contraste avec ceci, une caricature du costume masculin : redingote de drap étriquée, à revers largement ouverts, gilet, devant de chemise amidonné, petit col droit et cravate. Comme forme prédominante apparaît chez la majorité, qui ne veut pas se mettre en évidence et se contente d'une moyenne exempte de fantaisie, un rococo tourmenté à lignes obliques déconcertantes, avec bouffants, bourrelets, renflements et renfoncements incompréhensibles, plissés sans commencement raisonnable ni fin justifiée, dans lesquels sombrent tous les contours de la forme humaine, et qui font ressembler le corps féminin tantôt à un animal de l'Apocalypse, tantôt à un fauteuil, à un triptyque ou à tout autre objet d'apparat.

Les enfants des mères ainsi attifées cheminent à côté d'elles comme des incarnations d'une des aberrations les plus intolérables qui aient jamais pris naissance dans l'imagination malade d'une pauvre vieille fille. Ce sont les images devenues vivantes de l'insupportable Anglaise Kate Greenaway, condamnée par le célibat à renoncer aux joies maternelles, et dont l'amour pour les enfants, étouffé et dégénéré conséquemment en une forme contre nature, cherche sa satisfaction dans des dessins horriblement maniérés qui montrent les enfants sous les déguisements les plus ridicules et déshonorent tout bonnement l'enfance sacrée. Ce mioche est enfermé des pieds à la tête dans le costume rouge d'un bourreau du moyen âge; cette fillette de quatre ans porte un chapeau-cabriolet tel qu'en portaient ses bisaïeules et traîne derrière elle un long manteau de cour au teint criard; une autre bambine qui peut à peine se tenir sur ses petites jambes est revêtue de la robe à traîne à taille courte, à jupe longue, à ceinture haute et aux manches à gigot de la dame empire.

Les hommes complètent le tableau. Sans doute, par crainte du rire des philistins ou par un restant de bon goût, leur toilette demeure préservée contre les pires absurdités, et à part l'habit rouge à boutons de métal et les culottes avec bas de soie par lesquels quelques idiots à monocle et à gardénia cherchent à ressembler aux artistes des théâtres de singes, on remarque en eux peu de choses qui s'écartent du type régnant du costume masculin de notre temps. Mais en matière d'ajustement des têtes, la fantaisie exerce d'autant plus librement son caprice. Celui-ci montre les boucles courtes et la barbe frisée à deux pointes de Lucius Verus; celui-là, la tête rasée au milieu en une large raie, sur les côtés les cheveux plus longs, et la moustache rare, hérissée comme chez les chats, d'un kakemono japonais; son voisin, la barbiche de Henri IV; un autre, la moustache farouche d'un lansquenet de F. Brun ou de Callot, ou l'énergique touffe de barbe des gardes civiques dans la *Ronde de nuit* de Rembrandt.

Le caractère commun de tous ces êtres, c'est de ne pas donner leur véritable nature, mais de vouloir représenter quelque chose qu'ils ne sont pas. Ils ne se contentent pas de montrer leur formation naturelle ni de rehausser celle-ci par des artifices permis, adaptés à leur type justement senti, mais cherchent à incarner un modèle quelconque de l'art qui n'a aucune parenté avec leur propre schéma et souvent même lui est violemment opposé; et très fréquemment ils n'imitent pas seulement un modèle, mais plusieurs modèles à la fois, qui grincent les dents les uns contre les autres. Ainsi apparaissent des têtes assises sur des épaules auxquelles elles ne font pas suite, des tenues dont les différentes pièces sont incohérentes comme un costume de rêve, des associations de couleurs qui semblent avoir été composées dans l'obscurité. On a l'impression d'être à une mascarade où chacun est venu dans un déguisement et en tête. En maintes occasions, comme le jour du vernissage au Salon du Champ-de-Mars, à Paris, ou à l'ouverture de l'exposition de tableaux de l'Académie royale de Londres, cette impression peut s'accroître si sinistrement, que l'on croit cheminer parmi des larves assemblées au hasard, dans un charnier fabuleux, avec des corps dépecés : têtes, troncs, membres, tels qu'on les a trouvés sous la main, et que l'ajusteur a ensuite revêtus, sans y prendre le moindrement garde, des premiers vêtements venus de toutes les époques de l'histoire et de toutes les parties du monde. Chaque individu aspire visiblement à éveiller violemment l'attention par une singularité quelconque de contour, d'attitude, de coupe, de couleur, et à la fixer impérieusement. Il veut exercer une forte excitation nerveuse, agréable ou désagréable, peu importe. Son idée fixe est de produire à tout prix de l'effet.

Suivons dans leurs demeures ces êtres ainsi travestis. Celles-ci sont à la fois des décors de théâtre et des chambres de débarras, des boutiques de brocanteurs et des musées. Le cabinet de travail du maître du logis est une salle gothique avec cuirasses, boucliers et bannières contre les murs, ou un étalage de bazar oriental avec tapis kurdes, bahuts de Bédouins, narghilés circassiens et boîtes de laque indoues. Près de la glace de la cheminée, des masques japonais font des grimaces atroces ou drôles. Entre les fenêtres se hérissent des trophées d'épées, poignards, masses d'armes et vieux pistolets à rouet. Le jour filtre à travers des vitraux qui représentent des saints émaciés en adoration extatique. Les murs du salon sont tapissés de gobelins vermoulus dont un soleil de deux siècles, ou peut-être simplement un savant bain chimique, a mangé les couleurs, ou de papiers de Morris sur lesquels des oiseaux exotiques passent légèrement dans le branchage follement entrelacé, et où de grandes fleurs lascives coquettent avec des papillons vaniteux. Entre les fauteuils et les poufs, tels que nos contemporains amollis les connaissent et les exigent, sont des sièges renaissance dont le fond de bois, en forme de coquillage ou de cœur, solliciterait tout au plus le verso endurci de rudes héros de tournois. Une chaise à porteurs dorée et peinte surprend entre des armoires de Boule, et une petite table chinoise biscornue à côté d'un secrétaire de dame incrusté, d'un rococo gracieux. Sur toutes les tables et dans toutes les vitrines sont exposées des antiquités petites et grandes, généralement d'une inauthenticité garantie, ou des produits des arts secondaires : une figurine de Tanagra à côté d'une boîte en jade ajourée, une plaque de Limoges près d'une aiguière de cuivre persane à long cou, une bonbonnière entre un livre de messe à couverture d'ivoire découpé et des mouchettes de cuivre ciselé. Sur des chevalets drapés de velours sont des tableaux dont le cadre cherche, par une étrangeté quelconque : une araignée dans sa toile, un bouquet de chardon en métal, etc., à attirer indiscrètement le regard. Dans un angle est élevé une sorte de temple à un Bouddha accroupi ou debout. Le boudoir de la maîtresse de maison tient de la chapelle et du harem. La table de toilette est conçue et décorée en manière d'autel, un prie-Dieu garantit la piété de l'habitante de la chambre, et un large divan aux coussins ravagés semble rassurer sur la sévérité de cette piété. Les murs de la salle à manger sont garnis de tout le fonds d'un magasin de porcelaine; de la vaisselle d'argent précieuse est exposée dans un vieux buffet rustique, et sur la table fleurissent des orchidées aristocratiques, tandis que d'orgueilleux surtouts d'argent brillent entre des plats et des cruches de faïence villageoise. La lumière répandue, le soir, dans ces pièces, par de hauts lampadaires, est à la fois amortie et teintée par des abat-jour rougeâtres, jaunes, verts, de forme excentrique, souvent bordés de dentelle noire; les personnes éclairés de cette manière semblent tantôt baignées dans un brouillard bariolé transparent, tantôt enveloppées d'une clarté colorée, tandis que des pénombres savantes voilent mystérieusement les angles et les fonds, et que d'artificieux accords de couleurs fardent les meubles et les bibelots d'une originalité qu'ils n'ont pas à l'éclairage naturel; quant aux personnes, elles se complaisent, de leur côté, dans des poses étudiées qui leur permettent de faire passer sur leurs visages des effets de lumière à la Rembrandt ou à la Schalcken. Tout, dans ces demeures, cherche à exciter et à troubler les nerfs. L'incohérence et l'opposition de tous les objets, la constante contradiction entre leur forme et leur usage; l'étrangeté de la plupart d'entre eux, tout vise à provoquer l'ahurissement. Il ne faut pas qu'on y ressente le calme que l'on éprouve devant un ensemble facile à embrasser du regard, l'aise qui berce votre esprit quand vous saisissez immédiatement tous les détails de ce qui vous entoure. Ceux qui entrent ici ne doivent pas s'assoupir, mais vibrer. Quand le maître du logis parcourt ces chambres, enveloppé dans un froc blanc de moine, à l'exemple de Balzac, ou dans le manteau rouge d'un chef de brigands d'opérette, à l'imitation de M. Jean Richepin, il exprime simplement l'aveu que sur ces tréteaux doit logiquement apparaître un polichinelle. Tout est réuni au hasard, d'une façon hétérogène, sans viser une unité quelconque; un style historique bien déterminé passe pour suranné, lourdement provincial; et quant à un style propre, l'époque ne l'a pas encore produit. L'unique tentative d'acheminement vers ce but se rencontre peut-être dans les meubles de M. Carabin exposés au Salon du Champ-de-Mars de Paris. Mais ces rampes d'escaliers sur lesquelles dégringolent tumultueusement des furies nues et des possédées, ces bibliothèques dont des têtes d'assassins coupées forment le socle et un pilastre, même cette table offrant l'aspect d'un livre gigantesque ouvert et porté par des gnomes, constituent un style pour des fébricitants ou des damnés. Si le directeur général de l'enfer de Dante a un salon de réception, il doit être garni de meubles semblables. Les créations de M. Carabin ne sont pas un ameublement, mais un cauchemar.

Nous avons vu comment la bonne société s'habille et s'installe. Examinons maintenant comment elle s'amuse, où elle cherche ses excitations et ses distractions. Au Salon, elle se presse avec de légers cris d'admiration, pas plus hauts qu'il ne sied, autour des femmes de M. Besnard, qui ont des cheveux vert d'herbe, des visages jaune-soufre ou rouge-flamme, des bras tachetés de violet et de rose, et qui sont vêtues d'un phosphorescent nuage bleu en forme tout justement reconnaissable de robe de chambre. Elle aime donc la débauche de couleurs hardiment révolutionnaire? Oui : mais pas exclusivement. Car, après Besnard, elle accomplit avec une extase aussi forte ou plus forte encore ses dévotions devant le Puvis de Chavannes aux couleurs pâlies et éteintes comme à l'aide d'un lait de chaux à demi transparent; devant le Carrière envahi par une vapeur énigmatique, pénétré comme d'un nuage d'encens; devant le Roll vibrant dans une douce lueur argentée. Le violet des élèves de Manet plongeant uniformément toute la création visible dans une lumière de conte de fées; les archaïstes avec leurs demi-couleurs ou plutôt les spectres de couleurs oubliées, éventées, comme ressuscitées d'un antique tombeau; cette palette « feuille d'automne », « vieil ivoire », jaune évaporé, pourpre étouffé, attirent en somme plus de regards enthousiastes que l'opulente orchestration du groupe Besnard. Ce que le tableau représente a l'air de laisser indifférents les visiteurs d'élite; seuls les gens de la campagne et les couturières, public reconnaissant des chromos, s'intéressent à « l'anecdote ». Et pourtant les visiteurs d'élite s'arrêtent avec prédilection, dans leurs promenades artistiques, devant *Chacun sa chimère* de M. Henri Martin, où des formes humaines brouillées qui s'écoulent en un bouillon jaune font toutes sortes de choses incompréhensibles, qu'une explication pleine de profondeur doit d'abord aider à saisir; devant *Le Christ et la Femme adultère* de M. Jean Béraud, où, dans une salle à manger parisienne, au milieu d'une société en habit noir, devant une dame en robe de bal, un Christ authentique, vêtu à l'orientale et auréolé de façon orthodoxe, mime une scène de l'Évangile; ou devant les ivrognes et coupeurs de gorge de la banlieue parisienne de M. Raffaelli, au dessin intense, mais peints avec de l'eau de bourbier et de l'argile délayée. Quand on navigue à travers une exposition de peinture dans le sillage de la bonne compagnie, on constate invariablement que celle-ci montre le blanc des yeux et joint les mains en face de tableaux qui font éclater de rire les gens ordinaires ou amènent sur leurs visages cette expression de courroux propre à l'homme qui se croit mystifié, et qu'elle se hâte de passer, en haussant les épaules ou en échangeant des regards railleurs, devant les œuvres où les autres stationnent avec un plaisir reconnaissant.

A l'Opéra et dans les salles de concerts, les formes arrêtées de l'ancienne mélodie laissent froid. La transparence du travail thématique des maîtres classiques, leur observation consciencieuse des lois du contre-point, passent pour plates et ennuyeuses. A une « coda » qui tombe gracieusement, finit d'une façon claire, à un point d'orgue juste et harmonique, on bâille. Les applaudissements et les couronnes vont au *Tristan et Iseult* de Wagner et particulièrement à son mystique *Parsifal*, à la musique d'église du *Rêve* de M. Bruneau, aux symphonies de César Franck. La musique destinée à plaire doit ou feindre le recueillement religieux, ou décontenancer par sa forme. L'auditeur musical a l'habitude de développer involontairement un peu en pensée chaque motif surgissant dans un morceau de musique. Or, la façon dont le compositeur conduit son motif doit différer absolument de ce développement anticipé. Il ne faut pas qu'on puisse la deviner. Là où l'on attend un intervalle consonant, doit en apparaître un dissonant ; quand on espère entendre la phrase menée en cadence finale plausible jusqu'à son terme naturel, il est nécessaire qu'elle soit coupée brusquement au milieu d'une mesure. Les modes et les clefs doivent subitement changer. Dans l'orchestre, une ardente polyphonie doit appeler l'attention vers quatre ou cinq côtés à la fois ; des instruments isolés ou des groupes d'instruments doivent, sans égard les uns pour les autres, se déchaîner simultanément sur l'auditeur, jusqu'à ce que celui-ci tombe dans l'état nerveux d'un homme qui s'efforce en vain de comprendre les mots dans le brouhaha d'une douzaine de voix qui lui parlent. Le thème, même s'il a d'abord un contour nettement accusé, doit devenir toujours plus indécis, se perdre insensiblement de plus en plus, et bientôt se fondre en un brouillard dans lequel la fantaisie peut voir, comme dans les nuages nocturnes courant à toute bride, toutes les formes qu'il lui plaît. Dans des suites de trioles infinies, montant et descendant chromatiquement, le flot sonore doit couler sans bords ni but reconnaissables, et faire apparaître parfois au regard de l'auditeur emporté par lui et cherchant anxieusement la terre, une rive lointaine qui bientôt est reconnue comme un mirage fuyant. La musique doit constamment promettre, mais ne jamais tenir ; elle doit faire semblant de vouloir conter un grand secret, et se taire ou divaguer avant d'avoir dit le mot attendu avec des palpitations. L'auditeur cherche, dans la salle de concert, des états d'âme à la Tantale, et la quitte avec le profond épuisement nerveux du jeune couple amoureux qui, lors du rendez-vous nocturne, a essayé d'échanger des caresses, pendant des heures entières, à travers une fenêtre étroitement grillée.

Les livres qui divertissent ou édifient le public ici décrit, répandent un curieux parfum, dans lequel on peut discerner l'encens, l'eau de Lubin et le fumier, avec prédominance alternative de l'une ou de l'autre de ces odeurs. Les simples exhalaisons de cloaques ne suffisent plus. La poésie fangeuse de M. Zola et de ses disciples en vidange littéraire est dépassée et ne peut plus désormais s'adresser qu'à des couches sociales et à des peuples arriérés. La classe qui forme l'avant-garde de la civilisation se bouche le nez en face de la fosse mobile du naturalisme non atténué, et ne se penche au-dessus de lui avec sympathie et curiosité que si une habile canalisation y a amené aussi quelque parfum de boudoir et de sacristie. La sensualité nue passe pour vulgaire et n'est admise que quand elle se présente sous forme de vice contre nature et de dégénérescence. Des livres qui traitent simplement des rapports de l'homme et de la femme, même sans aucun voile, semblent absolument d'une moralité fade. La titillation élégante commence seulement là où cesse la sexualité normale. Priape est devenu le symbole de la vertu. Le vice se cherche des incarnations à Sodome et à Lesbos, dans le château du chevalier Barbe-Bleue et dans la chambre de domestique de la Justine du « divin » marquis de Sade. Le livre qui veut devenir à la mode doit avant tout être obscur. Le compréhensible est banal et bon seulement pour la populace. Ce livre doit afficher en outre un certain ton onctueux, mais pas trop importun, de prédicateur, et faire succéder aux scènes lubriques des explosions éplorées d'amour pour tous les souffrants et les humbles, ou des transports enflammés de fervente croyance en Dieu. On aime beaucoup les histoires de revenants, mais présentées sous un déguisement scientifique, tel qu'hypnotisme, télépathie, somnambulisme; les jeux de marionnettes, où des compagnons à l'air naïf, mais rusés, font balbutier comme de petits enfants ou des imbéciles les figures vieillies des ballades; enfin les romans ésotériques, dans lesquels l'auteur donne à entendre qu'il pourrait en dire beaucoup sur la magie, la kabbale, le fakirisme, l'astrologie et autres sciences blanches et noires, pour peu qu'il le voulût. On se grise des successions nébuleuses de mots des poésies symboliques. Ibsen détrône Gœthe; Mæterlinck est mis au même rang que Shakespeare; des critiques allemands et même français déclarent Frédéric Nietzsche le premier écrivain allemand de l'époque présente; la *Sonate à Kreutzer*, de Tolstoï, est la Bible des dilettantes de l'amour qui ne comptent plus leurs amants; des messieurs comme il faut trouvent « très distingués » les refrains vulgaires et les chansons de forçats de Jules Jouy, de Bruant, de Mac Nab et de Xanrof, à cause de « la chaude sympathie qui y circule » (les mots entre guillemets sont une formule); et des mondains qui ne croient qu'au baccara et à la Bourse vont en pèlerinage au mystère de la Passion représenté par les paysans d'Oberammergau, et ils s'essuient les yeux en lisant les invocations de M. Paul Verlaine à la Sainte Vierge.

Expositions artistiques, concerts, théâtre et livres, fussent-ils si extraordinaires, ne suffisent toutefois pas aux besoins esthétiques de la société élégante. Celle-ci cherche des satisfactions inconnues. Elle exige des excitations plus fortes, et espère les trouver dans les exhibitions où différents arts s'efforcent d'agir simultanément sur tous les sens dans des combinaisons nouvelles. Poètes et artistes se battent incessamment les flancs pour satisfaire cet instinct. Un peintre, qui s'est moins préoccupé d'ailleurs de nouvelles impressions que de bonne vieille réclame, montre le soir, dans un salon profondément crépusculaire, son tableau qui représente tant bien que mal Mozart mourant travaillant à son *Requiem*, tandis qu'un aveuglant rayon de lumière électrique habilement dirigé tombe sur le tableau, et qu'un orchestre invisible joue doucement le *Requiem*. Un musicien fait un pas de plus. Poussant jusqu'à l'extrême une idée de Bayreuth, il organise un concert dans une salle plongée en une nuit complète, et récrée ainsi ceux de ses auditeurs auxquels un voisinage heureusement choisi offre l'occasion d'augmenter agréablement dans l'obscurité leurs émotions musicales par des émotions d'un autre genre. Le poète Haraucourt fait déclamer sur la scène, par Sarah Bernhardt, une paraphrase de l'Évangile écrite en vers vigoureux, pendant qu'une musique contenue accompagne, comme dans les anciens mélodrames, la comédienne d'une « mélodie sans fin ». Les pionniers s'adressent aussi au sens olfactif, injustement méprisé jusqu'ici par les beaux-arts, et l'invitent à prendre part aux jouissances esthétiques. Au théâtre, on installe un vaporisateur qui souffle des parfums sur les spectateurs. Sur la scène, on déclame une poésie de forme approximativement dramatique. Dans chaque coupure, chaque acte, chaque scène, de quelque nom qu'on veuille nommer la chose, domine une autre voyelle; à chacune, le théâtre est illuminé d'une lumière différente; à chacune, l'orchestre joue un morceau d'un autre mode, et le vaporisateur envoie un autre parfum. L'idée de cet accompagnement du vers par le parfum a été lancée à demi plaisamment par Ernest Eckstein voilà quelques années; on l'a réalisée à Paris avec un sérieux religieux. Les novateurs vont prendre dans la chambre des enfants le théâtre de marionnettes pour y jouer, en vue des adultes, des pièces qui, dans une note artificiellement naïve, révèlent ou cachent un sens prétendument profond, et y faire défiler les ombres chinoises qu'ils perfectionnent avec beaucoup de talent et d'ingéniosité; des figures gentiment dessinées et coloriées se meuvent sur des fonds à surprises lumineuses, et ces tableaux animés rendent visible le cours des idées d'une poésie dite à cette occasion par l'auteur, et dont un piano cherche aussi à rendre sensible à l'oreille le sentiment fondamental. Et pour jouir de ces exhibitions, la société se presse dans un cirque de faubourg, dans le grenier d'une maison sur la cour, dans une boutique de fripier ou une taverne fantastique, dont les représentations réunissent, dans une salle commune où l'on boit de la bière, les habitués crasseux avec des marquises éthérées.

# III

## DIAGNOSTIC

Les manifestations décrites dans le chapitre précédent doivent sauter aux yeux de chacun, même du philistin le plus borné. Mais celui-ci les regarde comme une mode, et rien de plus, et les mots courants : caprice, excentricité, affectation du nouveau, instinct d'imitation, lui semblent une explication suffisante. Le bel esprit, auquel son éducation exclusivement esthétique ne permet pas de comprendre l'enchaînement des choses et de saisir leur véritable signification, s'abuse lui-même et abuse les autres sur son ignorance au moyen de phrases sonores et parle superbement d'une « recherche inquiète d'un idéal nouveau par l'âme moderne », des « vibrations plus riches du système nerveux affiné des contemporains », des « sensations inconnues de l'homme d'élite »: Mais le médecin, celui notamment qui s'est voué à l'étude particulière des maladies nerveuses et mentales, reconnaît au premier coup d'œil, dans la disposition d'esprit « fin de siècle », dans les tendances de la poésie et de l'art contemporains, dans la manière d'être des créateurs d'œuvres mystiques, symboliques, « décadentes », et l'attitude de leurs admirateurs, dans les penchants et instincts esthétiques du public à la mode, le syndrome de deux états pathologiques bien définis, qu'il connaît parfaitement : la dégénérescence et l'hystérie, dont les degrés inférieurs portent le nom de neurasthénie. Ces deux conditions de l'organisme diffèrent en elles-mêmes, mais ont certains traits communs ; elles se présentent fréquemment aussi l'une à côté de l'autre, de telle sorte qu'il est plus facile de les observer dans leurs formes mixtes que chacune isolément.

La notion de la dégénérescence, qui domine aujourd'hui toute la science psychiatrique, a été pour la première fois nettement conçue et définie par Morel. Dans son œuvre capitale fréquemment citée, mais malheureusement trop peu lue [1], cet excellent aliéniste, célèbre un moment en Allemagne même en dehors de sa profession [2], donne de ce qu'il entend par « dégénérescence » l'explication suivante :

---

1. *Traité des dégénérescences physiques, intellectuelles et morales de l'espèce humaine et des causes qui produisent ces variétés maladives*, par le D' B.-A. Morel. Paris, 1857, p. 5.
2. Le comte Chorinsky avait, à l'instigation de sa maîtresse Ebergenyi, empoisonné sa femme, une ancienne comédienne. Le meurtrier était un épileptique et un « dégénéré » au sens de Morel. Sa famille appela celui-ci de Normandie à Munich, afin qu'il déclarât aux jurés chargés de le juger que l'accusé était irresponsable. Cela irrita d'une façon significative Chorinsky, et le ministère public, de son côté, contredit résolument les assertions de l'aliéniste français, en s'appuyant sur les avis des plus éminents psychiatres munichois. Chorinsky fut déclaré coupable, mais peu après sa condamnation la folie éclata chez lui, et il mourut quelques mois plus tard dans la démence la plus profonde, justifiant tous les pronostics de l'aliéniste français, qui avait démontré en allemand, devant des jurés allemands, l'insuffisance du savoir de ses confrères munichois.

« L'idée la plus claire que nous puissions nous former de la dégénérescence de l'espèce humaine, est de nous la représenter *comme une déviation maladive d'un type primitif*. Cette déviation, si simple qu'on la suppose à son origine, renferme néanmoins des éléments de transmissibilité d'une telle nature, que celui qui en porte le germe devient de plus en plus incapable de remplir sa fonction dans l'humanité, et que le progrès intellectuel déjà enrayé dans sa personne se trouve encore menacé dans celle de ses descendants ».

Quand, sous l'influence de nocivités de toutes sortes, un organisme est affaibli, ses descendants ne sont pas semblables au type sain, normal et évolutif de l'espèce, mais forment une nouvelle sous-variété qui possède, comme toutes les autres, la faculté de léguer à ses propres descendants, à un degré qui s'accroît de plus en plus, ses écarts de la norme, en ce cas pathologiques : arrêts de développement, difformités et vices. Ce qui distingue la dégénérescence de la formation de nouvelles espèces, ou phylogénie, c'est que la variété pathologique ne dure pas et ne se reproduit pas comme celle qui est saine, mais est heureusement bientôt frappée de stérilité et meurt après quelques générations, souvent même avant d'avoir atteint les plus bas degrés de la dégradation organique [1].

La dégénérescence se trahit chez l'homme par certains signes somatiques qu'on nomme « stigmates », mot malheureux, car il part de l'idée fausse que la dégénérescence est nécessairement la conséquence d'une faute,

1. Morel, *op. cit.*, p. 683.

et sa marque un châtiment. Ces stigmates sont les difformités, les formations multiples et les arrêts de développement : en première ligne l'asymétrie, c'est-à-dire le développement inégal des deux moitiés du visage et du crâne ; puis les imperfections de l'oreille, qui frappe par sa grandeur informe ou s'écarte de la tête en guise d'anse, dont le lobule manque ou est adhérent, le rebord (*helix*) non ourlé ; ensuite le strabisme, le bec-de-lièvre, les irrégularités dans la forme et la position des dents, la coupe ogivale ou plate de la voûte du palais, les doigts soudés ou surabondants (syn = et polydactylie), etc. Morel énumère dans son livre les signes anatomiques de dégénérescence, dont la liste a été notablement accrue par les observateurs venus après lui. Lombroso, notamment, a considérablement enrichi la connaissance des stigmates [1], mais il ne les attribue qu'à son « criminel-né », restriction qui, précisément au point de vue scientifique du maître italien, ne peut se justifier, car les « criminels-nés » ne sont autre chose qu'une subdivision des dégénérés. Féré exprime cela très nettement, quand il dit : « Le vice, le crime et la folie ne sont séparés que par les préjugés sociaux [2] ».

Il y aurait un moyen sûr de prouver qu'elle n'est pas arbitraire, que ce n'est pas une boutade sans fondement, mais un fait, l'affirmation que les auteurs de tous les mouvements « fin de siècle » en art et en littérature sont des dégénérés ; ce serait d'examiner soigneusement leur per-

---

[1]. *L'Homme criminel* (criminel-né, fou moral, épileptique), traduction française par Regnier et Bournet. Paris, 1887, p. 142 et sqq.
[2]. *La famille névropathique. Archives de Neurologie.* 1884, n°ˢ 19 et 20.

sonne physique et leur arbre généalogique. On rencontrerait indubitablement chez presque tous des proches parents dégénérés et un ou plusieurs stigmates qui mettent hors de doute le diagnostic « dégénérescence ». Il est vrai que fréquemment on n'oserait, par respect humain, publier le résultat d'un tel examen, et que ce dernier convaincrait seulement celui-là même qui pourrait y procéder.

A côté des stigmates physiques, la science en a aussi trouvé d'intellectuels, qui caractérisent la dégénérescence aussi sûrement que ceux-là, et ceux-ci apparaissent nettement dans toutes les manifestations vitales, notamment dans toutes les œuvres des dégénérés, au point qu'il n'est pas nécessaire de mesurer le crâne d'un écrivain ou de voir le lobe de l'oreille d'un peintre, pour reconnaître qu'il appartient à la classe des dégénérés.

On a trouvé pour ceux-ci une quantité de dénominations. Maudsley et Ball les nomment « habitants des pays-frontières », c'est-à-dire des régions limitrophes à la raison intacte et à la folie déclarée. Magnan les appelle « dégénérés supérieurs », et Lombroso parle de « mattoïdes » (du mot italien *matto*, fou), et de « graphomanes », désignant par ce mot ces demi-fous qui ressentent le besoin d'écrire. En dépit de la multiplicité de ces dénominations, il s'agit d'une espèce unique d'individus, qui manifestent leur parenté par la similitude de leur physionomie intellectuelle.

L'inégalité que nous avons observée dans le développement physique des dégénérés, nous la rencontrons aussi dans leur développement intellectuel. L'asymétrie du visage et du crâne trouve en quelque sorte son pendant dans leurs facultés. Les unes sont complètement étiolées, les autres pathologiquement exagérées. Ce qui manque à presque tous les dégénérés, c'est le sens de la moralité et du droit. Pour eux n'existe aucune loi, aucune convenance, aucune pudeur. Ils commettent avec la plus grande tranquillité et la plus vive satisfaction des crimes et des délits, pour contenter un instinct, une inclination, un caprice momentanés, et ne comprennent pas que d'autres s'en formalisent. Quand ce phénomène apparaît à un haut degré, on parle de « folie morale », « la *moral insanity* » de Pritchard et de Maudsley [1]. Mais il y a aussi des degrés moindres où le dégénéré, sans faire peut-être lui-même rien qui l'expose aux lois pénales, justifie en théorie le crime, cherche à démontrer, avec une abondante phraséologie pseudo-philosophique, que « bien » et « mal », vertu et vice, sont des distinctions arbitraires, s'enthousiasme pour les criminels et leurs actes, découvre de soi-disant beautés dans les choses les plus abjectes et les plus repoussantes, et cherche à éveiller de la sympathie et de la « compréhension » pour toutes les bestialités. Les deux racines psychologiques de la folie morale à tous les degrés de développement sont d'abord un égoïsme monstrueux [2],

---

1. Lire notamment à ce sujet : Krafft-Ebing, *La doctrine de la folie morale*, 1871 ; — H. Maudsley, *Crime et Folie*. Bibliothèque scientifique internationale ; — et Ch. Féré, *Dégénérescence et Criminalité*. Bibliothèque de philosophie contemporaine. Paris, 1888.

2. J. Roubinovitch, *Hystérie mâle et dégénérescence*. Paris, 1890, p. 62 : « La société qui l'entoure (lui, le dégénéré) est tout à fait étrangère pour lui, et il ne connaît ni ne s'intéresse qu'à lui-même ».
Legrain, *Du délire chez les dégénérés*. Paris, 1886, p. 10 : « Le malade est ... le jouet de ses passions, il est emporté par ses instincts, il n'a plus qu'une préoccupation, celle de satisfaire ses appétits ». P. 27 : « Ils sont égoïstes, orgueilleux, vaniteux, infatués d'eux-mêmes ».

puis l'impulsivité [1], c'est-à-dire l'impossibilité de résister à n'importe quelle impulsion soudaine, et ces deux choses forment aussi les principaux stigmates intellectuels des dégénérés. J'aurai occasion de démontrer, dans les chapitres suivants, pour quelles causes organiques, par suite de quelles particularités de leur cerveau et de leur système nerveux, les dégénérés doivent être égoïstes et impulsifs. Dans cette introduction, j'ai voulu me borner à caractériser le stigmate même.

Un autre stigmate intellectuel des dégénérés est leur émotivité. Morel a même prétendu faire de cet attribut leur marque distinctive capitale, mais à tort, selon moi [2], car il paraît dans la même mesure aussi chez les hystériques, et se trouve même chez des personnes absolument saines qu'une cause passagère, maladie, épuisement, fort ébranlement moral, a affaiblies temporairement. En tout cas, c'est un phénomène qui manque rarement chez le dégénéré. Il rit jusqu'aux larmes ou pleure abondamment pour une excitation disproportionnément faible; un vers ou une ligne en prose ordinaires lui font passer un frisson dans le dos; des statues et des tableaux indifférents le plongent dans le ravissement, et la musique tout particulièrement, même insipide et de peu de mérite, provoque chez lui la plus violente émotion [3]. Il est très fier d'être un in-

---

1. Henri Colin, *Essai sur l'état mental des hystériques*. Paris, 1890, p. 59 : « Deux grands faits dominent toute l'existence du dégénéré héréditaire, l'obsession et l'impulsion, toutes deux irrésistibles ».

2. Morel, *Du délire émotif. Archives générales*, 6ᵉ série, 7ᵉ vol., p. 385 et 530. Voir aussi Roubinovitch, *op. cit.*; p. 53.

3. Roubinovitch, *op. cit.*, p. 68. « La musique l'émotionne vivement ».

strument qui vibre si fortement, et il se vante de sentir tout son être intérieur ravagé, toute son âme résolue, et d'éprouver jusqu'au bout des doigts la volupté du beau, là où le philistin reste complètement froid. Son excitabilité lui semble une supériorité, il croit posséder une compréhension particulière qui manque aux autres mortels, et il méprise volontiers le vulgaire dont les sens sont émoussés et fermés. Le malheureux ne soupçonne pas qu'il est fier d'une maladie et se vante d'un trouble intellectuel; et certains critiques niais qui, par crainte d'être accusés d'incompréhension, font des efforts désespérés pour ressentir, en face de n'importe quelle œuvre floue ou ridicule, les émotions d'un dégénéré, ou célèbrent en expressions exubérantes les beautés que le dégénéré affirme y trouver, imitent inconsciemment un des stigmates de la demi-folie.

A côté de la folie morale et de l'émotivité, on observe chez le dégénéré un état d'adynamie et de découragement intellectuels qui revêt, selon les circonstances, la forme du pessimisme, d'une crainte vague de tous les êtres humains et de tout le phénomène du monde, ou le dégoût de soi-même. « Ces malades », dit Morel, « ont un besoin continuel de... se plaindre, de sangloter, de répéter les mêmes questions et les mêmes mots, avec la monotonie la plus désespérante. Ils ont des conceptions délirantes de ruine, de damnation, de craintes imaginaires [1] ». « L'ennui qui ne me quitte pas », dit un semblable malade dont Roubinovitch nous conte l'histoire, « c'est l'ennui de moi-

---

1. Morel, *Du délire panophobique des aliénés gémisseurs*. *Annales médico-psychologiques*, 1871.

même¹ ». « Parmi les stigmates moraux », ajoute cet auteur, « il faut encore noter ces craintes indéfinissables que les dégénérés présentent parfois de regarder, de sentir ou de toucher un objet quelconque ² ». Et plus loin il mentionne leur « peur inconsciente de tout le monde ³ ». Dans ce tableau du mélancolique déprimé, sombre, désespérant de lui-même et du monde, que torture la crainte de l'inconnu et que menacent des dangers vagues, mais terribles, nous reconnaissons trait pour trait l'homme du Crépuscule des Peuples et la disposition d'esprit « fin de siècle » décrite dans le premier chapitre.

A l'abattement caractéristique du dégénéré s'allie, en règle générale, une aversion pour toute action, qui peut aller jusqu'à l'horreur d'agir et l'impuissance de vouloir (aboulie). Or, c'est une particularité de l'esprit humain connue du psychologue, que la loi de la causalité gouvernant la pensée entière, il assigne des motifs rationnels à toutes ses propres décisions. Déjà Spinoza a exprimé cela d'une jolie façon : « Si une pierre lancée par la main d'un homme pouvait penser », dit-il, « elle s'imaginerait certainement qu'elle vole parce qu'elle veut voler ». Beaucoup d'états d'âme et d'actes dont nous devenons conscients sont la conséquence de causes dont nous n'avons pas conscience. Dans ce cas, nous inventons après coup pour eux des motifs qui satisfont notre besoin psychique de claire causalité, et nous nous persuadons sans peine que maintenant nous les avons réellement expliqués. Le dégénéré qu'effraye l'ac-

---

1. Roubinovitch, *op. cit.*, p. 28.
2. *Id. Ibid.*, p. 37.
3. *Id. Ibid.*, p. 66.

tion, dépourvu de volonté, qui ne soupçonne pas que son incapacité d'agir est une conséquence de ses tares cérébrales héréditaires, se fait accroire que c'est par libre détermination qu'il méprise l'action et se complaît dans l'inactivité ; et pour se justifier à ses propres yeux, il se construit une philosophie de renonciation, d'éloignement du monde et de mépris des hommes, prétend qu'il s'est convaincu de l'excellence du quiétisme, se qualifie avec orgueil de bouddhiste et célèbre, en tournures poétiquement éloquentes, le *nirvana* comme le plus haut et le plus digne idéal de l'esprit humain. Les dégénérés et les aliénés sont le public prédestiné de Schopenhauer et de Édouard de Hartmann, et il leur suffit de connaître le bouddhisme pour y être convertis.

A l'incapacité d'agir se rattache l'amour de la rêverie creuse. Le dégénéré n'est pas capable de diriger longuement ou même un instant son attention sur un point, pas plus que de saisir nettement, d'ordonner, d'élaborer en aperceptions et jugements les impressions du monde extérieur que ses sens fonctionnant défectueusement portent à sa conscience distraite. Il lui est facile et plus commode de laisser produire à ses centres cérébraux des images demi-claires, nébuleusement fluides, des embryons de pensées à peine formés, de se plonger dans la perpétuelle ébriété de phantasmes à perte de vue, sans but ni rive, et il n'a presque jamais la force d'inhiber les associations d'idées et les successions d'images capricieuses, en règle générale purement automatiques, ni d'introduire de la discipline dans le tumulte confus de ses aperceptions fuyantes. Au contraire. Il se réjouit de son imagination, qu'il oppose au prosaïsme du philistin, et se voue avec prédilection à toutes sortes d'occupations libres qui permettent à son esprit le vagabondage illimité, tandis qu'il ne peut pas se tenir dans des fonctions bourgeoises réglées qui exigent de l'attention et un égard constant pour la réalité. Il nomme cela « une disposition à l'idéal », s'attribue des penchants esthétiques irrésistibles, et se qualifie fièrement d'artiste [1].

Signalons brièvement quelques particularités que l'on constate fréquemment chez le dégénéré. Il est torturé par les doutes, demande la raison de tous les phénomènes, tout particulièrement de ceux dont les causes dernières nous sont absolument inaccessibles, et se trouve malheureux quand ses recherches et ses méditations n'aboutissent, comme c'est naturel, à aucun résultat [2]. Il fournit toujours de nouvelles recrues à l'armée des métaphysiciens à nouveaux systèmes, des explicateurs profonds de l'énigme du monde, des chercheurs de la pierre philosophale, de la quadrature du cercle et du mouvement perpétuel [3], et ces trois derniers objets, notamment, l'attirent avec tant de force, que le bureau des brevets d'invention de Washington, par exemple, doit toujours avoir

---

1. Charcot, *Leçons du mardi à la Salpêtrière. Policlinique*, Paris, 1890, 2º partie, p. 392. « L'un est saltimbanque. Il s'appelle artiste. La vérité est que son art consiste à faire « l'homme sauvage » dans les baraques de foire ».

2. Legrain, *op. cit.*, p. 73. « Les malades sont constamment obsédés par une foule de questions qui se pressent dans leur esprit, questions auxquelles ils ne peuvent pas répondre, et conséquemment à cette impuissance intervient une souffrance morale inexprimable. Le doute embrasse toute espèce de sujets : métaphysique, théologie, etc. »

3. Magnan, *Considérations sur la folie des héréditaires ou dégénérés. Progrès médical*, 1886, p. 1110. A propos d'une histoire de malade : « Il eut aussi l'idée de chercher la pierre philosophale et de faire de l'or ».

une provision de réponses imprimées aux innombrables demandes de brevets relatives à la solution de ces fantastiques problèmes. Après les recherches de Lombroso, il sera difficile aussi de nier que la dégénérescence fait également le fond des écrits et des actes de beaucoup de révolutionnaires et d'anarchistes [1]. Le dégénéré est incapable de s'adapter à des conditions données, incapacité caractéristique des variétés pathologiques de chaque espèce et certainement un des motifs principaux de leur prompte disparition. Il se révolte donc contre des états de choses et des manières de voir qui doivent nécessairement lui être importuns, ne fût-ce que parce qu'ils lui imposent le devoir d'exercer de l'empire sur lui-même, ce à quoi il est impuissant de par la débilité organique de sa volonté. C'est ainsi qu'il se met en devoir d'améliorer le monde et imagine pour la félicité du genre humain des projets qui se distinguent, sans exception, autant par leur ardent amour du prochain et leur sincérité souvent touchante, que par leur absurdité et leur monstrueuse ignorance de toutes les réalités de la vie.

Un stigmate capital du dégénéré, enfin, que j'ai réservé comme le dernier, c'est le mysticisme. « De toutes les manifestations délirantes propres aux héréditaires », dit M. Henri Colin, « il n'en est pas, croyons-nous, de plus pathognomonique que le délire mystique, ou, sans aller jusqu'au délire, que les préoccupations religieuses mys-

---

[1]. Lombroso, *La physionomie des anarchistes*. *Nouvelle Revue*, 15 mai 1891, p. 227. « Ils ont très souvent ces stigmates de dégénérescence qui sont communs aux criminels et aux aliénés, car ils sont des anormaux, des héréditaires ». Voir aussi *Pazzi ed anomali*, du même auteur. Turin, 1884.

tiques, la dévotion exagérée, etc.[1] ». Je ne veux pas multiplier ici les témoignages et citations. Dans les chapitres suivants, où il sera question de l'art et de la poésie mystiques du jour, je trouverai l'occasion de montrer au lecteur qu'entre ces tendances et l'exaltation religieuse que l'on observe chez presque tous les dégénérés et aliénés héréditaires, il n'y a pas de différence.

J'ai énuméré les traits les plus saillants qui caractérisent l'état mental du dégénéré. Le lecteur peut maintenant juger par lui-même si le diagnostic « dégénérescence » est applicable ou non aux promoteurs des nouvelles tendances esthétiques. Que l'on n'aille pas croire, d'ailleurs, que dégénérescence est synonyme de manque de talent. Presque tous les observateurs qui ont examiné beaucoup de dégénérés établissent expressément le contraire. « Il ne faut pas oublier », dit Legrain, « que le dégénéré peut être un génie. Un esprit mal équilibré est susceptible des plus hautes conceptions, tandis que parallèlement on rencontre dans le même esprit des mesquineries, des petitesses qui paraissent d'autant plus manifestes, qu'elles siègent à côté des qualités les plus brillantes[2] ». Cette réserve, nous la trouverons chez tous les auteurs qui ont fourni des contributions à l'histoire naturelle des dégénérés. « Ils peuvent », dit Roubinovitch, « atteindre un développement considérable au point de vue intellectuel, mais au point de vue moral leur existence est complètement déséquilibrée. Un dégénéré... emploiera ses facultés brillantes aussi bien pour servir une grande

---

1. Henri Colin, *op. cit.*, p. 154.
2. Legrain, *op. cit.*, p. 11.

cause que pour satisfaire les penchants les plus vicieux [1] ».
Lombroso a cité toute une quantité de génies incontestables
qui non moins incontestablement étaient des mattoïdes, des
graphomanes ou des fous déclarés [2], et un savant français,
Lasègue, a pu émettre cette idée devenue courante : « Le
génie est une névrose ». Cette assertion était imprudente,
car elle permettait aux bavards ignorants de parler, avec
un semblant de raison, d'exagération, et de railler les
neuro-pathologistes et aliénistes qui voient un fou dans
tout individu qui se permet d'être autre chose, d'être
quelque chose de plus que le contribuable normal le plus
ordinaire, le plus impersonnel. La science n'affirme pas
que chaque génie est un fou. Il y a des génies sains,
débordants de force, dont l'altier privilège consiste précisément en ce qu'une de leurs facultés intellectuelles
est extraordinairement développée, sans que les autres
demeurent en deçà de la mesure moyenne; de même,
naturellement, chaque fou n'est pas un génie, et la plupart des fous sont plutôt, même si l'on fait abstraction des
imbéciles de différents degrés, pitoyablement stupides et
incapables. Mais, dans de nombreux cas, le « dégénéré
supérieur » de Magnan, de même qu'il présente çà et là
une taille gigantesque ou un développement excessif de
certaines parties, possède un talent particulièrement développé, aux dépens, il est vrai, des autres facultés, qui sont
complètement ou partiellement étiolées [3]. C'est ce qui

1. Roubinovitch, *op. cit.*, p. 33.
2. Lombroso, *L'Homme de génie*, traduction française par Fr. Colonna d'Istria. Paris, 1889. Voir aussi en particulier J. P. Nisbet, *The insanity of genius*. Londres, 1891.
3. Falret, *Annales médico-psychologiques*, 1867, p. 76. « Dès leur

permet à l'homme compétent de distinguer, au premier coup d'œil, le génie sain du dégénéré hautement ou même très hautement doué. Que l'on enlève à celui-là la faculté particulière par laquelle il est un génie, et il restera toujours encore un homme capable, souvent d'une intelligence et d'une habileté supérieures, moral, apte à discerner, qui saura partout tenir sa place dans notre engrenage social. Que l'on tente la même épreuve avec le dégénéré, et l'on n'a qu'un criminel ou un fou que l'humanité saine ne peut employer à rien. Si Gœthe n'avait jamais écrit un seul vers, il n'en aurait pas moins été un homme d'excellente compagnie, de bons principes, un fin connaisseur d'art, un collectionneur plein de goût, un observateur pénétrant de la nature. Que l'on se représente, au contraire, un Schopenhauer qui n'aurait pas été l'auteur de livres étonnants, et l'on n'aurait devant soi qu'un original repoussant que ses mœurs devaient exclure de toute société honnête et que son délire de la persécution désignait pour l'asile d'aliénés. Le manque d'accord, le défaut d'équilibre, le côté singulièrement inutile et non satisfaisant même de la faculté à reconnaître chez le dégénéré de génie, frappent les yeux de tout observateur sain qui ne se laisse pas influencer par l'admiration bruyante de critiques eux-mêmes dégénérés, et lui permettront toujours de ne

---

enfance, ils ont ordinairement des facultés intellectuelles très inégalement développées, faibles dans leur ensemble et remarquables par certaines aptitudes spéciales; ils ont montré des dispositions exceptionnelles pour le dessin, le calcul, la musique, la sculpture ou la mécanique... et à côté de ces facultés isolément développées qui les ont fait passer pour des petits prodiges, ils ont offert la plupart du temps d'énormes lacunes dans leur intelligence et une faiblesse vraiment radicale des autres facultés ».

pas confondre le mattoïde avec l'homme exceptionnel sain qui ouvre de nouveaux sentiers à l'humanité et la mène à de plus hauts développements. Je ne partage pas l'avis de Lombroso, affirmant que les dégénérés de génie constituent une force propulsive du progrès humain [1]. Ils séduisent et aveuglent, ils exercent malheureusement aussi fréquemment une action profonde, mais celle-ci est toujours néfaste. Si on ne le remarque pas tout de suite, cela apparaît plus tard. Si les contemporains ne le constatent pas, l'historien de la civilisation le montre ultérieurement. Ils dirigent également l'humanité, par des sentiers propres qu'ils ont trouvés eux-mêmes, vers des buts nouveaux, mais ces buts sont des abîmes ou des déserts. Ils sont des guides dans les marécages comme les feux-follets, ou dans la perdition comme le preneur de rats de Hameln. Leur infécondité sinistre est expressément mise en relief par les observateurs. « Ce sont », dit Tarabaud, « des bizarres, des originaux, des déséquilibrés, des incapables; ce sont de ces individus dont on ne peut pas dire qu'ils ne soient pas intelligents, mais ils ont une intelligence improductive [2] ». « Un caractère commun les unit », écrit Legrain : « la faiblesse du jugement et l'inégal développement des facultés intellectuelles.... Les conceptions ne sont jamais élevées, le débile est incapable d'avoir de grandes pensées, des idées fécondes; ce fait contraste singulièrement avec le développement exagéré de ses facultés imaginatives [3] ». « S'ils sont peintres », lit-on chez Lom-

---

1. *Nouvelle Revue*, 15 juillet 1891.
2. Tarabaud, *Des rapports de la dégénérescence mentale et de l'hystérie*. Paris, 1888, p. 12.
3. Legrain, *op. cit.*, p. 24 et 26.

broso, « la qualité dominante chez eux sera la couleur, ce seront des décoratifs. S'ils sont poètes, ils auront la rime très riche, la forme brillante, quelquefois ce seront des décadents [1] ».

Ainsi sont bâtis les mieux doués de ceux qui, en art et en littérature, trouvent les nouveaux sentiers, et que des disciples enthousiastes acclament comme guides vers la terre promise de l'avenir. Parmi eux prédominent les dégénérés ou mattoïdes. A la foule, au contraire, qui les admire et jure par eux, qui imite les modes qu'ils ont imaginées et se plaît aux étrangetés décrites dans le chapitre précédent, s'applique avant tout le second des diagnostics établis plus haut : chez elle nous avons principalement affaire à l'hystérie et à la neurasthénie.

Pour des raisons que nous éclaircirons dans le chapitre suivant, l'hystérie a été jusqu'ici moins étudiée en Allemagne qu'en France, le pays où l'on s'est occupé d'elle le plus sérieusement. Ce que nous en savons, nous le devons presque exclusivement aux maîtres français. Les grands traités d'Axenfeld [2], de Richer [3], et particulièrement de Gilles de la Tourette [4], résument d'une manière complète notre connaissance actuelle de cette maladie, et c'est sur eux que je m'appuyerai en énumérant les traits caractéristiques de l'hystérie.

---

1. Lombroso, *Nouvelles recherches de psychiatrie et d'anthropologie criminelle*. Paris, 1892, p. 74.
2. Axenfeld, *Des névroses*. 2ᵉ édition, revue et complétée par le Dʳ Huchard. Paris, 1879.
3. Paul Richer, *Études cliniques sur l'hystéro-épilepsie ou grande hystérie*. Paris, 1891.
4. Gilles de la Tourette, *Traité clinique et thérapeutique de l'hystérie*. Paris, 1891.

Chez les hystériques, — et il ne faut pas croire que ceux-ci se trouvent exclusivement ou seulement même en plus grand nombre dans le sexe féminin, ils se rencontrent chez les hommes aussi fréquemment et peut-être plus fréquemment encore que chez les femmes [1], — chez les hystériques comme chez les dégénérés, ce qui frappe avant tout, c'est une émotivité extraordinaire. « C'est bien plutôt l'impressionnabilité extrême des centres psychiques », dit M. Henri Colin, « qui constitue le caractère fondamental des hystériques…. Les hystériques sont avant tout des sensitifs [2] ». Cette première propriété en engendre une autre, non moins frappante et importante : l'excessive facilité avec laquelle ils peuvent être soumis à la suggestion [3]. Les anciens observateurs ont toujours parlé de l'habitude illimitée du mensonge des hystériques, se sont même indignés contre elle, et en ont fait la marque par excellence de leur condition mentale. En cela ils ont commis une erreur. L'hystérique ne ment pas consciemment. Il croit à la vérité de ses fantaisies les plus folles. La mobilité maladive de son esprit, l'excitabilité exagérée de son imagination amènent à sa conscience toutes sortes d'aperceptions étranges et absurdes ; il se suggère à lui-même que ces aperceptions reposent sur des perceptions réelles, et il croit à la vérité de ses folles fantaisies jusqu'à ce qu'une suggestion nouvelle, soit propre, soit émanant d'un tiers, ait chassé la précédente. Une conséquence de la disposition de l'hystérique à la suggestion, c'est sa manie irrésistible de

---

1. Paul Michaut, *Contribution à l'étude des manifestations de l'hystérie chez l'homme.* Paris, 1890.
2. Henri Colin, *op. cit.*, p. 14.
3. Gilles de la Tourette, *op. cit.*, p. 548 et passim.

l'imitation [1] et l'empressement avec lequel il suit toutes les inspirations des écrivains et des artistes [2]. Quand il voit un tableau, il veut ressembler aux personnages par l'attitude et le costume; s'il lit un livre, il s'en approprie aveuglément les idées; il prend pour modèles les héros des romans qu'il a justement en main, et s'identifie avec le caractère des personnes qui s'agitent devant lui sur la scène.

A l'émotivité et à la suggestibilité s'ajoute un amour de soi-même que l'on n'observe jamais en pareille mesure, il s'en faut même de beaucoup, chez les gens sains. Son propre « moi » apparaît gigantesque à l'œil intérieur de l'hystérique et emplit si complètement son horizon intellectuel, qu'il lui cache tout le reste de l'univers. Il ne supporte pas non plus l'inattention des autres. Il veut avoir autant d'importance pour autrui qu'il en a pour lui-même. « Un besoin incessant poursuit et domine l'hystérique, celui d'occuper son entourage de sa personne [3] ». Un moyen de satisfaire ce besoin est d'imaginer des histoires qui le rendent intéressant. De là les aventures extraordinaires qui occupent fréquemment la police et les faits divers des journaux. L'hystérique est assailli dans la rue la plus passante par des hommes inconnus, dépouillé, maltraité, blessé, traîné dans un quartier éloigné et laissé pour mort. Il se relève péniblement et porte plainte à la police. Il peut montrer sur son corps les blessures reçues. Il précise tous les détails. Et il n'y a pas dans l'histoire un seul mot de vrai, tout a été rêvé et imaginé,

---

1. Henri Colin, *op. cit.*, p. 15 et 16.
2. Gilles de la Tourette, *op. cit.*, p. 493.
3. *Id. Ibid.*, p. 303.

et il s'est fait lui-même les blessures, afin de devenir un moment le centre de l'attention publique. Aux degrés moindres de l'hystérie, ce besoin d'attirer l'attention revêt des formes plus innocentes. Il se manifeste par des excentricités de costume et de conduite. « D'autres hystériques adorent les couleurs voyantes, les objets excentriques, aiment attirer le regard et faire parler d'eux [1] ».

Il n'est pas nécessaire, je pense, de faire remarquer spécialement au lecteur combien ce portrait clinique de l'hystérique répond à la description des singularités « fin de siècle », et comment nous y rencontrons tous les traits que nous a fait connaître l'observation des phénomènes de l'époque, particulièrement la rage d'imiter, à l'extérieur, dans le vêtement, l'attitude, le port de la chevelure et de la barbe, des figures de tableaux anciens et nouveaux, et l'effort fiévreux pour attirer l'attention, par n'importe quelle étrangeté, et faire parler de soi. L'examen des dégénérés et des hystériques déclarés, dont l'état a rendu nécessaire le traitement médical, nous donne aussi la clef de détails secondaires des modes du jour. La fureur de collectionner des contemporains, l'entassement, dans les demeures, d'un bric-à-brac sans but qui n'en devient ni plus utile ni plus beau pour être baptisé du nom tendre de « bibelots », nous apparaissent sous un jour tout nouveau, quand nous savons que Magnan a constaté chez les dégénérés un instinct irrésistible d'acquérir des babioles inutiles. Cet instinct est si accusé et si particulier, que Magnan le déclare un stigmate de dégénérescence et a

---

[1]. Legrain, *op. cit.*, p. 30.

créé pour lui le nom « d'oniomanie », ou folie d'acheter.

On ne doit pas le confondre avec le plaisir d'acheter, propre aux malades dans le premier stade de la paralysie générale. Les achats de ces derniers sont une conséquence de leur manie des grandeurs : ils font de grandes acquisitions, parce qu'ils se croient millionnaires ou milliardaires. L'oniomane, au contraire, n'achète pas de masses considérables d'un seul et même objet, comme le paralytique général, et le prix ne lui est pas indifférent, comme à celui-ci. Il ne peut simplement passer devant une pacotille, sans ressentir le besoin de l'acquérir.

La manière singulière de certains peintres, impressionnistes, pointillistes ou mosaïstes, trembleurs ou papilloteurs, coloristes rugissants, teinturiers en gris ou en blafard, nous deviendra immédiatement compréhensible, si nous avons présentes à l'esprit les recherches de l'école de Charcot sur les troubles visuels des dégénérés et des hystériques. Les peintres qui assurent qu'ils sont sincères et rendent la nature telle qu'ils la voient, disent souvent la vérité. Le dégénéré qui souffre de nystagmus, ou tremblement du globe oculaire, percevra, en effet, le monde comme quelque chose de trémulant, d'instable, sans contours fermes, et s'il est un peintre consciencieux, il nous fournira des tableaux qui rappelleront la manière dont les dessinateurs des *Fliegende Blætter* de Munich représentent un chien mouillé qui se secoue vigoureusement, et qui n'éveilleront pas une idée comique uniquement parce que l'observateur attentif y lira l'effort désespéré pour rendre pleinement une impression qui, avec les moyens d'art créés par les hommes à vue normale, ne peut précisément être rendue.

Presque chez tous les hystériques existe l'anesthésie d'une partie de la rétine [1]. En règle générale, les endroits insensibles sont continus, et occupent la moitié extérieure de cette membrane. Dans ces cas-là, le champ visuel est plus ou moins rétréci et apparaît à l'hystérique non tel qu'à l'homme normal, — comme un cercle, — mais comme un tableau limité par une ligne capricieusement sortante et rentrante. Mais parfois les endroits anesthésiques ne sont pas continus et se trouvent répandus en forme d'îlots sur toute la rétine. Alors le malade aura dans son champ visuel toutes sortes de lacunes ou taches noires d'un effet curieux, et s'il peint ce qu'il voit, il inclinera à placer les uns près des autres des points ou taches plus ou moins gros non liés ensemble, ou liés d'une façon imparfaite. L'insensibilité n'a pas besoin d'être complète ; elle peut exister seulement pour certaines couleurs ou pour toutes les couleurs. Si l'hystérique a totalement perdu le sentiment des couleurs (achromatopsie), il voit tout uniformément gris, mais perçoit les différences de degrés de clarté. L'image du monde se présente donc à lui comme une eau-forte ou un dessin à la mine de plomb, où l'effet des couleurs absentes est remplacé par les dégradations de lumière, par la plus ou moins grande profondeur et par la vigueur des endroits blancs et noirs. Des peintres insensibles aux couleurs éprouveront naturellement de la prédilection pour la peinture blafarde, et un public souffrant du même mal ne trou-

[1] Dr Émile Berger, *Les maladies des yeux dans leurs rapports avec la pathologie générale*. Paris, 1892, p. 129 et sqq.

vera rien de choquant à des tableaux dyschromatiques. Mais si, à côté du lait de chaux d'un Puvis de Chavannes éteignant uniformément les couleurs, le jaune, le bleu et le rouge hurlants d'un Besnard trouvent aussi des fanatiques, cela tient également à une cause que la clinique nous dévoile. « Le jaune et le bleu, couleurs périphériques, c'est-à-dire perçues par le bord extrême de la rétine », nous enseigne Gilles de la Tourette, « continueront à être perçus jusqu'à la dernière limite. Ce sont, en effet.... les deux couleurs dont la sensation dans l'amblyopie hystérique se conserve le plus longtemps. Mais... chez certains malades, fréquemment même, c'est le rouge et non le bleu qui disparaît le dernier [1] ».

Le rouge offre encore une autre particularité, qui explique la grande prédilection des hystériques pour lui. Les expériences ont établi que les impressions amenées au cerveau par les nerfs sensitifs exercent une influence considérable sur la nature et l'intensité des impulsions que celui-ci envoie aux nerfs moteurs [2]. Certaines sensations ont une action dépressive et inhibitive sur les mouvements; d'autres, au contraire, rendent ceux-ci plus vigoureux, plus rapides et plus intenses : elles sont dynamogènes ou productrices de force. Or, comme à la dynamogénie ou production de force est toujours attaché un sentiment de plaisir, chaque être vivant éprouve le besoin de chercher des sensations dynamogènes et d'éviter les sensations inhibitives et dépressives.

1. *Traité clinique et thérapeutique de l'hystérie*, p. 339.
2. Alfred Binet, *Recherches sur les altérations de la conscience chez les hystériques*. Revue philosophique, 1889, 27e volume.

Or, le rouge est remarquablement dynamogène. « Ainsi », rapporte Binet, en décrivant une expérience tentée sur une hystérique atteinte d'insensibilité d'une moitié du corps, « nous mettons dans la main droite, anesthétique, d'Amélie Cle... un dynamomètre..... La main donne en moyenne le chiffre 12. Si on fait contempler à ce moment à la malade un disque rouge, aussitôt le chiffre de la pression inconsciente... double [1]... ». On comprend donc que des peintres hystériques se plongent à cœur-joie dans le rouge, et que des spectateurs hystériques éprouvent un plaisir particulier à la vue de tableaux qui agissent sur eux d'une façon dynamogène et éveillent en eux des sensations agréables.

Si le rouge est dynamogène, le violet, au contraire, est inhibant et dépressif [2]. Ce n'est point par hasard que le violet a été choisi par maints peuples comme couleur exclusive de deuil, et par nous comme couleur de demi-deuil. La vue de cette couleur exerce une action déprimante, et le sentiment de déplaisir qu'elle éveille répond à l'abattement d'une âme en deuil. Il est compréhensible que des hystériques et des neurasthéniques peignants auront une tendance à répandre en quelque sorte sur leurs tableaux une couleur répondant à leur état de fatigue et d'épuisement.

Ainsi naissent les peintures violettes de Manet et de son école, qui ne découlent pas d'un aspect réellement obser-

---

1. Alfred Binet, *loc. cit.*, p. 150.
2. Ch. Féré, *Sensation et Mouvement. Revue philosophique*, 1886. Voir aussi du même auteur : *Sensation et Mouvement*, Paris, 1887; *Dégénérescence et Criminalité*, Paris, 1888; et *L'Énergie et la Vitesse des mouvements volontaires. Revue philosophique*, 1890.

vable dans la nature, mais d'une vue intérieure, d'un état nerveux. Quand des pans de mur entiers de salons contemporains et d'expositions paraissent uniformément voilés de demi-deuil, cette prédilection pour le violet démontre simplement la débilité nerveuse des peintres.

Un autre phénomène est encore caractéristique à un haut degré de la dégénérescence des uns et de l'hystérie des autres : c'est la formation de groupes ou d'écoles fermés, s'isolant intraitablement des écoles voisines, que l'on observe actuellement dans l'art et la littérature. Des artistes ou des écrivains sains, dont l'esprit se trouve dans un état d'équilibre normal, ne songeront jamais à se former en une association que l'on peut, à son gré, nommer secte ou bande; à rédiger un catéchisme, à se lier à des dogmes esthétiques déterminés, et à entrer en lice pour ceux-ci avec l'intolérance fanatique d'inquisiteurs espagnols. S'il y a une activité humaine qui doive être individuelle, c'est à coup sûr l'activité artistique. Le vrai talent est toujours personnel. Ce qu'il rend dans ses créations, c'est lui-même, ses propres vues et ses sentiments, et non pas les dogmes appris de n'importe quel apôtre esthétique; il obéit à son impulsion créatrice, non à une formule théorique prêchée par le fondateur d'une nouvelle chapelle artistique ou littéraire; il développe son œuvre dans la forme qui lui est organiquement nécessaire, et non dans celle qu'un chef de secte déclare exigée par la mode du jour. Le seul fait qu'un écrivain ou un artiste se laisse assermenter à un mot d'ordre, à un « *isme* » quelconque, qu'il coure avec des cris de jubilation derrière un drapeau et une musique turque, est une preuve complète de manque de personnalité, c'est-à-dire de talent. Si les mouvements intellectuels, même sains et féconds, d'une époque, sont en règle générale classés en grandes divisions qui reçoivent un nom particulier, ce sont les historiens de la civilisation ou de la littérature qui, après coup, embrassent des yeux le tableau d'ensemble de cette époque et y établissent pour leur propre commodité des sections et des classes, afin de se retrouver eux-mêmes plus facilement dans la diversité des phénomènes. Mais ces divisions sont presque toujours arbitraires et artificielles. Les esprits indépendants (il n'est pas question ici des simples imitateurs), qu'un bon critique réunit en un groupe, laisseront peut-être reconnaître une certaine ressemblance, mais en règle générale celle-ci sera le résultat d'influences extérieures et non d'une réelle parenté intime. Personne ne peut se soustraire complètement aux influences ambiantes ; et sous l'impression des événements, les mêmes pour tous les contemporains, aussi bien que des vues scientifiques régnant à un moment donné, certains traits qui les datent en quelque sorte se développent dans toutes les œuvres d'une époque. Mais les mêmes hommes qui, plus tard, se trouvent si naturellement réunis dans le livre de l'histoire qu'ils paraissent former une famille, ont, dans la vie, suivi loin les uns des autres leur voie particulière, et n'ont guère soupçonné qu'on les comprendrait un jour sous une désignation commune. Il en est tout autrement quand des écrivains ou des artistes se réunissent sciemment et à dessein, et fondent une école esthétique comme on fonde une banque d'escompte : avec un titre pour lequel on revendiquerait volontiers la protection de la loi, avec des statuts, un capital social, etc. Cela peut être de la spéculation ordinaire, mais, en général, c'est de la maladie. Le penchant au groupement, qui se révèle chez tous les dégénérés et les hystériques, peut prendre différentes formes. Chez les criminels, il conduit à la réunion de bandes, ainsi que Lombroso le constate expressément [1]; chez les aliénés déclarés, à la « folie à deux », dans laquelle l'un des malades impose complètement son délire à son compagnon; chez les hystériques, à ces amitiés vives qui font répéter à Charcot en chaque circonstance : « Les nerveux se recherchent [2] »; chez les écrivains enfin, à l'établissement d'écoles.

La base organique commune de ces différentes formes d'un seul et même phénomène, de la « folie à deux », de l'association des gens nerveux, de la formation d'écoles esthétiques et de la fondation de bandes de criminels, est, dans la partie active, chez les chefs et incitateurs : la prédominance d'obsessions; dans la suite, chez les disciples, la partie soumise : la faiblesse de volonté et la suggestibilité pathologique [3]. Le porteur d'une obsession est un incomparable apôtre. Il n'y a pas de conviction raisonnable obtenue par un travail normal de la pensée, qui, autant qu'un délire, s'emparerait aussi complètement d'un esprit, se soumettrait aussi tyranniquement toute son activité, le pousserait aussi irrésistiblement aux paroles et aux actes.

1. Lombroso, *L'Homme criminel*, p. 519 et sqq.
2. Charcot, *Leçons du mardi*, passim.
3. Legrain, *op. cit.*, p. 173 : « Dans la prédisposition au délire d'une part, dans la faiblesse intellectuelle accompagnante d'autre part, il faut chercher l'explication réelle des cas de folie à deux ». Voir aussi Régis, *La Folie à deux*. Paris, 1880.

Contre le fou et le demi-fou délirant rebondit toute démonstration de l'absurdité de ses aperceptions; nulle contradiction, nulle raillerie, nul mépris ne le touchent; l'opinion de la majorité lui est indifférente; les faits qui ne sont pas à son gré, il les ignore ou les interprète de telle sorte qu'ils semblent venir en aide à son délire; les obstacles ne l'effraient pas, parce que, contre la puissance de son délire, son instinct de conservation même est incapable de lutter, et en vertu de la même raison il est très souvent prêt à aller pour eux jusqu'au martyre. Des faibles d'esprit ou des déséquilibrés, en contact avec un délirant, sont immédiatement subjugués par la puissance de ses idées pathologiques et s'y convertissent aussitôt. Parfois il est possible de les guérir de ces délires transmis, en les séparant de ceux qui les ont provoqués; mais souvent aussi le trouble mental survit à la séparation même.

Telle est l'histoire naturelle des écoles esthétiques. Un dégénéré proclame, sous l'effet d'une obsession, un dogme littéraire quelconque, le réalisme, la pornographie, le mysticisme, le symbolisme, le diabolisme. Il le fait avec une éloquence violente et pénétrante, avec surexcitation, avec un manque d'égards furibond. D'autres dégénérés, hystériques, neurasthéniques, se réunissent autour de lui, reçoivent le nouveau dogme de sa bouche, et vivent à partir de ce moment pour le répandre.

Dans ce cas, tous les intéressés sont de bonne foi : le fondateur comme les disciples. Ils agissent comme ils doivent agir, étant donné l'état maladif de leur cerveau et de leur système nerveux. Mais ce tableau, tout à fait clair au point de vue clinique, est généralement embrouillé quand l'apôtre d'un délire et sa suite parviennent à attirer sur eux une attention plus générale. Alors cet apôtre voit accourir à lui un tas de gens qui ne sont plus de bonne foi, qui savent très bien reconnaître le côté insensé du nouveau dogme, mais néanmoins l'acceptent, parce qu'ils espèrent gagner réputation et argent, comme membres de la nouvelle secte. Il y a dans chaque peuple dont l'art et la littérature sont développés, de nombreux eunuques intellectuels qui ne sont pas capables d'engendrer une œuvre vivante, mais arrivent très bien à imiter le geste de la procréation. Ces mutilés forment malheureusement la grande majorité des écrivains et des artistes de profession, et leur grouillante masse parasitaire étouffe trop souvent le talent vrai et spontané. Or, ce sont eux qui se hâtent de fournir l'escorte à chaque nouvelle tendance qui semble devenir à la mode. Ils sont naturellement toujours les plus modernes de tous, car nul commandement d'originalité, nulle conscience artistique ne les empêchent d'imiter constamment avec le même zèle d'artisan, en le défigurant, le modèle le plus récent. Habiles à s'approprier les extériorités, plagiaires et pasticheurs déterminés, ils s'empressent autour de chaque manifestation originale, qu'elle soit maladive ou saine, et se mettent sans perdre de temps à en fabriquer des contrefaçons. Aujourd'hui ils sont symbolistes, comme ils étaient hier réalistes ou pornographes. Ils écrivent avec la même facilité des mystères, s'ils s'en promettent renom et bon débit, comme ils bâclaient des romans de chevalerie et de brigands, des récits d'aventures, des tragédies romaines et des idylles villageoises, quand la demande des critiques de journaux et du public paraissait se porter plutôt sur cette marchandise-là. Ces praticiens qui, établissons-le de nouveau, forment la grande majorité des travailleurs intellectuels, par conséquent aussi des membres des sectes à la mode dans l'art et la littérature, sont d'ailleurs complètement sains au point de vue intellectuel, quoique à un très bas degré de développement, et celui qui les examinerait pourrait facilement mettre en doute, en ce qui concerne les fidèles des nouvelles doctrines, la justesse du diagnostic « dégénérescence ». On doit, en conséquence, apporter quelque prudence dans l'enquête, et constamment distinguer les promoteurs sincères des camelots spéculateurs qui les imitent, le fondateur de la religion et ses apôtres de la plèbe qui se préoccupe non du Discours sur la montagne, mais de la Pêche miraculeuse et de la Multiplication des pains.

Nous avons montré comment naissent les écoles : elles sont le fruit de la dégénérescence des créateurs et de leurs imitateurs convaincus. Mais qu'elles puissent venir à la mode, obtenir quelque temps des succès bruyants, cela s'explique par des particularités du public, et notamment par son hystérie. Nous avons vu que la suggestibilité excessive est le signe caractéristique des hystériques. Cette même puissance de l'obsession par laquelle le dégénéré recrute des imitateurs, groupe aussi autour de lui des partisans. Si l'on assure à l'hystérique, bien haut et sans se lasser, qu'une œuvre est belle, profonde, grosse d'avenir, il le croit. Il croit à tout ce qui lui est suggéré d'une façon suffisamment pénétrante. Quand la petite vachère Bernadette vit apparaître la Sainte Vierge dans la grotte de Lourdes, non seulement toutes les bigotes et les hystériques mâles des environs accourus au miracle crurent que la fillette hallucinée avait elle-même vu l'apparition, mais tous virent de leurs propres yeux la Sainte Vierge. M. Edmond de Goncourt raconte le fait suivant, relatif à la guerre de 1870 : « Mais la dépêche qui annonce la défaite du prince de Prusse, et la prise de 25 000 prisonniers, cette dépêche, dit-on, affichée dans l'intérieur de la Bourse (de Paris), cette dépêche, que me déclarent avoir lue des gens, au milieu desquels je la cherche dans l'intérieur, cette dépêche que — dans une étrange hallucination — des gens croient voir, en me faisant d'un doigt indicateur : « Tenez, la voilà, là ! »…. et me montrant au fond un mur où il n'y a rien, — cette affiche, je ne peux la découvrir, la cherchant et la recherchant dans tous les coins de la Bourse [1] ». On pourrait citer par douzaines de ces exemples d'illusions des sens suggérées à une foule excitée. Les hystériques se laissent donc, sans plus de façons, convaincre de la magnificence d'une œuvre, et ils y trouvent même ensuite des beautés de l'ordre le plus élevé, auxquelles son auteur et les trompettes de la renommée de celui-ci n'ont pas le moins du monde pensé. Une fois la secte suffisamment constituée pour avoir, outre son fondateur et les prêtres de son temple, les sacristains salariés et les enfants de chœur, encore une communauté, des processions avec bannières et chants et des cloches retentissantes, alors se joignent à elle d'autres croyants, en plus des hystériques qui se

---

1. *Journal des Goncourt*, dernière série, premier volume : 1870-1871. Paris, 1890, p. 10.

sont laissé suggérer la foi nouvelle. De jeunes gens sans discernement, qui cherchent encore leur route, vont là où ils voient la foule affluer, et ils la suivent sans hésitation, parce qu'ils croient qu'elle marche dans le vrai sentier. Des sots, qui ne craignent rien tant que d'être tenus pour arriérés, se joignent à elle avec des rugissements de vivats qui doivent les convaincre eux-mêmes qu'ils dansent, eux aussi, devant le tout nouveau triomphateur, la toute récente célébrité. Des vieillards usés, qui ont la crainte puérile que l'on sache leur âge, fréquentent assidument le nouveau temple et mêlent leur voix chevrotante au chant des fidèles, parce qu'ils espèrent qu'en les voyant dans un groupe où prédominent les jeunes gens, on les tiendra pour jeunes.

Ainsi s'établit un attroupement en forme autour d'un infortuné dégénéré. Le fat à la mode, le « gigolo » esthétique, regarde par-dessus l'épaule de l'hystérique auquel a été suggérée l'admiration. L'intrigant marche sur les pieds du barbon qui feint la jeunesse, et entre eux tous se presse la jeunesse curieuse des rues, qui doit se trouver partout où « se passe quelque chose ». Et comme cette foule est poussée par la maladie, l'avidité du gain et la vanité, elle fait beaucoup plus de vacarme qu'un bien plus grand nombre d'hommes sains qui jouissent tranquillement et sans arrière-pensée égoïste des œuvres des talents bien portants; ces derniers, en effet, ne se sentent pas obligés d'aller hurler leur appréciation sur les toits et ne menacent pas d'assommer les passants innocents qui ne veulent pas s'associer à leurs acclamations assourdissantes.

# IV

## ÉTIOLOGIE

Nous avons reconnu que les tendances et modes littéraires et artistiques « fin de siècle », ainsi que l'accessibilité du public à leur égard, sont l'effet de maladies, et nous avons pu établir que ces maladies sont la dégénérescence et l'hystérie. Nous avons maintenant à rechercher comment ces maladies de l'époque sont nées, et pourquoi elles apparaissent si extraordinairement fréquentes justement en notre temps.

Morel, le grand scrutateur de la dégénérescence, ramène au fond celle-ci à l'intoxication [1]. Une génération qui use régulièrement, même sans excès, de stupéfiants et d'excitants sous n'importe quelle forme (boissons fermentées, tabac, opium, haschisch, arsenic), qui mange des choses corrompues (seigle ergoté, mauvais maïs), qui absorbe des poisons organiques (fièvre paludéenne, syphilis, tuberculose, goitre), engendre des descendants dégénérés qui, s'ils

---

1. *Traité des dégénérescences*, passim.

restent exposés aux mêmes influences, descendent rapidement aux plus bas degrés de la dégénérescence, à l'idiotisme, au nanisme, etc. Que l'intoxication des peuples civilisés continue et augmente dans la plus grande mesure, c'est ce que révèle la statistique. La consommation du tabac est montée en France, de 0 kilo 8 par tête qu'elle était en 1841, à 1 kilo 9 en 1890 [1]. On a pour l'Angleterre les chiffres correspondants de 13 et 26 onces [2], pour l'Allemagne ceux de 0 kilo 8 et 1 kilo 5. L'usage de l'alcool s'est, pendant le même temps, élevé en Allemagne de 5, 45 quart (1844), à 6, 86 quart (1867), en Angleterre de 2, 04 litres à 2, 64 litres, en France de 1, 33 litre à 4 litres [3]. L'augmentation de la consommation de l'opium et du haschisch est même plus forte encore, mais nous n'avons pas à nous en occuper, car seuls en souffrent les peuples orientaux,

---

1. Communication personnelle de l'excellent statisticien M. Joseph Körösi, chef du bureau de statistique de Budapest.
2. Discours du chancelier de l'Échiquier Goschen dans la Chambre des communes, le 11 avril 1892.
3. J. Vavasseur dans l'Économiste français de 1890. Voir aussi Bulletin de statistique pour 1891. Les chiffres ne sont pas certains, car ils sont donnés autrement par chaque statisticien auquel je me suis adressé. Seul le fait de l'accroissement de l'usage de l'alcool ressort avec certitude de toutes les publications consultées. Outre l'alcool, on consommait en boissons fermentées, par tête de population, d'après M. Joseph Körösi :

| | Vin. | Bière et cidre. |
|---|---|---|
| **Grande-Bretagne.** | | |
| 1830-1850 | 0,2 gallons. | 26 gallons. |
| 1880-1888 | 0,4 — | 27 — |
| **France.** | | |
| 1840-1842 | 23 | 3 — |
| 1870-1872 | 25 | 6 — |
| **Prusse.** | | |
| 1839 | | 13.48 quarts. |
| 1871 | | 17.92 — |
| **Empire allemand.** | | |
| 1872 | | 81.7 litres. |
| 1889-1890 | | 90.3 — |

qui ne jouent aucun rôle dans le mouvement intellectuel de la race blanche. A ces influences nocives s'en ajoute encore une que Morel n'a pas connue ou n'a pas prise en considération : le séjour dans la grande ville. L'habitant de la grande ville, même le plus riche, celui qu'entoure le luxe le plus recherché, est continuellement exposé à des influences défavorables qui amoindrissent sa force vital, bien au delà de la mesure inévitable. Il aspire un air chargé de détritus organiques, il mange des aliments flétris, contaminés, falsifiés, il se trouve dans un état perpétuel de surexcitation nerveuse, et on peut le comparer sans exagération à l'habitant d'une contrée marécageuse. L'effet de la grande ville sur l'organisme humain offre la plus grande analogie avec celui des maremmes, et sa population est victime de la même fatalité de dégénérescence et de destruction que les victimes de la *malaria*. La mortalité, dans la grande ville, est de plus d'un quart supérieure à la moyenne du peuple tout entier; elle est le double de celle de la rase campagne, bien qu'en réalité elle devrait être moindre, puisque dans la grande ville prédominent les âges les plus vigoureux, où la mortalité est bien plus petite que dans l'enfance et la vieillesse [1]. Et les enfants eux-mêmes des grandes villes, qui ne sont pas enlevés de bonne heure, subissent l'arrêt de développement caractéristique relevé par Morel dans la population des contrées paludéennes [2]. Ils se développent assez normalement jus-

---

1. En France, la mortalité générale a été, de 1886 à 1890, de 22,21 pour 1000. Mais à Paris elle s'est élevée à 23,4, à Marseille à 34,8, dans toutes les villes de plus de 100 000 habitants à une moyenne de 28,31, dans tous les endroits de moins de 5000 habitants, à 21,74. *La Médecine moderne*, année 1891.

2. *Traité des dégénérescences*, p. 614 et 615.

qu'à quatorze ou quinze ans, sont jusque-là éveillés, parfois même brillamment doués et promettent merveille ; puis soudainement se produit un arrêt, l'esprit s'éteint, la facilité de compréhension se perd, et le garçon qui, hier encore, était un écolier modèle, devient un cancre obtus qu'on ne peut piloter qu'avec la plus grande difficulté à travers les examens. A ces modifications intellectuelles répondent des modifications physiques. La croissance des os longs est excessivement lente ou cesse complètement, les jambes demeurent courtes, le bassin conserve une forme féminine, certains autres organes ne se développent pas davantage, et l'être entier offre un étrange et repoussant mélange d'inachèvement et de flétrissure [1].

Or, on sait combien, dans la dernière génération, le nombre des habitants des grandes villes s'est accru [2]. Aujourd'hui, une partie incomparablement plus grande du peuple qu'il y a cinquante ans est soumise aux influences destructives de la grande ville ; le nombre des victimes de

---

1. Brouardel, *La Semaine médicale*. Paris, 1887, p. 254. Dans cette étude des plus remarquables, le professeur parisien dit entre autres : « Que deviennent plus tard ces jeunes Parisiens ? Incapables d'accomplir un long et consciencieux travail, ils excellent d'ordinaire aux choses artistiques. S'ils sont peintres, ils ont plus de couleur que de dessin ; s'ils sont poètes, la ciselure du vers assure leur succès, plus que la vigueur de la pensée ». — A rapprocher de la remarque de Lombroso citée plus haut.

2. Les 26 villes allemandes qui, aujourd'hui, ont plus de 100 000 habitants, en comptaient ensemble, en 1891, 6 millions, et en 1835 1 400 000. Les 31 villes anglaises de cette catégorie, 10 970 000 en 1891, 4 590 000 en 1835. Les 11 villes françaises dans le même cas, 4 180 000 en 1891, 1 710 000 en 1836. Il faut remarquer qu'environ un tiers de ces 68 villes n'avait pas encore, en 1840, 100 000 habitants. Aujourd'hui habitent dans les grandes villes, en Allemagne, en France et en Angleterre, 21 050 000 individus, tandis qu'en 1840, 4 800 000 seulement se trouvaient dans ces conditions d'existence. (Communication de M. Joseph Körösi).

celle-ci est pour cette raison proportionnellement plus considérable que jadis, et augmente continuellement. Avec la croissance des grandes villes s'augmente parallèlement le nombre des dégénérés de toute espèce, des criminels, des fous et des « dégénérés supérieurs » de Magnan, et il est naturel que ces derniers jouent dans la vie intellectuelle un rôle toujours plus en vue, qu'ils s'efforcent d'introduire dans l'art et la littérature toujours plus d'éléments de folie.

L'énorme accroissement de l'hystérie, à notre époque, est dû en partie aux mêmes causes que la dégénérescence; il y a en outre une cause beaucoup plus générale encore que la croissance des grandes villes, cause qui ne suffit peut-être pas à elle seule à amener la dégénérescence, mais qui est à coup sûr pleinement suffisante pour produire l'hystérie et la neurasthénie. Cette cause est la fatigue de la génération actuelle. Que l'hystérie soit en réalité une conséquence de la fatigue, c'est ce que Féré a démontré par des expériences probantes. Dans une communication à la Société de biologie de Paris, ce très distingué savant s'exprime ainsi : « J'ai observé récemment un certain nombre de faits qui mettent en évidence l'analogie qui existe entre la fatigue et la condition permanente des hystériques. On sait que chez les hystériques la symétrie des mouvements se manifeste d'une manière très caractéristique dans de nombreuses circonstances. J'ai constaté que chez les sujets normaux cette même symétrie des mouvements se retrouvait sous l'influence de la fatigue. Un phénomène qui se montre bien marqué chez les grands hystériques, c'est cette excitabilité particulière qui fait que l'on voit, sous l'influence d'excitations périphériques ou de représentations mentales, l'énergie des mouvements volontaires subir des modifications rapides et transitoires coexistantes avec des modifications parallèles de la sensibilité et des fonctions de nutrition. Cette excitabilité peut être également mise en évidence dans la fatigue... La fatigue constitue une véritable hystérie expérimentale momentanée ; elle établit une transition entre les états que nous appelons normaux et les états divers compris sous le nom d'hystérie. On peut changer en hystérique un individu normal en le fatiguant... Tous ces agents (provocateurs de l'hystérie) peuvent être ramenés, au point de vue de leur rôle pathogénique, à un processus physiologique unique : la fatigue, la dépression des phénomènes vitaux [1] ».

Cette cause qui, d'après Féré, transforme des individus sains en hystériques, — la fatigue, — l'humanité civilisée tout entière y est soumise depuis un demi-siècle. Toutes ses conditions vitales ont subi en ce laps de temps une révolution dont il n'y a pas d'exemple dans l'histoire universelle. L'humanité n'offre pas un seul siècle où les inventions qui pénètrent si profondément, si tyranniquement dans la vie de chaque individu, s'entassent comme au nôtre. La découverte de l'Amérique, la Réforme, ont sans aucun doute puissamment excité les esprits et détruit certainement aussi l'équilibre de milliers de cerveaux peu résistants. Mais cela n'a pas changé l'existence matérielle des hommes. On se levait et on se couchait, on mangeait et buvait, on s'habillait, on s'amusait, on passait ses jours et ses années comme on l'avait toujours fait. De notre temps,

---

1. Féré, *La Semaine médicale*, 1890, p. 192.

au contraire, la vapeur et l'électricité ont mis sens dessus dessous les habitudes d'existence de chaque membre des peuples civilisés, même du petit bourgeois le plus obtus et le plus borné, qui était complètement inaccessible aux pensées motrices du temps.

Dans une conférence exceptionnellement remarquable faite par le professeur A. W. de Hofmann au Congrès des naturalistes allemands de Brême en 1890, celui-ci donna, en terminant, une courte description de la vie d'un habitant de ville en 1822. Il nous montre un naturaliste qui arrive alors en poste de Brême à Leipzig. Le voyage a duré quatre jours et quatre nuits, et le voyageur est naturellement moulu. Ses amis le reçoivent et il voudrait un peu se rafraîchir; mais il n'y a pas encore à Leipzig de bière de Munich. Après être resté un moment avec ses collègues, il va à la recherche de son auberge. Ce n'est pas chose facile, car dans les rues règne une obscurité égyptienne, interrompue seulement à de lointaines distances par la flamme fumeuse d'une lampe à l'huile. Il trouve enfin son logis et voudrait voir clair. Comme les allumettes n'existent pas encore, il en est réduit à se contusionner le bout des doigts avec le briquet à pierre, jusqu'à ce qu'il parvienne enfin à allumer une chandelle. Il attend une lettre, mais celle-ci n'est pas arrivée, et il ne peut maintenant la recevoir que dans quelques jours, car la poste ne fonctionne que deux fois par semaine entre Francfort et Leipzig [1]...

---

1. Voir, outre la conférence de Hofmann, l'excellent livre (en allemand) du D* Otto Bähr : *Une ville allemande il y a soixante ans*, 2ᵉ édition, Leipzig, 1891.

Mais il est inutile de remonter jusqu'à l'année 1822 choisie par le professeur Hofmann; arrêtons-nous, pour la comparaison avec le présent, à l'année 1840. Ce n'est pas arbitrairement que nous prenons cette année-là. C'est environ le moment où est née la génération qui a assisté à l'irruption des nouvelles découvertes dans tous les ordres d'idées et de faits et subi en personne les transformations qui en sont la conséquence. Cette génération règne et gouverne aujourd'hui, elle donne partout le ton, et elle a pour fils et pour filles la jeunesse européenne et américaine, dans laquelle les nouvelles tendances esthétiques trouvent leurs fanatiques partisans. Comparons maintenant comment les choses se passaient en 1840 et un demi-siècle plus tard dans le monde civilisé [1].

En 1840, il y avait en Europe 3000 kilomètres de chemins de fer; en 1890, il y en a 218 000 kilomètres. Le chiffre des voyageurs se montait en 1840, pour l'Allemagne, la France et l'Angleterre, à 2 millions et demi; en 1891, il est de 614 millions. En Allemagne, chaque habitant recevait, en 1840, 85 lettres, en 1888, 200. En 1840, la poste distribuait, en France, 94 millions de lettres; en Angleterre, 277 millions; en 1881, 595 millions dans le premier pays, et 1299 dans le second. Les envois de lettres de tous les pays réunis, en dehors

---

1. Pour ne pas rendre trop lourdes les notes au bas des pages, j'indique ici que les chiffres suivants sont empruntés en partie à des communications de M. Joseph Körösi, en partie à une remarquable étude de M. Charles Richet : *Dans cent ans* (*Revue scientifique*, années 1891 et 92), et en partie moindre à des publications particulières, comme l'*Annuaire de la Presse, Press Directory*, etc. Pour certains chiffres nous avons mis aussi à profit Mulhall et le discours au Reichstag de M. de Stephan, 4 février 1892.

du mouvement intérieur de chaque pays pris à part, s'élevaient en 1840 à 92 millions, en 1889 à 2759. En Allemagne paraissaient, en 1840, 305 journaux, en 1891, 6800 ; en France, 776 et 5182, en Angleterre (1846) 554 et 2255. La librairie allemande produisait, en 1840, 1100 nouveaux ouvrages, en 1891, 18 700. Le commerce d'exportation et d'importation de l'univers avait, en 1840, une valeur de 35 milliards de francs ; en 1889, une valeur de 92 milliards. Les vaisseaux qui, en 1840, sont entrés dans les ports réunis de la Grande-Bretagne, contenaient 9 millions et demi de tonnes, et en 1890, 74 millions et demi. Tous les navires marchands britanniques mesuraient, en 1840, 3 200 000 tonnes, en 1890, 9 688 000.

Que l'on songe maintenant à la façon dont naissent ces chiffres formidables. Les 18 700 nouvelles publications de librairie, les 6800 journaux de l'Allemagne veulent être lus, quoique beaucoup le veulent en vain ; les 2759 millions de lettres doivent être écrites ; le mouvement commercial plus grand, les nombreux voyages, le trafic maritime plus fort, impliquent une activité proportionnellement plus considérable de chaque individu. Le dernier habitant de village a aujourd'hui un horizon géographique plus large, des intérêts intellectuels plus nombreux et plus compliqués, que le premier ministre d'un petit État et même d'un État moyen il y a un siècle ; en lisant seulement son journal, fût-ce la plus innocente feuille de chou locale, il prend part, non pas en intervenant et en décidant, sans doute, mais avec un intérêt de curiosité et de réceptivité, à mille événements qui se passent sur tous les points du globe, et il se préoccupe simultanément de l'issue d'une révolution au Chili, d'une guerre de brousse au Dahomey, d'un massacre dans la Chine du Nord, d'une famine en Russie, d'une échauffourée en Espagne, et d'une exposition universelle dans l'Amérique du Nord. Une cuisinière reçoit et expédie plus de lettres qu'autrefois un professeur de faculté, et un petit boutiquier voyage plus, voit plus de pays et de peuples, que jadis un prince régnant.

Or, toutes ces activités, même les plus simples, sont liées à un effort du système nerveux, à une consommation de matière. Chaque ligne que nous lisons ou écrivons, chaque visage humain que nous voyons, chaque conversation à laquelle nous nous livrons, chaque scène que nous percevons par la portière du train filant à toute vapeur, met en activité nos nerfs et notre cerveau. Même les petits ébranlements en chemin de fer non perçus par la conscience, les bruits perpétuels et les tableaux variés des rues d'une grande ville, notre impatience à connaître la suite de tels et tels événements, l'attente de notre journal, du facteur, des visiteurs, tout cela coûte du travail à notre cerveau. Depuis cinquante ans, la population de l'Europe n'a pas doublé; la somme de son travail est montée au décuple, en partie même à cinquante fois plus. Chaque homme civilisé fournit donc aujourd'hui de cinq à vingt-cinq fois autant de travail qu'on lui en demandait il y a un demi-siècle.

A cet énorme accroissement de dépense organique ne répond pas et ne peut pas répondre un accroissement égal de revenu. Les Européens mangent aujourd'hui un peu plus et un peu mieux qu'il y a cinquante ans, mais nullement, il s'en faut de beaucoup, en proportion du surcroît de fatigue qui leur est actuellement imposé. Et même s'ils avaient en excès les aliments les plus choisis, cela ne leur servirait à rien, car ils seraient incapables de les digérer. Notre estomac ne peut marcher du même pas que notre cerveau et notre système nerveux; celui-ci réclame beaucoup plus que l'autre n'est à même de donner. Il arrive donc ce qui arrive toujours quand, à de grandes dépenses, répondent de petits revenus : on consomme d'abord les économies, puis la banqueroute arrive.

L'humanité civilisée fut surprise à l'improviste par ses nouvelles découvertes et ses nouveaux progrès; il ne lui resta pas de temps pour s'adapter aux conditions de vie nouvelles. Nous savons que nos organes acquièrent par l'exercice une capacité fonctionnelle de plus en plus grande, qu'ils se développent par leur propre activité et peuvent répondre à des exigences pour ainsi dire illimitées; seulement à une condition : c'est que cela se fasse peu à peu, qu'il leur soit laissé du temps; s'ils doivent fournir sans transition un multiple de la tâche habituelle, ils sont bien vite complètement paralysés. On n'a pas laissé de temps à nos pères. Pour ainsi dire d'un jour à l'autre, sans préparation, avec une soudaineté meurtrière, ils ont dû changer le pas commodément lent de l'existence antérieure contre la course échevelée de la vie moderne, et ni leur cœur ni leurs poumons n'y résistèrent. Les plus forts, eux, purent suivre, et, dans la progression la plus rapide, ne perdirent pas haleine; mais les moins vigoureux tombèrent bientôt de droite et de gauche, et remplissent aujourd'hui de leurs corps les fossés de la voie du progrès.

Pour parler sans métaphore, la statistique indique dans quelle mesure la somme de travail de l'humanité civilisée s'est accrue depuis un demi-siècle. Cette dernière n'était pas entièrement de taille à supporter cet effort plus grand. Il l'a fatiguée et épuisée, et cet épuisement et cette fatigue se manifestent, chez la première génération, sous forme d'hystérie acquise; chez la seconde, d'hystérisme héréditaire.

Les nouvelles écoles esthétiques et leur succès sont une forme de cette hystérie en masse; mais elles sont loin d'être la seule. La maladie de l'époque se manifeste encore par beaucoup d'autres phénomènes qui peuvent être mesurés et comptés, c'est-à-dire qui sont susceptibles d'être constatés scientifiquement. Et ces symptômes certains et non équivoques d'épuisement sont bien propres à éclairer les profanes qui pourraient croire à première vue que c'est arbitrairement que le spécialiste rapporte à l'état de fatigue de l'humanité civilisée les tendances à la mode dans l'art et la littérature.

C'est devenu un lieu commun de parler de l'augmentation constante des crimes, de la folie et des suicides. En 1840, en Prusse, sur 100 000 personnes ayant l'âge de la responsabilité criminelle, il y avait 714 condamnés; en 1888, 1102. (Communication épistolaire du bureau de statistique prussien). En 1865, sur 10 000 Européens il se produisait 63 suicides; en 1883, 109, et, depuis, le nombre en a encore considérablement augmenté. On a, dans les vingt dernières années, découvert et dénommé un certain nombre de nouvelles maladies nerveuses [1]. Que

---

1. V.-G. André, *Les nouvelles maladies nerveuses*. Paris, 1892.

l'on n'aille pas s'imaginer qu'elles ont toujours existé, mais qu'elles ont passé inaperçues. Si elles étaient apparues quelque part, on aurait bien su les reconnaître, car alors même que les théories régnant en médecine aux diverses époques étaient erronées, il y a toujours eu des médecins perspicaces et attentifs qui ont su observer. Si donc on ne remarqua pas les nouvelles maladies nerveuses, c'est que précédemment elles n'apparaissaient pas. Et elles sont exclusivement une conséquence des conditions d'existence actuelles de l'humanité civilisée. Maintes affections du système nerveux portent déjà une dénomination qui implique qu'elles sont une conséquence immédiate d'influences de la civilisation moderne. Les noms de « railway-spine » (moelle épinière-chemin de fer) et de « railway-brain » (cerveau-chemin de fer), que les pathologistes anglais et américains ont donné à certains états de ces organes, montrent qu'ils leur reconnaissent pour cause les commotions que le voyageur subit perpétuellement ou accidentellement en wagon. Le fort accroissement de la consommation des narcotiques et des stimulants, qui a été démontré plus haut par des chiffres, a également sa source incontestable dans l'épuisement des contemporains. Il y a là un désastreux cercle vicieux d'actions réciproques. Le buveur (et vraisemblablement aussi le fumeur) engendre des enfants affaiblis, héréditairement fatigués ou dégénérés, et ceux-ci boivent et fument à leur tour, parce qu'ils sont fatigués, aspirent à une excitation, à un instant de factice sentiment de vigueur ou à l'apaisement de leur excitabilité douloureuse, puis ensuite, par faiblesse de volonté, ne peuvent résister à leur habitude lorsqu'ils ont reconnu que celle-ci augmente à la longue aussi bien leur épuisement que leur excitabilité [1].

Beaucoup d'observateurs établissent que la génération actuelle vieillit bien plus tôt que les générations précédentes. Dans son discours d'ouverture du semestre d'hiver de l'année 1891 à la Faculté de médecine de l'Université Victoria, sir James Crichton-Browne montre cet effet du genre de vie actuel sur les contemporains [2]. De 1859 à 1863 sont mortes en Angleterre, de maladies de cœur, 92 181 personnes; de 1884 à 88, il en est mort 224 102. Les maladies nerveuses ont emporté, de 1864 à 68, 196 000 personnes; de 1884 à 88, 260 558. La différence de chiffres serait bien plus frappante encore, si sir James avait choisi, pour la comparer au présent, une période plus reculée, car en 1865 la haute pression sous laquelle travaillaient les Anglais était déjà presque aussi forte qu'en 1885. Les morts qu'ont enlevés les maladies de cœur et de nerfs sont les victimes de la civilisation. Cœur et système nerveux s'écroulent tout d'abord sous le surmenage. Sir James dit encore dans son discours : « Hommes et femmes vieillissent avant l'âge. La vieillesse empiète sur la vigueur de la virilité… Les morts uniquement dues à la vieillesse se trouvent maintenant reportées entre l'âge de quarante-cinq et de cinquante-cinq ans… ». M. Critchett (un éminent oculiste) dit : « Ma propre expé-

---

1. Legrain, *op. cit.*, p. 251 : « Les buveurs sont des dégénérés ». Et p. 258 (après quatre histoires de malades qui servent d'appui à cette remarque qui les résume) : « Ainsi donc, à la base de toutes les formes de l'alcoolisme, nous trouvons la dégénérescence mentale ».
2. *Revue scientifique*, année 1892, 49ᵉ volume, p. 168 et sqq.

rience, qui s'étend maintenant sur un quart de siècle, me porte à croire qu'hommes et femmes recherchent maintenant le secours des lunettes à une période de leur vie moins avancée que ne le faisaient leurs ancêtres… Cette moyenne est maintenant près de quarante-cinq ans ». Les dentistes établissent que les dents se gâtent et tombent plus vite que jadis. Le D$^r$ Lieving assure que la calvitie précoce est « surtout le propre des gens de tempérament nerveux et d'esprit actif, mais de santé générale faible ». On n'a qu'à passer en revue le cercle de ses amis et connaissances, pour remarquer que l'on commence à grisonner bien plus tôt qu'autrefois. La plupart des hommes et des femmes découvrent aujourd'hui leurs premiers cheveux blancs au commencement de la trentaine, et beaucoup bien plus jeunes encore. Jadis le cheveu blanc était l'accompagnement de la cinquantaine.

Tous les symptômes énumérés sont des conséquences d'états de fatigue et d'épuisement, et ceux-ci à leur tour sont l'effet de la civilisation contemporaine, du vertige et du tourbillonnement de notre vie enragée, du nombre prodigieusement accru de sensations et de réactions organiques, c'est-à-dire de perceptions, de jugements et d'impulsions motrices qui se pressent aujourd'hui dans une unité de temps donnée. A cette cause générale des phénomènes pathologiques contemporains s'ajoute encore en France une cause particulière. Par les épouvantables pertes de sang que le corps national français avait subies dans les vingt années de guerres napoléoniennes, par les violents ébranlements moraux auxquels il avait été soumis lors de la grande Révolution et pendant la durée de l'épopée impériale, il se trouva particulièrement mal préparé à l'assaut des grandes découvertes du siècle, et en fut plus fortement secoué que les autres peuples plus robustes et plus capables de résistance. Sur ce peuple aux nerfs affaiblis et prédestiné aux troubles morbides fondit ensuite l'épouvantable catastrophe de 1870. Il s'était cru, avec une satisfaction de lui-même touchant presque à la folie des grandeurs, le premier peuple du monde, et il se vit soudain humilié et écrasé. Toutes ses convictions s'écroulèrent brusquement. Chaque Français individuellement subit des revers de fortune, perdit des membres de sa famille, et se sentit personnellement atteint dans ses conceptions les plus chères, voire même dans son honneur. Le peuple tout entier tomba dans l'état d'un homme qu'un coup écrasant de la destinée frappe soudainement dans ses biens, sa situation, sa famille, sa considération, son estime de lui-même. Des milliers de gens perdirent la raison. On observa même dans Paris une véritable épidémie de maladies mentales, pour lesquelles on trouva un nom spécial : la folie obsidionale. Et ceux-là même qui ne perdirent pas directement la raison, virent leur système nerveux s'altérer d'une manière durable. Cela explique qu'en France l'hystérie et la neurasthénie soient si fréquentes et apparaissent sous des formes si variées, et qu'on ait pu les étudier dans ce pays plus exactement que partout ailleurs. Mais cela explique aussi que c'est précisément en France que devaient prendre naissance les modes les plus délirantes en art et en littérature, et que là précisément on eut pour la première fois suffisamment conscience de l'épuisement maladif dont nous avons parlé.

pour chercher à son sujet un mot particulier et trouver la dénomination de « fin de siècle ».

Je crois avoir prouvé ma thèse. Dans le monde civilisé règne incontestablement une disposition d'esprit crépusculaire qui s'exprime, entre autres choses, par toutes sortes de modes esthétiques étranges. Toutes ces nouvelles tendances, le réalisme ou naturalisme, le décadentisme, le néo-mysticisme et leurs subdivisions, sont des manifestations de dégénérescence et d'hystérie, identiques aux stigmates intellectuels de celles-ci cliniquement observés et incontestablement établis. Et la dégénérescence et l'hystérie de leur côté sont les conséquences d'une usure organique exagérée, subie par les peuples à la suite de l'augmentation gigantesque du travail à fournir et du fort accroissement des grandes villes.

Guidé par cette chaîne solidement enclavée des causes et des effets, tout homme accessible à la logique reconnaîtra qu'il commet une lourde erreur, en voyant dans les écoles esthétiques surgies depuis quelques années les porte-bannières d'un nouveau temps. Elles n'indiquent pas du geste l'avenir, mais étendent la main vers le passé. Leur parole n'est pas une prophétie extatique, mais le balbutiement et le radotage déraisonnants de malades d'esprit, et ce que les profanes prennent pour des explosions de force juvénile surabondante et de turbulent désir de procréation, n'est en fait que les spasmes et convulsions de l'épuisement.

Il ne faut pas se laisser abuser par certains mots d'ordre qui reparaissent fréquemment dans les œuvres de ces soi-disant novateurs. Ils parlent de socialisme, d'émancipation intellectuelle, etc., et ont ainsi l'apparence d'être pénétrés des idées et tendances du temps présent. Mais ce n'est qu'une vaine apparence. Les mots à la mode sont piqués çà et là dans l'œuvre sans y avoir leur racine, les tendances de l'époque y apparaissent seulement comme un badigeon extérieur. C'est un phénomène observé dans tout délire, qu'il reçoit sa coloration particulière du degré de culture du malade et des idées dominantes de l'époque dans laquelle il vit. Le catholique en proie à la folie des grandeurs se tient pour le pape, le juif pour le Messie, l'Allemand pour l'empereur ou un feld-maréchal, le Français pour le président de la République. Dans la folie de la persécution, le malade accusait autrefois la méchanceté et les mauvais tours des envoûteurs et des sorcières ; aujourd'hui il se plaint que ses ennemis imaginaires lui envoient des courants électriques dans les nerfs et le tourmentent avec le magnétisme. Les dégénérés radotent aujourd'hui de socialisme et de darwinisme, parce que ces mots, et, dans le meilleur cas, les idées aussi qui s'y rattachent, leur sont familiers. Ces œuvres soi-disant socialistes et libres penseuses de dégénérés favorisent aussi peu le développement de la société vers des formes économiques plus équitables et des vues plus raisonnables sur le mécanisme du monde, que les plaintes et les peintures d'un individu atteint de la folie de la persécution, qui rend l'électricité responsable de ses sensations désagréables, ne contribuent à la connaissance de cette force. Ces œuvres confuses ou platement bavardes, qui ont la prétention d'apporter des solutions aux graves questions de notre temps ou du moins de les préparer, forment même un obstacle et un arrêt, parce qu'elles troublent les têtes faibles ou incultes, leur suggèrent de fausses idées, et les rendent plus difficilement accessibles ou même complètement fermées à des enseignements rationnels.

Le lecteur est maintenant placé aux divers points de vue d'où il peut voir les nouvelles tendances esthétiques sous leur vrai jour et leur vraie forme. Ce sera la tâche des livres suivants de démontrer le caractère pathologique de chacune de ces tendances et de rechercher avec quelle espèce particulière de délires dégénératifs ou de processus psychiques hystériques elles sont apparentées ou identiques.

# LIVRE II

## LE MYSTICISME

I

**PSYCHOLOGIE DU MYSTICISME**

Nous avons déjà vu que le mysticisme est un des symptômes principaux de la dégénérescence. Il apparaît si généralement à la suite de celle-ci, qu'il n'est guère d'observation clinique de dégénérés où il ne soit consigné. Citer ici des autorités est à peu près aussi inutile que de le faire à l'appui de l'affirmation que, dans la fièvre typhoïde, on observe une élévation de température. Reproduisons donc seulement cette constatation de Legrain : « Les idées mystiques doivent être mises au bilan de la folie des dégénérés. Il est deux états où elles sont observées : ce sont le délire épileptique et le délire hystérique [1] ». Quand Fédéroff, qui mentionne le délire religieux et l'extase parmi les phénomènes accompagnateurs de l'attaque hystérique, en fait la spécialité de la femme, il commet une erreur, car ils sont au moins aussi fréquents chez les hystériques et dégénérés mâles, que chez les malades du sexe féminin [2].

Que faut-il entendre par cette expression un peu vague :

1. Legrain, *op. cit.*, p. 266.
2. Cité par J. Roubinovitch, *Hystérie mâle et Dégénérescence*, p. 18.

mysticisme? Ce mot désigne un état d'âme dans lequel on croit percevoir ou pressentir des rapports inconnus et inexplicables entre les phénomènes, où l'on reconnaît dans les choses des indications de mystères, et où on les considère comme des symboles par lesquels quelque puissance obscure cherche à révéler, ou du moins à faire soupçonner, toutes sortes de choses merveilleuses que l'on s'efforce de deviner, le plus souvent en vain. Cet état d'âme est toujours lié à de fortes émotions que la conscience conçoit comme un effet de ses pressentiments; mais, au contraire, ces émotions les précèdent et forment la cause des pressentiments, lesquels reçoivent d'elles leur tendance e leur coloris particuliers.

Tous les phénomènes du monde et de la vie se présentent au mystique autrement qu'à l'homme sain. Le mot le plus simple prononcé en sa présence lui semble une allusion à quelque chose de caché; dans les mouvements les plus ordinaires et les plus naturels, il voit des avertissements secrets; toutes les choses ont pour lui de profonds lointains; elles jettent de larges ombres sur les domaines voisins; elles envoient de vastes racines dans les couches abyssales. Chaque représentation qui surgit dans son esprit montre du doigt en silence, mais avec un regard et un geste qui en disent beaucoup, d'autres représentations nettes ou vagues, et lui fournit l'occasion d'associer des aperceptions entre lesquelles les autres ne trouvent aucun rapport. Par suite de cette particularité d'esprit, le mystique vit comme environné de masques inquiétants, derrière lesquels apparaissent des yeux énigmatiques, et qu'il contemple avec une terreur constante, car il n'est jamais sûr de reconnaître les formes qui se pressent autour de lui sous le déguisement. « Les choses ne sont pas ce qu'elles paraissent », telle est l'affirmation caractéristique que l'on entend souvent sortir de la bouche du mystique. On lit dans l'observation d'un dégénéré de la clinique de Magnan : « Un enfant lui demande à boire à la fontaine Wallace; il ne trouve pas cela naturel. Cet enfant le suit, et cela le surprend. Une autre fois, enfin, il voit une femme assise sur une borne, et il se demande ce que cela peut bien vouloir dire [1] ». Dans les cas extrêmes, cette manière de voir maladive s'élève jusqu'à l'hallucination, qui en règle générale affecte l'ouïe, mais peut aussi s'adresser à la vue et aux autres sens. Alors le mystique ne se borne pas à soupçonner ou à deviner, dans les phénomènes et derrière eux, quelque mystère, mais il entend et voit matériellement des choses qui pour les êtres sains n'existent pas.

L'observation psychiatrique se contente de décrire cet état d'esprit et d'établir son existence chez les dégénérés et les hystériques; mais cela ne suffit pas. Nous voulons aussi savoir de quelle façon le cerveau dégénéré ou épuisé tombe dans le mysticisme. Pour comprendre comment la chose se passe, il nous faut remonter à quelques faits simples de la vie psychique [2].

La pensée consciente est une fonction de l'écorce céré-

---

1. Legrain, *op. cit.*, p. 200.
2. Le psychologue de profession lira peut-être avec quelque impatience ces détails si familiers pour lui. Mais ils ne sont pas superflus pour les lecteurs, même très cultivés, et malheureusement si nombreux, qui ne se sont jamais préoccupés des lois de l'activité cérébrale.

brale, tissu composé d'innombrables cellules nerveuses reliées les unes aux autres par les fibres nerveuses. A ce tissu aboutissent les nerfs de la périphérie du corps et des organes intérieurs. Un de ces nerfs est-il excité (le nerf optique par un rayon lumineux, un nerf cutané par un contact, un nerf organique par une transformation chimique interne, etc.), il propage son excitation jusqu'à la cellule nerveuse de l'écorce cérébrale, dans laquelle il débouche. Cette cellule subit par là des transformations chimiques qui, dans l'état sain de l'organisme, sont en proportion directe de la force d'excitation. La cellule nerveuse directement atteinte par l'excitation du nerf périphérique communique de son côté l'excitation reçue à toutes les cellules voisines auxquelles elle est reliée par des trajets fibreux; le phénomène s'étend dans tous les sens comme une onde circulaire suscitée par un objet jeté dans l'eau, et il se dissipe peu à peu, absolument comme cette onde : plus vite ou plus lentement, avec une étendue plus ou moins grande, selon que l'excitation qui l'a occasionné a été plus forte ou plus faible.

Chaque excitation qui frappe un endroit de l'écorce cérébrale a pour conséquence à cet endroit une affluence de sang qui lui amène des matières nutritives [1]. La cellule cérébrale décompose ces matières et convertit en d'autres formes de force la force emmagasinée en elles : ces formes sont les aperceptions et les impulsions motrices [2].

1. Les essais et observations de Mosso sur la surface cérébrale mise à nu par l'opération du trépan ont établi ce fait. Voir son étude sur *La Peur*, passim. Traduction française, 2ᵉ édition, Paris, 1892.
2. Les essais de Ferrier l'ont conduit, il est vrai, à nier qu'une excitation qui frappe l'écorce des lobes frontaux puisse avoir pour conséquence des mouvements. Le cas toutefois n'est pas aussi

Comment une décomposition de matières se transforme en aperceptions, comment un fait chimique devient conscience, c'est ce que personne ne sait; mais ce qui est hors de doute, c'est qu'à la décomposition de matières, dans les cellules cérébrales excitées, sont liées des aperceptions conscientes [1].

Aux propriétés fondamentales de la cellule nerveuse appartient encore, à côté de la faculté de répondre à une excitation par une action chimique, une autre faculté : celle de conserver l'image de la quantité et de la qualité de cette excitation. Pour exprimer la chose en termes populaires, nous dirons que la cellule est capable de se rappeler ses impressions. Si maintenant une excitation nouvelle, quoique faible, la frappe, elle éveille en elle l'image d'excitations semblables qui l'ont frappée précédemment, et cette image rappelée renforce la nouvelle excitation et la rend plus nette, plus compréhensible à la conscience. Si la cellule n'avait pas de mémoire, la conscience serait éternellement impuissante à interpréter ses impressions et ne parviendrait jamais à une représentation du monde extérieur. Les excitations immédiates individuelles pourraient, il est vrai, être perçues, mais elles resteraient sans cohésion et dépourvues

---

simple que le voit Ferrier. Une partie de l'énergie que l'excitation périphérique rend libre dans la cellule du cerveau antérieur se transforme assurément en impulsions motrices, quand même l'excitation directe de cette partie de l'encéphale n'amène pas de contractions musculaires. Mais ce n'est pas ici le lieu de défendre ce point contre Ferrier.

1. L'hypothèse que la décomposition des combinaisons organiques dans les cellules cérébrales est liée à la conscience, que la synthèse de ces combinaisons l'est au repos, au sommeil et à l'être inconscient, émane de A. Herzen. Tout ce que nous savons de la nature chimique des excrétions pendant le sommeil et la veille, confirme la justesse de cette hypothèse.

de sens, étant insuffisantes pour conduire, par elles seules, à la connaissance, sans la coopération d'impressions précédentes. La première condition d'une activité cérébrale normale est donc la mémoire.

L'excitation qui frappe une cellule cérébrale donne lieu, comme nous l'avons vu, à une propagation de cette excitation aux cellules voisines, à une onde excitatrice se répandant dans tous les sens. Comme chaque excitation est liée à la naissance d'aperceptions conscientes, cela signifie que chaque excitation appelle dans la conscience un grand nombre d'aperceptions, et non seulement celles qui se rapportent à la cause extérieure immédiate de l'excitation perçue, mais aussi celles qui n'ont été éveillées que parce que les cellules qui les élaborent sont situées par hasard dans le voisinage de la cellule ou du groupe de cellules frappés immédiatement par l'excitation extérieure. L'onde excitatrice est, comme tout autre mouvement d'onde, plus forte à son point de départ, puis elle va en décroissant dans les limites où sa périphérie s'élargit, jusqu'à ce qu'elle finisse par se perdre dans l'imperceptible. Cela explique que les aperceptions dont le substratum anatomique est situé dans le voisinage immédiat des cellules d'abord frappées par l'excitation, sont les plus vives; que celles nées dans les cellules plus éloignées ont un peu moins de netteté, et que cette netteté décroît de plus en plus, jusqu'à ce que la conscience finisse par ne plus les percevoir et qu'elles tombent, pour employer l'expression scientifique, au-dessous du seuil de la conscience. Ce n'est donc pas seulement dans la cellule vers laquelle elle est conduite immédiatement, mais aussi dans une quantité innombrable d'autres cellules qui lui sont voisines et sont reliées à elle, que chaque excitation éveille l'activité accompagnée d'aperception. Ainsi naissent simultanément, ou, pour parler plus justement, dans une succession d'une rapidité non mesurable, des milliers d'aperceptions d'une netteté régulièrement décroissante ; et comme des milliers d'excitations organiques externes et internes frappent incessamment le cerveau, des milliers d'ondes excitatrices courent continuellement dans le cerveau, se croisant et se pénétrant de la manière la plus variée, et éveillant dans leur parcours des millions d'aperceptions qui surgissent, pâlissent et disparaissent. C'est à quoi Gœthe fait allusion, quand il dépeint en termes si magnifiques comment

> .... Un coup de pédale met en mouvement mille fils.
> Les navettes glissent comme des traits de-ci, de-là.
> Les fils coulent inaperçus ;
> Chaque coup noue mille entrecroisements.

La faculté du souvenir n'est pas propre à la cellule nerveuse seulement, mais aussi à la fibre nerveuse, qui n'est qu'une modification de celle-là. Elle a de la mémoire pour l'excitation qu'elle a conduite, comme la cellule pour celle qu'elle a transformée en aperception et en mouvement. Elle est plus facilement parcourue par une excitation qu'elle a déjà conduite une fois, que par une excitation qu'elle doit transmettre pour la première fois d'une cellule à l'autre. Chaque excitation qui frappe une cellule s'étendra dans la direction de la moindre résistance, et cette moindre résistance lui est opposée par les voies nerveuses qu'elle a déjà parcourues précédemment. Ainsi se forment, pour la propagation d'une onde d'excitation, une route déterminée, une habitude de marche. Ce sont toujours les mêmes cellules nerveuses qui s'envoient réciproquement leurs excitations, une aperception éveille toujours les mêmes suites d'aperceptions et apparaît toujours accompagnée par elles dans la conscience. Ce fait s'appelle association d'idées.

Ce n'est ni l'arbitraire ni le hasard qui déterminent à quelles autres cellules une cellule excitée envoie routinièrement son excitation, quelles aperceptions d'accompagnement une aperception éveillée amène avec elle à la conscience. L'enchaînement des aperceptions est au contraire soumis à des lois que Wundt, notamment, a bien résumées.

Quiconque n'est pas né aveugle et sourd, comme l'infortunée Laure Bridgman que citent tous les psychologues, ne sera jamais frappé par une seule excitation périphérique, mais toujours par beaucoup à la fois. Chaque phénomène du monde extérieur a, en règle générale, non une seule qualité, mais plusieurs, et comme ce que nous nommons qualité est la cause présumée d'une excitation sensorielle donnée, cela veut dire que les phénomènes s'adressent habituellement à plusieurs sens à la fois, qu'ils sont à la fois vus, entendus, sentis, et à la fois vus à des degrés divers de luminosité et de coloration, entendus avec des timbres différents, etc. Les phénomènes peu nombreux qui n'ont qu'une seule qualité et par conséquent n'excitent qu'un seul sens, — le tonnerre, par exemple, qui est seul entendu, quoique avec beaucoup de gradations, — apparaissent eux-mêmes accompagnés d'autres phénomènes : ainsi, avec le tonnerre, pour nous en tenir à cet exemple, il y a toujours ciel chargé de nuages, éclairs et pluie. Notre cerveau est donc habitué à recevoir à la fois de chaque phénomène plusieurs excitations qui émanent en partie des différentes qualités du phénomène lui-même, en partie des phénomènes qui apparaissent habituellement en même temps que le premier. Il suffit maintenant qu'une seule de ces excitations frappe le cerveau pour éveiller aussi en lui les autres excitations du même groupe, grâce à l'association habituelle des images gardées. La simultanéité des impressions est par conséquent une cause d'association d'idées.

Une seule et même qualité appartient à beaucoup de phénomènes. Il y a toute une série de choses qui sont bleues, rondes, lisses. La possession commune d'une qualité implique une ressemblance qui est d'autant plus grande, que plus nombreuses sont les qualités communes. Mais chacune des qualités fait partie d'un groupe de qualités habituellement associées et peut, par le mécanisme de la simultanéité, éveiller l'image gardée de ce groupe. Par suite de la ressemblance, les images gardées ou souvenirs de tous les groupes auxquels est commune la qualité qui crée leur ressemblance, pourront en conséquence être éveillés. La couleur bleue, par exemple, est une qualité qui appartient à la fois au ciel serein, au bleuet, à la mer, à certains yeux, à maints uniformes militaires. La perception du bleu éveillera le souvenir de plusieurs choses ou de beaucoup de choses bleues qui n'ont d'autre rapport entre elles que cette couleur qui leur est commune. La ressemblance est par conséquent une seconde cause de l'association des idées.

C'est une particularité de la cellule cérébrale, qu'avec une aperception elle élabore toujours en même temps aussi le contraire de celle-ci. Vraisemblablement ce que nous percevons comme contraire n'est, dans sa forme primitive et la plus simple, que la conscience de la cessation d'une aperception déterminée. De même que l'épuisement des nerfs visuels par l'effet d'une couleur éveille en eux la sensation de la couleur complémentaire, ainsi, dans l'épuisement d'une cellule cérébrale par l'élaboration d'une aperception, l'aperception opposée semble être entraînée dans la conscience. Que cette interprétation soit juste ou non, le fait lui-même est établi par le « double sens contraire des racines primitives », trouvé par K. Abel [1]. Le contraste est la troisième cause d'association des idées.

Beaucoup de phénomènes apparaissent dans le même espace collatéralement ou successivement, et nous associons l'idée d'un endroit donné à des objets auxquels il sert habituellement de cadre. Simultanéité, ressemblance, contraste et apparition dans le même espace sont en conséquence, d'après Wundt, les quatre conditions auxquelles les phénomènes sont liés dans notre conscience par l'association des idées. James Sully a cru devoir en ajouter une cinquième : le fait que des aperceptions ont leur racine dans une même émotion [2]. Mais dans tous les exemples apportés par l'éminent psychologue anglais, on peut démontrer aisément l'existence d'une ou de plusieurs des lois de Wundt.

1. Karl Abel, *Sur le double sens contraire des racines primitives* (en allemand). Leipzig, 1884.
2. James Sully, *Les Illusions des sens et de l'esprit.* 2ᵉ édition, Paris, 1889.

Pour qu'un organisme puisse se maintenir, il doit être capable d'utiliser à son profit les forces naturelles et de se garantir contre les nocivités de tout genre. Il ne le peut que s'il a connaissance de ces nocivités et des forces naturelles à utiliser, et il le peut d'autant mieux et plus sûrement, que cette connaissance est plus complète. Dans l'organisme supérieurement différencié, le cerveau et le système nerveux ont la tâche d'acquérir la connaissance du monde extérieur et de l'employer à l'avantage de l'organisme. L'accomplissement de sa tâche est rendu possible au cerveau par la mémoire, et le mécanisme par lequel la mémoire est mise au service de la connaissance est l'association d'idées. Car il est clair qu'un cerveau dans lequel une unique perception éveille, par l'effet de l'association d'idées, toute une série d'aperceptions cohérentes, reconnaîtra, comprendra et jugera beaucoup plus vite qu'un autre, dans lequel n'existerait pas d'association d'idées; ce dernier, par conséquent, ne formera que des idées ayant pour contenu les perceptions sensorielles immédiates et les aperceptions qui naissent dans les cellules que le hasard du voisinage a placées dans le cercle d'une onde d'excitation. Au cerveau qui travaille avec association d'idées, la perception d'un rayon lumineux, d'une note, suffit pour former instantanément l'aperception de l'objet duquel émane cette excitation sensorielle et de ses rapports dans le temps et l'espace, pour unir ces aperceptions en idées, et de ces idées abstraire un jugement. Au cerveau sans association d'idées, cette perception donnerait seulement l'aperception qu'il a devant lui quelque chose de lumineux ou de sonore; en même temps s'éveilleraient des aperceptions qui n'auraient rien de commun avec cet objet clair ou sonore ; il ne pourrait donc se faire aucune représentation de l'objet excitateur du sens, mais il devrait d'abord acquérir toute une série d'autres impressions de plusieurs sens ou de tous les sens, pour connaître les différentes qualités de l'objet dont une seule note ou une seule couleur a été perçue d'abord, et les réunir en une aperception unique. Même, dans ce cas, le cerveau saurait seulement comment l'objet est constitué, c'est-à-dire ce que le cerveau a immédiatement devant lui, mais nullement comment cet objet se comporte vis-à-vis les autres choses, où et quand il a déjà été perçu, de quels phénomènes il était accompagné, etc. La connaissance ainsi acquise de l'objet serait par conséquent encore complètement inutilisable pour la formation d'un jugement exact. On voit maintenant quel énorme avantage l'association d'idées fournit à l'organisme dans la lutte pour l'existence, et quel immense progrès dans le développement du cerveau et de ses fonctions cette acquisition signifie.

Cela n'est vrai toutefois qu'avec une restriction. L'association d'idées en soi ne facilite pas plus au cerveau sa tâche de connaître et de juger, que ne le fait la tumultueuse apparition d'images conservées dans le voisinage du centre d'excitation. Les aperceptions que l'association d'idées appelle à la conscience sont, il est vrai, avec le phénomène qui a envoyé une excitation dans le cerveau et a été perçu par celui-ci, en un rapport un peu plus étroit que celles qui surgissent dans le cercle géométrique de l'onde d'excitation ; mais ce rapport même est si lâche, qu'il ne prête aucun secours utile à l'interprétation du phénomène. Nous ne devons pas oublier que toutes nos perceptions, aperceptions et idées sont, par l'association d'idées, attachées les unes aux autres de plus près ou de plus loin. Comme, dans l'exemple cité plus haut, la perception du bleu éveille les aperceptions du ciel, de la mer, d'un œil bleu, d'un uniforme, etc., ainsi chacune de ces aperceptions éveillera à son tour les idées qui, d'après la loi de Wundt, leur sont associées : le ciel, la représentation d'étoiles, de nuages, de pluie; la mer, celle de vaisseaux, de voyages, de pays étrangers, de poissons, de perles, etc.; l'œil bleu, celles d'un visage de jeune fille, de l'amour et de toutes ses émotions, etc. Bref, cette unique perception peut, par le mécanisme de l'association d'idées, éveiller à peu près toutes les aperceptions que nous avons jamais formées, et l'objet bleu que nous avons effectivement devant les yeux et percevons, n'est ni rendu plus clair ni expliqué par ce tumulte de représentations qui ne se rapportent pas immédiatement à lui.

Donc, pour que l'association d'idées remplisse sa fonction dans l'activité cérébrale et se comporte en acquisition utile de l'organisme, une chose doit intervenir : l'attention. C'est elle qui apporte de l'ordre dans le chaos des représentations éveillées par l'association d'idées, et qui les fait servir à la connaissance et au jugement.

Qu'est-ce que l'attention? Th. Ribot dit que « c'est un monoïdéisme intellectuel avec adaptation spontanée ou artificielle de l'individu [1] ». En d'autres mots, l'attention est la faculté qu'a le cerveau de supprimer une partie des images conservées ou souvenirs qui, par l'association

1. Th. Ribot, *Psychologie de l'attention*. Paris, 2ᵉ édition, 1893.

d'idées ou l'onde d'excitation, arrivent à la conscience à chaque excitation d'une cellule cérébrale ou d'un groupe de cellules, et de ne laisser subsister qu'une autre partie : les souvenirs qui se rapportent à la cause excitatrice, l'objet qui vient d'être perçu.

Qui fait ce tri parmi les images conservées? L'excitation même, qui met en action les cellules cérébrales. Les cellules le plus fortement excitées sont naturellement celles en rapport immédiat avec les nerfs périphériques apportant l'excitation. Un peu plus faible est déjà l'excitation des cellules auxquelles la cellule primitivement excitée envoie son excitation par la voie nerveuse habituelle; encore plus faible celle des cellules qui, par le même mécanisme, reçoivent leur excitation de la cellule excitée en seconde ligne. En conséquence, l'aperception la plus vive sera celle qu'éveille la perception immédiate; un peu plus faible déjà sera la représentation qu'éveille la première aperception par l'association d'idées; plus faible encore celle qu'amène de son côté la représentation associée. Nous savons de plus qu'un phénomène n'exerce jamais une excitation unique, mais plusieurs excitations à la fois. Si nous voyons, par exemple, un homme devant nous, nous ne percevons pas seulement un point de lui, mais une partie plus ou moins grande de sa surface, c'est-à-dire tout un grand nombre de points différemment colorés et différemment éclairés; en outre, nous l'entendons peut-être, nous le touchons peut-être aussi, et nous percevons en tout cas, en dehors de lui-même, quelque chose aussi de son entourage, de ses rapports dans l'espace. Ainsi naît dans notre cerveau toute une quantité de centres d'excitations, qui agissent simultanément de la façon décrite plus haut. Dans la conscience surgit une série d'aperceptions primitives qui sont plus fortes, c'est-à-dire plus nettes que les représentations associées, réveillées à leur suite ; et ces aperceptions plus nettes sont précisément celles causées par l'homme qui est devant nous. Elles sont en quelque sorte les points les plus lumineux parmi d'autres moins brillants. Ces points plus lumineux prédominent nécessairement dans la conscience sur les moins lumineux. Ils remplissent la conscience, qui les réunit en un jugement. Car ce que nous nommons jugement n'est, en dernière analyse, rien autre chose que l'apparition simultanée dans la conscience d'un nombre d'aperceptions et de représentations que nous mettons en rapport les unes avec les autres, simplement parce que nous prenons conscience d'elles en même temps. La prédominance que les aperceptions plus claires gagnent dans la conscience sur les plus obscures, les aperceptions primitives sur les représentations amenées à leur suite, leur permet, avec l'aide de la volonté, d'influencer un certain temps en leur faveur toute l'activité cérébrale, c'est-à-dire de supprimer les représentations plus faibles, — celles amenées à la suite des aperceptions primitives, — de combattre celles qui ne se laissent pas lier à elles, d'en renforcer d'autres qui les renforcent elles-mêmes et qui, au milieu de l'incessante apparition et disparition des aperceptions se chassant les unes les autres, leur assurent quelque durée ; enfin, de les entraîner dans leur cercle d'excitation, ou de commencer seulement à les éveiller. L'intervention de la volonté dans cette lutte pour l'existence des aperceptions, je me la représente ainsi : la volonté envoie aux muscles des artères cérébrales des impulsions motrices (probablement inconscientes); par là les vaisseaux sanguins sont élargis ou rétrécis selon le besoin, et l'afflux du sang est plus ou moins abondant [1]. Les cellules qui ne reçoivent pas de sang doivent cesser leur travail; celles qui en reçoivent une forte quantité peuvent au contraire fonctionner plus vigoureusement. La volonté qui, sous l'impulsion d'un groupe d'aperceptions obtenant temporairement la prédominance, préside à cette distribution de sang, ressemble donc à un serviteur incessamment occupé, dans un appartement, à allumer, sur l'ordre de son maître, ici la flamme du gaz, là à la monter davantage, ailleurs à la baisser ou à l'éteindre, de telle sorte que ce coin de l'appartement est alternativement clair, demi-obscur ou sombre [2]. La prédominance d'un

1. Il est possible qu'il ne s'agisse pas d'un élargissement actif des vaisseaux sanguins, mais seulement d'un rétrécissement. On a nié dans ces derniers temps (entre autres le D<sup>r</sup> Morat, *La Semaine médicale*, 1892, p. 112) qu'il y ait des nerfs dilatant les vaisseaux. Mais l'effet serait dans les deux cas le même. Car, par le rétrécissement des vaisseaux de quelques parties du cerveau, le sang chassé de celles-ci serait poussé dans les autres parties, et celles-ci éprouveraient un plus fort afflux sanguin, absolument comme si leurs vaisseaux étaient activement élargis.
2. Lorsque j'écrivais ce passage, j'étais convaincu que la théorie physiologique de l'attention qui y est exposée avait été trouvée par moi seul. Mais depuis la publication de ce volume j'ai lu l'ouvrage d'Alfred Lehmann : *L'Hypnose et les états normaux qui s'y rattachent*, Leipzig, 1890, et j'y ai retrouvé (p. 27) à peu près mot à mot ma théorie. Lehmann l'a donc publiée deux années avant moi, ce que je reconnais loyalement ici. Le fait que nous nous sommes rencontrés en ce point indépendamment l'un de l'autre témoignerait que l'hypothèse des actions réflexes vasomotrices est plausible. Wundt (*Hypnotisme et Suggestion*, Paris, 1893, p. 42-47) critique, il est vrai, le travail de Lehmann, mais il paraît admettre cette hypothèse, qui est aussi la mienne; du moins il n'élève pas d'objection contre elle.

groupe d'aperceptions ne lui permet pas seulement de mettre à son service, pendant la durée de son règne, les cellules cérébrales, mais l'organisme tout entier, et non seulement de se renforcer à l'aide des représentations qu'elle évoque par l'association d'idées, mais aussi de chercher de nouvelles impressions sensorielles et d'en écarter d'autres, afin d'obtenir par les unes de nouvelles excitations favorables à leur existence, de nouvelles aperceptions primitives, et d'exclure, par l'écartement des autres, les excitations qui menacent leur existence. Je vois, par exemple, dans la rue, un passant qui, pour une raison quelconque, est capable d'exciter mon attention. L'attention supprime immédiatement toutes les autres aperceptions qui étaient encore dans ma conscience, et laisse seulement subsister celles qui ont le passant pour objet. Pour renforcer ces aperceptions, je le suis des yeux, c'est-à-dire que les muscles ciliaires, les muscles oculaires, puis les muscles du cou, peut-être encore ceux du tronc et des jambes, reçoivent des impulsions motrices qui n'ont d'autre but que de me procurer, de l'objet de mon attention, toujours de nouvelles impressions sensorielles par lesquelles les aperceptions qui le concernent se renforcent et s'augmentent continuellement. Les autres personnes qui, pendant ce temps, surgissent dans mon champ visuel, je ne les remarque pas; les sons qui frappent mon oreille, je ne m'y arrête pas; je ne les entends peut-être même pas, si mon attention est assez forte; je les entendrais au contraire immédiatement, s'ils émanaient du passant ou se rapportaient à lui. C'est là cette « adaptation de l'organisme tout entier à une idée prédominante » dont parle M. Ribot. C'est elle qui nous donne la connaissance exacte du monde extérieur. Sans elle, cette connaissance serait beaucoup plus difficile à obtenir et resterait beaucoup plus incomplète. Cette adaptation durera jusqu'à ce que les cellules porteuses des idées prédominantes se fatiguent. Alors elles devront nécessairement céder leur prédominance à d'autres groupes de cellules, et celles-ci à leur tour acquerront la puissance d'adapter l'organisme à leurs buts.

C'est donc seulement par l'attention, comme nous l'avons vu, que la faculté d'association d'idées devient une qualité profitable à l'organisme, et l'attention n'est autre chose que la faculté que possède la volonté de déterminer dans la conscience l'allumage, le degré de clarté, la durée et l'extinction des représentations. Plus forte est la volonté, et plus complètement nous pouvons adapter notre organisme tout entier à une aperception donnée, plus nous pouvons nous procurer d'impressions sensorielles servant à les rendre plus nettes, attirer par l'association d'idées des souvenirs qui les complètent et les rectifient, d'autant plus décidément supprimer les aperceptions qui les troublent ou leur sont étrangères, en un mot, plus sera étendue et exacte notre connaissance des phénomènes et de leur véritable rapport.

La civilisation, la suprématie sur les forces de la nature, sont uniquement le résultat de l'attention; toutes les erreurs, toutes les superstitions, des suites de son absence. Les fausses idées sur le rapport des phénomènes naissent de l'observation défectueuse de ceux-ci et sont rectifiées par une observation plus exacte. Or, observer, ce n'est autre chose qu'amener intentionnellement au cerveau des impressions sensorielles déterminées et élever par là un groupe d'aperceptions à une telle force et à une telle clarté, qu'il peut acquérir dans la conscience la prépondérance, éveiller par l'association d'idées les souvenirs qui leur sont adéquats, supprimer ceux qui sont inconciliables avec elles. L'observation, qui est la base de tous les progrès, est donc l'adaptation, par l'attention, des organes des sens et de leurs centres de perception à une aperception ou à un groupe d'aperceptions prédominant dans la conscience.

L'état d'attention ne laisse subsister dans la conscience aucune obscurité. Car, ou bien la volonté renforce chaque aperception surgissante jusqu'à la pleine lumière et à la netteté, ou bien, si elle ne le peut pas, elle l'éteint complètement. La conscience de l'homme sain, à volonté énergique et par là attentif, ressemble à une pièce vivement éclairée dans laquelle l'œil voit distinctement tous les objets, où tous les contours sont nets et où ne nagent nulle part d'ombres indécises.

L'attention a ainsi pour prémisse une volonté forte, et celle-ci, à son tour, est le propre d'un cerveau normalement construit et non fatigué. Le dégénéré, dont le cerveau et le système nerveux sont caractérisés par des arrêts de développement ou des anomalies congénitales, l'hystérique, dans lequel nous avons reconnu un épuisé, manquent absolument de volonté ou ne la possèdent qu'à un degré diminué. La conséquence de la faiblesse ou du manque de volonté est l'incapacité d'attention. Alexandre Starr a publié vingt-trois cas de lésions ou affections des lobes frontaux du cerveau dans lesquels il était « impossible (aux

malades) de fixer leur attention [1] », et M. Ribot remarque :
« L'homme surmené par une longue marche..., le convalescent sortant d'une grave maladie, en un mot tous les débilités, sont incapables d'attention... Cette impuissance coïncide en somme avec toutes les formes d'épuisement [2] ».

L'activité cérébrale des dégénérés et des hystériques, non surveillée ni guidée par l'attention, est capricieuse, dépourvue de plan et de but. Les représentations sont appelées à la conscience par le jeu d'association d'idées illimitées et peuvent s'y donner libre carrière. Elles s'allument et s'éteignent automatiquement, et la volonté n'intervient pas pour les renforcer ou les supprimer. Côte à côte apparaissent des représentations qui sont étrangères les unes aux autres ou s'excluent mutuellement. Comme elles sont contenues dans la conscience simultanément et à peu près avec la même intensité, la conscience, conformément à la loi de son activité, les réunit en une idée qui, nécessairement, est absurde, et ne peut exprimer les rapports réels des phénomènes.

Le manque ou la faiblesse d'attention conduit donc en premier lieu à de faux jugements sur l'univers, sur les qualités des choses et leurs rapports entre elles. La conscience obtient une image défigurée et vague du monde extérieur. Mais il y a une seconde conséquence. Le décours chaotique des excitations le long des voies de l'association d'idées et du voisinage anatomique éveille l'activité de groupes cellulaires proches, plus éloignés et

---

1. *Brain*, janvier 1886. Cité par Th. Ribot, *Psychologie de l'attention*, p. 68.
2. Th. Ribot, *op. cit.*, p. 106 et 110.

très éloignés, qui restent abandonnés à eux-mêmes et ne travaillent qu'aussi longtemps, aussi vigoureusement ou faiblement, que cela répond au degré d'intensité de l'excitation qui les a frappés. Il naît dans la conscience des aperceptions claires, plus sombres et très obscures, qui disparaissent au bout de quelque temps, sans avoir été éclairées au delà de leur degré primitif de clarté. Les aperceptions nettes donnent bien une idée, mais elle ne peut être un seul instant ferme et claire, parce qu'aux aperceptions nettes dont elle est composée s'en mêlent d'autres que la conscience ne perçoit qu'indistinctement ou ne perçoit plus du tout. De telles aperceptions demi-obscures surgissent aussi chez l'homme sain au-dessus du seuil de la conscience, mais l'attention intervient aussitôt pour les éclairer complètement ou pour les supprimer. Ces harmoniques accompagnant chaque idée ne peuvent donc fausser la note fondamentale. Les spectres d'idées surgissants ne sont pas capables d'exercer de l'influence sur la pensée, parce que l'attention ou bien leur éclaire vivement le visage, ou bien les rejette dans leur souterrain de l'inconscient.

Il en est autrement chez le dégénéré et l'épuisé, qui souffrent de faiblesse de volonté et de défaut d'attention. Les représentations-frontières pâles, à peine reconnaissables, sont perçues en même temps que les aperceptions centrales bien éclairées. Le jugement devient chancelant et fuyant comme les brumes au vent du matin. La conscience qui aperçoit les représentations-frontières spectralement transparentes, informes, cherche en vain à les saisir et les interprète sans sûreté, comme on attribue aux contours des nuages des ressemblances avec les choses ou les êtres. Ceux qui, dans la nuit noire, ont cherché à reconnaître les objets à l'horizon lointain, peuvent se faire une idée du tableau qu'offre le monde intellectuel d'un débile. Voyez, là, cette masse sombre. Qu'est-ce? Un arbre? Une meule de foin? Un brigand? Une bête fauve? Faut-il fuir? Faut-il lui courir sus? L'impossibilité de reconnaître l'objet plus soupçonné que perçu remplit de trouble et d'angoisse. C'est là aussi l'état d'âme du débile en face de ses représentations-frontières. Il croit voir en elles cent choses à la fois, et il met toutes les formes qu'il se figure apercevoir, en rapport avec l'aperception principale qui les a provoquées. Mais il a très bien l'impression que ce rapport est inconcevable et inexplicable. Il réunit des aperceptions en une idée qui est en contradiction avec toutes les expériences, à laquelle il doit cependant accorder la même valeur qu'à toutes ses autres idées et à ses autres jugements, parce qu'elle prend naissance de la même façon que ceux-ci. Et s'il veut se rendre compte à lui-même de ce que contient son jugement, de quelles aperceptions particulières il se compose, il s'aperçoit que ces aperceptions n'en sont pas en réalité, mais des ombres méconnaissables d'aperceptions auxquelles il cherche en vain à donner un nom. Cet état d'esprit dans lequel on s'efforce de voir et où l'on croit voir, mais où l'on ne voit pas; dans lequel on doit former des idées à l'aide d'aperceptions qui dupent et agacent la conscience à la façon des feux follets ou des vapeurs sur les marécages; dans lequel on s'imagine percevoir entre des phénomènes nets et des ombres ambiguës et informes des rapports impossibles à suivre, — cet état d'esprit est ce que l'on nomme le mysticisme.

A la pensée nébuleuse du mystique répond sa façon indécise de s'exprimer. Le mot, même le plus abstrait, correspond à une représentation concrète ou à une notion formée des qualités communes à différentes représentations semblables, qui continue à trahir son origine concrète. Pour ce que l'on croit voir comme à travers de la fumée, sans forme reconnaissable, nulle langue n'a de mot. Mais le mystique, lui, a dans sa conscience de semblables représentations spectrales sans contours et sans autres qualités, et il emploie, pour les exprimer, ou des mots connus auxquels il donne un sens tout différent du sens familier à tous, ou il ressent l'insuffisance du vocabulaire créé par les gens sains et se forge des mots nouveaux, particuliers, entièrement incompréhensibles pour tout autre, et dont lui seul connaît le sens nuageusement chaotique; ou enfin il incorpore les différentes interprétations qu'il donne à ses représentations informes dans autant de mots, et produit alors ces juxtapositions stupéfiantes d'expressions s'excluant les unes les autres, qui ne peuvent raisonnablement être unies d'aucune façon, et qui sont si caractéristiques pour le mystique. Il parle alors, comme les mystiques allemands des XVIIe et XVIIIe siècles, du « feu froid » de l'enfer et de la « lumière obscure » de Satan, ou il dit, comme le dégénéré de la 28e observation de Legrain, que « Dieu lui apparaît sous la forme d'ombres lumineuses [1] », ou il remarque, comme un autre malade du même : « Vous m'avez procuré une soirée immuable [2] ».

Le lecteur ou l'auditeur sain, qui a confiance en son

---

1. Legrain, *op. cit.*, p. 177.
2. *Ibid.*, p. 156. — Dans le chapitre qui traitera des néo-

propre jugement et examine les choses en pleine clarté et indépendance, reconnaît naturellement aussitôt que les expressions mystiques sont dépourvues de sens et ne reflètent que la pensée confuse du mystique. Mais la majorité des hommes n'a ni confiance en soi-même ni capacité de jugement, et ne peut se défaire du penchant naturel que l'on a de lier à chaque mot un sens. Or, comme les mots du mystique n'ont en eux ou dans leur juxtaposition aucun sens déterminé, on leur en donne un arbitrairement, on y fait entrer un sens mystérieux. Aussi, l'effet du mode d'expression mystique sur les gens qui se laissent ahurir est-il très fort. Il leur donne à penser, comme ils disent, c'est-à-dire qu'il leur permet de s'abandonner à toutes les rêveries possibles, ce qui est beaucoup plus commode, et par conséquent plus agréable, que de suivre péniblement des aperceptions et idées à contours fermement dessinés ne permettant ni digressions ni échappées [1]. Il transporte leur esprit dans l'état d'activité intellectuelle déterminé par la seule association d'idées

mystiques français, je réunirai un bouquet de semblables associations d'expressions incohérentes ou s'excluant les unes les autres, qui sont à rapprocher complètement de la manière de parler des fous déclarés cités par Legrain. Reproduisons seulement ici un passage du *Roman russe* (Paris, 1886), du V[te] E. M. de Vogüé, dans lequel cet écrivain mystique caractérise excellemment, inconsciemment et sans le vouloir, mais vante en même temps, la nébulosité et le vide du style mystique. « Un trait leur est commun (à certains écrivains russes)... : l'art d'éveiller avec une ligne, un mot, des résonnances infinies, des séries de sentiments et d'idées... Les mots que vous lisez sur ce papier, il semble qu'ils ne soient pas écrits en longueur, mais en profondeur; ils traînent derrière eux de sourdes répercussions, qui vont se perdre on ne sait où ». (P. 215.) Et P. 227 : « Ils voient les choses et les figures dans le jour gris de la première aube; les contours, mal arrêtés, finissent dans un possible confus et nuageux ».

1. « Il est certain qu'il (le beau) n'a jamais autant de charmes

sans frein, propre au mystique ; il éveille aussi en eux ses représentations-frontières ambiguës et inexprimables, et il leur donne le pressentiment des rapports les plus étranges, les plus impossibles des choses entre elles. Le mystique paraît « profond », pour cette raison, à tous les imbéciles, et cette épithète, par le sens qu'elle a pris dans leurs bouches, est devenue presque offensante. Réellement profonds sont seuls les esprits exceptionnellement vigoureux qui peuvent soumettre leur activité intellectuelle à la discipline d'une attention particulièrement puissante. De tels esprits sont capables d'utiliser l'association d'idées de la manière la plus parfaite, de donner la plus grande acuité et la plus grande clarté à toutes les représentations appelées par elle à la conscience, de les supprimer sûrement et rapidement si elles ne s'accordent pas avec les autres, de se créer de nouvelles impressions sensorielles si celles-ci sont nécessaires pour rendre encore plus vivaces et plus nets les idées et jugements qui justement prédominent en eux; ils obtiennent de cette façon un tableau du monde d'une incomparable luminosité, et découvrent entre les phénomènes des rapports réels qui restent nécessairement cachés à une attention plus faible. Cette profondeur réelle des esprits extraordinairement vigoureux est toute clarté. Elle chasse les ombres des recoins cachés et remplit les abîmes de rayonnements. La profondeur

---

pour nous, que lorsque nous le lisons attentivement dans une langue que nous n'entendons qu'à demi... C'est l'équivoque, l'incertitude, c'est-à-dire la souplesse des mots, qui est un de leurs grands avantages et qui permet d'en faire un usage exact (!!) ». Joubert, cité par Charles Morice, *La Littérature de tout à l'heure*. Paris, 1889, p. 171.

apparente du mystique est, par contre, toute obscurité. Elle fait paraître les choses profondes par les mêmes moyens que la nuit : en rendant non perceptibles leurs contours. Le mystique dissout le dessin arrêté des phénomènes, il étend sur eux des voiles et les enveloppe d'une vapeur bleue. Il trouble ce qui est clair et rend opaque ce qui est transparent, comme la seiche trouble les eaux de l'Océan. Ceux donc qui voient le monde à travers les yeux du mystique, plongent le regard dans une masse noire ondoyante où ils peuvent trouver tout ce qu'ils veulent, quoique, en réalité, ils ne perçoivent rien, et justement parce qu'ils ne perçoivent rien. Pour les imbéciles, tout ce qui est clair, fermement dessiné, et qui n'admet pour cette raison qu'une seule interprétation, est plat. Ils regardent comme profond tout ce qui n'a aucun sens et peut, par conséquent, recevoir toutes les interprétations imaginables. L'analyse mathématique est pour eux plate, la théologie et la métaphysique sont profondes. Plat est le droit romain, profonds sont la Clef des songes et les prophéties de Nostradamus. Les figures qui apparaissent, la nuit de la Saint-Sylvestre, dans le plomb fondu où les bonnes gens prétendent lire l'avenir, seraient les symboles exacts de leur profondeur.

Le contenu de la pensée mystique est déterminé par le caractère et le degré de culture du dégénéré et de l'hystérique. Il ne faut jamais oublier, en effet, que le cerveau pathologiquement altéré ou épuisé est simplement un milieu de culture ensemencé par l'éducation, l'instruction, les impressions et les expériences de la vie, etc. Les grains de semence ne naissent pas en lui, ils reçoivent seulement en lui et par lui leurs arrêts de développement, rabougrissements, malformations et rejets fous spéciaux. Le naturaliste qui perd la faculté de l'attention devient un « philosophe de la nature » ou un inventeur de l'espace à quatre dimensions, comme l'infortuné Zœllner. L'homme grossier et ignorant des basses couches populaires tombe dans la plus sauvage superstition. Le mystique élevé religieusement et nourri de dogmes rapporte ses représentations nébuleuses aux choses de la foi et les interprète comme des révélations sur la nature de la Sainte Trinité ou sur l'existence avant la naissance et après la mort. L'ingénieur en proie au mysticisme s'exténue à des inventions impossibles, croit être sur la trace de la solution du problème du mouvement perpétuel, imagine des communications entre la terre et les astres, des puits conduisant au noyau incandescent de notre globe, etc. L'astronome devient astrologue, le chimiste alchimiste et chercheur de la pierre philosophale, le mathématicien travaille à la quadrature du cercle ou à la découverte d'un système dans lequel l'idée de progrès s'exprime par un calcul intégral, et la guerre de 1870 par une équation.

Comme nous l'avons expliqué plus haut, l'écorce cérébrale reçoit ses excitations non seulement des nerfs périphériques, mais aussi de la profondeur de l'organisme, des nerfs des organes et des centres nerveux de la moelle épinière et du grand sympathique. Chaque état d'excitation, dans ces centres, influence les cellules cérébrales et éveille en elles des aperceptions plus ou moins nettes qui se rapportent nécessairement à l'activité des centres desquels l'excitation émane. Quelques exemples rendront la chose claire aux profanes. Si l'organisme éprouve le besoin de nourriture, c'est-à-dire si nous avons faim, nous n'avons pas seulement conscience en général d'un désir obscur d'aliments, mais il naît aussi dans notre esprit des représentations déterminées de mets, de tables servies, de tous les accessoires qui jouent un rôle dans le repas. Si pour une raison quelconque, peut-être à cause d'une maladie de cœur ou de poumons, nous ne pouvons pas bien respirer, nous n'éprouvons pas seulement une avidité d'air, mais nous avons aussi des représentations secondaires de nature anxieuse, pressentiments de dangers d'espèce inconnue, réminiscences mélancoliques, etc., c'est-à-dire des représentations de phénomènes qui habituellement arrêtent ou gênent la respiration. Dans le sommeil aussi, les excitations organiques exercent cette influence sur l'écorce cérébrale, et nous leur devons les rêves somatiques, c'est-à-dire ceux qui se rapportent à l'activité des organes qui se trouvent justement dans un état anormal.

Or, on sait que certains centres nerveux organiques, notamment les centres sexuels dans la moelle épinière et la moelle allongée, sont chez les dégénérés fréquemment mal formés ou pathologiquement surexcités. Les excitations qui en partent éveillent en conséquence, dans le cerveau d'un dégénéré de cette espèce, des aperceptions en rapports étroits ou lointains avec la sexualité, et ces aperceptions sont durables, parce que durables également sont les états d'excitation qui les occasionnent. Dans la conscience d'un tel dégénéré subsistent donc constamment, à côté des autres aperceptions qu'éveillent les excitations changeantes du monde extérieur, des aperceptions du domaine de la sexualité, et il rattache à chaque impression qu'il reçoit des êtres et des choses, des idées érotiques. Ainsi il en arrive à soupçonner des rapports mystérieux entre tous les phénomènes possibles de la réalité, entre un train de chemin de fer, le titre de son journal, un piano, etc., et la femme, et il éprouve, par suite de vues, de paroles, d'odeurs qui ne produisent cette impression sur aucun homme sain, des excitations de nature érotique qu'il rapporte à des propriétés inconnues de ces vues, de ces paroles, de ces odeurs. Il advient ainsi que le mysticisme a, dans le plus grand nombre de cas, une teinte érotique nette, et le mystique, interprétant ses représentations-frontières obscures, a constamment une tendance à leur attribuer un sens érotique. Le mélange de spiritualité et de sensualisme, de ferveur religieuse et amoureuse qui caractérise la pensée mystique, a frappé les yeux des observateurs mêmes qui ne comprennent pas de quelle façon il se produit.

Le mysticisme que j'ai étudié jusqu'ici est l'incapacité, basée sur une faiblesse de volonté congénitale ou acquise, de diriger par l'attention l'action de l'association d'idées, d'attirer dans le cercle lumineux central de la conscience les représentations-frontières nébuleuses, et de supprimer les aperceptions incompatibles avec celles qui fixent justement l'attention. Mais il y a aussi une autre forme de mysticisme, qui a pour cause non une attention défectueuse, mais une anomalie de l'excitabilité du cerveau et du système nerveux.

Dans l'organisme sain, les nerfs sensitifs conduisent au cerveau les impressions du monde extérieur dans toute leur force, et l'excitation de la cellule cérébrale est en rapport direct avec l'intensité de l'excitation qui lui est amenée. D'autre façon se comporte un organisme dégénéré ou épuisé. Chez celui-ci le cerveau peut avoir perdu son excitabilité normale; il est obtus, et les excitations qui lui sont amenées ne l'ébranlent que faiblement. Un tel cerveau ne parvient jamais à élaborer des aperceptions nettement délimitées. Il pense toujours d'une façon phantomatique et vague. Mais je n'ai pas à décrire longuement les particularités de son fonctionnement, car un cerveau obtus existe rarement chez le dégénéré supérieur et ne joue aucun rôle en littérature et en art. Le possesseur d'un cerveau difficilement excitable a bien rarement l'idée de faire des vers ou de peindre. Il ne compte que comme public prédestiné et reconnaissant du mystique créateur. L'excitabilité insuffisante peut ensuite être un attribut des nerfs sensitifs. Ce trouble occasionne des anomalies de la vie intellectuelle sur lesquelles je m'étendrai dans le livre suivant. Enfin, au lieu d'obtusion, il peut y avoir de l'hyperexcitabilité, et celle-ci peut être propre à tout le système nerveux et au cerveau ou seulement à quelques portions de celui-ci. L'hyperexcitabilité générale donne ces natures maladivement sensitives qui tirent des phénomènes les plus indifférents les impressions les plus étonnantes, entendent les « sanglots du crépuscule », frissonnent au contact d'une fleur, distinguent dans le murmure de la brise d'effrayantes prophéties et de terribles menaces, etc.[1]. L'hyperexcitabilité de quelques

---

[1]. Gérard de Nerval, *Le Rêve et la Vie*. Paris, 1868, p. 53. « Tout dans la nature prenait des aspects nouveaux, et des voix secrètes sortaient de la plante, de l'arbre, des animaux, des plus humbles insectes, pour m'avertir et m'encourager. Le langage de mes com-

groupes de cellules de l'écorce cérébrale donne lieu à d'autres phénomènes. Dans la portion du cerveau ébranlée soit par une excitation périphérique ou par une excitation de voisinage, par une impression sensorielle ou par une association d'idées, l'activité cellulaire, en ce cas, ne s'effectue pas proportionnellement à l'intensité de l'excitation, mais elle est plus forte et plus durable que ne le justifie l'excitation qui l'occasionne. Le groupe de cellules ébranlé ne rentre que difficilement ou même plus du tout en repos. Il absorbe de grandes quantités de matières nutritives pour les dissocier, et les enlève aux autres portions du cerveau. Il travaille comme un mécanisme qu'une main maladroite a mis en branle et n'est plus capable d'arrêter. Si l'on peut comparer l'activité normale des cellules du cerveau à une combustion calme, il faut voir dans l'activité du groupe cellulaire morbidement hyperexcitable une explosion, et une explosion qui unit la durée à la violence. Sur une excitation, s'enflamme ensuite dans la conscience une aperception ou une série d'aperceptions, de notions et d'idées, qui illuminent cette dernière avec la clarté d'un incendie, et surpassent en éclat toutes les autres aperceptions.

Selon le degré d'hyperexcitabilité morbide de quelques portions du cerveau, la prédominance des aperceptions élaborées par elles est aussi plus ou moins exclusive et invincible. A des degrés modérés naissent les obsessions,

---

pagnons avait des tours mystérieux dont je comprenais le sens, les objets sans forme et sans vie se prêtaient eux-mêmes aux calculs de mon esprit ». Nous retrouvons complètement ici cette « compréhension du mystérieux » qui est une des fantaisies les plus habituelles des aliénés.

que la conscience reconnaît comme maladives. Elles n'excluent pas une activité cérébrale saine. A côté d'elles s'éveillent et s'éteignent des aperceptions normales, et la conscience s'habitue à traiter les obsessions simultanément présentes en quelque sorte comme des corps étrangers et à les exclure de ses idées et de ses jugements. A un degré plus élevé, l'obsession devient idée fixe. Les portions hyperexcitables du cerveau établissent leurs aperceptions avec une telle vigueur, que la conscience en est remplie et ne peut plus les distinguer de celles qui sont une conséquence d'impressions sensorielles et en reflètent exactement la qualité et l'intensité. Alors nous avons affaire aux hallucinations et aux délires. Au degré le plus haut enfin naît l'extase, que M. Ribot nomme « la forme aiguë de la tendance à l'unité de la conscience ». Dans l'extase, la portion cérébrale excitée travaille avec une telle violence, qu'elle supprime l'activité de tout le reste du cerveau. L'extatique est complètement insensible aux excitations extérieures. Il n'y a aucune aperception, aucune réunion d'aperceptions en notions et de notions en idées et jugements. Une seule aperception ou un seul groupe d'aperceptions remplit la conscience. Ces aperceptions sont de la plus grande netteté et clarté. La conscience est comme inondée d'une aveuglante lumière de midi. Il se passe donc ici exactement le contraire de ce que l'on observe chez le mystique ordinaire. A l'extase sont liées des émotions excessivement fortes dans lesquelles la plus ardente volupté se mêle à la douleur. Ces émotions accompagnent chaque activité violente et démesurée des cellules nerveuses, chaque désagrégation excessive, semblable à une explosion, de la matière nutritive nerveuse. La sensation de volupté est un exemple de ces phénomènes accompagnateurs de désagrégations extraordinaires dans la cellule nerveuse. Chez l'homme sain, les centres sexuels sont les seuls qui, conformément à leur fonction, sont différenciés, organisés de telle sorte qu'ils n'exercent pas une activité uniforme et constante; mais, la plus grande partie du temps, ils se reposent complètement et emmagasinent de grandes quantités de matières nutritives, pour les désagréger ensuite soudainement, d'une façon en quelque sorte explosive. Chaque centre nerveux qui travaillerait ainsi nous procurerait des sensations de volupté, mais il n'y a justement pas chez l'homme sain, en dehors des centres sexuels, d'autre centre qui aurait à travailler ainsi pour répondre aux buts de l'organisme. Chez le dégénéré, au contraire, quelques centres cérébraux morbidement surexcités travaillent de cette façon, et les ravissements qui accompagnent leur activité explosive sont plus puissants que les sensations de volupté, dans la mesure où les centres cérébraux sont plus sensibles que les centres rachidiens subalternes, et plus obtus. Les grands extatiques, une sainte Thérèse, un Mahomet, un Ignace de Loyola, sont absolument dignes de foi, quand ils assurent que les voluptés qui accompagnent leurs extases ne sont comparables à rien de terrestre et sont presque au-dessus des forces d'un mortel. Cette remarque prouve qu'ils ont conscience aussi de la douleur aiguë qui accompagne la désagrégation dans les cellules cérébrales surexcitées, et qu'une analyse attentive discerne dans chaque sensation voluptueuse très forte. La circonstance que la seule sensation organique normale à nous connue, qui soit semblable aux sensations de l'extase, est la sensation de la volupté, explique que les extatiques relient par l'association d'idées des représentations érotiques à leurs aperceptions extatiques; ils interprètent l'extase elle-même comme une espèce d'acte d'amour supra-terrestre, comme une union d'espèce indiciblement élevée et pure avec Dieu ou la Sainte Vierge. Cette mise en tiers de Dieu et des saints est la conséquence naturelle d'une éducation religieuse qui engendre l'habitude d'envisager les choses inexplicables comme surnaturelles, et d'établir un rapport entre elles et les représentations de la religion.

Nous avons vu maintenant que le mysticisme découle de l'incapacité de refréner l'association d'idées par l'attention, et que cette incapacité est la conséquence de la faiblesse de la volonté, tandis que l'extase est l'effet d'une hyperexcitabilité maladive de quelques centres cérébraux. Mais l'incapacité d'attention produit encore, outre le mysticisme, d'autres particularités de la pensée que nous nous contenterons de mentionner rapidement. Aux plus bas degrés de la dégénérescence, dans l'idiotisme, l'attention manque absolument. Nulle excitation n'est capable de la faire naître, et il n'y a aucun moyen extérieur pour produire une impression dans un cerveau d'idiot et éveiller dans sa conscience des aperceptions déterminées. Dans la dégénérescence moins complète, — l'imbécillité, — l'attention est possible, mais excessivement faible et fugitive. En série ascendante on trouve chez l'imbécile d'abord la fuite d'idées, c'est-à-dire l'impuissance de fixer les représentations s'appelant automatiquement les unes les autres à la conscience d'après les lois de l'association d'idées, et de les réunir en une idée ou jugement ; puis la rêvasserie, qui est une autre forme de la fuite d'idées, mais se distingue d'elle en ce que les représentations dont elle se compose sont faiblement élaborées, par conséquent nébuleuses et indistinctes, au point parfois qu'un imbécile auquel on demande soudainement dans sa rêverie à quoi il pense, n'est pas en état d'indiquer ce qui se trouve justement dans sa conscience. Tous les observateurs établissent que le dégénéré supérieur est fréquemment « original, brillant, spirituel », qu'il est incapable, il est vrai, d'activités qui réclament de l'attention et la discipline de soi-même, mais qu'il a de forts penchants artistiques. Toutes ces particularités sont imputables à l'action déréglée de l'association d'idées.

Que l'on se rappelle comment travaille le cerveau incapable d'attention : une perception éveille une aperception, qui appelle à la conscience mille autres représentations associées. L'esprit sain supprime les aperceptions ou représentations contradictoires ou qui ne s'accordent pas raisonnablement avec la première aperception ; l'imbécile ne le peut pas. La simple consonance détermine le décours de sa pensée. Il entend un mot et éprouve le besoin de le répéter une fois ou plusieurs fois : écholalie. Ou bien ce mot évoque dans sa conscience des mots semblables apparentés à celui-là seulement par le son, non par le sens [1],

---

1. Un dégénéré imbécile, dont le Dr G. Ballet nous raconte l'histoire, dit : « Il y a mille ans que le monde est monde. Milan, la cathédrale de Milan ». *La Semaine médicale*, 1892, p. 133. « Mille ans » évoquent dans la mémoire de cet imbécile le mot « Milan », dont la consonance est la même, quoiqu'il n'y ait entre les deux

et alors il pense et parle dans une suite de rimes absolument incohérentes; ou bien les mots ont, outre la consonance, quelque parenté très éloignée et très faible de signification, et alors naît le jeu de mots ou calembour. Le profane incline à qualifier de spirituel l'imbécile qui rime et fait des jeux de mots, sans songer que cette façon de lier les représentations d'après le son des mots déjoue le but de la pensée, puisqu'au lieu de conduire à la connaissance du véritable rapport des phénomènes, elle en éloigne. Nulle mauvaise plaisanterie n'a jamais facilité la découverte d'une vérité, et ceux qui ont pu tenter de converser sérieusement avec un imbécile fai-

notions aucun rapport raisonnable. Un graphomane, Jasno, cité par Lombroso, dit : « La main se mène »; puis il vient à parler de « semaine », et continue à jouer avec les mots de même consonance « se mène », « semaine » et « main ». (*Génie et Folie*, édition allemande, p. 264). Dans le livre d'un graphomane allemand intitulé *Rembrandt éducateur* (Leipzig, 1890), livre que j'aurai à citer quelquefois encore comme type du radotage d'un imbécile, trouve dès les premières pages les juxtapositions suivantes de mots d'après la consonance : « Ils annoncent un retour... à l'unité et à la finesse (zur *Einheit* und *Feinheit*) », p. 3. « Plus quelqu'un est mal poli (*ungeschliffener*), et plus il y a à polir en lui (zu *schleifen*) », p. 4. « Toute éducation vraie est plastique (Iede rechte *Bildung* ist *bildend*), formatrice, créatrice, et par conséquent artistique », p. 8. « Rembrandt n'était pas seulement un artiste protestant, mais aussi un protestant artiste », p. 14. « Sa feuille de cent florins seule (*Hundertguldenblatt*) pourrait déjà servir comme une grande centaurée (en allemand « herbe de mille florins » (*Tausendguldenkraut*) contre tant de maux », p. 23. « Le Christ et Rembrandt ont en cela quelque chose de commun, que celui-là honore la pauvreté religieuse, celui-ci la pauvreté (*Armseligkeit*) artistique, — la félicité des pauvres (*Seligkeit der Armen*) », p. 25, etc.

Un malade du Dr Ph. Charlin (*La confusion mentale primitive*. *Annales médico-psychologiques*, 4ᵉ année, n° 2, p. 228), dit : « Henri quatre... Il en faut quatre, trois, deux, un, et un partout, tout cru, ha!... Je suis d'aplomb. Je suis aux poids et mesures ». (« Aplomb » appelle « plomb » qui appelle l'idée de « poids » qui appelle l'association habituelle « et mesures ».) « Mesures, trois épiciers, pourriture » (une rime). « Brillant, boyant, boyant, brillant » (Rimes dépourvues de sens) ».

sant de l'esprit, ont reconnu l'impossibilité de l'attacher à une suite d'idées, d'obtenir de lui une conclusion logique, de lui faire comprendre un fait ou un rapport de causalité. Quand l'enchaînement des aperceptions s'effectue non seulement d'après les impressions de l'ouïe, non d'après la pure consonance, mais aussi d'après les autres lois de l'association des idées, alors naissent ces juxtapositions de mots que le profane qualifie de « mode d'expression original » et qui procurent à leur auteur un renom de « brillant » causeur ou écrivain.

Le D$^r$ Sollier cite quelques exemples caractéristiques du mode d'expression « original » d'imbéciles [1]. L'un disait à son camarade : « Tu as l'air d'un sucre d'orge en nourrice ». Un autre formulait en ces termes l'idée que son ami le faisait tellement rire, qu'il ne pouvait pas retenir sa salive : « Tu me fais baver des fonds de chapeaux ». L'accouplement de mots qui, par le sens, sont incohérents ou très peu cohérents, est en règle générale une preuve d'imbécillité, quoique trop souvent il étonne et fasse rire. Le genre d'esprit qu'à Paris on nomme « blague » ou « esprit du boulevard » est, aux yeux du psychologue, de l'imbécillité. Et que cet esprit puisse s'allier aux tendances artistiques, cela est compréhensible. Toutes les professions qui réclament la connaissance de la réalité et l'adaptation à celle-ci, présument l'attention. Mais l'attention manque à l'imbécile, qui est par conséquent inapte aux professions sérieuses. Certaines occupations artistiques, notamment celles de genre subordonné, sont au contraire conciliables avec l'associa-

1. D$^r$ Paul Sollier, *Psychologie de l'Idiot et de l'Imbécile*. Paris, 1890, p. 153.

tion d'idées débridée, la rêverie, même la fuite de pensées, parce qu'elles réclament seulement une très faible adaptation à la réalité et ont, par cette raison, une grande force d'attraction pour l'imbécile.

Entre la pensée et le mouvement existe un parallélisme exact qui s'explique par ce fait, que l'élaboration d'aperceptions n'est autre chose qu'une modification de l'élaboration des impulsions motrices. Les phénomènes moteurs rendent sensible au profane, de la façon la plus claire, le mécanisme de l'activité pensante. A l'association d'idées répond l'association automatique des contractions musculaires, à l'attention la coordination. De même qu'en l'absence d'attention ne naît pas d'idée raisonnable, de même, avec le manque de coordination, ne naît pas de mouvement utile. A l'idiotisme du cerveau il faut assimiler la paralysie, à l'obsession et à l'idée fixe le tic de mouvement (tressaillement involontaire). Les plaisanteries de l'imbécile sont comme des coups d'épée dans l'air, les idées et les jugements des cerveaux sains comme une escrime soigneusement calculée en vue de la défense et de l'attaque. Le mysticisme trouve son image dans les mouvements sans but et sans force, souvent simplement esquissés, du tremblement sénile et paralytique, et l'extase constitue pour un centre cérébral le même état qu'un spasme tonique continu et violent pour un muscle ou un groupe de muscles.

## II

### LES PRÉRAPHAÉLITES

Le mysticisme est l'état habituel des hommes, et nullement une disposition extraordinaire de leur esprit. Un cerveau vigoureux qui élabore chaque aperception en pleine netteté, une volonté forte qui arrête l'attention si difficile à fixer, sont des dons rares. Pour muser et rêver, pour laisser vagabonder l'imagination capricieuse dans les méandres de l'association d'idées, il faut un effort moindre; et cet état d'âme est, par cette raison, de beaucoup préféré au dur travail de l'observation et du jugement raisonnable. C'est ainsi que la conscience des hommes est remplie d'une foule immense d'ombres de pensée ambiguës, et, règle générale, ils ne voient bien distinctement que les phénomènes journellement renouvelés de leur vie personnelle la plus étroite, et, parmi eux, ceux avant tout qui sont l'objet de leurs besoins immédiats.

Le langage, ce grand auxiliaire du développement de

la pensée humaine, n'est pas un bienfait sans mélange. Il porte dans la conscience de la plupart des hommes incomparablement plus d'obscurité que de clarté. Il enrichit leur mémoire de sons, non d'images nettement dessinées de la réalité. Le mot, écrit ou parlé, excite un sens, la vue ou l'ouïe, et dégage une activité du cerveau, c'est vrai. Il éveille toujours une aperception. Une suite de notes musicales le fait aussi. Un mot inconnu, un mot baroque, un nom propre, un air raclé sur un crin-crin, font penser aussi, mais à quelque chose d'indéterminé, ou d'absurde, ou d'arbitraire. C'est une peine absolument perdue que de vouloir donner à un individu, par le mot, de nouvelles aperceptions et notions et élargir le cercle de sa connaissance lucide. Le mot ne peut jamais évoquer que les représentations que l'individu possède déjà, et, en dernière analyse, chacun ne travaille qu'avec le fonds d'aperceptions qu'il a acquises par une observation personnelle attentive du monde. Cependant on ne peut renoncer aux excitations que nous apporte le langage. Le désir de saisir sans lacunes l'ensemble du monde phénoménal est irrésistible, mais la possibilité d'aperceptions personnelles est restreinte même dans le cas le plus favorable. Ce que nous n'avons pas éprouvé nous-mêmes, nous nous le faisons dire par les autres, les morts et les vivants. Le mot doit remplacer pour nous des impressions sensorielles immédiates. Il est, après tout, lui-même aussi une impression sensorielle, et notre conscience est habituée à assimiler cette impression aux autres, à accorder la même valeur à l'aperception qu'éveille le mot qu'aux aperceptions que nous avons obtenues par la coopération simultanée de tous les sens, par le dévisagement et la palpation de toutes les faces, le déplacement et le soulèvement, l'examen par l'ouïe et l'odorat, de l'objet lui-même. Mais cette assimilation de valeur est un vice de raisonnement. Elle est dans tous les cas fausse, si le mot doit faire plus qu'évoquer dans la conscience le souvenir d'une aperception acquise par une perception propre, ou celui d'une notion composée d'aperceptions semblables. Nous commettons tous, néanmoins, cette faute de raisonnement. Nous oublions que le langage a été formé par l'espèce uniquement comme moyen d'entente entre les individus et de communication d'émotions, qu'il est une fonction sociale, non une source de connaissance. En vérité, il est plutôt une source d'erreur. Car ce que l'homme sait réellement, ce n'est pas ce qu'il a entendu et lu et répète, mais seulement ce qu'il a directement éprouvé et attentivement observé ; et quand il veut s'émanciper des erreurs que le mot lui apporte, il n'a pas d'autre moyen que d'augmenter son fonds d'aperceptions de pleine valeur par des perceptions propres et une observation attentive. Et comme l'homme n'est jamais capable de cet effort que jusqu'à une certaine limite, chacun est condamné à travailler dans sa conscience à la fois avec des aperceptions directes et avec des mots. L'édifice d'idées construit avec des éléments d'une solidité si inégale rappelle ces églises gothiques dont des maçons stupides rescellaient autrefois les endroits dégradés avec une colle de suie et de fromage à laquelle ils donnaient, à l'aide d'un badigeon, l'apparence de la pierre. La façade se présente irréprochable à l'œil, mais beaucoup de ses parties ne résisteraient pas un instant à un choc vigoureux de la critique.

Beaucoup d'interprétations erronées des phénomènes naturels, la plus grande partie des fausses hypothèses scientifiques, toutes les religions et les systèmes métaphysiques, sont nés ainsi : c'est que les hommes ont entremêlé à leurs idées et à leurs jugements, à côté d'aperceptions sorties d'une perception immédiate, d'autres aperceptions provoquées par des mots, auxquelles ils ont accordé une valeur égale. Ou les mots avaient été inventés par des mystiques, et ils n'indiquaient dès l'origine que l'état vertigineux d'un cerveau malade et faible, ou bien ils exprimaient au début une aperception déterminée et exacte; mais leur sens véritable n'était jamais apparu à ceux qui les répétaient, et avait été arbitrairement faussé par eux, mal interprété ou embrouillé.

La faiblesse d'esprit innée ou acquise et l'ignorance conduisent au même but : le mysticisme. Le cerveau de l'ignorant élabore des aperceptions nébuleuses, parce qu'il est excité non par le phénomène lui-même, mais seulement par un mot, et que cette excitation n'est pas assez forte pour pousser les cellules cérébrales à un travail plus vigoureux; et le cerveau de l'épuisé et du dégénéré élabore des aperceptions du même genre, parce qu'il n'est pas capable de répondre à une excitation par une activité vigoureuse. C'est ainsi que l'ignorance est une faiblesse d'esprit artificielle, comme, au contraire, la faiblesse d'esprit est l'inaptitude organique naturelle au savoir.

Dans une partie quelconque de son horizon intellectuel, chacun de nous est donc mystique. De tous les phénomènes qu'on n'a pas observés soi-même, chacun se fait des aperceptions vaporeuses et vacillantes. Mais on distinguera néanmoins facilement l'homme sain de celui qui mérite la désignation de mystique. Il y a pour les deux un critérium sûr. L'homme sain est capable de tirer de ses perceptions immédiates des aperceptions à contours nets et de saisir leur véritable rapport. Le mystique, au contraire, mêle ses représentations-frontières ambiguës et nuageuses à ses aperceptions immédiates mêmes, qui par là sont embrouillées et obscurcies. Le paysan le plus superstitieux lui-même a des aperceptions sûres de son travail des champs, de l'alimentation de son bétail et de la surveillance de sa borne. Il se peut qu'il croie à la sorcière de la pluie, parce qu'il ne sait pas comment la pluie se produit, mais il ne s'attend pas un seul moment à ce que les anges viennent labourer pour lui. Il fait peut-être bénir son champ, parce qu'il ignore les véritables conditions de la prospérité ou du dépérissement de sa moisson, mais, malgré sa confiance en une faveur surnaturelle, il n'omettra jamais de semer son blé. Chez le mystique proprement dit, au contraire, l'incompréhensible étant l'informe, pénètre et envahit toutes les aperceptions, même celles de son expérience journalière ; son manque d'attention le rend incapable de reconnaître le véritable enchaînement des phénomènes même les plus simples et dont les rapports sont les plus facilement visibles, et le conduit à leur assigner comme cause une des aperceptions nébuleuses insaisissables qui voguent et ondoient dans sa conscience.

Cette caractéristique du mystique ne s'applique aussi complètement, dans l'histoire de l'art et de la poésie de ce siècle, à aucun autre groupe d'hommes qu'aux auteurs et continuateurs du « mouvement préraphaélite » en Angleterre. On peut supposer l'histoire de ce mouvement connue, au moins dans ses traits essentiels, et nous n'en rappellerons ici que les principaux. Trois peintres, Dante-Gabriel Rossetti, Holman Hunt et Millais, formèrent en 1848 une association qui s'intitula *Preraphaelitic Brotherhood* (Fraternité préraphaélitique). Quand le groupe fut formé, les peintres F.-G. Stephens et James Collinson ainsi que le sculpteur Thomas Woolner vinrent s'y joindre. Ils exposèrent à Londres, au printemps de 1849, une série de tableaux et de statues qui portaient tous, outre la signature de l'auteur, l'inscription commune P. R. B. Le résultat fut atterrant. Le public, auquel des fanatiques hystériques n'avaient pas encore imposé tyranniquement la foi à la beauté de ces œuvres et qui n'était pas encore sous l'empire de la mode inventée par les snobs esthétiques, et consistant à voir dans l'admiration pour celles-ci une marque de distinction et d'affiliation à un cercle étroit et exclusif de patriciens du goût, le public, disons-nous, alla à elles sans prévention et les trouva incompréhensibles et grotesques. Leur vue excita un rire inextinguible chez les gens de bonne humeur et de la colère chez les grincheux, qui se fâchent quand ils croient qu'on veut se moquer d'eux. La « Fraternité » ne renouvela pas sa tentative; l'exposition P. R. B. n'eut pas de répétition. L'association elle-même se rompit, et ses membres n'ajoutèrent plus à leurs noms les lettres de ralliement. Ils ne formèrent plus une réunion fermée dans laquelle on était reçu en due et bonne forme, mais seulement un cercle libre d'amis à tendances communes, sancesse transformé par les entrées et sorties. Ainsi se rapprochèrent d'eux Burne Jones et Madox Browne, qui passent également pour préraphaélites, quoiqu'ils n'aient pas appartenu au P. R. B. primitif. Plus tard la définition s'étendit des artistes aux poètes, et l'on comprend parmi les préraphaélites littéraires, outre Dante-Gabriel Rossetti, qui échangea bientôt le pinceau contre la plume, Algernon-Charles Swinburne et William Morris.

Quels sont les idées-forces et les buts du mouvement préraphaélite? Un critique anglo-allemand de valeur, Franz Hüffer, croit répondre à cette question, en disant : « Je voudrais nommer ce mouvement : la renaissance du mode de sentiment médiéval [1] ». Outre que ces mots ne signifient rien, puisque par « le mode de sentiment médiéval » chacun peut entendre ce qu'il veut, l'allusion au moyen âge marque seulement le phénomène le plus extérieur du préraphaélisme et ne touche en rien à son essence intime.

Il est exact que les préraphaélites trahissent, dans l'image et le mot, une certaine prédilection, d'ailleurs non exclusive, pour le moyen âge; mais le moyen âge de leurs poèmes et tableaux n'est pas le moyen âge historique; c'est un moyen âge fabuleux, une simple désignation pour ce qui est placé hors du temps et de l'espace, une époque et un pays de rêve dans lesquels on peut transporter commodément toutes les figures et actions irréelles. Qu'ils prêtent à leur monde extra-terrestre quelques traits qui peuvent rappeler de loin le moyen âge, que dans ce monde évoluent des reines et des chevaliers, des damoiselles

---

[1]. *Poems by Dante-Gabriel Rossetti.* With a memoir of the author, by Franz Hüffer. Leipzig. 1873, p. VIII.

avec des couronnes dans leur chevelure d'or et des pages avec des toques à plumes, cela s'explique par les modèles qui flottaient, inconsciemment peut-être, devant l'esprit des préraphaélites.

Les mouvements en art et en littérature ne naissent pas soudainement et par génération spontanée. Ils ont des aïeux dont ils descendent par une filiation naturelle. Le préraphaélisme est un petit-fils du romantisme allemand et un fils du romantisme français. Mais dans ses pérégrinations à travers le monde, le romantisme, sous l'influence des dispositions changeantes des époques et du caractère particulier des différents peuples, a subi de telles altérations, qu'à peine un léger air de famille rappelle l'ancêtre allemand dans le rejeton anglais.

Le romantisme allemand était dans son principe une réaction contre l'esprit des encyclopédistes français, qui avaient dominé sans conteste le XVIII$^e$ siècle. Leurs critiques des antiques erreurs, leurs nouveaux systèmes, qui voulaient expliquer les énigmes du monde et de la nature humaine, avaient d'abord séduit et presque enivré. Ils ne pouvaient cependant satisfaire d'une façon durable, car ils commettaient dans deux directions une lourde erreur. Ils interprétaient le monde phénoménal avec une connaissance insuffisante des faits et tenaient l'homme pour un être raisonnable. Fiers de leur penser rigoureusement logique, mathématique, ils ne voyaient pas que c'était là une méthode de connaissance, mais non la connaissance elle-même. L'appareil logique est une machine qui peut seulement élaborer la matière qu'on y a mise. Si cette machine n'est pas nourrie, elle tourne à vide, fait du bruit, mais ne produit rien. L'état de la science au xviii° siècle ne permettait pas aux encyclopédistes de mettre utilement en activité leur appareil logique. Mais ils ne le remarquèrent pas, et construisirent, inconsciemment téméraires, à l'aide de leurs faibles moyens, un système qu'ils donnèrent avec satisfaction pour la fidèle image de l'univers. On découvrit naturellement bientôt que les encyclopédistes, si fiers de leur raison, se trompaient, eux et leurs disciples. On découvrit des faits qui contredisaient leurs explications hâtives, et il y eut toute une série de phénomènes que le système négligeait entièrement, qu'il ne couvrait pas, comme un mantelet trop court, et qui passaient railleusement par toutes les bordures. Alors on maltraita à coups de pied la philosophie des encyclopédistes et l'on commit à son égard la faute qu'elle-même avait commise : on confondit la méthode de la critique rationnelle avec les résultats qu'elle avait produits entre les mains des encyclopédistes. Parce que ceux-ci, par connaissance insuffisante des faits, donnaient de la nature une explication fausse et arbitraire, les assoiffés de savoir s'écrièrent, déçus, que la critique rationnelle était en soi une fausse méthode ; que la pensée logique ne conduisait à rien ; que les explications de la philosophie d'émancipation étaient aussi indémontrées et indémontrables que celles de la religion et de la métaphysique, qu'elles étaient seulement moins belles, plus froides et plus étroites ; et l'on se précipita avec ferveur dans toutes les profondeurs de la foi et de la superstition, où, sans aucun doute, ne croissait pas l'arbre de science, mais où de beaux mirages enivraient l'œil, et où murmuraient les sources chaudes parfumées de toutes les émotions.

Et plus encore que l'erreur de leur philosophie, fut néfaste la fausse psychologie des encyclopédistes. Ils crurent que les pensées et les actions de l'homme sont déterminées par la raison, par les lois de la logique, et ils ne soupçonnèrent aucunement que la vraie force motrice de ses idées et de ses actes sont les émotions, ces excitations élaborées dans les profondeurs des organes intérieurs, dont l'origine échappe à la conscience, qui font soudainement irruption dans celle-ci comme une horde de sauvages, ne disent pas d'où elles viennent, ne se plient à aucun règlement de police de la pensée civilisée, et exigent impérieusement d'être logées. Tout le vaste domaine des besoins organiques et des instincts héréditaires, ce qu'Edouard de Hartmann nomme l'« inconscient », resta caché aux rationalistes, et ils ne virent que l'étroit cercle de la vie psychique qu'éclaire la petite lampe de la conscience. Une poésie qui représentait l'homme d'après les vues de cette psychologie insuffisante, devait être fausse jusqu'au ridicule. Elle n'avait pas de place pour les passions et les folies. Elle ne voyait dans le monde que des formules logiques sur deux jambes et des équations mathématiques à tête poudrée et à habits brodés. Le sentiment naturel se vengea de cette aberration artistique, en entrant en révolte et en n'admettant plus que l'inconscient, l'instinct héréditaire et les appétits organiques, sans plus se préoccuper de la raison ni de la volonté, qui pourtant existent aussi.

Le mysticisme, qui s'insurgea contre l'emploi de la méthode rationaliste dans l'interprétation du monde, le mouvement d'assaut et d'irruption, qui s'émeuta contre le même emploi à l'égard de la vie psychique de l'homme, furent la moisson préparatoire du romantisme, qui n'est que la réunion et l'exagération de ces deux mouvements de révolte. Que le romantisme ait revêtu la forme de l'enthousiasme pour le moyen âge, c'était l'effet des événements et de la disposition d'esprit du temps. Car les commencements du romantisme coïncident avec l'abaissement le plus profond de l'Allemagne, et la douleur causée aux jeunes talents par la honte de la domination étrangère donna à tout l'ensemble de leurs idées une coloration patriotique. Au moyen âge, l'Allemagne avait eu une brillante période de force et de floraison intellectuelle. Ces siècles à la fois illustrés par la puissance des empereurs universels de la maison de Hohenstaufen, la magnificence de la poésie amoureuse de cour et la grandeur des églises gothiques, devaient nécessairement attirer les esprits sortant violemment et avec dégoût d'un présent intellectuellement prosaïque, politiquement humiliant. Pour éviter Napoléon, ils se réfugiaient auprès de Frédéric Barberousse, et ils se remettaient chez Walther von der Vogelweide de leur horreur de Voltaire. Les imitateurs étrangers des romantiques allemands ne savent pas que, lorsqu'ils font, dans leur fuite de la réalité, une halte dans le moyen âge, ils ont pour guide de voyage le patriotisme allemand.

Le côté patriotique du romantisme fut d'ailleurs seulement accentué par les talents les plus sains de cette tendance. Chez les autres, celle-ci se révéla en pleine clarté pour ce qu'elle est : une manifestation de la dégénérescence. Les frères Schlegel donnèrent, dans leur revue l'*Athenæum*, ce programme du romantisme : « Le commencement de toute poésie est de suspendre de nouveau la marche et les lois de la raison pensant rationnellement et de nous replonger dans le bel égarement de la fantaisie, dans le chaos primitif de la nature humaine... Le bon plaisir du poète ne souffre aucune loi au-dessus de lui ». C'est bien là la façon de penser et de parler du faible d'esprit, de l'imbécile, qui est incapable de suivre avec son activité cérébrale, en les observant et en les comprenant, les phénomènes du monde, et qui, avec la satisfaction de soi-même propre aux imbéciles, présente son défaut comme une qualité, déclare son penser confus, dominé par l'association d'idées non réfrénée, le seul juste et recommandable, et se vante de ce dont l'homme sain le plaint.

A côté de l'association d'idées déréglée, on observe aussi chez la plupart des romantiques le compagnon naturel de cette faiblesse cérébrale, le mysticisme. Ce qui les enchanta, en pensant au moyen âge, ce ne fut pas la grandeur et la puissance de l'empire allemand, l'abondance et la beauté de la vie allemande de ce temps-là, mais le catholicisme avec sa foi aux miracles et son culte des saints. « Notre service divin n'en est pas un », écrit Henri de Kleist. « Il parle seulement à la froide raison : mais une fête catholique parle à tous les sens ». Incontestablement, le symbolisme abyssalement obscur du catholicisme, toute l'extériorité de ses gestes hiératiques, des mystères de l'autel, de la magnificence de ses vêtements sacerdotaux, de ses objets et œuvres d'art liturgiques, de sa subjugation des sens par le tonnerre de l'orgue, les nuages de l'encens et les ostensoirs étincelants, tout cela excite plus d'aperceptions nébuleuses et confuses que le froid protestantisme. La conversion au catholicisme des Frédéric Schlegel, Adam Müller, Zacharias Werner, le comte Stolberg, est simplement logique, absolument comme le lecteur qui a suivi nos explications sur la psychologie du mysticisme comprendra que, chez ces romantiques, une sensualité souvent poussée jusqu'au rut accompagne les transports de dévotion.

Une génération plus tard qu'en Allemagne, le romantisme apparut en France. Ce retard est historiquement facile à expliquer. Dans les tourmentes de la Révolution et des guerres napoléoniennes, les esprits dirigeants du peuple français ne trouvèrent pas le temps de se replier sur eux-mêmes. Ils n'avaient pas le loisir d'examiner la philosophie de leurs encyclopédistes, de la trouver insuffisante, de la rejeter et de se cabrer contre elle. Ils dépensaient toute leur force dans les rudes et grandioses exploits musculaires de la guerre, et sentaient peu le besoin des émotions que donnent l'art et la poésie; ce besoin était complètement satisfait par les émotions infiniment plus fortes de l'amour-propre et du désespoir excités par des victoires glorieuses et des désastres de fin du monde. Ce n'est qu'à l'époque de demi-sommeil qui suivit Waterloo, que les penchants esthétiques reprirent leurs droits, et les mêmes causes amenèrent alors les mêmes résultats qu'en Allemagne. Les jeunes talents, ici aussi, levèrent l'étendard de la révolte contre les tendances esthétiques et philosophiques régnantes. Ils voulaient que la fantaisie culbutât la raison et lui mit le pied sur la gorge, et ils proclamèrent le droit martial de la passion contre la procédure circonspecte de la discipline et de la morale. Initiés en une certaine mesure au mouvement allemand par Mme de Staël et par A.-W. de Schlegel, qui, l'une, agissait personnellement sur son entourage français, et, l'autre, avait été traduit de bonne heure en français, ils se rattachèrent, à moitié inconsciemment peut-être, à ce mouvement. Des différentes forces motrices en jeu dans le romantisme allemand, celles du patriotisme et du catholicisme mystique restèrent sans action sur l'esprit français, qui ne lui prit que sa prédilection pour les lointains dans le temps et dans l'espace et pour l'anarchie morale et intellectuelle.

Le romantisme français n'était ni médiéval ni pieux. Il élisait plutôt domicile dans la Renaissance, quand il voulait s'éloigner de la réalité dans le temps, et en Orient ou dans les pays fabuleux, quand il voulait s'en éloigner dans l'espace. Chez Victor Hugo, à côté des seuls *Burgraves*, dont l'action se passe au XIII$^e$ siècle, il y a tous les autres drames, *Cromwell*, *Marie Tudor*, *Lucrèce Borgia*, *Angelo*, *Ruy Blas*, *Hernani*, *Marion Delorme*, *Le Roi s'amuse*, qui se déroulent dans le XVI$^e$ et le XVII$^e$ siècle, et à son unique roman moyen âge, *Notre-Dame de Paris*, on peut opposer tous les autres, depuis *Han d'Islande*, qui a pour scène une Thulé de rêve, jusqu'aux *Misérables*, qui se passent dans un Paris apocalyptique, et à *Quatre-vingt-treize*, histoire de la Révolution à l'usage des fumeurs de haschisch. L'inclination du romantisme français pour la Renaissance est naturelle. Celle-ci a été le temps des grandes passions et des grands crimes, des palais de marbre, des vêtements étincelants d'or et des fêtes enivrantes, le temps où les choses esthétiques l'emportaient sur les choses utiles, le fantastique sur le rationnel, et où le méfait lui-même était beau, car l'assassinat était accompli avec des poignards ciselés et damasquinés, et le poison présenté dans des coupes historiées par Benvenuto Cellini.

Les romantiques français se servent de l'irréalité de leurs scènes et de leurs costumes principalement pour pouvoir doter sans contrainte leurs figures de toutes les qualités, exagérées jusqu'au monstrueux, que le Français, non encore aigri par la douleur de la défaite, aimait dans l'homme. C'est ainsi que nous apprenons à connaître, par les héros de Victor Hugo, Alexandre Dumas, Théophile Gautier, Alfred de Musset, l'idéal masculin et féminin français. Les spéculations philosophiques à la Faust ou les monologues à la Hamlet ne sont pas leur affaire. Ils causent inépuisablement, avec des antithèses et des mots d'esprit éblouissants; ils se battent un contre dix, ils aiment comme Hercule dans la nuit thespidienne, et leur vie entière n'est qu'un long enivrement de combats, de voluptés, de vin, de parfums et de splendeurs, une sorte de folie des grandeurs avec des idées de gladiateur romain, de Don Juan et de Monte Christo, une folle dissipation de trésors inépuisables de force physique, de gaieté et d'or. Ces naïfs idéals humains devaient nécessairement porter des pourpoints ou des capes espagnoles et parler la langue de temps inconnus, puisque cette exubérance musculaire ne pouvait tenir dans notre habit de soirée étriqué, et que la conversation des salons parisiens ne permet pas les franchises de ces âmes retournées de dedans en dehors.

En Angleterre, les destins du romantisme ont été exactement l'opposé de ceux qu'il a eus en France. Si les Français avaient surtout et même exclusivement emprunté au romantisme allemand, comme modèles, l'émigration hors de la réalité et la proclamation du droit souverain de la passion, les Anglais en développèrent non moins exclusivement les éléments catholico-mystiques. Pour eux, le moyen âge avait un puissant attrait, par cela seul qu'il était l'époque de la foi enfantine, de l'enivrement des simples d'esprit dans le commerce personnel avec la Sainte Trinité, la Sainte Vierge et tous les saints tutélaires.

Commerce, industrie et civilisation n'avaient jamais été développés nulle part au monde comme en Angleterre; nulle part on n'avait autant travaillé, nulle part on n'avait vécu dans des conditions aussi artificielles. L'état de dégénérescence et d'épuisement que nous observons aujourd'hui dans tous les pays civilisés, comme suite de ce surmenage, devait pour ce motif apparaître en Angleterre plus tôt qu'ailleurs, et il s'y manifeste effectivement avec une violence croissante dès 1830 et 1840. Mais l'émotivité de dégénérescence et d'épuisement devait revêtir là, nécessairement, par suite des particularités du peuple anglais, une couleur religieuse.

Le peuple anglo-saxon est de sa nature un peuple sain et d'esprit solide, et il possède par cela même à un haut degré le besoin de connaissance propre à l'homme normal vigoureux. Il a de tout temps recherché le « pourquoi » et le « comment » des phénomènes, et témoigné une reconnaissance et un intérêt passionnés à ceux qui lui ont promis des renseignements sur ce sujet. Tous les écrivains qui se sont occupés des débuts de la formation de l'âme anglaise, G. Freytag et H. Taine, par exemple, citent le discours profond d'un chef anglais sur ce qui précède et suit la vie de l'homme, discours qui nous a été conservé par Béda dans son récit de la conversion du roi Edwin au christianisme [1]. Il témoigne que, dès le commencement du VIIe siècle, la soif ardente de s'expliquer le phénomène du monde dévorait les Anglo-Saxons. Or, cette belle et noble avidité de savoir est devenue à la fois la force et la faiblesse des Anglais. Elle les conduisit au développement parallèle des sciences naturelles et de la théologie. Les savants apportèrent des faits acquis par une pénible observation; les théologiens, des systèmes composés de notions arbitraires; mais tous deux élevèrent la prétention d'expliquer l'essence des choses, et le peuple leur fut profondément reconnaissant aux uns et aux autres, aux théologiens toutefois plus qu'aux savants, parce que ceux-là pouvaient enseigner plus abondamment et avec plus d'aplomb que ceux-ci. Le penchant des hommes à accorder la même valeur aux mots qu'aux faits et aux affirmations qu'aux preuves, donne toujours au théologien et au métaphysicien un avantage énorme sur l'observateur. La soif de savoir des Anglais a produit à la fois la philosophie d'induction et le spiritisme. L'humanité lui doit lord Bacon, Harvey, Newton, Locke, Darwin, John-Stuart Mill, mais aussi Bunyan, Berkeley, Milton, les puritains, les quakers, et tous les visionnaires religieux, apocalypticiens et mé-

---

1. Gustave Freytag, *Tableaux du passé allemand.* Premier volume : *Le moyen âge.* Leipzig, 1872, p. 266. — H. Taine, *Histoire de la littérature anglaise.* Paris, 1866, 2e édition, t. I, p. 46.

diums de ce siècle. De même qu'aucun peuple n'a fait autant pour ses naturalistes et ne les a autant honorés, aucun peuple non plus n'a, avec autant de sincérité et de dévotion que le peuple anglais, cherché dans la foi surtout l'enseignement. L'effort vers la connaissance est donc la source principale de la religiosité anglaise. A cela il faut ajouter que les classes dominantes ne donnèrent jamais l'exemple de l'indifférence en matière de foi, mais firent systématiquement de la religiosité une marque de distinction sociale, à l'opposition de la France, où la noblesse du XVIIIe siècle fit du voltairianisme la marque distinctive d'une condition sociale supérieure. Le développement historique conduisit en Angleterre à deux résultats qui s'excluent en apparence l'un l'autre : à la domination de caste et à la liberté personnelle. La caste, qui est en possession de la richesse et du pouvoir, désire naturellement défendre sa situation. Elle ne peut, vu le caractère rigidement indépendant du peuple anglais, recourir à la force matérielle. Elle a donc toujours cultivé les moyens coercitifs moraux qui lui permettent de maintenir dans la soumission et l'obéissance les classes inférieures, et, parmi ces moyens, la religion est de beaucoup le plus efficace.

Ainsi s'expliquent la foi des Anglais et en même temps le caractère religieux de leur dégénérescence intellectuelle. Le premier effet de la dégénérescence et de l'hystérie épidémiques fut le mouvement d'Oxford vers 1840. Wiseman tourna toutes les têtes faibles; Newman passa au catholicisme; Pusey revêtit toute la haute Église anglicane du costume romain. Le spiritisme se mit plus tard de la partie, et il est caractéristique que tous les médiums employaient une phraséologie théologique et faisaient des révélations sur le paradis et l'enfer. Les assemblées de « revival » de 1875 et l' « Armée du Salut » actuelle sont la continuation directe du mouvement d'Oxford, mais embourbée et empestée comme il convient au degré de culture plus bas de leurs membres. En matière d'art, l'enthousiasme religieux des Anglais dégénérés et hystériques chercha son expression dans le préraphaélisme.

Une définition exacte du sens de ce mot n'est pas possible, car il a été inventé par des mystiques et partage, avec tous les néologismes dus à des imbéciles et à des aliénés, la propriété d'être vague et équivoque. Les premiers membres de la « Fraternité » crurent découvrir dans les artistes du xive et du xve siècle, dans les précurseurs des grands génies des écoles ombrienne, milanaise et vénitienne, des esprits à l'unisson des leurs; ils prirent quelque temps pour modèle leur manière de peindre et créèrent la désignation « préraphaélites » qui dut beaucoup leur plaire, parce que le préfixe « pré » éveille des idées de choses antiques, lointaines, à peine perceptibles, mystérieusement nébuleuses. Le mot « préraphaélites » fait résonner par association d'idées, comme autant d'harmoniques, les notions : « préadamites[1] », « préhistorique », etc.; bref, tout ce qui ouvre des perspectives immenses sur l'inconnu crépusculaire et permet à l'esprit un vagabondage de rêve dans le hors-du-temps et dans les pays fabuleux. Mais si les préraphaélites ont trouvé leur idéal artistique

---

1. Ce n'est pas là une affirmation arbitraire. Une des plus célèbres poésies de Dante-Gabriel Rossetti, *Eden bower*, dont nous parlerons plus tard, traite justement de la Lilith préadamite.

réalisé justement dans les peintres du « quattrocento », ils le doivent à John Ruskin.

Ruskin est un des esprits les plus troubles et les plus faux et un des plus puissants stylistes de ce siècle. Il met au service d'idées complètement délirantes le sauvage acharnement du fanatique dérangé d'esprit et le profond sentiment de l' « émotif » de Morel. Son état d'âme est celui des premiers grands-inquisiteurs espagnols; il est un Torquemada de l'esthétique. Il aimerait brûler vifs le critique qui ne partage pas ses vues ou le philistin obtus qui passe sans recueillement devant les œuvres d'art. Mais comme les bûchers ne sont pas à sa portée, il fait rage et se déchaîne au moins en paroles, et anéantit métaphoriquement les hérétiques par l'injure et la malédiction. A son humeur colérique intraitable il allie une grande connaissance de tous les détails de l'histoire de l'art. S'il parle des formes de nuages, il reproduit les nuages de soixante ou quatre-vingts tableaux éparpillés à travers toutes les collections de l'Europe, et, notez-le bien, il a fait cela dans les années 1840 et suivantes, quand on ne connaissait pas encore les photographies d'après les chefs-d'œuvre de l'art, qui en rendent aujourd'hui si commode l'étude comparée. Cette accumulation de faits, cette érudition minutieuse lui conquirent l'esprit anglais. Elles expliquent l'influence puissante qu'il a exercée sur le sentiment artistique du monde anglo-saxon et sur ses idées théoriques du beau. Le positivisme lucide de l'Anglais réclame des indications exactes, des mesures, des chiffres. Qu'on lui livre tout cela, il est content et ne critique pas les points de départ. L'Anglais accepte un délire lorsque celui-ci se présente avec des notes au bas des pages, et il est conquis par un radotage accompagné de tableaux statistiques. C'est un trait bien anglais que Milton, dans sa description de l'enfer et de ses habitants, soit aussi détaillé et consciencieux qu'un arpenteur et un naturaliste, et que Bunyan raconte le *Voyage du Pèlerin* vers le royaume mystique de la rédemption, avec la méthode des récits de voyage les plus plastiques, comme un capitaine Cook ou un Burton. Ruskin possède au plus haut degré cette particularité anglaise de l'exact dans l'absurde, des mesures et des nombres dans le délire de la fièvre.

En 1843, presque en même temps que l'explosion du grand mouvement catholicisant, Ruskin commença à publier les études d'art surexcitées qui furent réunies plus tard sous le titre de *Modern Painters* (Peintres modernes). Il était alors un jeune théologien, et c'est comme tel qu'il aborda la contemplation des œuvres d'art. La vieille scolastique voulait faire de la philosophie la « servante de la théologie ». Le mysticisme de Ruskin se proposait le même but avec l'art. La peinture et la sculpture devaient être une forme du service divin, ou elles ne devaient pas être. L'œuvre d'art valait seulement par l'idée transcendante qu'elle voulait exprimer, par la ferveur qui l'inspirait et s'y révélait, et non par la perfection de la forme.

Cette manière de voir l'a conduit à des affirmations dont je veux citer ici quelques-unes des plus caractéristiques. « Il me semble », dit-il, « qu'un grossier symbole peut souvent émouvoir le cœur plus efficacement qu'un symbole raffiné, et que l'on examine des tableaux en tant que chefs-d'œuvre avec moins de dévotion et plus de curiosité... Ce que cherche et adore toujours celui qu'on nomme un connaisseur, c'est l'homme et sa fatuité, l'homme et ses trucs, l'homme et ses inventions, l'homme misérable, pitoyable, chétif, égoïste. Entre des tessons et des tas de fumiers, entre des goujats ivres et des belles-madames ratatinées, à travers tous les spectacles de la débauche et de la corruption, nous suivons l'artiste qui s'y lance à cœur-joie, non pour recueillir un enseignement sain, non pour être émus de pitié ou pour bondir d'indignation, mais pour observer la dextérité du pinceau et savourer le scintillement de la couleur... La peinture n'est rien autre chose qu'un noble et expressif langage, inappréciable comme transmetteur d'idées, mais en lui-même et par lui-même absolument nul... Ce n'est pas la façon dont les choses sont représentées ou dites, mais ce qu'elles représentent et disent, qui détermine finalement la grandeur du peintre ou de l'écrivain... Les efforts primitifs de Cimabue et Giotto sont les messages enflammés d'une prédiction annoncée par les lèvres balbutiantes de petits enfants... Le tableau qui renferme plus d'idées et de plus nobles, si maladroitement qu'elles puissent être exprimées, est plus grand et meilleur que celui qui contient moins d'idées et de moins nobles, si bien représentées qu'elles soient... Plus insuffisants paraissent les moyens par rapport au but, et d'autant plus puissante sera l'impression de la force artistique [1] ».

Ces phrases furent décisives pour la direction des jeunes Anglais qui, vers 1843, unissaient des tendances artistiques au mysticisme des dégénérés et des hystériques.

---

1. John Ruskin, *Modern Painters*, édition américaine, t. I, p. 21 et sqq.

Elles renfermaient l'esthétique des premiers préraphaélites. Ceux-ci éprouvèrent l'impression que Ruskin avait clairement exprimé ce qui fermentait obscurément en eux. C'était là l'idéal artistique qu'ils pressentaient : la forme, indifférente; la pensée, tout; d'autant plus maladroite l'exécution, d'autant plus profond l'effet; la ferveur religieuse, seul sujet digne d'une œuvre d'art. Ils parcouraient l'histoire de l'art à la recherche des types auxquels s'appliquaient les théories de Ruskin acceptées par eux avec enthousiasme, et trouvaient ce qu'ils cherchaient dans les « primitifs » italiens, dont la Galerie nationale de Londres est extraordinairement riche. Ils avaient là comme objet d'imitation des modèles achevés : ils devaient s'attacher à ces Cimabue, Giotto, Fra Angelico, à ces Botticelli et Filippo Lippi. Là étaient des tableaux mal dessinés, à l'origine déjà pauvrement peints, ou décolorés par l'action des siècles, les uns pâlis, les autres encrassés. Ils représentaient, avec des inexpériences d'écoliers, des scènes de la passion du Christ, de la vie de la Sainte Vierge ou de la Légende dorée, ou bien incarnaient d'enfantines conceptions de l'enfer et du paradis, dans lesquelles s'exprimait un sentiment de foi intense et de dévotion émue. Ils étaient faciles à imiter, car, lorsqu'on peignait dans le style des « primitifs », le dessin incorrect, l'absence du sentiment de couleur, l'impuissance artistique générale devenaient des qualités; et ils contrastaient d'une façon suffisamment violente avec toutes les exigences du goût de l'époque, pour satisfaire le penchant à l'opposition, au paradoxe, à la négation, à la singularité, qui est, nous l'avons vu, le propre de l'imbécile.

La théorie de Ruskin en soi est empreinte de délire. Elle méconnaît les principes primordiaux de l'esthétique et embrouille, avec l'inconscience d'un enfant qui s'amuse étourdiment, les limites des différents arts. Il n'admet dans les beaux-arts que l'idée. Le tableau ne doit avoir que la valeur d'un symbole exprimant une pensée religieuse. Ruskin ne voit pas ou veut ignorer que les sentiments de plaisir éveillés par la contemplation d'un tableau sont directement produits non par l'idée que renferme celui-ci, mais par sa forme sensorielle. La peinture éveille avec ses moyens : couleur et dessin (celui-ci consiste à saisir et à reproduire exactement des gradations de lumière), premièrement, une impression agréable purement aux sens, de belles couleurs individuelles et d'harmonies de tons heureusement accordés; elle donne en second lieu l'illusion de la réalité, et, avec elle, le plaisir de degré supérieur et plus intellectuel consistant à reconnaître les objets représentés et à comprendre l'intention de l'artiste; elle fait enfin voir les objets avec les yeux de l'artiste et découvrir en eux des traits particuliers ou collectifs que le spectateur non artiste n'a pu jusque-là percevoir par lui-même. Le peintre n'agit donc avec les moyens de son art qu'autant qu'il excite agréablement le sens des couleurs, qu'il donne à l'esprit l'illusion de la réalité et en même temps la conscience que c'est une illusion, et que, par sa vue plus profonde et plus intense, il ouvre au spectateur les richesses cachées de l'objet. Si, outre cela, le sujet, l' « anecdote » du tableau fait de l'effet sur le spectateur, ce n'est plus le mérite du peintre comme tel, mais celui de l'intelligence non exclusivement picturale, qui a choisi le sujet et l'a livré, pour être représenté, aux facultés picturales proprement dites. L'impression exercée par l'anecdote n'est pas produite par les moyens de la peinture. Elle n'a pas pour raison le plaisir causé au spectateur par la couleur, l'illusion de la réalité, la compréhension meilleure de l'objet, mais un penchant préexistant quelconque, un souvenir, un préjugé. Un tableau pictural, la « Mona Lisa » du Léonardo, transporte d'admiration tous ceux dont l'œil possède une éducation suffisante. Un tableau anecdotique, qui ne se distingue pas en même temps par des qualités purement picturales, laisse froids tous ceux à qui l'anecdote en elle-même est indifférente, c'est-à-dire ceux à qui elle serait indifférente si elle ne leur était pas présentée par les moyens propres à la peinture, mais simplement racontée, par exemple. Une icône russe émeut le moujik et laisse froid le connaisseur occidental. Un tableau représentant une victoire de l'armée française sur les troupes prussiennes toucherait et charmerait les philistins français, même s'il était peint dans le style des images d'Épinal.

Assurément, il y a une peinture qui ne veut pas fixer et évoquer dans le spectateur les impressions du sens visuel et les émotions directement excitées par elles, mais veut exprimer des idées, et dans laquelle le tableau ne doit pas agir par lui-même, par sa propre perfection artistique, mais par son contenu intellectuel; seulement, cette peinture a un nom particulier : elle s'appelle l'écriture; ses signes, qui doivent avoir non point une valeur picturale, mais uniquement la valeur de symboles, dans lesquels nous faisons abstraction de la forme pour ne nous attacher qu'à la signification, ses signes, nous les nommons les lettres; et l'art qui se sert de ces symboles pour l'expression de processus intellectuels n'est pas la peinture, mais la poésie. Originairement, il est vrai, le tableau était un moyen de rendre sensibles les idées, et sa valeur esthétique ne venait qu'en second lieu, après sa valeur comme transmetteur de notions; d'autre part, aujourd'hui encore, les impressions esthétiques jouent même dans notre écriture un rôle discret, et, tout contenu mis à part, une belle écriture produit un effet plus agréable qu'une laide. Mais déjà, aux commencements de son développement, la peinture qui ne devait que satisfaire des besoins esthétiques, se sépara de l'écriture qui sert à rendre sensibles les idées; la peinture enfanta l'hiéroglyphe, l'écriture démotique, la lettre, et il était réservé à Ruskin de vouloir supprimer une distinction qu'avaient déjà su faire, six mille ans avant lui, les scribes de Thèbes.

Les préraphaélites allèrent plus loin que Ruskin, auquel ils avaient emprunté toutes leurs idées directrices. Ils entendirent mal son malentendu. Il avait seulement dit que la défectuosité de la forme peut être rachetée par la force et le noble sentiment de l'artiste. Mais, eux, ils établirent directement en principe que l'artiste, pour exprimer un noble sentiment et la ferveur, doit être défectueux dans la forme. Incapables, comme tous les faibles d'esprit, d'observer et de se rendre clairement compte des faits, ils ne discernèrent pas les vraies causes de l'effet exercé sur eux par les « primitifs ». Les tableaux de ceux-ci les touchaient et les émouvaient; ce qui les distinguait avant tout des tableaux d'autres peintres qui les laissaient indifférents, c'était leur raideur pleine de gaucherie; ils virent donc tout simplement dans cette raideur pleine de gaucherie la source de leur émotion, et imitèrent avec beaucoup de peine et de conscience le mauvais dessin des « primitifs ».

Oui, certes, la gaucherie des « primitifs » est touchante. Mais pourquoi ? Parce que ces Cimabue et ces Giotto étaient sincères. Ils voulaient se rapprocher de la nature et se délivrer du joug de la tradition de l'école byzantine, devenue complètement infidèle à la vérité. Ils luttaient, avec les plus violents efforts, contre les mauvaises habitudes d'œil et de main que les maîtres des corporations leur avaient imposées, et le spectacle d'une telle lutte, comme celui d'ailleurs de tout violent déploiement de forces de la personnalité qui veut briser des chaînes de n'importe quelle nature et affranchir son « moi », ce spectacle est le plus attrayant qu'il soit possible d'observer. Toute la différence entre les « primitifs » et les préraphaélites, c'est que ceux-là devaient commencer par inventer le dessin et la peinture exacts, tandis que ceux-ci voulaient les oublier. C'est pour cette raison que là où les premiers ravissent, les seconds doivent repousser. C'est le contraste existant entre le balbutiement d'un enfant et le bégaiement d'un vieillard ramolli, entre l'infantile et l'enfantin. Mais ce retour aux débuts, cette affectation de simplicité, ce jeu de bébé dans les mots et les attitudes, ce sont là des phénomènes fréquents chez les débiles d'esprit, et nous les rencontrerons souvent encore chez les poètes mystiques.

Conformément à la doctrine de leur maître théorique

Ruskin, le déclin de l'art commence, pour les préraphaélites, avec Raphaël. Les raisons en sont claires. Imiter Cimabue et Giotto, cela est relativement facile. Pour imiter Raphaël, on doit soi-même pouvoir dessiner et peindre dans la perfection, et c'est ce qu'étaient incapables de faire les premiers membres de la « Fraternité ». De plus, Raphaël vivait au plus beau moment de la Renaissance. L'aurore de la pensée nouvelle rayonne dans son existence et dans ses œuvres. Dans sa liberté d'esprit de « cinquecentiste » émancipé, il ne peignait plus seulement des sujets religieux, mais aussi des sujets mythologiques et historiques, — les mystiques disent : des sujets profanes. Ses tableaux ne font plus seulement appel à la ferveur religieuse, mais aussi au sens de la beauté. Ils ne servent plus exclusivement Dieu; en conséquence, ils servent le diable, dit Ruskin et répètent ses disciples, et sont par là condamnables. Enfin, il était conforme à la tendance de contradiction et de négation du notoire dominant toute l'intellectualité des imbéciles, qu'ils déclarassent faux justement celui des dogmes de l'histoire de l'art qu'on avait toujours considéré comme le plus incontestable. Tout le monde disait depuis trois siècles : « Raphaël est le point culminant de la peinture ». A cela ils répondirent : « Raphaël marque le point où la peinture est tombée le plus bas ». Et ainsi il advint que, dans la désignation qu'ils s'attribuèrent, ils firent précisément allusion à Raphaël et non à un autre maître ou à une autre période de l'histoire de l'art.

Il ne faut attendre de la pensée mystique ni logique ni unité. Il est conforme à sa nature de se mouvoir dans d'éternelles contradictions. A un endroit, Ruskin dit : « Le mal est que le peintre prend sur lui de changer les œuvres de Dieu suivant son bon plaisir, de jeter sa propre ombre sur tout ce qu'il voit. Toute modification des traits de la nature a son origine ou dans l'impuissance ou dans une effronterie aveugle [1] ». Donc, le peintre doit reproduire l'objet comme il le voit et ne pas se permettre le plus léger changement à son égard. Et quelques pages plus loin, le même Ruskin dit : « Il y a une forme idéale pour chaque plante, chaque fleur, chaque arbre. C'est vers cette forme que chaque individu de l'espèce aspire à parvenir, s'il est délivré de l'influence du hasard ou de la maladie [2] ». Et reconnaître et rendre cette forme idéale, continue-t-il, est la grande tâche du peintre.

Il est à peine nécessaire de démontrer qu'une de ces assertions détruit complètement l'autre. La « forme idéale » à laquelle aspire chaque objet, le peintre ne la voit pas devant lui avec les yeux du corps. Il la transporte dans l'objet en vertu d'une opinion préconçue. Mais il a affaire à des formes individuelles qui, « par hasard ou par maladie », s'écartent de la forme idéale.

Pour les ramener par le pinceau à leur forme idéale, il doit changer ce qui est donné par la nature. Ruskin exige qu'il le fasse, mais il dit en même temps que toute modification est « de l'impuissance et de l'indolence, ou une effronterie aveugle! » Naturellement, une seule de ces affirmations, qui s'excluent l'une l'autre, peut être vraie. C'est la première, sans aucun doute. La « forme idéale »

---

1. Ruskin, *op. cit.*, p. 24.
2. *Id. Ibid.*, p. 26.

est une supposition, et non une perception. La distinction de l'essentiel d'avec l'accidentel dans l'objet est abstraction, travail de l'intellect, non de l'œil et du sentiment artistique. Or, la peinture a pour objet, d'après son essence, le visible et non le conjectural, le réel et non le possible et le vraisemblable, le concret et non l'abstrait. Retrancher du phénomène certains traits comme non essentiels et accidentels et retenir les autres comme essentiels et nécessaires, c'est réduire le phénomène à un schéma. Mais la tâche de l'art n'est pas de schématiser, elle est d'individualiser. D'abord, parce que le schéma a pour prémisse une représentation de la loi qui détermine l'objet, que cette représentation peut être erronée, qu'elle change avec les théories scientifiques régnantes, et que le peintre ne reproduit pas des théories scientifiques changeantes, mais des impressions sensorielles; ensuite, parce que le schéma éveille un travail de pensée et non une émotion, et que la tâche de l'art consiste à éveiller des émotions.

Les préraphaélites, toutefois, n'avaient aucune compréhension de ces contradictions, et ils obéirent aveuglément à toutes les consignes de Ruskin. Ils schématisèrent la forme humaine, mais reproduisirent fidèlement tous les accessoires, et n'eurent pas « d'effronterie, l'impuissance ou l'insolence » d'y changer quelque chose. Ils peignirent avec la plus pénible exactitude le paysage qui servait de cadre à leurs personnages et les objets qui les entouraient. Le botaniste peut déterminer chaque graminée, chaque fleur; le menuisier, reconnaître l'assemblage ou le collage de chaque escabeau, l'essence du bois, le vernis des meubles. Et cette netteté consciencieuse est, ajoutons-le, absolument la même au premier plan qu'au plan le plus reculé, où, d'après les lois de l'optique, les choses devraient à peine être encore perceptibles.

Cette reproduction uniformément nette de tous les objets d'un champ visuel est l'expression picturale de l'inaptitude à l'attention. Dans l'acte de penser, l'attention supprime une partie des aperceptions arrivant à la conscience (par association d'idées ou perception) et en laisse seulement subsister un groupe dominant. Dans l'acte de la vision, l'attention supprime une partie des objets du champ visuel, pour percevoir avec netteté seulement la partie fixée à ce moment par l'œil. Regarder, c'est voir nettement un objet et ne pas tenir compte des autres. Le peintre doit regarder, s'il veut nous faire comprendre distinctement quel objet l'a captivé et ce que son tableau doit nous montrer. S'il ne s'arrête pas, en le regardant, à un point déterminé du champ visuel, mais s'il présente uniformément le champ visuel tout entier, nous ne pouvons deviner ce qu'il voulait nous dire et vers quoi il désirait diriger notre attention. Une telle peinture est assimilable au parler incohérent de l'imbécile, qui caquette d'après le décours de l'association des idées, passe d'un sujet à un autre et ne sait pas lui-même où il veut en venir, pas plus qu'il ne peut le faire comprendre aux autres. C'est du radotage peint, de l'écholalie par le pinceau.

Mais précisément cette manière de peindre a exercé de l'influence sur l'art contemporain. Elle est la contribution préraphaélite au développement de celui-ci. Les peintres non mystiques, eux aussi, apprirent à regarder exactement les accessoires et à les rendre consciencieusement, en évitant toutefois de tomber dans l'erreur de leurs modèles, qui était de supprimer l'unité de leur œuvre, en remplissant les arrière-plans les plus éloignés de natures mortes péniblement et proprement peintes. Les morceaux de gazon, les fleurs et les fruits, rendus avec une exactitude de botaniste ; les rochers, les terrains et les formations montagneuses géologiquement justes ; les dessins bien nets de tapis et de tapisseries que nous retrouvons dans les tableaux modernes, — c'est à Ruskin et aux préraphaélites qu'on les doit.

Ces mystiques s'imaginaient être des parents intellectuels des « primitifs », parce qu'ils peignaient, comme ceux-ci, des tableaux religieux. Mais c'était une illusion. Cimabue, Giotto, Fra Angelico, n'étaient pas des mystiques. Ou, plus exactement, ils appartenaient à l'espèce des mystiques par ignorance, non par faiblesse d'esprit organique. Le peintre du moyen âge qui représentait une scène religieuse, était persuadé qu'il peignait quelque chose d'absolument vrai. Une annonciation, une résurrection, une assomption, un épisode de la vie des saints, une scène de l'existence au paradis ou en enfer, possédaient pour lui le même caractère indiscutable de réalité qu'une orgie dans une taverne de soudards ou un banquet somptueux dans un palais seigneurial. Il était réaliste lorsqu'il peignait les choses supra-sensibles. La légende religieuse lui avait été contée comme un fait matériel, il était pénétré de sa réalité littérale, et il la rendait comme il aurait présenté toute autre histoire vraie. Le spectateur s'approchait du tableau avec les mêmes convictions. L'œuvre d'art religieuse était une Bible des Pauvres. Elle avait pour l'homme du moyen âge la même signification que, pour nos contemporains, les illustrations dans les ouvrages d'ethnographie et de sciences physiques et naturelles. Sa tâche était de raconter et d'enseigner, et, pour cette raison, elle devait être exacte. Nous apprenons par la strophe touchante de Villon comment le peuple du moyen âge, qui ne savait pas lire, considérait les tableaux d'église. Le poète libertin fait dire par sa mère à la Sainte Vierge :

> Femme je suis povrette et ancienne,
> Ne riens ne sçay; oncques lettre ne leuz;
> Au monstier voy, dont suis parroissienne,
> Paradis painct, où sont harpes et luz,
> Et ung enfer où damnez sont boulluz :
> L'ung me faict paour; l'autre, joye et liesse.
> La joye avoir fais-moy, haulte deesse,
> A qui pecheurs doivent tous recourir,
> Comblez de foy, sans faincte ne paresse;
> En ceste foy, je vueil vivre et mourir [1].

Avec cette foi simple, une manière de peindre mystique aurait été incompatible. Le peintre évitait aussi tout ce qui est flottant, mystérieux; il ne peignait pas des rêves et des dispositions d'esprit nébuleux, mais des documents positifs. Il avait à convaincre et le pouvait, car il était lui-même convaincu.

Tout autrement procédèrent les préraphaélites. Ils ne peignirent pas des vues sobrement conçues, mais des

---

1. *Œuvres complètes de François Villon*, nouvelle édition, par P.-L. Jacob, bibliophile. Bibliothèque Elzévirienne, Paris, 1854, p. 105-107 : « Ballade que Villon feit à la requête de sa mère, pour prier Nostre-Dame ». — Il est caractéristique que le préraphaélite Rossetti ait précisément traduit cette pièce de Villon (*His mothers service to our Lady*, Poems, p. 180).

émotions. Ils introduisirent, en conséquence, dans leurs tableaux, des allusions mystérieuses et des symboles obscurs qui n'avaient rien à faire avec la reproduction de la réalité visible. Je voudrais citer un seul exemple : *L'Ombre de la mort*, de Holman Hunt. Dans ce tableau, le Christ se tient en une attitude de prière orientale, les bras écartés, et l'ombre de son corps tombant sur le sol présente la forme d'une croix. Nous avons ici un exemple instructif des procédés de pensée mystiques. Holman Hunt se représente le Christ en prière. Par l'association d'idées s'éveille en même temps en lui la représentation de la future mort en croix du Christ. Il veut rendre visible par les moyens de la peinture cette association d'idées. Et alors il fait jeter par le Christ vivant une ombre qui prend la forme de la croix, c'est-à-dire prédit le sort du Sauveur, comme si quelque puissance mystérieuse inconcevable avait dirigé son corps vers les rayons du soleil, de façon qu'une miraculeuse annonce de sa destinée dût s'inscrire sur le sol. L'invention est de tous points absurde. C'eût été de la part du Christ un jeu puéril de dessiner à l'avance de son ombre sur le sol, soit par plaisanterie, soit par vantardise, son sacrifice sublime. L'image produite par l'ombre n'aurait eu non plus aucun but, car nul contemporain du Christ n'aurait compris la signification d'une croix d'ombre, avant que le Christ eût subi la mort sur la croix. Mais, dans la conscience d'Holman Hunt, l'émotion a éveillé simultanément l'image du Christ priant et celle de la croix, et il rattache n'importe comment l'une à l'autre les deux idées, sans égard à leur rapport rationnel. Si un « primitif » avait eu à peindre la même idée, le Christ priant, que remplit le pressentiment de son prochain sacrifice, il nous aurait montré dans le tableau un Christ réaliste en prière, et, dans un coin, une crucifixion tout aussi réaliste, mais jamais il n'aurait tenté de fondre en une seule, par un lien nuageux, ces deux scènes différentes. Telle est la différence entre la peinture religieuse de croyants robustes et sains, et celle de dégénérés émotifs.

Avec le temps, les préraphaélites ont dépouillé beaucoup de leurs bizarreries du début. Millais et Holman Hunt n'affectent plus le mauvais dessin voulu et n'imitent plus puérilement le balbutiement de Giotto. Ils n'ont conservé des idées directrices de l'école que la reproduction soigneuse de l'accessoire et la peinture d'idées. Un critique bienveillant, M. Édouard Rod, dit d'eux : « Ils étaient littérateurs eux-mêmes, et leur peinture est de la littérature [1] ». Ce mot continue à s'appliquer à cette école. Quelques-uns des premiers préraphaélites l'ont compris. Ils ont reconnu à temps qu'ils se sont trompés sur leur vocation, et alors ils sont passés d'une peinture qui était, en vérité, une écriture d'idées, à l'écriture véritable.

Le plus connu parmi eux est Dante-Gabriel Rossetti, ce fils, né en Angleterre, d'un carbonaro italien commentateur du Dante. Son père lui donna à sa naissance le nom du grand poète, et ce prénom expressif devint pour Rossetti une suggestion durable qu'il a ressentie, et, quoique peut-être seulement demi-consciemment, reconnue [2]. Il est l'exemple le plus instructif de l'affirmation souvent

---

1. Édouard Rod, *Études sur le XIXᵉ siècle*. Paris et Lausanne, 1888, p. 89.
2. Rossetti. *Poems*, p. 277.

rappelée de Balzac, relative à l'influence déterminante d'un nom sur le développement et les destinées de celui qui le porte. Le sentiment poétique tout entier de Rossetti a sa racine dans le Dante. Sa conception du monde est un pastiche confus de celle du Florentin. Dans toutes ses représentations entre un souvenir sourd ou clair de la *Divine Comédie* ou de la *Vie nouvelle*.

L'analyse d'un de ses poèmes les plus célèbres : *The blessed Damozel* (La Damoiselle bénie), va nous faire comprendre et ce parasitisme sur le corps du Dante, et quelques particularités caractéristiques du travail d'un cerveau mystique. Voici la première strophe : « La damoiselle bénie se penchait en dehors sur la rampe dorée du ciel ; ses yeux étaient plus profonds que la profondeur des eaux, que le soir apaise. Elle avait trois lis à la main, et les étoiles dans sa chevelure étaient au nombre de sept ». Tout ce tableau de la bien-aimée perdue, qui, du haut de l'empyrée, conçu comme un palais, dans sa splendeur paradisiaque, abaisse les yeux sur lui, est un reflet du *Paradis* du Dante (3ᵉ chant), où la Vierge bienheureuse parle du sein de la lune au poète. Nous y retrouvons même certains détails, par exemple les eaux profondes et tranquilles (....*ver per acque nitide e tranquille Non si profonde, che i fondi sien persi*....). Les « lis à la main », il les a empruntés aux tableaux des « primitifs », mais on retrouve ici aussi un léger écho du salut matinal du *Purgatoire* (30ᵉ chant) : *Manibus o date lilia plenis*. Il nomme la bien-aimée du nom anglo-normand « damozel ». Par là, il rend artificiellement vagues les contours nets d'une jeune fille ou demoiselle, et voile sous un nuage l'image qui, sans cela, serait claire. Le mot « jeune fille » ferait simplement penser à une jeune fille, et à rien d'autre. L'expression « damozel », au contraire, éveille chez le lecteur anglais des idées obscures de châtelaines sur de vieilles tapisseries fanées, de hautains chevaliers normands bardés de fer, de quelque chose de lointain, d'excessivement vieux, d'à demi oublié ; « damozel » recule la bien-aimée contemporaine dans les mystérieuses profondeurs du moyen âge et la spiritualise en une figure merveilleuse de ballade. Ce seul mot évoque toutes les dispositions crépusculaires que l'ensemble des poètes et écrivains romantiques a déposées comme un sédiment dans l'âme des lecteurs contemporains. Dans la main de la « damozel » Rossetti met trois lis, autour de sa tête il entrelace sept étoiles. Ces nombres naturellement ne sont pas fortuits ; ils passent depuis les temps les plus reculés pour mystérieux et sacrés. Les chiffres « trois » et « sept » font allusion à quelque chose d'inconnu et de profond, que le lecteur troublé pourra s'efforcer de deviner.

Qu'on ne dise pas que ma critique des moyens par lesquels Rossetti cherche à exprimer son propre état d'âme rêveur et à le communiquer au lecteur, s'adresse à tout lyrisme et à la poésie en général, et que je condamne celle-ci quand je représente celle-là comme une émanation de la faiblesse mystique. C'est assurément une particularité de toute poésie d'employer des mots qui, à côté des représentations nettes qu'ils renferment, doivent aussi éveiller des émotions et les faire résonner dans la conscience. Mais le procédé d'un poète sain diffère absolument de celui d'un faible d'esprit mystique. Le mot plein de résonances que celui-là emploie a en soi un sens rationnel; il est de plus fait pour éveiller en tout homme sain des émotions ; les émotions éveillées se rapportent enfin à l'objet du poème.

Un exemple va rendre la chose claire. Uhland chante en ces termes l'*Éloge du Printemps* :

> Verdure des semences, parfum des violettes,
> Trilles d'alouettes, chants de merles,
> Pluie de soleil, douce brise,
> Quand je chante de telles paroles,
> Est-il besoin d'ajouter d'autres choses
> Pour te célébrer, journée de printemps?

Chaque mot des trois premiers vers renferme une représentation de choses; chacun de ces mots éveille dans un homme qui sent naturellement, des sentiments joyeux. Ces sentiments réunis amènent la disposition d'esprit que l'éveil du printemps crée dans l'âme, et c'est justement le but que se proposait le poète. Si, au contraire, Rossetti glisse les nombres « trois » et « sept » dans la description de sa « damozel », ces nombres en eux ne signifient absolument rien; ils n'éveilleront pas la moindre émotion chez un lecteur sain d'esprit qui ne croit pas aux nombres mystiques; mais, même chez le lecteur dégénéré et hystérique sur lequel la kabbale fait de l'impression, les émotions provoquées par les nombres sacrés ne se rapporteront pas à l'objet du poème, — l'apparition d'une morte bien-aimée, — mais évoqueront tout au plus une disposition d'esprit générale qui peut-être pourra profiter de loin à la « damozel ».

Mais poursuivons l'analyse du poème. Il semble à la damoiselle bénie qu'elle est depuis un jour seulement une des choristes de Dieu ; à ceux laissés par elle sur terre ce seul jour a réellement duré dix années. « A l'un, il a été dix ans d'années » (*To one, it is ten years of years*). Cette chronologie est purement mystique ; elle ne signifie rien. Peut-être Rossetti s'imagine-t-il qu'il y a une unité supérieure où l'année proprement dite se comporte comme un jour vis-à-vis un an, qu'en conséquence 365 années feraient une espèce d'année d'un ordre plus élevé. Mais de même que Rossetti ne forme cette idée qu'incomplètement et vaguement, il est loin aussi de l'exprimer d'une façon aussi compréhensible que nous l'exprimons ici.

« C'était sur le rempart de la maison de Dieu qu'elle se tenait ; bâti par Dieu sur la vide profondeur, qui n'est autre chose que le commencement de l'espace ; si haut que, en regardant au-dessous d'elle, elle pouvait à peine voir le soleil. La maison est située au ciel, par-delà le flot de l'éther, comme un pont. Au-dessous, les flux et reflux du jour et de la nuit rident le vide avec la flamme et l'obscurité jusque dans les dernières profondeurs, là où notre terre passe comme une mite fantasque. Autour d'elle parlaient des amants qui, nouvellement réunis parmi des acclamations d'amour immortel, répétaient à jamais entre eux leurs nouveaux noms qui les ravissaient. Et les âmes qui montaient à Dieu passaient près d'elle comme de minces flammes... De sa forteresse du ciel, elle voyait le temps vibrer sauvagement, comme une pulsation, à travers tous les mondes ».

J'abandonne au lecteur le soin de se représenter tous les détails de cette description et de les réunir en un tableau d'ensemble. Si, en dépit d'efforts consciencieux, il n'y réussit point, il n'a qu'à se dire tranquillement que ce n'est pas sa faute, mais celle de Rossetti.

La « damozel » commence à parler. Elle voudrait que le bien-aimé fût déjà venu à elle, car il viendra. « Lorsque, autour de sa tête, sera attachée l'auréole, et qu'il sera habillé de blanc, je le prendrai par la main et j'irai avec lui aux sources profondes de la lumière. Nous nous y plongerons comme dans un torrent et nous y baignerons ensemble à la face de Dieu ».

Il faut remarquer comme, ici, au milieu d'un style transcendantalement dépourvu de sens, la représentation d'un bain pris en commun revêt une forme nette. Un accompagnement de sensualité ne fait jamais défaut à la rêvasserie mystique.

« Tous deux nous chercherons les bosquets où est Madame Marie avec ses cinq demoiselles d'honneur, dont les noms sont cinq douces symphonies, Cécile, Gertrude, Madeleine, Marguerite et Rosalys ».

Cette énumération de cinq noms de femmes forme deux vers. Semblables vers composés seulement de noms sont caractéristiques pour le mystique. Ici le mot cesse d'être le symbole d'une aperception ou d'une notion déterminée et tombe au son sans signification qui n'a plus d'autre but que d'éveiller par l'association d'idées toutes sortes d'émotions agréables. Dans ce cas-ci, les cinq noms de femmes éveillent les aperceptions vaporeuses glissantes de cinq belles jeunes filles; Rosalys, celle en outre de roses et de lis, et les deux vers donnent l'impression d'un conte fabuleux où, dans un jardin ravissant, se promènent en tous sens, parmi les lis et les roses, de belles vierges roses et blanches à la taille élancée.

La damoiselle bénie continue à se dépeindre le tableau de la réunion avec le bien-aimé, puis nous lisons ceci : « Elle posa ses bras sur la rampe dorée, laissa tomber son visage entre ses mains, et pleura. J'entendis ses pleurs ».

Ces pleurs sont incompréhensibles. La damoiselle bénie vit, après sa mort, au comble de la plus haute félicité, dans un palais d'or, à la face de Dieu et de la Sainte Vierge. Qu'est-ce qui maintenant la tourmente? Que son bien-aimé n'est pas encore auprès d'elle? Dix années des hommes mortels sont pour elle comme un jour. S'il devait même être accordé à son bien-aimé de devenir très âgé, elle aurait au plus à attendre cinq ou six de ses jours pour le voir paraître à son côté, et au bout de ce laps de temps bien minime fleurirait pour tous deux la félicité éternelle. On ne peut donc comprendre pourquoi elle a du chagrin et verse des larmes. Cela ne s'explique que par le penser confus du poète mystique. Il se représente une vie heureuse après la mort; mais en même temps apparaissent vaguement dans sa conscience d'obscures images d'anéantissement de la personnalité et de séparation définitive par la mort, et ces images provoquent les émotions douloureuses qui accompagnent habituellement les idées de mort, de corruption, de renonciation à tous ceux qu'on aime. Il arrive ainsi à terminer un hymne enthousiaste à l'immortalité par des larmes qui n'ont de sens qu'autant qu'on ne croit pas à la survivance après la mort. Il y a d'ailleurs dans le poème d'autres contradictions qui font voir que Rossetti n'a pas formé une seule de ses représentations assez nettement pour qu'elle exclue des représentations opposées, incompatibles avec elle. C'est ainsi qu'à un endroit, les morts sont habillés de blanc et parés d'une auréole; ils apparaissent par couples et s'adressent de tendres noms; on doit donc se les figurer avec une ressemblance humaine. A un autre endroit, au contraire, les âmes redeviennent de « minces flammes » qui glissent furtivement devant la damoiselle. Chaque image du poème que nous voulons examiner de sang-froid se volatilise infailliblement de cette façon dans le ténébreux et l'informe.

Dans la *Divine Comédie*, dont l'écho susurrant résonne dans l'âme de Rossetti, nous ne trouvons rien de semblable. C'est que le Dante, comme les peintres primitifs, était mystique par ignorance, non par faiblesse d'esprit dégénérescente. La matière première de sa pensée, le matériel des faits qu'il élaborait, tout cela était faux; mais leur emploi par son esprit était sûr et logique. Toutes ses représentations sont claires, bien agencées, libres de contradictions intimes. Son enfer, son purgatoire, son paradis, il les construisit avec la science de son temps, qui tirait exclusivement sa notion du monde de la théologie dogmatique. Dante connaissait le système de son contemporain Thomas d'Aquin (il avait neuf ans à la mort du docteur angélique) et en était pénétré. Pour les premiers lecteurs de l'*Enfer*, le poème devait sembler au moins aussi fondé sur les faits et convaincant, que pour le public d'aujourd'hui l'*Histoire de la Création* de Hæckel. Les siècles futurs verront peut-être, et même vraisemblablement, tout aussi bien des rêves poétiques dans nos idées d'un atome qui n'est probablement qu' « un centre de force », de la position des atomes dans la molécule d'une association organique, de l'éther et de ses vibrations, que nous en voyons, nous, dans les idées du moyen âge relatives au séjour des âmes après leur mort; mais on n'a pas pour cela le droit de qualifier de mystiques un Helmholtz ou un William Thompson, parce qu'ils travaillent à l'aide des notions sous lesquelles eux-mêmes, dès aujourd'hui, ne peuvent plus se représenter rien de précis. C'est ainsi qu'on ne doit pas non plus nommer Dante un mystique, à la façon d'un Rossetti, qui tire sa *Damoiselle bénie* non de la connaissance scientifique de son temps, mais d'une brume d'idées embryonnaires non développées, en querelle constante les unes avec les autres. Dante suivait de l'œil pénétrant de l'observateur les réalités de ce monde, et il en transporta l'image jusque dans son enfer; Rossetti n'est pas capable de comprendre le réel ou seulement de le voir, parce qu'il est incapable de l'attention nécessaire pour cela; et comme il sent cette faiblesse, il se persuade, conformément à l'habitude humaine, qu'il ne veut pas ce que, en réalité, il ne peut pas. « Que m'importe », disait-il un jour, « que la terre tourne autour du soleil, ou le soleil autour de la terre?[1] » Cela ne lui importe pas, parce qu'il est incapable de le comprendre.

Il ne nous est naturellement pas possible d'examiner toutes les poésies de Rossetti aussi à fond que *The blessed Damozel*; mais ce n'est pas non plus nécessaire, puisque

---

1. Éd. Rod, *op. cit.*, p. 67.

nous y rencontrerions partout le même mélange du transcendant et de la volupté, la même pensée vaporeuse, les mêmes associations absurdes d'idées s'excluant les unes les autres. Il faut toutefois indiquer encore certaines particularités du poète, parce qu'elles caractérisent le travail cérébral des dégénérés imbéciles.

Avant tout, nous sommes frappés de sa prédilection pour les refrains. Le refrain est un excellent moyen pour révéler un état d'âme dans lequel prédomine une forte émotion. Il est naturel, par exemple, que l'amant qui aspire à sa bien-aimée soit toujours de nouveau hanté, au milieu des autres idées qui s'imposent de temps à autre à lui, par la pensée de cette bien-aimée. Il est également compréhensible, pour citer un autre exemple, que le malheureux torturé par des désirs de suicide ne puisse bannir de son esprit une « fleur de l'âme damnée » aperçue au cours d'une promenade nocturne, et dont la représentation répond à la disposition de son âme. (Voyez la pièce de Henri Heine : « Au carrefour sont enterrés ceux qui ont péri par le suicide »…. où le vers : « la fleur de l'âme damnée », revient à la fin des deux strophes avec un accent terriblement significatif). Mais les refrains de Rossetti diffèrent de ce refrain naturel et compréhensible. Ils n'ont rien à voir avec l'émotion ou l'action de la pièce ; ils paraissent étrangers au milieu du cercle de ses idées. En un mot, ils ont le caractère d'une obsession que le malade ne peut supprimer, bien qu'il reconnaisse qu'elle n'a aucun rapport raisonnable avec le contenu de sa conscience à un moment donné. La pièce intitulée *Troy town* raconte comment Hélène, longtemps avant d'avoir été enlevée par Pâris, s'agenouille à Sparte dans le temple de Vénus, et, enivrée de la magnificence de son propre corps, supplie avec ferveur la déesse de la donner en présent à un homme altéré d'amour, d'où il vienne et quel qu'il soit. Remarquons simplement en passant la sottise de cette idée. La première strophe s'exprime ainsi :

> Heavenborn Helen, Spartas queen,
> (O Troy town!)
> Had two breasts of heavenly sheen,
> The sun and the moon of the hearts desire :
> All loves lordship lay between.
> (O Troy's down,
> Tall Troy's on fire!)
>
> Helen knelt at Venus shrine
> (O Troy town!)
> Saying : « A little gift is mine,
> A little gift for a hearts desire.
> Hear me speak and make me a sign ».
> (O Troy's down,
> Tall Troy's on fire ! [1])

Et ainsi revient constamment à travers quatorze strophes, après le premier vers : « O ville de Troie! » dans le troisième vers, cette fin : « désir du cœur », et après le quatrième vers, ceci : « Oh! Troie est à terre, la sublime Troie est en feu! » Ce que veut Rossetti est facile à voir. Chez lui se renouvelle le procédé de pensée que nous avons constaté dans le tableau de Holman Hunt, l'*Ombre*

---

1. *Poems*, p. 16. Traduction en français : « Hélène fille du ciel, reine de Sparte — ô ville de Troie! — avait deux seins d'une splendeur céleste, soleil et lune du désir du cœur; toute la magnificence de l'amour résidait entre eux. — Oh! Troie est à terre, la sublime Troie est en feu! — Hélène s'agenouilla devant l'autel de Vénus — ô ville de Troie! — et dit : Un petit don est mien, un petit don pour un désir du cœur. Entends-moi parler et fais-moi un signe! » — Oh! Troie est à terre, la sublime Troie est en feu! »

*de la mort.* Comme lui-même, à l'idée d'Hélène à Sparte, est amené par l'association des idées à celle des destins ultérieurs de Troie, de même le lecteur, qui voit encore à Sparte la jeune reine enivrée de sa propre beauté, doit avoir en même temps présent à l'esprit le tableau des conséquences tragiques éloignées de sa soif d'amour. Néanmoins il n'essaie pas d'unir raisonnablement ces deux cercles d'idées, mais il répète toujours à part soi, par intervalles, à la façon monotone d'une litanie, les mêmes invocations mystérieuses à Troie, tandis qu'il raconte la scène du temple de Vénus à Sparte. Sollier note cette particularité chez les faibles d'esprit : « Ils interposent des mots qui n'ont aucun rapport avec la question ». Et plus loin : « Chez l'idiot..., le rabâchage devient un véritable tic [1] ».

Dans un autre poème très célèbre, *Eden bower* [2], qui traite de la Lilith préadamite, de son amant le serpent de l'Eden et de sa vengeance à l'égard d'Adam, on retrouve alternativement, après le premier vers des quarante-neuf strophes, ces mots en forme de litanie : « *Eden bower's in flower* » et « *And o the bower and the hour* ». Bien entendu, entre ces mots absolument dépourvus de sens en eux-mêmes : « Le berceau de verdure de l'Éden est en fleur », « Et ô le berceau de verdure et l'heure ! » et la

---

[1]. Sollier, *Psychologie de l'Idiot et de l'Imbécile*, p. 184. — Comparer aussi Lombroso, *Génie et Folie* (édition allemande), p. 233 : « Les graphomanes ont encore un autre penchant commun avec les fous proprement dits : ils aiment à répéter fréquemment le même mot, et quelquefois à le faire reparaître plus de cent fois sur la même feuille. Dans un chapitre écrit par Passanante, on trouve environ cent trente fois le mot *riprovate* (blâmez) ».

[2]. *Poems*, p. 31.

strophe qu'ils interrompent, il n'y a pas le plus petit rapport. Les mots « *Eden bower's in flower* », « *And o the bower and the hour* », sont alignés sans égard aucun à leur signification, simplement d'après leur consonance. C'est un exemple surprenant de pure écholalie.

Cette particularité du langage des idiots et des aliénés, — l'écholalie, — nous la trouvons fréquemment chez Rossetti. En voici quelques échantillons : « *So wet she comes to wed?* » — « Si mouillée elle vient à la noce? » (*Stratton water*). Le son *wed* a appelé le son *wet*. Dans le poème intitulé *My sister's sleep*, on lit à un endroit où il est question de la lune : « *The hollow halo it was in — Was like an icy crystal cup* ». — « Le cercle creux dans lequel était la lune ressemblait à une coupe de cristal glacé ». Il est manifestement absurde de désigner par l'épithète « creux » une chose plane comme l'aréole de la lune; l'adjectif et le substantif s'excluent raisonnablement l'un l'autre; mais l'assonance a joint « hollow » à « halo ». Que de ces vers on rapproche encore ceux-ci : « *Yet both were* OURS *but* HOURS *will come and go* » (*A new years burden*), et « FORGOT IT NOT, *nay, but* GOT IT NOT ». (*Beauty*).

Plusieurs des poésies de Rossetti sont des juxtapositions de mots absolument incohérents, et ce sont ces radotages qui semblent naturellement les plus profonds aux lecteurs mystiques. Je voudrais en donner un seul exemple. La seconde strophe de *The song of the bower* porte : « Mon cœur, s'il vole vers ton berceau de verdure, qu'y trouvera-t-il qui le reconnaîtra? Là il doit tomber comme une fleur frappée par la pluie d'orage, rouge à son intérieur déchiré et assombrie par la pluie. Ah! et pourtant, quel abri est encore versé sur lui, quelles eaux reflètent encore ses feuilles déchirées? Ton âme est l'ombre qui s'attache autour de lui, pour l'aimer, et les pleurs sont son miroir profondément enfoncé dans ton cœur [1] ».

La particularité de semblables alignements de mots est que chaque mot isolé a par lui-même un sens émotionnel (comme *cœur, verdure, fuir, tomber, fleur, déchiré, sombre, aimer, pleurs*, etc.), et qu'ils se suivent dans un rythme berçant et avec des rimes qui flattent l'oreille. Ils éveillent en conséquence facilement chez le lecteur émotif et inattentif une émotion générale, comme fait aussi une série de notes musicales sur le mode mineur, et le lecteur s'imagine comprendre la strophe, tandis qu'en fait il interprète seulement sa propre émotion d'après son degré de culture, son caractère et ses réminiscences de lectures.

Outre Dante-Gabriel Rossetti, on range habituellement parmi les poètes préraphaélites Swinburne et Morris. Mais la ressemblance de ces deux poètes avec le chef de l'école est pourtant éloignée. Swinburne est un « dégénéré supérieur » dans le sens de Magnan, tandis que Rossetti doit être rangé parmi les « imbéciles » de Sollier. Swinburne n'est pas aussi émotif que Rossetti, mais il est intellectuellement à un niveau beaucoup plus élevé que celui-ci. Ses idées sont fausses et fréquemment délirantes, mais il a

---

1. *Poems*, p. 247 :
   .... My heart, when it flies to thy bower,
   What does it find there that knows it again?
   There it must droop like a shower-beaten flower,
   Red at the rent core and dark with the rain.
   Ah! yet what shelter is still shed above it, —
   What waters still image its leaves torn apart?
   Thy soul is the shade that clings round it to love it,
   And tears are its mirror deep down in thy heart.

pourtant des idées, et elles sont claires et cohérentes. Il est mystique, mais son mysticisme a plus le caractère du pervers et du criminel que du paradisiaque et du dévot. Il est le premier représentant du « diabolisme » baudelairien dans la littérature anglaise. Ceci s'explique par ce fait, qu'à côté de l'influence de Rossetti il a tout particulièrement subi celle de Baudelaire. Comme tous les dégénérés, il est extraordinairement accessible à la suggestion, et il a successivement imité, consciemment ou inconsciemment, tous les poètes marquants qui lui sont passés sous les yeux. Il a été, de même que de Rossetti et de Baudelaire, un écho de Théophile Gautier et de Victor Hugo, et l'on peut suivre pas à pas dans ses poésies le courant de ses lectures.

Absolument dans la manière de Rossetti est, par exemple, *Christmas carol* [1] (*Three damsels in the queens chamber*) : « Trois demoiselles dans la chambre de la reine. La bouche de la reine était extraordinairement belle. Elle dit un mot de la mère de Dieu, tandis que les peignes passaient dans ses cheveux. Marie, qui es puissante, mène-nous à la vue de ton fils — *Mary that is of might, Bring us to thy sons sight* ». Ici nous trouvons le mysticisme du fond uni au mode d'expression affectant l'archaïque et l'enfantin du véritable préraphaélisme. Sur ce modèle est travaillé aussi *The masque of queen Bersabe*, qui imite, avec ses indications de jeux de scène en latin et son style de théâtre de marionnettes, un « miracle » du moyen âge, et qui est devenu de son côté le modèle

---

1. Algernon-Charles Swinburne, *Poems and Ballads.* Londres, Chatto et Windus, 1889, p. 247.

de beaucoup de poèmes français où l'on ne fait plus que balbutier et bégayer, et où, comme dans une chambre d'enfants, on rampe en quelque sorte sur quatre pattes.

Swinburne marche sur les traces de Baudelaire quand, dans *Anactoria*, il cherche à contracter son visage en une grimace démoniaque et fait dire par une femme à une autre femme qui lui a inspiré un amour contre nature : « Je voudrais que mon amour pût te tuer. Je suis rassasiée de te voir vivre, et voudrais bien t'avoir morte. Je voudrais que la terre eût ton corps comme fruit à manger, et qu'aucune bouche, mais seulement quelque ver, te trouvât douce. Je voudrais imaginer de cruelles façons de t'assommer, des inventions violentes et un excès de torture.... Oh! si j'osais t'anéantir en t'écrasant d'amour, et mourir, mourir de ta douleur et de mes délices, et me mêler à ton sang et me fondre en toi! » Ou quand il maudit et blasphème, comme dans *Before dawn* : « De la pudeur je voudrais dire : qu'est-ce? De la vertu : nous n'avons que faire d'elle. Du péché : nous voulons l'embrasser, et il n'est plus le péché ».

Un poème mérite une analyse plus étendue, parce qu'il contient incontestablement en germe le futur « symbolisme » et constitue un exemple instructif de cette forme du mysticisme. Ce poème a pour titre *La Fille du Roi*. C'est une sorte de ballade qui raconte, en quatorze strophes de quatre vers, l'histoire fantastique de dix filles de roi dont l'une, préférée aux neuf autres, est magnifiquement vêtue, nourrie de mets délicieux, mollement couchée et distinguée par un beau prince, tandis que ses sœurs restent délaissées; au lieu, toutefois, de trouver le bonheur aux côtés du prince, elle devient profondément malheureuse, tellement qu'elle désire la mort. Le premier et le troisième vers de chaque strophe racontent l'histoire; le second vers parle d'un ruisseau de moulin fabuleux qui vient dans la ballade on ne sait comment, et qui reflète toujours symboliquement, par une influence mystérieuse, la marche de l'action par toutes sortes de modifications qui s'accomplissent en lui; et le quatrième vers renferme une invocation en forme de litanie qui se rapporte aussi parallèlement aux différentes phases de l'histoire. « Nous étions dix jeunes filles dans le blé vert », ainsi commence la pièce; « petites feuilles rouges dans l'eau du moulin. Plus belles jeunes filles ne naquirent jamais; pommes d'or pour la fille du roi! Nous étions dix jeunes filles près d'une source jaillissante; petits oiseaux blancs dans l'eau du moulin. Plus douces jeunes filles jamais ne furent demandées en mariage; anneaux de métal rouge pour la fille du roi ». Dans les strophes suivantes sont décrites les excellentes qualités de chacune des dix princesses, et les vers intermédiaires symboliques portent : « Grains de blé dans l'eau du moulin, — Pain blanc et pain brun pour la fille du roi. Belles plantes vertes dans l'eau du moulin, — Vin blanc et vin rouge pour la fille du roi. Beaux roseaux grêles dans l'eau du moulin, — Gâteau de miel pour la fille du roi. Fleurs tombées dans l'eau du moulin, — Gants dorés pour la fille du roi. Fruits tombés dans l'eau du moulin, — Manches dorées pour la fille du roi ». Maintenant arrive le jeune prince; il choisit la princesse et dédaigne les neuf autres. Les vers symboliques peignent le contraste entre la destinée brillante de l'élue et la triste destinée des dédaignées. « Un petit vent dans l'eau du moulin, — Une couronne de pourpre pour la fille du roi. Une petite pluie dans l'eau du moulin, — Un lit de paille jaune pour les autres. Un lit d'or pour la fille du roi. La pluie tombe dans l'eau du moulin, — Un peigne de coquilles jaunes pour les autres. Un peigne d'or pour la fille du roi... Vent et grêle dans l'eau du moulin, — Une ceinture d'herbe pour toutes les autres. Une riche ceinture pour la fille du roi. La neige tombe dans l'eau du moulin, — Neuf petits baisers pour toutes les autres. Cent fois autant pour la fille du roi ». La fille du roi semble donc très heureuse et enviable par rapport à ses neuf sœurs. Mais seulement en apparence, car le poëme change soudainement de ton : « Barques brisées dans l'eau du moulin, — Présents dorés pour toutes les autres. Douleur de cœur pour la fille du roi. Creusez une fosse pour mon beau corps. Pluie qui dégoutte dans l'eau du moulin, — Et couchez mon frère à côté de moi. Peine d'enfer pour la fille du roi ». La cause de ce changement de destinée, le poète la laisse à dessein dans l'obscurité. Peut-être veut-il nous donner à entendre que le fils du roi n'est pas un prétendant légitime, mais le frère de la fille du roi, et que la princesse choisie meurt de la honte de cette liaison incestueuse. Cela répondrait à l'enfantillage diabolique de Swinburne. Je ne veux pas m'arrêter toutefois à ce côté du poème, mais à son symbolisme.

C'est une chose parfaitement fondée au point de vue psychologique, d'établir un rapport subjectif entre nos divers états d'âme et les phénomènes, de voir dans le monde extérieur un reflet de nos dispositions d'esprit. Si le monde extérieur a un coloris émotionnel nettement marqué, il éveille en nous la disposition d'esprit qui lui répond, et si, au contraire, nous sommes sous l'empire d'une disposition d'esprit nettement marquée, nous remarquons dans le monde extérieur, conformément au mécanisme de l'attention, seulement les phénomènes qui s'accordent avec notre disposition d'esprit, l'entretiennent et la renforcent, et nous ne remarquons ni ne percevons même pas les phénomènes contradictoires. Une sombre gorge de montagne au-dessus de laquelle est suspendu un ciel lourd de nuages, nous rend tristes. C'est là l'une des formes de l'influence que le monde extérieur exerce sur notre disposition d'esprit. Mais si, pour une raison quelconque, nous sommes déjà tristes, nous trouvons partout dans notre horizon des images attristantes : dans une rue de grande ville, des enfants déguenillés mourant de faim, des chevaux de fiacre maigres horriblement écorchés, une mendiante aveugle; dans les bois, un feuillage fané et pourri, des champignons vénéneux, des limaces glaireuses, etc. Sommes-nous gais : nous voyons absolument les mêmes tableaux, mais nous ne les remarquons pas; par contre, nous percevons à côté d'eux : dans la rue, un cortège nuptial, une fraîche jeune fille avec un panier de cerises au bras, des affiches gaiement bariolées, un gros homme drôle avec son chapeau enfoncé dans le cou; dans le bois, des oiseaux qui volent rapidement, des papillons qui voltigent, de petites anémones blanches, etc. C'est là l'autre forme de cette influence. Les poètes emploient de plein droit l'une et l'autre forme. Quand Henri Heine chante :

> La pierre runique s'avance dans la mer;
> Là je me tiens avec mes songes.
> Le vent siffle, les mouettes jettent leur cri,
> Les vagues passent et écument.
>
> J'ai aimé mainte belle enfant
> Et maint bon compagnon —
> Où sont-ils allés ? — Le vent siffle,
> Les vagues écument et passent, —

quand le poète chante ainsi, il apporte avec lui une disposition d'esprit pensivement mélancolique. Il déplore la fugacité de la vie humaine, l'inconstance des sentiments, la disparition des êtres aimés qui passent comme des ombres devant notre esprit. Dans cet état d'âme, il regarde la mer aux bords de laquelle il est assis, et ne perçoit que les phénomènes qui s'accordent avec ses émotions et leur donnent corps : le souffle du vent qui fuit, l'apparition soudaine et la disparition des mouettes, les flots qui se précipitent contre la falaise et retombent sans laisser de traces. Ces traits du tableau de la mer deviennent des symboles de ce qui se passe dans l'âme du poète, et ce symbolisme est sain et fondé sur les lois de notre pensée.

De toute autre espèce est le symbolisme de Swinburne. Il ne fait pas exprimer par le monde extérieur une disposition d'esprit, mais lui fait raconter une histoire; ce monde change d'aspect suivant le caractère du fait qui s'y déroule; il accompagne, comme un orchestre, tous les faits qui se passent à un endroit. Ici la nature n'est plus la blanche muraille sur laquelle se projettent, comme dans un jeu d'ombres chinoises, les images bigarrées de notre âme, mais un être vivant et pensant qui suit un coupable roman d'amour avec le même intérêt soutenu que le poète lui-même, et qui, également comme le poète, exprime à l'aide de ses moyens son contentement, sa joie, sa tristesse au sujet des différents chapitres de l'histoire. C'est là une idée purement délirante. Elle répond en art et en poésie à l'hallucination dans la folie. Elle est une forme du mysticisme que nous rencontrons chez tous les dégénérés.

De même que, chez Swinburne, l'eau du moulin pousse devant elle de « petites feuilles rouges » et même, ce qui est un peu plus rare, de « petits oiseaux blancs » quand tout va bien, et qu'elle est au contraire fouettée par la neige et la grêle et balance des barques brisées quand les choses prennent une mauvaise tournure : ainsi, dans *L'Assommoir* de Zola, s'écoule du ruisseau d'une teinturerie de l'eau rosée ou jaune d'or les jours de joie, et de l'eau noire ou grise quand les destins de Gervaise et de Lantier s'assombrissent tragiquement; et, dans *Les Revenants* d'Ibsen, il pleut à torrents quand M<sup>me</sup> Alving et son fils sont en proie à leur lourd chagrin, et le soleil apparaît radieux quand la catastrophe se produit. Ibsen va ainsi plus loin que les autres dans ce symbolisme hallucinatoire, car, chez lui, la nature actrice n'a pas seulement sa part d'intérêt, mais même de raillerie méchante; elle n'accompagne pas seulement expressivement les événements, elle se moque même d'eux.

Beaucoup plus sain intellectuellement que Rossetti et Swinburne est William Morris, dont l'oscillation hors de l'équilibre ne se trahit pas par le mysticisme, mais par le manque d'originalité et l'instinct exagéré d'imitation. Son affectation consiste à jouer au moyen âge. Il se nomme lui-même un élève de Chaucer [1]. Il copie innocemment aussi des strophes entières du Dante, par exemple l'épisode si connu de Françoise de Rimini du cinquième chant de l'*Enfer*, quand il chante dans *Guenevere* : « Dans ces beaux jardins Lancelot vint, se promenant. Cela est vrai. Le baiser dont nous nous baisâmes, lors de cette rencontre, par ce jour de printemps, j'ose à peine parler de la félicité de ce souvenir ». Morris se persuade qu'il est un trouvère du xiii° ou du xiv° siècle ; il se donne la peine d'envisager les choses et de les exprimer dans la langue dont il se serait servi s'il avait été réellement un contemporain de Chaucer. A part cette ventriloquie poétique par laquelle il cherche à modifier le son de sa voix de façon qu'elle ait l'air de résonner de loin à nos oreilles, on n'observe pas en lui beaucoup de marques de dégénérescence. Cependant il tombe parfois dans une écholalie prononcée, par exemple dans cette strophe de l'*Earthly Paradise* :

> Of Margaret sitting glorious there
> In glory of gold and glory of hair
> And glory of glorious face most fair,

où « *glory* » et « *glorious* » sont répétés cinq fois en trois vers. Son émotivité a fait de lui, dans les derniers temps, l'adepte d'un socialisme nuageux principalement composé de pitié et d'amour du prochain, et qui produit

---

[1]. William Morris, *Poems* (édition Tauchnitz), p. 169 :
> And if it hap that. . . . . . . . .
> My master Geoffroy Chaucer thou do meet,....
> Then. . . . . speak the words :
> O Master, o thou great of heart and tongue, etc.

une impression passablement étrange, quand on le voit s'exprimer dans le langage des vieilles ballades.

Les préraphaélites ont exercé une grande influence sur la génération de poètes anglais apparue depuis vingt ans. Tous les hystériques et les dégénérés ont, après Rossetti, chanté la « damozel » et la Sainte Vierge ; après Swinburne, célébré les désirs contre nature, le crime, l'enfer et le diable ; après Morris, écorché la langue archaïque dans le ton des scaldes et à la manière des *Contes de Canterbury* ; et si aujourd'hui toute la poésie anglaise n'est pas sans mitigation préraphaélite, elle le doit uniquement au hasard heureux d'avoir possédé, simultanément avec les préraphaélites, un poète aussi sain que Tennyson. Les honneurs officiels qui lui furent départis comme « poète lauréat », les succès sans exemple qu'il obtint auprès des lecteurs, le désignèrent à l'imitation d'au moins une portion des petits ambitieux et des pasticheurs ; et c'est ainsi que, à côté du chœur des mystiques portant des lis à la main, on a pu entendre aussi d'autres chanteurs des rues répétant plutôt les airs du poète des *Idylles du Roi*.

A la phase ultérieure de son développement, le préraphaélisme aboutit, en Angleterre, à l'« esthétisme », et, en France, au « symbolisme ». Nous aurons à nous occuper plus à fond de ces deux tendances.

# III

## LES SYMBOLISTES

Le phénomène que nous avons observé chez les préraphaélites se renouvelle chez les symbolistes français. Nous voyons un certain nombre de jeunes gens se réunir pour fonder sciemment et intentionnellement une école qui prend un nom particulier, mais qui, en dépit de maints caquetages obscurs et de tentatives ultérieures de mystification, n'a aucuns principes artistiques communs, aucune visée esthétique claire, et ne poursuit qu'un but inavoué quoique facile à reconnaître, — celui de faire du bruit dans le monde, d'attirer par l'étrangeté l'attention sur soi, et de parvenir de cette façon à la gloire et à la jouissance, à la satisfaction de tous les appétits et de toutes les vanités dont était remplie jusqu'au bord l'âme dévorée d'envie de ces flibustiers du succès.

Vers 1880 il y avait, dans le Quartier latin, un groupe d'ambitieux à peu près du même âge, qui se rassemblaient chaque soir dans le sous-sol d'un café du quai Saint-Michel;

ils y buvaient des bocks, fumaient et faisaient des calembours très tard jusque dans la nuit ou même jusqu'au matin, se répandaient en abominations sur les écrivains reconnus et faisant de l'argent, et vantaient leurs propres talents, encore inconnus du monde. Ceux qui y tenaient avant tout le crachoir étaient Émile Goudeau, hâbleur dont on ne connaît que quelques vers satiriques niais, Maurice Rollinat, l'auteur des *Névroses*, et Edmond Haraucourt, maintenant au premier rang des mystiques français. Ils se nommaient eux-mêmes les « hydropathes », mot absolument dépourvu de sens, né manifestement d'une réminiscence obscure des deux mots « hydrothérapie » et « névropathes », et qui, avec le vague qui caractérise la pensée mystique des faibles d'esprit, devait sans doute n'exprimer que l'idée générale de gens dont la santé n'est pas satisfaisante, qui se sentent souffreteux et suivent un traitement [1]. En tout cas, le nom choisi par eux-mêmes implique la vague conscience et l'aveu d'un état d'ébranlement nerveux. Le groupe possédait aussi une petite feuille hebdomadaire, *Lutèce*, qui mourut au bout de quelques numéros.

Vers 1884, la société quitta son établissement habitué et dressa sa tente au « café François I*er* », boulevard Saint-Michel. Ce café est arrivé à une haute célébrité : il fut le berceau du symbolisme. Il continue à être le temple de quelques jeunes ambitieux qui espèrent obtenir, en se rangeant sous la bannière de l'école symbolique, les avan-

---

1. L'histoire des commencements de ce groupe a été écrite par un de ses adhérents, Mathias Morhardt. Voir *Les Symboliques. Nouvelle Revue* du 15 février 1892, p. 765.

cements qu'ils n'ont pas à attendre de leur talent. Il est aussi la Kaaba vers laquelle se rendent en pèlerinage tous les imbéciles exotiques qui ont entendu parler de la nouvelle tendance parisienne et veulent être initiés à ses arcanes et mystères. Quelques-uns des « hydropathes » n'émigrèrent pas avec les autres. De frais adhérents prirent leur place : Jean Moréas, Laurent Tailhade, Charles Morice, etc. Ils abandonnèrent aussi l'ancien nom et furent connus un moment sous celui de « décadents ». Ce nom leur avait été attaché par un critique avec une idée de raillerie ; mais de même que les gueux des Pays-as se parèrent, avec une truculence fière, du nom destiné à les outrager et à les ridiculiser, eux aussi arborèrent à leurs chapeaux, comme un signe de révolte contre la critique, l'injure qui leur avait été lancée au visage. Bientôt, toutefois, les habitués du « François I$^{er}$ » se fatiguèrent de leur nom, et Moréas trouva pour eux le terme de « symbolistes », sous lequel ils furent universellement connus, — tandis qu'un tout petit groupe particulier qui se sépara des symbolistes continua à porter la dénomination de « décadents ».

Les « symbolistes » sont un exemple remarquable de cette formation de bandes dans laquelle nous avons vu une des particularités des dégénérés. Ils réunissaient à la fois tous les signes caractéristiques des dégénérés et des faibles d'esprit : la vanité sans bornes et l'opinion exagérée de leur propre mérite, la forte émotivité, la pensée confuse et incohérente, le caquetage (la « logorrhoée » de la psychiatrie), l'inaptitude complète au travail sérieux et soutenu. Plusieurs d'entre eux étaient bacheliers, d'autres point. Tous étaient d'une ignorance profonde, et comme ils n'étaient pas capables, par faiblesse de volonté, par impossibilité d'attention, d'apprendre quelque chose systématiquement, ils se persuadèrent, d'après une loi psychologique bien connue, qu'ils méprisaient tout savoir positif et ne tenaient comme dignes de l'homme que la rêverie et la divination, « l'intuition ». Quelques-uns d'entre eux, comme Moréas et Guaita, qui depuis est devenu « mage », lisaient sans méthode toutes sortes de livres qui leur tombaient sous la main aux étalages des bouquinistes des quais, et rapportaient aux camarades, avec des tournures de langage grandiloques et mystérieuses, les fruits de leurs lectures ainsi happés. Les auditeurs s'imaginaient ensuite qu'ils se livraient à une étude pénible, tandis qu'ils acquéraient de cette façon ce bric-à-brac d'érudition qu'ils étalaient ensuite dans leurs articles et brochures, et où le lecteur sain d'esprit rencontre avec un joyeux étonnement les noms de Schopenhauer, Darwin, Taine, Renan, Shelley, Goethe, qui servent d'étiquette à des rognures informes et méconnaissables, à des balayures de bribes non digérées, de phrases incomprises audacieusement mutilées, et de fragments d'idées arrachés çà et là et empochés sans scrupule. Cette ignorance des symbolistes et cette vantardise puérile d'un feint savoir sont franchement avouées par l'un des leurs. « En doctrine religieuse et philosophique », dit M. Charles Morice, « bien peu de ces jeunes gens ont des informations précises. Mais des termes du culte ils retiennent de beaux vocables comme ostensoir, ciboire, etc., plusieurs gardent de Spencer, de Mill, de Shopenhauer (*sic!*), de Comte, de Darwin, quelque terminologie. Rares ceux qui savent profondément de quoi ils traitent, ceux qui ne cherchent pas à faire étalage et parade d'un parler sans autre mérite qu'une vanité de syllabes [1] ». Je laisse naturellement à M. Charles Morice la responsabilité du manque de sens de la tournure de phrase finale.

Les habitués du « François Ier » paraissaient à une heure de l'après-midi à leur café et y restaient jusqu'à l'heure du dîner. Immédiatement après ils y retournaient, et ne quittaient leur quartier général que longtemps après minuit. Aucun des symbolistes, naturellement, n'avait d'occupation classée. De même qu'ils sont inaptes à l'étude méthodique, ces dégénérés l'étaient et le sont aussi à l'accomplissement d'un devoir régulier. Quand cette insuffisance organique se présente chez un homme des basses classes, il devient vagabond; chez une femme de la même classe, elle mène à la prostitution; chez les membres des classes supérieures, elle prend la forme du bavardage artistique et littéraire. L'esprit populaire allemand révèle un profond soupçon du rapport réel des choses, quand il applique à ces flâneurs esthétiques le nom de « voleurs des jours », « *Tagedieb* ». Car le vol de profession et le penchant insurmontable à l'oisiveté bavarde affairée et pleine d'importance découlent de la même source : la faiblesse native du cerveau.

Sans doute, les buveurs de bocks des cafés n'ont pas conscience de leur infirmité intellectuelle. Ils trouvent pour leur incapacité de se soumettre à une discipline et

---

1. Charles Morice, *La Littérature de tout à l'heure*. Paris, 1889, p. 274.

de consacrer à un travail quelconque une concentration et une attention soutenues, des noms aimables et des désignations décoratives. Ils nomment cela « nature artistique », « génialité au libre essor », « élan hors de l'atmosphère épaisse et basse de la banalité ». Ils raillent le plat philistin qui accomplit mécaniquement, comme le cheval du moulin, un travail régulier, et méprisent les épiciers étroits qui exigent qu'un homme exerce un métier bourgeois bien défini ou possède un titre officiellement reconnu, et témoignent, au contraire, une profonde défiance pour les arts sans pain. Ils glorifient les gens errants qui vagabondent lyriquement, carottent insoucieusement, et ils présentent comme leur idéal le coucheur à la belle étoile qui se lave dans la rosée, dort sous les fleurs, et s'habille dans la même maison que le lis des champs dont parle l'Évangile. La *Chanson des Gueux*, de M. Jean Richepin, est l'expression la plus typique de cette conception de la vie, dont les *Chansons d'un Compagnon errant* et les *Lieds du Ménétrier*, de Rodolphe Baumbach, nous offrent, dans la littérature allemande, un exemple analogue, quoique moins accusé. Le *Pégase au joug* de Schiller, aussi, semble tirer sur la corde de ces contempteurs du labeur quotidien réclamé par la société; mais seulement en apparence, toutefois, car notre grand poète ne prend point parti pour le paresseux impuissant, mais pour la force débordante qui voudrait faire plus de choses, et de plus grandes, que l'ouvrage du garçon de bureau et du veilleur de nuit.

En dépit, d'ailleurs, de son imbécillité et de son amour de lui-même, le flâneur affectant des dehors d'artiste ne peut dissimuler que sa manière d'être est en contradiction avec les lois sur lesquelles reposent la structure de la société et la civilisation, et il éprouve le besoin de se justifier à ses propres yeux. Il le fait en attribuant une haute importance aux rêves et aux caquetages où il gaspille son temps, importance destinée à éveiller chez lui l'illusion que ces rêves et ces caquetages ont la même valeur que les plus sérieuses activités, que même ils leur sont supérieurs. « Au fond, voyez-vous, dit M. Stéphane Mallarmé, le monde est fait pour aboutir à un beau livre [1] ». M. Charles Morice déplore avec émotion que le bel esprit soit dans « l'obligation de s'interrompre entre deux hémistiches, pour aller... accomplir une période de vingt-huit jours d'instruction militaire »... « Les agitations de la rue », continue-t-il, « le grincement de la machine gouvernementale, — journaux, élections, changements de ministères, — n'a jamais fait tant de bruit; l'autocratie turbulente et bruyante du commerce a supprimé, dans les préoccupations publiques, la préoccupation de la Beauté, et l'industrie a tué ce que la politique laisserait subsister de silence [2] ». En effet, que sont tous ces riens : commerce, industrie, politique, administration, en regard de l'énorme importance d'un hémistiche?

Les radotages des symbolistes ne se perdirent pas complètement dans l'atmosphère de leurs cafés, comme la fumée de leurs cigarettes et de leurs pipes. Une partie d'entre eux se fixa et parut dans la *Revue indépendante*,

---

1. Jules Huret, *Enquête sur l'évolution littéraire*. Paris, 1891, p. 65.
2. Charles Morice, *op. cit.*, p. 271.

la *Revue contemporaine*, et autres recueils caducs qui servaient d'organes à la table ronde du « François I$^{er}$ ». Ces petites gazettes et les livres publiés par les symbolistes restèrent d'abord inaperçus en dehors du café en question. Puis il advint que des chroniqueurs de journaux du boulevard, dans les mains desquels ces écrits étaient tombés par hasard, leur consacrèrent, en l'absence d'autres sujets, des articles, mais uniquement pour se moquer d'eux. C'était là tout ce que les symbolistes demandaient. Peu leur importait la raillerie ou l'éloge, pourvu que l'on s'occupât d'eux. Ils étaient maintenant en selle et se révélèrent aussitôt comme d'incomparables cavaliers de cirque. Ils s'efforcèrent de trouver eux-mêmes accès dans les grands journaux, et quand l'un d'eux réussissait, comme le forgeron de Jüterbock, dans le conte connu, à jeter son bonnet par la porte imprudemment entrebâillée d'une rédaction, il suivait tête et corps tout entiers, s'emparait de la place et la transformait, en un tour de main, en une place forte du parti symboliste. Tout favorisait cette tactique : le scepticisme et l'indifférence de certains rédacteurs parisiens absolument desséchés, ne prenant rien au sérieux, incapables d'un enthousiasme ou d'une aversion, et ne connaissant que ce seul principe d'affaires : faire du bruit, éveiller la curiosité, devancer les autres avec du nouveau, de l' « épatant » ; le manque de critique et la badauderie du public, qui répète de confiance tout ce que son journal lui débite d'un air important ; la lâcheté et la flagornerie de critiques qui, trouvant en face d'eux un groupe organisé et nombreux de jeunes gens que n'arrêtait aucun scrupule, avaient peur de leurs poings tendus et de leurs yeux menaçants et n'osaient pas s'attaquer à eux; la basse matoiserie des intrigants espérant faire de bonnes affaires s'ils spéculaient sur la hausse des actions du symbolisme. C'est ainsi que les pires et les plus méprisables traits de caractère des rédacteurs, des critiques, des écrivains avides de succès et des liseurs de journaux, concoururent à faire connaître, et, en partie même, à rendre célèbres les noms des habitués du « François I$^{er}$ », et à éveiller dans la tête de beaucoup d'imbéciles des deux mondes la conviction que leur tendance domine la littérature du temps présent et renferme en elle tous les germes de l'avenir. Ce triomphe du symbolisme signifie la victoire de la bande sur l'individu. Il démontre la supériorité de l'attaque sur la défense, et l'efficacité de l'assurance mutuelle de réclame, même avec les aptitudes les plus chétives.

Si dissemblables qu'elles puissent être, les œuvres des symbolistes ont entre elles deux caractères communs : elles sont obscures, souvent jusqu'à l'incompréhensibilité, et elles sont dévotes. Après tout ce qui a été dit ici sur les particularités de la pensée mystique, leur obscurité ne saurait étonner. Quant à leur piété, elle a atteint une importance qui oblige à l'examiner de près.

Quand, dans les dernières années, parut toute une série de mystères, jeux de la Passion, légendes de saints et cantates; quand, les uns après les autres, une douzaine, deux douzaines de nouveaux poètes et écrivains firent, dans leurs premières poésies, romans et articles, de brûlantes professions de foi religieuse, invoquèrent la Sainte Vierge, parlèrent extatiquement du sacrifice de la messe et s'agenouillèrent en de ferventes prières, alors les réactionnaires, qui ont un intérêt de parti à faire croire à un retour de l'humanité civilisée aux ténèbres intellectuelles du passé, s'écrièrent : « Voyez! La jeunesse, l'espoir et l'avenir du peuple français, se détourne de la science; l'émancipation a fait banqueroute, les âmes s'ouvrent de nouveau à la religion, et l'Église catholique accomplit de nouveau son office sublime d'institutrice, de consolatrice et de guide de l'humanité civilisée ». On désigne démonstrativement la tendance symbolique par le nom de « néo-catholique », et quelques critiques voient dans son apparition et ses succès la preuve que la libre pensée est vaincue par la foi. « Le coup d'œil le plus superficiel sur l'état du monde nous montre », écrit M. Édouard Rod, « que, dans tous les domaines, nous sommes en pleine réaction ». Et plus loin : « Je crois à la *réaction*, dans tous les sens que ce mot comporte. Mais jusqu'où ira cette réaction? C'est le secret de demain [1] ».

Les hérauts jubilants de la nouvelle réaction demandent la cause de ce mouvement, et trouvent avec une unanimité étrange cette réponse : les esprits les meilleurs et les plus cultivés reviennent à la foi, parce qu'ils ont découvert que la science les a trompés, qu'elle n'a pas tenu ce qu'elle leur a promis. « L'homme de ce siècle, dit M. Melchior de Vogüé, a pris en lui-même une confiance bien excusable... Le mécanisme rationnel du monde lui est enfin apparu... Dans l'explication des choses on élimina... tout l'ordre divin... D'ailleurs, à

---

[1]. Jules Huret, *op. cit.*, p. 14.

quoi bon rechercher des causes douteuses, quand le fonctionnement de l'univers et de l'homme devenait si clair pour le physicien, pour le physiologiste?... Le moindre tort de Dieu, c'était d'être inutile. De beaux esprits l'affirmèrent, et tous les médiocres en furent persuadés. Le xviii° siècle avait inauguré le culte de la Raison : on vécut un moment dans l'ivresse de ce millénium. Puis vint l'éternelle désillusion, la ruine périodique de tout ce que l'homme bâtit sur le creux de sa raison... Il dut s'avouer que par-delà le cercle des vérités conquises, l'abîme d'ignorance reparaissait, toujours aussi vaste, aussi irritant [1] ».

M. Charles Morice, le théoricien et le philosophe des symbolistes, dénonce presque à chaque page de son livre : *La Littérature de tout à l'heure*, la science pour ses différents gros péchés. « Il est déplorable que nos savants n'aient point compris », dit-il dans son langage apocalyptique, « qu'en vulgarisant la science ils la décomposaient (?), que confier aux mémoires inférieures les principes, c'est les exposer aux incertitudes d'interprétations sans autorité, d'erronés commentaires, d'hétérodoxes hypothèses; car c'est lettre morte, le Verbe enclos dans les livres, et les livres eux-mêmes peuvent périr, — mais le courant qu'ils déterminent, le souffle émané d'eux leur survit, — et que faire s'ils ont soufflé la tempête et déchaîné (!) les ténèbres? Or, tel est le résultat le plus clair de tout ce fatras de vulgarisation... Ne touchons-nous pas ici (à propos de la morale des *Fables* de la Fontaine) la

---

1. V<sup>te</sup> E. M. de Vogüé, *op. cit.*, p. xix et sqq.

résultante naturelle de tout un siècle d'investigation psychologique, qui fut une bonne éducation de la raison, mais dont les résultats objectifs et immédiats ne pouvaient être que la fatigue, le dégoût même et même le désespoir de raisonner?... Naguère la science avait biffé le mot : mystère. Elle avait, du même trait, biffé les mots : beauté, vérité, joie, humanité... Le mysticisme a repris à la science intruse et accaparante non seulement tout ce qu'elle lui avait dérobé, mais peut-être bien aussi quelque chose de la propre part de la science. La réaction contre les négations insolentes et désolantes de la littérature scientifique... s'est faite... par une imprévue restauration poétique du catholicisme[1] ».

Un autre graphomane, l'auteur du livre imbécile *Rembrandt éducateur*, radote à peu près de la même façon. « L'intérêt pour la science, dit-il, et particulièrement pour la science de la nature jadis si populaire, diminue actuellement dans les larges cercles du monde allemand... On est en quelque sorte sursaturé d'induction; on a soif de synthèse; les jours de l'objectivité s'inclinent de nouveau vers leur fin, et la subjectivité frappe en revanche à la porte[2] ».

M. Édouard Rod dit : « Le siècle a marché sans tenir toutes ses promesses », et quelques lignes plus loin il parle encore de « ce siècle vieillissant et déçu[3] ».

Dans un petit écrit qui est devenu une sorte d'évangile des imbéciles et des idiots, l'auteur, M. Paul Desjardins,

1. Charles Morice, *op. cit.*, p. 5, 103, 177.
2. *Rembrandt éducateur*. Leipzig, 1890, p. 2.
3. Édouard Rod, *Les Idées morales du temps présent*. Paris, 1892, p. 66.

se livre à des attaques continuelles contre l' « empirisme dit scientifique », parle des « négatifs », parmi lesquels il range « les empiristes ou mécanistes absorbés dans leur unique attention aux forces physiques et fatales », et proclame bien haut son dessein « d'infirmer la valeur de la méthode empirique [1] ».

Même un penseur sérieux, M. Fr. Paulhan, arrive, dans son enquête sur les causes du néo-mysticisme français, à la conclusion que la science exacte s'est montrée impuissante à satisfaire les besoins de l'humanité. « Nous nous sentons, dit-il, environnés d'un inconnu immense où nous demandons au moins qu'on nous réserve un accès. L'évolutionnisme, comme le positivisme, a fermé le passage... Pour toutes ces raisons, l'évolutionnisme devait, tout en laissant de grandes idées, se montrer impuissant à suffire à la direction des esprits [2] ».

Si écrasante que puisse sembler cette unanimité d'esprits solides et estimables et de graphomanes imbéciles, elle ne renferme cependant pas la moindre étincelle de vérité. Prétendre que le monde se détourne de la science parce que la méthode « empirique », c'est-à-dire la méthode scientifique de l'observation et de l'enregistrement des faits, a subi un naufrage, cela est ou un mensonge conscient ou de l'irresponsabilité intellectuelle. Un esprit sain et loyal doit presque avoir honte de prouver cette proposition. La science a donné dans les dernières périodes décennales, grâce à l'analyse spectrale, des renseignements sur la nature des astres les plus lointains,

---

1. Paul Desjardins, *Le devoir présent*. Paris, 1892, p. 5, 8, 39.
2. Fr. Paulhan, *Le nouveau mysticisme*. Paris, 1891, p. 120.

sur leur composition matérielle, leur degré de chaleur, la rapidité et la direction de leurs mouvements ; elle a établi l'unité de toutes les formes de la force et rendu des plus vraisemblables l'unité de la matière ; elle est sur la trace de la formation et du développement des éléments chimiques, et elle nous a appris à comprendre la construction des compositions organiques, d'une structure si compliquée ; elle nous montre les rapports des atomes dans la molécule et la position de la molécule dans l'espace ; elle a jeté un jour surprenant sur les conditions d'action de l'électricité et mis cette force au service de l'homme ; elle a renouvelé la géologie et la paléontologie et débrouillé l'enchaînement des formes de la vie animale et végétale ; elle a créé la biologie et l'embryologie, et, par la découverte et l'étude des microbes, éclairé d'une façon saisissante quelques-uns des mystères les plus inquiétants de l'éternelle transformation, de la maladie, de la mort ; elle a trouvé ou perfectionné des méthodes qui, comme la chronophotographie, la photographie instantanée, etc., permettent de décomposer et d'enregistrer des phénomènes non directement observables pour les sens humains et qui promettent d'être des plus féconds au point de vue de la connaissance de la nature. Et en face de si magnifiques, de si grandioses résultats, dont l'énumération pourrait s'étendre au double et au triple, on ose parler d'un naufrage de la science et de l'impuissance de la méthode « empirique ! ».

La science n'aurait pas tenu ce qu'elle a promis ! Quand a-t-elle jamais promis autre chose que d'observer loyalement et attentivement les phénomènes, et, si possible, de déterminer les conditions dans lesquelles ils se produisent? Et n'a-t-elle pas tenu cette promesse? Ne la tient-elle pas constamment? Celui qui a attendu d'elle que du jour au lendemain elle explique tout le mécanisme de l'univers comme un escamoteur explique ses trucs soi-disant merveilleux, celui-là n'a aucune idée de la tâche réelle de la science. Elle se refuse tous les bonds et toutes les envolées. Elle avance pas à pas. Elle jette lentement et patiemment un pont solide sur l'inconnu, et ne peut lancer une arche nouvelle sur l'abîme avant d'avoir assis un nouveau pilier dans la profondeur et l'avoir amené jusqu'à la hauteur voulue.

En attendant, elle ne parle pas de la cause première des phénomènes, tant qu'elle a encore un si grand nombre de causes proches à étudier. Maints représentants des plus éminents de la science vont même jusqu'à déclarer que la cause première ne fera jamais l'objet de la recherche scientifique et la nomment, avec Herbert Spencer, « l'inconnaissable », ou profèrent, avec Du Bois-Reymond, le découragé : *Ignorabimus!* Mais tous deux, ici, procèdent d'une façon complètement anti-scientifique, et prouvent simplement que même des penseurs clairs comme Herbert Spencer et des savants prudents comme Du Bois-Reymond, sont encore sous le joug de la rêverie théologique. La science ne peut parler d'un inconnaissable quelconque, car cela présupposerait qu'elle est en état de limiter exactement les bornes du connaissable, ce qu'elle ne peut, puisque chaque nouvelle découverte les recule; l'hypothèse d'un inconnaissable implique en outre l'admission du fait qu'il y a quelque chose que nous ne pouvons connaître; maintenant : ou nous devons, pour pouvoir affirmer sérieusement l'existence de ce quelque chose, en avoir une connaissance quelconque, si légère et si peu nette soit-elle, ce qui prouverait alors que ce quelque chose ne peut pas être inconnaissable, puisque nous le connaissons effectivement, et rien en ce cas ne justifierait l'affirmation *a priori* que notre connaissance actuelle de l'objet, si faible soit-elle, ne s'élargira ni ne s'approfondira jamais ; ou nous n'avons aucune idée, pas même la plus faible, de l'inconnaissable du philosophe, et dans ce cas il ne peut exister pour nous ; toute la notion repose sur le néant, et le mot est une création oiseuse de la fantaisie qui se donne carrière. On peut dire la même chose de l'*Ignorabimus*. C'est le contraire de la science. Ce n'est pas la conclusion logique de prémisses bien fondées, ce n'est pas le résultat de l'observation, mais une prophétie mystique. Personne n'a le droit de donner pour des faits des renseignements sur l'avenir. La science peut indiquer ce qu'elle sait aujourd'hui ; elle peut aussi désigner exactement ce qu'elle ne sait pas. Mais dire ce qu'elle saura ou ne saura pas un jour, ce n'est pas sa fonction.

Certes, celui qui exige de la science qu'elle réponde imperturbablement et audacieusement à toutes les questions des esprits désœuvrés ou inquiets, celui-là sera nécessairement déçu par elle, car elle ne veut ni ne peut satisfaire à ses exigences. La théologie, la métaphysique ont naturellement un rôle plus facile ; elles inventent un conte quelconque et le débitent avec un sérieux abasourdissant ; si on ne veut pas les en croire, elles insultent et menacent le client indiscipliné, mais elles ne peuvent rien lui prouver, elles ne peuvent le forcer à prendre pour de l'argent comptant leurs billevesées. La théologie et la métaphysique ne peuvent jamais être mises dans l'embarras. Il ne leur en coûte rien d'ajouter plus de paroles à leurs paroles, de rattacher à une affirmation arbitraire une autre affirmation, d'entasser un dogme sur un autre dogme. L'esprit sérieux et sain, avide de connaissance réelle, n'aura jamais l'idée de la demander à la métaphysique ou à la théologie. A celles-ci s'adresse seulement le cerveau d'enfant dont le désir de savoir ou plutôt la curiosité est pleinement satisfaite par le ton doucement endormant d'un conte de nourrice.

La science n'entre pas en rivalité avec la théologie et la métaphysique. Quand celles-ci affirment pouvoir expliquer le phénomène cosmique, la science montre que ces prétendues explications sont du pur bavardage. Quant à elle, elle se garde naturellement de substituer à une absurdité démontrée une autre absurdité. Elle dit modestement : « Voici un fait, voici une hypothèse, voici une supposition. Un fourbe seul donne plus qu'il n'a ». Si cela ne suffit pas aux néo-catholiques, ils n'ont qu'à s'asseoir et à chercher eux-mêmes de nouveaux faits qui les aideront à éclaircir les ténèbres angoissantes du phénomène cosmique. Ce serait là une preuve de véritable soif de savoir. A la table de la science il y a place pour tous, et chacun de ceux qui s'associent aux observations communes est le bienvenu. Mais cette idée ne vient pas même en rêve à ces pauvres d'esprit qui radotent de la « banqueroute de la science ». Bavarder est tellement plus facile et commode que chercher et trouver !

Oui, c'est vrai : la science ne raconte rien d'une vie après la mort, de concerts de harpes dans le paradis, et de la transformation de cancres et de bécasses hystériques en anges vêtus de blanc, aux ailes irisées. Elle se contente, infiniment plus plate et prosaïque, d'adoucir l'existence terrestre de l'homme. Elle diminue la mortatalité moyenne et prolonge la vie de l'individu qui ne la contrecarre pas par ses propres folies anti-hygiéniques, en supprimant les causes de maladies reconnues ; elle crée de nouvelles commodités, et facilite la lutte contre les forces destructives de la nature. Le symboliste qui, après une intervention chirurgicale, est préservé par l'asepsie de la suppuration, de la gangrène et de la mort ; qui se protège contre la fièvre typhoïde à l'aide d'un filtre Chamberland ; qui, en tournant négligemment un bouton, emplit sa chambre de lumière électrique ; qui, par le moyen du téléphone, converse par-delà les pays avec un être aimé, — le symboliste doit tout cela à cette science qui, à l'en croire, a fait banqueroute, et non à la théologie à laquelle il affirme vouloir retourner.

Exiger de la science qu'elle ne donne pas seulement des éclaircissements réels, quoique limités, et n'offre pas seulement des bienfaits palpables, mais qu'elle résolve aujourd'hui, à l'instant même, toutes les énigmes, qu'elle fasse l'homme omniscient, heureux, bon, — cela est absurde. Cette exigence, la théologie et la métaphysique ne l'ont jamais remplie. Elle est simplement la forme intellectuelle de cette folle présomption qui, sur le terrain matériel, se manifeste par la soif de jouissance et la haine du travail. Le déclassé qui aspire au vin de Champagne et aux femmes, au loisir et aux honneurs, et qui accuse l'ordre social parce qu'il ne donne pas satisfaction à ses fringales, est frère du symboliste qui réclame la vérité et honnit la science, parce que celle-ci ne lui présente pas celle-là sur un plat d'or. Tous deux révèlent la même inaptitude à saisir la réalité de l'univers et à comprendre qu'il n'est pas possible d'atteindre, sans travail physique, la fortune, et, sans effort intellectuel, la vérité. L'homme honnête qui arrache péniblement ses dons à la nature, le savant laborieux qui ouvre, à la sueur de son front, les sources de la connaissance, inspirent le respect et une chaude sympathie. On ne peut, au contraire, éprouver que du mépris pour les flâneurs mécontents qui attendent la richesse d'un numéro de loterie ou d'un oncle à héritage, et la connaissance d'une révélation qui doit venir les illuminer, sans un effort de leur côté, dans leur café habituel, au moment où ils sont en train de vider leur bock.

Les pauvres niais qui insultent la science lui reprochent aussi d'avoir détruit l'idéal et enlevé à la vie sa valeur. Ce reproche n'est pas moins stupide que l'imputation de banqueroute. Il ne peut y avoir d'idéal plus haut que l'accroissement de la connaissance. Quelle légende des saints est aussi belle que la vie d'un savant qui passe son existence courbé sur un microscope, presque sans besoins physiques, connu et estimé de peu de gens, travaillant uniquement pour sa propre conscience, sans autre ambition que celle d'établir peut-être un seul nouveau petit fait qu'un successeur plus heureux utilisera pour une brillante synthèse, et enchâssera comme moellon dans un monument de la science de la nature? Quel conte religieux a enflammé de plus sublimes martyrs au mépris de la mort qu'un Gehlen, qui tombe empoisonné en préparant l'hydrogène arsénieux découvert par lui ; qu'un Crocé-Spinelli, qui trouve la mort dans son ballon monté trop rapidement, tandis qu'il observait la pression atmosphérique ; pour ne pas parler d'un Ehrenberg, que le travail de toute son existence finit par rendre aveugle, d'un Hyrtl, dont les préparations anatomiques au sublimé corrosif détruisent presque la vue, des médecins qui s'inoculent des maladies mortelles, de la troupe presque incalculable des voyageurs de découvertes au pôle nord et à l'intérieur des continents noirs ? Et un Archimède n'a-t-il réellement pas trouvé de la valeur à sa vie, quand il adressait aux soudards de Marcellus cette adjuration : « Ne détruisez pas mes cercles » ? La véritable et saine poésie a toujours, elle aussi, reconnu cela, et ses figures les plus idéales ne sont pas un homme pieux qui marmotte des prières d'une bouche baveuse, et contemple, les yeux convulsés, une vision hallucinatoire, mais un Prométhée et un Faust, qui luttent pour la science, c'est-à-dire pour la connaissance précise de la nature.

L'affirmation que la science n'a pas tenu ce qu'elle a promis et que la génération montante se détourne d'elle pour cette raison, ne résiste pas un instant à la critique. C'est une affirmation purement en l'air. Ce point de départ du néo-catholicisme est absurde, les symbolistes eux-mêmes assurassent-ils cent fois que c'est le dégoût de la science qui les a rendus mystiques. Les allégations que même un esprit sain donne sur les mobiles réels de ses actions ne doivent être utilisées qu'avec la plus prudente critique; celles que présente un dégénéré sont absolument inutilisables. Car, chez lui, les impulsions d'action et de pensée proviennent de l'inconscient, et la conscience invente après coup, pour les idées et les actes dont elle ignore elle-même la réelle provenance, des raisons spécieuses et jusqu'à un certain point plausibles. Dans tous les livres sur la suggestion, on cite des pendants au cas typique de Charcot : on plonge une hystérique dans le sommeil hypnotique et on lui suggère qu'à son réveil elle doit poignarder un des médecins présents. On la réveille, elle prend le poignard et fond sur la victime désignée. On lui arrache l'arme et on lui demande pourquoi elle veut tuer le médecin. Elle répond sans hésiter : « Parce qu'il m'a fait du mal ». Remarquez bien qu'elle le voyait pour la première fois de sa vie. Cette personne éprouvait à l'état de veille le besoin de tuer le médecin. Sa conscience n'avait aucune idée de ce que ce besoin lui avait été suggéré dans l'état hypnotique. Que l'on ne tue jamais sans motif, c'est ce que sait la conscience. Forcée de trouver le mobile de la tentative de meurtre, la conscience tombe immédiatement sur le seul raisonnable dans le cas donné, et elle s'imagine qu'elle en est venue à l'idée de meurtre pour tirer vengeance d'un tort subi.

L'hypothèse de M. Paul Janet sur la double personnalité offre une explication de ce phénomène de la vie psychique. « Tout homme, dit-il, présente deux personnalités, une consciente et une inconsciente. Chez l'homme normal, elles sont égales, complètes toutes les deux, équilibrées; chez l'hystérique, elles sont inégales, déséquilibrées. Une des deux personnalités, la première généralement, est incomplète, l'autre restant parfaite¹ ». La personnalité consciente a la tâche ingrate d'inventer des motifs pour les actes de l'inconsciente. C'est comme dans le jeu connu, où une personne fait les gestes et où une autre dit les paroles correspondantes. Chez le dégénéré déséquilibré, la conscience assume le rôle d'une mère quelque peu simiesque qui sait trouver des excuses pour les sots et méchants tours d'un enfant malappris. La personnalité inconsciente commet des folies et des méfaits, et la consciente, qui reste là impuissante et ne peut les empêcher, cherche à les pallier par toutes sortes de prétextes.

La cause du mouvement néo-catholique n'est donc pas que la jeunesse ait à reprocher quelque chose à la science ou à se plaindre d'elle d'une façon quelconque. MM. de Vogüé, Rod, Desjardins, Paulhan, qui assignent une pareille base au mysticisme des symbolistes, lui attribuent arbitrairement une origine qu'il n'a pas. Celle-ci est exclusivement imputable à l'état de dégénérescence des inventeurs de cette tendance. Le néo-catholicisme a sa racine dans l'émotivité et le mysticisme, ces deux stigmates les plus fréquents et les plus caractéristiques des dégénérés.

Qu'en France aussi, dans le pays de Voltaire, le mysticisme des dégénérés ait revêtu fréquemment la forme de la ferveur religieuse, cela peut, au premier abord, sembler étrange; mais l'examen des conditions politiques et sociales du peuple français pendant les dernières périodes décennales rendra la chose compréhensible.

---

1. Paul Janet, *L'Hystérie et l'Hypnotisme d'après la théorie de la double personnalité. Revue scientifique*, 1888, 1ᵉʳ volume, p. 616.

La grande Révolution proclama trois idéals : Liberté, Égalité et Fraternité. La fraternité est un mot innocent qui n'a pas de signification réelle, et, par conséquent, ne gêne personne. La liberté, elle, est désagréable aux classes supérieures, qui se plaignent beaucoup de la souveraineté du peuple et du suffrage universel ; mais elles supportent cependant sans trop de malaise une situation mitigée, après tout, par une administration chicanière, la tutelle policière, le militarisme et la gendarmerie, et dans laquelle la populace est encore tenue suffisamment en laisse. Mais l'égalité est pour les possédants une abomination insupportable. Elle est l'unique conquête de la grande Révolution qui ait survécu à toutes les transformations ultérieures du régime politique et soit restée vivante dans le peuple français. Car de la fraternité, le Français ne sait pas beaucoup ; sa liberté, nous l'avons dit, a fréquemment pour symbole une muselière ; mais l'égalité, il la possède effectivement et y est fermement attaché. Le dernier des vagabonds, le souteneur des grandes villes, le chiffonnier et le palefrenier croient valoir autant que le châtelain, et ils le lui disent sans barguigner en plein visage, quand l'occasion s'en présente. Les motifs du fanatisme égalitaire des Français ne sont pas particulièrement nobles. Il ne résulte pas d'un sentiment de hautaine virilité et d'une affirmation de sa propre valeur, mais d'une basse envie et d'une intolérance mauvaise. Rien ne doit dépasser le niveau ! Rien ne doit être meilleur, plus beau ou seulement plus en vue que la vulgarité moyenne ! Or, contre cette rage d'égalitarisme, se révoltent avec une violence passionnée les classes supérieures, et avant tout celles que la grande Révolution a portées au sommet.

Les petits-fils des serfs ruraux qui pillèrent et détruisirent les châteaux seigneuriaux, en égorgèrent lâchement les habitants et s'emparèrent de leurs terres; les descendants des boutiquiers et des savetiers des villes qui s'enrichirent par la politique des rues et des clubs, la spéculation sur les biens nationaux et les assignats, ainsi que par des fraudes dans les fournitures militaires, ne veulent pas être confondus avec la foule; ils veulent former un État privilégié; ils veulent être reconnus comme caste supérieure. Ils cherchèrent, dans ce but, une marque distinctive qui fit voir immédiatement en eux des membres d'une élite sociale, et ils la trouvèrent dans le cléricalisme

On comprend ce choix. La foule, notamment celle des villes, est en France absolument incrédule, et la vieille noblesse historique qui, au XVIIIe siècle, se targuait d'irréligion, est sortie très pieuse du cataclysme de 1789, car elle comprit ou soupçonna le rapport intime entre les idées et symboles antiques de la foi, la royauté et la noblesse féodale. Par leur cléricalisme, les parvenus établissaient donc à la fois un contraste entre eux et la foule dont ils voulaient se séparer, et une ressemblance avec la caste au sein de laquelle ils brûlaient de se glisser ou de faire irruption.

L'expérience enseigne que l'instinct de conservation est souvent le pire conseiller dans les situations dangereuses. L'homme qui ne sait pas nager et qui tombe à l'eau lève involontairement les bras, ce qui a pour résultat que la tête plonge et qu'il se noie, tandis que sa bouche et son nez resteraient hors de l'eau, s'il tenait tranquillement bras et mains au-dessous de celle-ci. Le mauvais cavalier qui ne se sent pas sûr de lui remonte ordinairement ses jambes et tombe certainement, tandis qu'il conserverait vraisemblablement l'équilibre, s'il les laissait tendues. Ainsi la bourgeoisie française, qui sait très bien qu'elle s'est emparée des fruits de la grande Révolution et a renvoyé les mains vides le quatrième état qui seul a fait celle-ci, a, en prenant le cléricalisme pour tradition sociale, choisi le plus mauvais moyen de se maintenir en possession des biens et privilèges mal acquis, et d'échapper à l'égalitarisme contre nature. Par là, elle éloigna d'elle les esprits les plus intelligents, les plus vigoureux et les plus cultivés, et poussa au socialisme beaucoup de jeunes gens qui, radicaux en matière de pensée philosophique, mais conservateurs au point de vue économique et peu épris de l'égalité, seraient devenus une force protectrice pour une bourgeoisie libre penseuse. Le socialisme, en effet, à côté de ses doctrines économiques radicales et de ses théories égalitaires impossibles, représente l'émancipation de la pensée.

Mais je n'ai pas à juger ici si le mimétisme religieux de la bourgeoisie française, qui doit la rendre semblable à la noblesse historique, exercera ou non l'action protectrice attendue; j'établis simplement le fait de ce mimétisme. Il a pour résultante que tous les riches parvenus tranchant du grand seigneur envoient leurs fils dans les écoles de jésuites. Être élevé par les jésuites, c'est là un signe de caste, presque comme de faire partie du Jockey-Club. Les anciens élèves des jésuites forment une franc-maçonnerie noire qui pousse avec zèle ses protégés dans toutes les carrières, les marie avec de riches héritières, court à leur aide dans les situations fâcheuses, cache leurs fautes, étouffe les scandales, etc. Or, ce sont les jésuites qui, dans ces dernières années, se sont appliqués à inculquer leur propre manière de penser à la jeunesse dorée de France à eux confiée. Ces jeunes gens apportèrent dans les écoles de prêtres un cerveau héréditairement défectueux et inclinant en conséquence au mysticisme, et les écoles en question donnèrent ensuite à la pensée mystique des jeunes dégénérés la couleur religieuse. Ce n'est pas là une hypothèse arbitraire, mais un fait. M. Charles Morice, le théoricien esthétique et le philosophe des symbolistes, a, au témoignage de ses amis, reçu son éducation chez les jésuites[1]. De même MM. Louis Le Cardonnel, Henri de Régnier et autres. Les jésuites ont trouvé la phrase de la « banqueroute de la science », et leurs élèves la rabâchent après eux, parce qu'elle renferme une explication plausible de leur rêvasserie religieuse, dont ils ne connaissent pas les véritables raisons organiques, qu'ils ne comprendraient d'ailleurs pas, même s'ils les connaissaient. « Je retourne à la foi parce que la science ne me satisfait pas », c'est là une chose que l'on peut dire. Elle a même bon air, car elle laisse supposer la soif de la vérité et la noble préoccupation des grandes questions. Par contre, on confessera difficilement ceci : « Je suis pris de passion pour la Sainte-Trinité et la Sainte Vierge, parce que je suis un dégénéré et que mon cerveau est incapable d'attention et de pensée claire ».

[1]. Morhardt, *op. cit.*, p. 769.

Que l'argument des jésuites, tel que l'exposent MM. de Vogüé, Rod et autres, ait pu trouver aussi crédit en dehors des cercles ecclésiastiques et des jeunes dégénérés, au point que l'on entend aujourd'hui répéter par les esprits demi-cultivés : « La science est vaincue, à la religion appartient l'avenir », cela est étroitement lié aux particularités intellectuelles de la foule. Celle-ci ne remonte jamais aux faits, mais répète les phrases toutes faites qui ont été dites devant elle. Si elle tenait compte des faits, elle saurait que le nombre des Facultés des sciences, des professeurs et élèves, des revues et livres, de leurs abonnés et lecteurs, des laboratoires, des sociétés savantes et des communications aux académies, augmente d'année en année. On peut prouver par des chiffres que la science, loin de perdre du terrain, en gagne continuellement. Mais la foule ne s'inquiète pas des statistiques précises. Elle se laisse tranquillement suggérer l'idée par quelques journaux écrits principalement pour des membres de cercles et des catins dorées et dans lesquels les élèves des écoles de prêtres ont trouvé accès, que la science recule devant la religion. De la science elle-même, de ses prémisses, méthodes et résultats, elle n'a jamais rien su. A un certain moment, la science a été à la mode. En ce temps-là, les journaux écrivaient journellement : « Nous vivons à une époque scientifique »; les nouvelles du jour enregistraient les voyages et les mariages des savants, les romans-feuilleton faisaient de spirituelles allusions à Darwin, les inventeurs de cannes élégantes et de parfums nommaient leurs produits « parfums d'évolution » ou « badines de sélection », et les gens à fausse prétention de culture se prenaient d'une façon sérieuse pour des tranche-montagne du progrès et de l'émancipation intellectuelle. Aujourd'hui, les cercles sociaux qui font la mode, et les feuilles qui cherchent à leur plaire, décrètent que ce n'est plus la science, mais la foi, qui est le « chic »; aussitôt les faits-divers des feuilles boulevardières racontent de petites histoires piquantes sur les prédicateurs; dans les romans-feuilleton on cite l'*Imitation de Jésus-Christ*; les inventeurs se présentent avec de riches prie-Dieu et de recommandables chapelets, et le philistin sent avec une profonde émotion la fleur merveilleuse de la foi germer et s'épanouir dans son cœur. Quant à ses réels adeptes, la science n'en a guère perdu un seul. En revanche, il est naturel que la plèbe des salons, pour laquelle elle n'a jamais été qu'une affaire de mode, lui tourne le dos, sur le simple mot d'ordre d'un tailleur ou d'une modiste.

Voilà pour le néo-catholicisme que l'on veut donner, soit pour des raisons de parti, soit par ignorance et par snobisme, comme un mouvement intellectuel sérieux de l'époque.

Le symbolisme, toutefois, ne prétend pas être seulement un retour à la foi, mais aussi une nouvelle théorie de l'art et de la poésie. Examinons donc également ce côté de son essence.

Si nous voulons tout d'abord savoir ce que les symbolistes se représentent sous le nom de symbole et de symbolisme, nous nous heurtons aux mêmes difficultés que lorsqu'il s'est agi de déterminer le vrai sens de préraphaélisme, et cela pour la même raison : c'est que les inventeurs de ces dénominations ont pensé à cent choses différentes, contradictoires entre elles et peu claires, ou même n'ont pensé à rien du tout. Un spirituel et habile journaliste, M. Jules Huret, a fait une enquête sur le nouveau mouvement littéraire en France, et obtenu de ses principaux représentants des renseignements qui nous font connaître suffisamment le sens qu'ils attachent ou prétendent attacher aux expressions de leur programme [1]. Je vais reproduire ici quelques-unes de ces déclarations. Ce qu'est le symbolisme, elles ne nous l'apprendront d'ailleurs pas; mais elles nous permettront de pénétrer dans la pensée des symbolistes.

M. Stéphane Mallarmé, le chef de la troupe symboliste le moins contesté par les adeptes, s'exprime en ces termes :
« *Nommer* un objet, c'est supprimer les trois quarts de la jouissance du poème qui est faite du bonheur de deviner peu à peu; le *suggérer*, voilà le rêve. C'est le parfait usage de ce mystère qui constitue le symbole; évoquer petit à petit un objet pour montrer un état d'âme, ou inversement, choisir un objet et en dégager un état d'âme par une série de déchiffrements ».

Si le lecteur ne comprend pas immédiatement cet enchaînement de mots obscurs, qu'il ne s'arrête pas à déchiffrer l'énigme. Je traduirai plus tard le balbutiement de ce faible d'esprit dans la langue compréhensible des hommes sains.

M. Paul Verlaine, un autre grand-prêtre de la secte, fait la réponse que voici :

« C'est moi qui, en 1885, ai réclamé pour nous le nom de symbolistes. Les parnassiens et la plupart des

---

[1]. Jules Huret, *Enquête sur l'évolution littéraire.* Paris, 1891.

romantiques manquaient de symboles en un certain sens... De là l'erreur de la couleur locale dans l'histoire, le mythe rétréci par une fausse interprétation philosophique, la pensée sans aperception des analogies, le sentiment retiré de l'anecdote ».

Écoutons quelques poètes de second rang du groupe : « L'art », dit M. Paul Adam, « je le définirai l'inscription d'un dogme dans un symbole; il est un moyen pour faire prévaloir un système et mettre au jour des vérités ». M. Rémy de Gourmont confesse loyalement : « Quant à dévoiler la secrète signification de ce vocable (le mot symbolistes), je ne le saurais. Je ne suis ni théoricien, ni devin ». M. Saint-Pol-Roux-le-Magnifique fait entendre cet avertissement profond : « Qu'on y prenne garde, le symbolisme exaspéré aboutit au nombrilisme et à l'épidémique mécanisme... Ce symbolisme est un peu la parodie du mysticisme... Le symbolisme exclusif est anormal en notre siècle considérable de combative activité. Considérons donc cet art de transition comme une spirituelle niche faite au naturalisme, aussi comme un prodrome de la poésie de demain ».

Des théoriciens et des philosophes du groupe, nous devons attendre des renseignements plus complets sur leurs moyens et buts. M. Charles Morice nous apprend effectivement : « Quant au symbole, c'est le mélange des objets qui ont éveillé notre sentiment, et de notre âme, en une fiction. Le moyen, c'est la suggestion : il s'agit de donner aux gens le souvenir de quelque chose qu'ils n'ont jamais vu ». Et M. Gustave Kahn dit : « Pour moi personnellement, l'art symbolique serait d'inscrire en un cycle d'œuvres autant que possible toutes les modifications et variations intellectuelles d'un poète, épris d'un but déterminé par lui ».

Il s'est déjà trouvé en Allemagne quelques imbéciles et idiots, quelques hystériques et graphomanes, qui prétendent comprendre ce verbiage et le ressassent à leur tour dans des conférences, des articles de journaux et des livres. Le philistin allemand auquel on a prêché de temps immémorial le mépris de la « platitude », c'est-à-dire du bon sens, et l'admiration de la « profondeur », c'est-à-dire, en règle générale, du bouillonnement impuissant de cerveaux mucilagineux et gélatineux incapables de penser, devient visiblement inquiet et commence à se demander si, derrière ces suites de mots absolument dépourvues de sens, il ne se cache pas pourtant quelque chose. En France, on n'est pas tombé dans le panneau tendu par de pauvres sots et des farceurs de sang-froid, et l'on a reconnu le symbolisme pour ce qu'il est : de la folie ou du charlatanisme. Nous rencontrerons ces qualifications dans la bouche de représentants autorisés de toutes les tendances littéraires.

« Les symbolistes », s'écrie M. Jules Lemaître, « ça n'existe pas... Ils ne savent pas eux-mêmes ce qu'ils sont et ce qu'ils veulent ; c'est quelque chose qui est là, sous terre, qui remue, qui grouille, mais qui n'affleure pas, comprenez-vous ? Quand, à grand'peine, ils ont produit quelque chose, ils veulent bâtir, autour, des formules et des théories, mais comme ils n'ont pas le genre d'esprit qu'il faut pour cela, ils n'y arrivent pas... Ce sont des fumistes, avec une part de sincérité, je l'accorde, mais des fumistes ». M. Joséphin Péladan les traite de « curieux artificiers en métrique et lexique (qui) se groupent pour arriver et se nomment bizarrement pour être connus ». M. Jules Bois est beaucoup plus énergique : « Gestes incohérents, clameurs bégayées, — ce sont les décadents symbolistes... Cacophonie de sauvages qui auraient feuilleté une grammaire anglaise et un lexique de vieux mots déchus. Si jamais ils surent quelque chose, ils affectent de l'oublier. Vagues, incorrects, obscurs, ils ont le sérieux des augures... Vous, symbolistes décadents, nous mystifiez en une syntaxe abracadabrante et puérile ». Paul Verlaine lui-même, un des inventeurs du symbolisme, accommode de cette façon, dans un moment de sincérité, ses disciples : « Ce sont des pieds plats qui ont chacun leur bannière où il y a écrit : Réclame ! ». M. Henri de Régnier pense, avec indulgence : « Ils (les symbolistes) éprouvent le besoin de se ranger sous une enseigne commune pour lutter ensemble plus efficacement contre les satisfaits ». M. Émile Zola parle d'eux comme d'une « bande de requins qui, ne pouvant pas nous manger, se mangent entre eux ». M. Joseph Caraguel dénomme la littérature symboliste « une littérature de vagissement, de balbutiement, de vague à l'esprit, une littérature d'avant les griots soudaniens ». Edmond Haraucourt reconnaît clairement le but visé par les symbolistes : « Il y a un parti de mécontents et de gens pressés. C'est du boulangisme littéraire ! Il faut vivre. On veut tenir une place, être notoire, ou notable. On bat la caisse, qui n'est même pas une grosse caisse... Voilà leur vrai symbole : « Colis pressé ». Tout le monde prend le rapide. Destination : la gloire ! »

M. Pierre Quillard affirme « qu'il n'y a pas d'école symboliste, et que, sous ce nom, on a réuni, bien arbitrairement, des poètes du plus réel talent et de purs imbéciles ». M. Gabriel Vicaire traite « leurs... proclamations de pures fumisteries de collégiens ». M. Laurent Tailhade enfin, un des principaux symbolistes, évente le secret : « Je n'attribuai jamais à ces jeux d'autre valeur que celle d'un amusement passager; nous essayâmes sur l'intelligence complaisante de quelques débutants littéraires la mystification des voyelles colorées, de l'amour thébain, du schopenhauérisme et de quelques autres balivernes, lesquelles, depuis, firent leur chemin par le monde ». Même en Allemagne, nous l'avons dit.

Mais injurier n'est pas expliquer, et si l'on est en droit de mettre à leur place le plus énergiquement possible des charlatans conscients qui, à la façon des arracheurs de dents, jouent sur les foires l'homme sauvage pour soutirer de l'argent aux badauds, la colère et la raillerie, vis-à-vis des imbéciles sincères, ne sont pas à leur place. Ce sont des malades ou des infirmes qui, comme tels, ne méritent que de la pitié. Sans doute, il faut dévoiler leur mal; seulement, depuis Pinel, les traitements rigoureux sont abolis même dans les asiles d'aliénés.

Les symbolistes, en tant que dégénérés et imbéciles sincères, ne peuvent penser que d'une manière mystique, c'est-à-dire vague. L'inconscient est en eux plus fort que le conscient, l'activité des nerfs organiques prédomine sur celle de l'écorce cérébrale grise, leurs émotions sont maîtresses de leurs aperceptions. Quand des gens de cette espèce ont l'instinct poétique et artistique, ils veulent naturellement exprimer leur propre état d'esprit. Ils ne peuvent employer de mots précis à signification claire, car ils ne trouvent pas dans leur propre conscience d'aperceptions nettement dessinées et univoques qui puissent être comprises dans de tels mots. Ils choisissent en conséquence des mots vagues interprétables à plaisir, parce qu'ils répondent le mieux à leurs aperceptions qui sont de même nature. Plus indécis et plus obscur est un mot, mieux il se prête aux besoins de l'imbécile, et cela, on le sait, va si loin chez l'aliéné, qu'il trouve pour son aperception devenue absolument informe des mots nouveaux qui ne sont plus seulement obscurs, mais dépourvus de tout sens. Nous avons déjà vu que pour les dégénérés typiques le réel n'a aucune signification. Je rappelle seulement les remarques précédemment citées de Rossetti, Charles Morice, etc., sur ce point. Le langage clair sert à la communication du réel; il n'a par conséquent aucune valeur pour le dégénéré. Celui-ci n'estime que le langage qui ne le force pas à suivre attentivement la pensée de celui qui parle, mais lui permet de s'abandonner librement au vagabondage de sa propre rêvasserie, de même que son propre langage n'a pas pour but de communiquer une pensée déterminée, mais doit simplement être le pâle reflet de son crépuscule intellectuel. C'est ce que veut dire M. Stéphane Mallarmé, quand il s'exprime ainsi : « *Nommer* un objet, c'est supprimer les trois quarts de la jouissance... Le *suggérer*, voilà le rêve ».

La pensée d'un cerveau sain a, de plus, un décours réglé par les lois de la logique et le contrôle de l'attention. Elle prend pour contenu un objet déterminé, le façonne et l'épuise. L'homme sain peut raconter ce qu'il pense, et son récit a un commencement et une fin. L'imbécile mystique, au contraire, pense uniquement d'après les lois mécaniques de l'association d'idées, sans attention à un fil conducteur. Il a une fuite d'idées. Il ne peut jamais indiquer exactement à quoi il pense, il ne peut que désigner l'émotion qui domine momentanément sa conscience. Il ne peut que dire en général : « Je suis triste », « je suis gai », « je suis tendre », « j'ai peur ». Sa pensée est emplie d'aperceptions nuageuses fuyantes et flottantes qui reçoivent leur coloris de l'émotion régnante, de même que la fumée, au-dessus d'un cratère, revêt la rutilance de la flamme qui bouillonne au fond de l'abîme volcanique. S'il compose des poésies, il ne déroulera donc jamais une suite logique d'idées, mais cherchera à représenter, par des mots obscurs d'un coloris émotionnel déterminé, une émotion, une « disposition d'esprit ». Aussi ce qu'il apprécie dans les œuvres poétiques, ce n'est pas un récit clair, l'exposé d'une idée déterminée, mais seulement le reflet d'une disposition d'esprit qui en éveille aussi en lui une autre, pas nécessairement la même. Les dégénérés sentent très bien cette différence entre une œuvre qui exprime un travail vigoureux de pensée et une autre où flotte simplement une fuite d'idées à teinte émotionnelle, et ils cherchent instinctivement une expression distinctive pour le genre de poésie dont seuls ils ont la compréhension. En France, ils ont donc trouvé pour lui le mot symbolisme. Si dénuées de sens que semblent les explications données par les symbolistes eux-mêmes de leur mot d'ordre, le psychologue distingue néanmoins nettement dans leur balbutiement et bégayement que, par un « symbole », ils comprennent un mot ou une suite de mots qui expriment non un fait du monde extérieur ou de la pensée consciente, mais une aperception crépusculaire à interprétations diverses qui ne contraint pas le lecteur à penser, mais lui permet de rêver, c'est-à-dire qui transmet des « dispositions d'esprit » ou émotions vagues, et non pas des processus intellectuels.

Le grand poète des symbolistes, leur modèle admiré, celui duquel ils ont reçu, de leur aveu unanime, la plus forte impulsion, c'est Paul Verlaine. En cet homme nous trouvons réunis, d'une façon étonnamment complète, tous les stigmates physiques et intellectuels de la dégénérescence, et à aucun écrivain, à ma connaissance, ne s'appliquent aussi exactement trait pour trait qu'à lui, à ses dehors somatiques, à l'histoire de sa vie, à sa pensée, à son monde d'idées et à son langage particulier, les descriptions que les cliniciens font des dégénérés. M. Jules Huret décrit ainsi son extérieur : « Sa tête de mauvais ange vieilli, à la barbe inculte et clairsemée, au nez brusque (?) ; ses sourcils touffus et hérissés comme les barbes d'épi couvrant un regard vert et profond ; son crâne énorme et oblong entièrement dénudé, tourmenté de bosses énigmatiques, élisent en cette physionomie l'apparente et bizarre contradiction d'un ascétisme têtu et d'appétits cyclopéens [1] ». Comme cela apparaît dans ces expressions ridiculement recherchées et en partie complètement absurdes, l'irrégularité du crâne de Verlaine, ce que M. Huret

---

1. Jules Huret, *op. cit.*, p. 65.

nomme les « bosses énigmatiques », a sauté aux yeux même de l'observateur absolument étranger à la science. Si l'on examine le portrait du poète par Eugène Carrière[1], dont une photographie précède le volume des poésies choisies de l'auteur, et particulièrement celui exposé en 1892 par M. Aman-Jean au Salon du Champ-de-Mars, on remarque au premier coup d'œil la forte asymétrie du crâne que Lombroso a signalée chez les dégénérés[2], et la physionomie mongoloïde caractérisée par les pommettes saillantes, les yeux bridés et la barbe rare, que le même savant regarde comme un stigmate de dégénérescence[3].

La vie de Verlaine est enveloppée de mystère, mais on sait pourtant par ses propres aveux qu'il a passé deux années en prison. Dans la pièce intitulée : *Écrit en 1875*[4], il raconte au long et non seulement sans honte, mais avec une nonchalance joyeuse, même vantarde, comme un véritable criminel de profession :

> J'ai naguère habité le meilleur des châteaux
> Dans le plus fin pays d'eau vive et de coteaux :
> Quatre tours s'élevaient sur le front d'autant d'ailes,
> Et j'ai longtemps, longtemps habité l'une d'elles...
> Une chambre bien close, une table, une chaise,
> Un lit strict où l'on pût dormir juste à son aise,...
> Tel fut mon lot durant les longs mois là passés...
> ... J'étais heureux avec ma vie,
> Reconnaissant de biens que nul, certes, n'envie.

Dans les stances qui ont pour titre : *Un Conte*, il dit ceci :

---

1. Paul Verlaine, *Choix de poésies*. Paris, 1891.
2. Lombroso, *L'Homme criminel*, p. 169, 181.
3. *Id. Ibid.*, p. 226.
4. Paul Verlaine, *op. cit.*, p. 272.

> ....... Ce grand pécheur eut des conduites
> Folles à ce point d'en devenir trop maladroites,
> Si bien que les tribunaux s'en mirent, — et les suites!
> Et le voyez-vous dans la plus étroite des boîtes?
>
> Cellules! prisons humanitaires! Il faut taire
> Votre horreur fadasse et ce progrès d'hypocrisie...

On a su depuis qu'il y a eu une forme d'érotisme au fond de la condamnation de Verlaine, ce qui n'a pas lieu de surprendre, car le caractère particulier de sa dégénérescence est un érotisme follement ardent. Il songe constamment à la luxure, et son esprit est incessamment empli d'images libidineuses. Je n'ai nullement envie de citer ici des endroits où s'exprime le dégoûtant état d'âme de ce malheureux esclave de ses sens maladivement excités; je me contenterai d'indiquer aux lecteurs désireux d'être renseignés les pièces intitulées *Les Coquillages*, *Fille* et *Auburn* [1].

L'érotisme n'est pas sa particularité unique. Il est aussi un dipsomane, et, comme il faut l'attendre d'un dégénéré, un dipsomane paroxystique qui, éveillé de son ivresse, est saisi d'un profond dégoût du poison alcoolique et de lui-même, et parle (dans la première pièce de *La bonne Chanson*) des « breuvages exécrés », mais, à la première occasion, succombe de nouveau à la tentation.

Cependant, il n'existe pas de folie morale chez Verlaine. Il pèche par un instinct irrésistible; c'est un « impulsif ». Ce qui distingue ces deux formes de dégénérescence, c'est que le fou moral ne tient pas ses crimes pour quelque chose de mauvais, qu'il les commet avec la même tranquil-

---

[1]. Paul Verlaine, *op. cit.*, p. 72, 315, 317.

lité d'âme que met un homme sain à accomplir des actions indifférentes ou vertueuses ; après leur perpétration, il est absolument satisfait de lui, tandis que l'impulsif conserve la pleine conscience de l'abjection de son acte, lutte désespérément contre son instinct, jusqu'à ce qu'il ne puisse plus résister, et éprouve, après l'acte, le plus terrible désespoir et un grand repentir. Un « impulsif » seul parle de lui-même sur un ton plein de reproches, comme du « seul Pervers » (P. 71), ou trouve les notes contrites des premiers sonnets de *Sagesse* :

> Hommes durs ! Vie atroce et laide d'ici-bas !
> Ah ! que du moins, loin des baisers et des combats,
> Quelque chose demeure un peu sur la montagne,
>
> Quelque chose du cœur enfantin et subtil,
> Bonté, respect ! car qu'est-ce qui nous accompagne,
> Et vraiment, quand la mort viendra, que reste-t-il ?...
>
> Ferme les yeux, pauvre âme, et rentre sur-le-champ :
> Une tentation des pires. Puis l'infâme...
> Si la vieille folie était encore en route ?
>
> Ces souvenirs, va-t-il falloir les retuer ?
> Un assaut furieux, le suprême, sans doute !
> O va prier contre l'orage, va prier !...
>
> C'est vers le Moyen-Age énorme et délicat
> Qu'il faudrait que mon cœur en panne naviguât,
> Loin de nos jours d'esprit charnel et de chair triste...
>
> Et là que j'eusse part.....
> . . . . . . . . . . . . . à la chose vitale,
> Et que je fusse un saint, actes bons, pensers droits,
>
> Haute théologie et solide morale,
> Guidé par la folie unique de la Croix
> Sur tes ailes de pierre, ô folle Cathédrale !

Comme le montrent ces exemples, la compagne ordinaire de l'érotisme maladif, la ferveur religieuse, n'est pas non plus absente des œuvres de Verlaine. Cette ferveur revêt du reste, dans maintes autres poésies, une expression beaucoup plus nette. Je veux seulement citer des strophes caractéristiques empruntées à deux autres pièces de *Sagesse*[1].

> O mon Dieu, vous m'avez blessé d'amour,
> Et la blessure est encore vibrante,
> O mon Dieu, vous m'avez blessé d'amour.
>
> O mon Dieu, votre crainte m'a frappé,
> Et la brûlure est encore là qui tonne,

(Qu'on observe ces expressions et ces répétitions constantes).

> O mon Dieu, votre crainte m'a frappé.
>
> O mon Dieu, j'ai connu que tout est vil,
> Et votre gloire en moi s'est installée,
> O mon Dieu, j'ai connu que tout est vil.
>
> Noyez mon âme aux flots de votre vin,
> Fondez ma vie au pain de votre table,
> Noyez mon âme aux flots de votre vin.
>
> Voici mon sang que je n'ai pas versé,
> Voici ma chair indignée de souffrance,
> Voici mon sang que je n'ai pas versé.

Suit l'énumération extatique de toutes les parties du corps qu'il offre à Dieu en sacrifice ; puis le poème se termine ainsi :

> Vous connaissez tout cela, tout cela,
> Et que je suis plus pauvre que personne,
> Vous connaissez tout cela, tout cela.
>
> Mais ce que j'ai, mon Dieu, je vous le donne.

A la Sainte Vierge, le poète s'adresse en ces termes :

> Je ne veux plus aimer que ma mère Marie.
> Tous les autres amours sont de commandement,

---

1. Paul Verlaine, *op. cit.*, p. 175, 178.

Nécessaires qu'ils sont, ma mère seulement
Pourra les allumer aux cœurs qui l'ont chérie.

C'est pour Elle qu'il faut chérir mes ennemis,
C'est pour Elle que j'ai voué ce sacrifice,
Et la douceur de cœur et le zèle au service.
Comme je la priais, Elle les a permis.

Et comme j'étais faible et bien méchant encore,
Aux mains lâches, les yeux éblouis des chemins,
Elle baissa mes yeux et me joignit les mains,
Et m'enseigna les mots par lesquels on adore.

Les cordes touchées ici sont bien connues de la clinique psychiatrique. Il faut rapprocher de ces épanchements la description que fait Legrain d'un de ses malades : « C'est toujours Dieu, la Vierge, sa cousine, qui reviennent dans ses discours ». (Il s'agit d'une manie héréditaire chez un conducteur d'omnibus). « Des idées mystiques viennent compléter la scène ; il parle de Dieu, du ciel, fait des signes de croix, des génuflexions, il dit qu'il suit la loi du Christ ». (L'objet de l'observation est un journalier). « Le diable veut me tenter, mais je vois Dieu qui me protège ; il faut que vous priiez pour moi, j'ai demandé à Dieu que tout le monde soit béni, etc.[1] ».

La perpétuelle alternance de dispositions opposées chez Verlaine, ce régulier passage subit du rut bestial à la dévotion extatique et du péché au repentir, ont frappé même des observateurs qui ne connaissent pas la signification de ce phénomène. « Il est », dit M. Anatole France, « tour à tour croyant et athée, orthodoxe et impie[2] ». Oui, Verlaine est tout cela, mais pourquoi?

1. Legrain, *Du délire chez les dégénérés*, p. 135, 140, 164.
2. Jules Huret, *op. cit.*, p. 8.

Simplement parce qu'il est un « circulaire ». Par ce terme assez peu heureux qu'a imaginé la psychiatrie française, on entend des aliénés chez lesquels les états d'excitation et de dépression se suivent régulièrement. A la période d'excitation correspondent les impulsions irrésistibles au crime et les discours blasphématoires, à la période d'affaissement les accès de contrition et de piété. Le « circulaire » appartient à la pire espèce des dégénérés. Il est « ivrogne, obscène, méchant et voleur [1] ». Il est de plus incapable de toute occupation régulière prolongée, puisqu'il est évident que, dans l'état de dépression, il ne peut accomplir aucun travail qui exige de la vigueur et de l'attention. Le « circulaire » est condamné par la nature de son mal, s'il n'appartient pas à une riche famille, à être vagabond ou voleur; il n'y a pas de place pour lui dans la société normale. Verlaine a été toute sa vie un vagabond. Il s'est traîné en France sur toutes les grandes routes, mais a aussi vagué en Belgique et en Angleterre. Depuis sa sortie de prison il réside le plus souvent à Paris, mais n'y a pas de domicile, et se fait soigner dans les hôpitaux sous prétexte de douleurs rhumatismales qu'il a d'ailleurs pu trop facilement gagner dans ses nuits passées à la belle étoile. L'administration ferme les yeux et lui accorde le vivre et le couvert par égard pour son talent poétique. Conformément à la tendance de l'esprit humain, qui cherche à exalter ce qui ne peut être changé, il se persuade que son vagabondage, qui lui est imposé par son vice organique, est un état glorieux et enviable ; il le vante

---

1. E. Marandon de Montyel, *De la Criminalité et de la Dégénérescence. Archives de l'Anthropologie criminelle*, mai 1892, p. 287.

comme quelque chose de beau, d'artistique et de sublime, et contemple les vagabonds avec des yeux pleins de tendresse. Parlant d'eux, il dit (*Grotesques*) :

> Leurs jambes pour toutes montures,
> Pour tous biens l'or de leurs regards,
> Par le chemin des aventures
> Ils vont haillonneux et hagards.
>
> Le sage, indigné, les harangue ;
> Le sot plaint ces fous hasardeux ;
> Les enfants leur tirent la langue
> Et les filles se moquent d'eux.

Chez tous les aliénés et les imbéciles on rencontre cette conviction, que les gens raisonnables qui les jaugent sont des « sots ».

> .... Dans leurs prunelles
> Rit et pleure — fastidieux —
> L'amour des choses éternelles,
> Des vieux morts et des anciens dieux !
>
> — Donc, allez, vagabonds sans trêves,
> Errez, funestes et maudits,
> Le long des gouffres et des grèves,
> Sous l'œil fermé des paradis !
>
> La nature à l'homme s'allie
> Pour châtier comme il le faut
> L'orgueilleuse mélancolie
> Qui vous fait marcher le front haut.

Dans une autre pièce (*Autre*), il crie à ses camarades de prédilection :

> Allons, frères, bons vieux voleurs,
>   Doux vagabonds,
>   Filous en fleur,
>   Mes chers, mes bons,

> Fumons philosophiquement,
> Promenons-nous
> Paisiblement :
> Rien faire est doux.

De même que le vagabond se sent attiré vers les vagabonds, l'aliéné se sent attiré vers les aliénés. Verlaine ressent une admiration sans bornes pour le roi Louis II de Bavière, ce malheureux dément dont la raison était complètement éteinte longtemps déjà avant sa mort, et chez lequel les plus hideux instincts d'immondes animaux de la plus basse espèce avaient seuls survécu à la destruction des fonctions humaines du cerveau. Il lui adresse cet hymne :

> Roi, le seul vrai Roi de ce siècle, salut, Sire,
> Qui voulûtes mourir vengeant votre raison
> Des choses de la politique, et du délire
> De cette Science intruse dans la maison,
>
> De cette Science assassin de l'Oraison
> Et du Chant et de l'Art et de toute la Lyre,
> Et simplement et plein d'orgueil en floraison
> Tuâtes en mourant, salut, Roi, bravo, Sire !
>
> Vous fûtes un poète, un soldat, le seul Roi
> De ce siècle........
> Et le martyr de la Raison selon la Foi...

Deux choses frappent dans le langage de Verlaine. Premièrement, le fréquent retour du même mot, de la même tournure, ce « rabâchage » dans lequel nous avons vu un symptôme de débilité intellectuelle. Presque dans chacune de ses poésies reviennent plusieurs fois, sans changement, les mêmes vers et les mêmes hémistiches, et au lieu d'une rime reparaît souvent tout simplement le même mot. Si je voulais citer tous les exemples de ce genre, il me faudrait transcrire à peu près toutes les poésies de l'auteur; je me bornerai donc à quelques spécimens.

Dans le *Crépuscule du soir mystique* reparaît deux fois, sans nécessité organique, ce vers : « Le souvenir avec le crépuscule », et celui-ci : « Dahlia, lys, tulipe et renoncule ». Dans *Promenade sentimentale*, l'adjectif « blême » poursuit le poète à la façon d'une obsession ou « onomatomanie », et il l'applique aux nénuphars et aux ondes (« des ondes blêmes! »). La *Nuit du Walpurgis classique* commence ainsi :

> Un rythmique sabbat, rythmique, extrêmement
> Rythmique.....

Dans *Sérénade*, les deux premières strophes reviennent mot à mot comme quatrième et huitième strophes. De même dans *Ariettes oubliées*, VIII :

> Dans l'interminable
> Ennui de la plaine,
> La neige incertaine
> Luit comme du sable.
>
> Le ciel est de cuivre,
> Sans lueur aucune.
> On croirait voir vivre
> Et mourir la lune.
>
> Comme des nuées
> Flottent gris les chênes
> Des forêts prochaines
> Parmi les buées.

Le ciel est de cuivre,
Sans lueur aucune.
On croirait voir vivre
Et mourir la lune.

Corneille poussive,
Et vous, les loups maigres,
Par ces bises aigres
Quoi donc vous arrive?

Dans l'interminable
Ennui de la plaine,
La neige incertaine
Luit comme du sable.

*Chevaux de bois* commence ainsi :

Tournez, tournez, bons chevaux de bois,
Tournez cent tours, tournez mille tours,
Tournez souvent et tournez toujours,
Tournez, tournez au son des hautbois.

Dans une pièce vraiment charmante de *Sagesse*, on trouve ceci :

Le ciel est, par-dessus le toit,
  Si bleu, si calme!
Un arbre, par-dessus le toit,
  Berce sa palme.

La cloche, dans le ciel qu'on voit,
  Doucement tinte.
Un oiseau, sur l'arbre qu'on voit,
  Chante sa plainte.

Dans « les fleurs des gens, les fleurs innombrables des champs », (*Amour*) « champs » et « gens » ont à peu près la même assonance. Ici le rabâchage imbécile de sons semblables inspire au poète un jeu de mots inepte. Et maintenant, cette strophe de *Pierrot gamin* :

> Ce n'est pas Pierrot en herbe
> Non plus que Pierrot en gerbe,
> C'est Pierrot, Pierrot, Pierrot.
> Pierrot gamin, Pierrot gosse,
> Le cerneau hors de la cosse,
> C'est Pierrot, Pierrot, Pierrot!

Ce sont là les paroles d'une nourrice à son nourrisson, où il ne s'agit pas de chercher un sens, mais simplement de gazouiller à l'enfant des sons qui lui font plaisir. La strophe finale d'une autre pièce, *Mains*, indique un arrêt complet de la pensée, un marmottage machinal hébété :

> Ah! si ce sont des mains de rêve,
> Tant mieux, ou tant pis, — ou tant mieux.

La seconde particularité du langage de Verlaine est l'autre symptôme de la débilité intellectuelle : la réunion de substantifs et d'adjectifs absolument incohérents, qui s'appellent réciproquement par une association d'idées vaguant sans égard au sens, ou par une similitude de son. Nous en avons déjà trouvé quelques exemples dans les citations précédentes. Il y a été question du « Moyen-Age énorme et délicat » et de « la brûlure.. qui tonne ». Verlaine parle aussi de pieds qui « glissaient d'un pur et large mouvement », d'une affectin « étroite et vaste », d'un « paysage lent », de « jus flasque », de « parfum doré », de « galbe succinct », etc. Les symbolistes admirent cette manifestation de l'imbécillité, en l'appelant « la recherche de l'épithète rare et précieuse ».

Verlaine a nettement conscience du vague de sa pensée, et dans une pièce très remarquable au point de vue psychologique, *Art poétique*, où il cherche à donner une théorie de son lyrisme, il élève la nébulosité à la hauteur d'un principe et d'une méthode :

> De la musique avant toute chose.
> Et pour cela préfère l'Impair
> Plus vague et plus soluble dans l'air,
> Sans rien en lui qui pèse ou qui pose.

(« Pèse » et « pose » sont uniquement juxtaposés à cause de leur similitude de sons).

> Il faut aussi que tu n'ailles point
> Choisir tes mots sans quelque méprise ;
> Rien de plus cher que la chanson grise
> Où l'Indécis au Précis se joint.
>
> C'est des beaux yeux derrière des voiles,
> C'est le grand jour tremblant de midi,
> C'est, par un ciel d'automne attiédi,
> Le bleu fouillis des claires étoiles !
>
> Car nous voulons la Nuance encor,
> Pas la Couleur, rien que la nuance !
> Oh ! la nuance seule fiance
> Le rêve au rêve et la flûte au cor !

Cette strophe est du pur délire ; elle oppose en un contraste la « nuance » à la « couleur », comme si celle-ci n'était pas contenue dans celle-là. L'idée qui probablement flottait dans le pauvre cerveau de Verlaine, mais qu'il n'a pu mener complètement à terme, c'est qu'aux couleurs bien nettes il préfère les couleurs assourdies et mixtes, qui sont sur la limite de différentes couleurs.

> Fuis du plus loin la Pointe assassine,
> L'esprit cruel et le Rire impur,
> Qui font pleurer les yeux de l'Azur,
> Et tout cet ail de basse cuisine !

Je ne songe pas à nier que, aux mains de Verlaine, cette méthode poétique ne donne parfois des résultats de la plus grande beauté. Il y a dans la littérature française peu de poésies comparables à la *Chanson d'automne*, dont le charme mélancolique s'exprime en vers richement rimés et emplis de musique :

> Les sanglots longs
> Des violons
>   De l'automne
> Blessent mon cœur
> D'une langueur
>   Monotone.
>
> Tout suffocant
> Et blême, quand
>   Sonne l'heure,
> Je me souviens
> Des jours anciens,
>   Et je pleure.
>
> Et je m'en vais
> Au vent mauvais
>   Qui m'emporte
> Deçà, delà,
> Pareil à la
>   Feuille morte.

D'autres pièces, *Avant que tu ne t'en ailles....* (P. 99), et *Il pleure dans mon cœur* (P. 116), doivent être regardées comme des perles de la poésie lyrique française.

C'est que les ressources d'un rêveur fortement émotif et inapte à penser suffisent à la poésie n'exprimant que des dispositions générales de l'âme ; mais là est la limite qui lui est impitoyablement assignée. Rappelons-nous toujours ce qu'est la « disposition d'âme ». Ce mot indique un état dans lequel la conscience, par suite d'excitations organiques qu'elle ne peut percevoir directement, est remplie de représentations uniformes qui sont plus ou moins clairement élaborées et se rapportent toutes sans exception à ces excitations organiques inaccessibles à la conscience. Le simple alignement de mots qui désignent ces représentations associées ayant leurs racines dans l'inconscient, exprime la disposition d'âme et peut éveiller celle-ci chez un autre. Il n'est pas besoin d'une idée fondamentale, d'un exposé progressif qui développe cet état d'âme. Des poésies de cette nature réussissent parfois étonnamment à Verlaine. Mais là où une conception déterminée, un sentiment dont le motif est clair pour la conscience, un fait nettement circonscrit dans le temps et dans l'espace, doivent être transmis poétiquement, la poétique du débile émotif devient entièrement impuissante. Chez le poète à l'esprit sain et vigoureux, une disposition générale elle-même se rattache à des images nettes, et n'est pas un simple ondoiement de brumes roses diaphanes. Le dégénéré émotif ne créera jamais des poésies comme *Toutes les cimes sont calmes*, *Le Pêcheur*, *Plein de joie et de tristesse*, de Gœthe ; mais, d'autre part, les plus merveilleuses poésies de Gœthe, reflétant des dispositions générales, ne sont pas aussi complètement immatérielles, aussi soupirées, que trois ou quatre des meilleures poésies d'un Verlaine.

Nous avons maintenant devant nous la figure bien nette du chef le plus fameux des symbolistes. Nous voyons un effrayant dégénéré au crâne asymétrique et au visage mongoloïde, un vagabond impulsif et un dipsomane qui a subi la prison pour un égarement érotique, un rêveur émotif, débile d'esprit, qui lutte douloureusement contre ses mauvais instincts et trouve dans sa détresse parfois des accents de plaintes touchants, un mystique dont la conscience fumeuse est parcourue de représentations de Dieu et des saints, et un radoteur dont le langage incohérent, les expressions sans signification et les images bigarrées révèlent l'absence de toute idée nette dans l'esprit. Il y a dans les asiles d'aliénés beaucoup de malades dont le délabrement intellectuel n'est pas aussi profond et incurable que celui de ce « circulaire » irresponsable, que, pour son malheur, on laisse aller librement, et que seuls ont pu condamner, pour ses fautes épileptiques, des juges ignorants.

Un second chef des symbolistes, dont nul ne met en question l'autorité, est M. Stéphane Mallarmé. Il est le plus curieux phénomène de la vie intellectuelle de la France contemporaine. Quoiqu'il ait maintenant largement dépassé la cinquantaine, il n'a presque rien produit; le peu que l'on connaît de lui est, en outre, au sentiment de ses admirateurs les plus déterminés, chose indifférente; et néanmoins il passe pour un très grand poète, et sa complète stérilité, l'absence absolue de toute œuvre qu'il pourrait montrer et qui témoignerait de ses facultés poétiques, sont précisément prônées comme son plus grand mérite et comme la preuve la plus frappante de son importance intellectuelle. Le lecteur sain d'esprit trouvera cela si fabuleux, qu'il exigera à bon droit la preuve de ce que j'avance. Or, M. Charles Morice dit de Mallarmé : « De l'œuvre d'un poète, comme il l'a dit lui-même, exclu de toute participation aux déploiements de beauté officiels, je n'ai pas à divulguer les secrets. Le fait même que cette œuvre soit encore inconnue... semblerait interdire d'adjoindre le nom de M. Mallarmé aux noms de ceux qui nous ont donné des livres. Je laisse bruire, sans y répondre, la critique vulgaire, et j'observe que, sans nous avoir donné « des livres », M. Mallarmé est célèbre. Célébrité, naturellement, qui ne s'est pas faite sans exciter dans les petits et grands journaux des rires, ceux de la sottise; sans offrir à la sottise publique et privée, officielle et majestueuse ou officieuse et besogneuse, l'occasion tôt saisie d'étaler ses turpitudes qu'irrite l'approche d'une merveille nouvelle... Les gens, malgré l'horreur qu'ils ont pour la beauté et surtout pour la nouveauté dans la beauté, ont compris malgré eux, peu à peu, le prestige d'une autorité légitime. Ils ont eu, eux-mêmes et même eux! honte de leurs ineptes rires, et devant cet homme que ces rires n'arrachaient pas à la sérénité de son silence méditatif, les rires se sont tus, à leur tour subissant la divine contagion du silence. Même pour les gens, cet homme qui n'imprimait pas de livres d'art personnel et que tous pourtant désignaient : « un poète », devint comme la symbolique figure du poète, en effet, qui cherche le plus possible à s'approcher de l'Absolu... Par son silence il a signifié que... il ne pouvait réaliser l'œuvre d'art encore inouïe qu'il veut accomplir. Cette abstention ainsi motivée, et dût la vie méchante refuser de seconder l'effort, notre respect, et mieux que le respect, notre vénération seule peut lui répondre dignement [1] ».

1. Charles Morice, *La Littérature de tout à l'heure*, p. 238-240.

Le graphomane Charles Morice, du style détraqué et biscornu duquel cette citation donne une juste idée, admet que Mallarmé créera peut-être pourtant encore son « œuvre d'art inouïe ». Mais M. Mallarmé lui-même conteste toute raison d'être à un espoir de ce genre. « Le délicieux Mallarmé », raconte M. Paul Hervieu, « me disait un jour... qu'il ne comprenait pas que l'on se publiât. Un tel acte lui faisait l'effet d'une indécence, d'une perversion, comme ce vice qu'on nomme : l'exhibitionnisme. Et, au reste, nul n'aura été plus discret de son âme que cet incomparable penseur [1] ».

Ainsi, cet « incomparable penseur... est complètement discret de son âme ». Un jour, il justifie son silence par une sorte de crainte pudique de la publicité; une autre fois, parce qu'il « ne peut encore réaliser l'œuvre qu'il veut accomplir », deux arguments d'ailleurs qui se contredisent réciproquement. Il s'approche du soir de sa vie et n'a encore publié, en dehors de quelques plaquettes, telles que *Les Dieux de la Grèce* et *L'Après-Midi d'un Faune*, et quelques vers et comptes rendus de livres et de pièces dispersés dans des revues, — en tout à peine un maigre volume, — que quelques traductions de l'anglais et quelques livres scolaires (M. Mallarmé est professeur d'anglais dans un lycée de Paris), et on l'admire comme un grand poète, comme *le* Poète, le seul, l'exclusif, et on accable de toutes les expressions de mépris qui s'offrent à l'imagination d'un aliéné en colère, les « sots », les

---

1. Jules Huret, *op. cit.*, p. 33. — Depuis que ces lignes ont été écrites, M. Mallarmé s'est décidé à publier en un volume son œuvre poétique. Loin d'infirmer ce qui est dit ci-dessus, cette publication en est la meilleure justification.

« nigauds » qui rient de lui. N'est-ce pas là un des prodiges de nos jours? Lessing fait dire par Conti, dans *Emilia Galotti*, que « si Raphaël était par malheur né sans mains, il aurait été le plus grand génie en peinture ». Nous avons dans M. Mallarmé un homme que l'on vénère comme un grand poète, quoiqu'il soit « né malheureusement sans mains », quoiqu'il ne crée pas, quoiqu'il n'exerce pas son soi-disant art. A Londres, à une époque d'agiotage financier exubérant, quand tout le monde se disputait avec fureur la possession du moindre chiffon de papier de Bourse, il advint que quelques compères habiles invitèrent, par la voie des journaux, à souscrire aux actions d'une société dont le but devait rester secret. Il se trouva effectivement des gens pour confier leur argent à ces joyeux aigrefins, et les chroniqueurs des crises de la Cité trouvent cela incompréhensible. L'incompréhensible se renouvelle à Paris. Quelques individus exigent une admiration sans bornes pour un poète dont les œuvres restent son secret et le resteront sans doute, et d'autres lui apportent fidèlement et humblement l'admiration exigée. Les sorciers des nègres du Sénégal offrent à la vénération de ceux-ci des paniers ou des calebasses dans lesquels ils leur assurent qu'un puissant fétiche est enfermé. En réalité, ils ne contiennent rien; mais les nègres contemplent les récipients vides avec une crainte religieuse et leur rendent, à eux et à leurs possesseurs, des honneurs divins. D'une façon absolument semblable, le vide Mallarmé est le fétiche des symbolistes, qui sont d'ailleurs fort au-dessous des nègres du Sénégal au point de vue intellectuel.

C'est par ses entretiens oraux qu'il est parvenu à cette

situation de calebasse adorée à genoux. Il réunit chez lui une fois par semaine des poètes et des écrivains en germe, et développe devant eux des théories d'art. Il parle comme MM. Morice et Kahn écrivent. Il aligne des mots obscurs et merveilleux qui rendent ses élèves aussi confus que « s'ils avaient dans la tête une roue de moulin » (voir *Faust*), de sorte qu'ils le quittent comme ivres et avec l'impression d'avoir reçu des révélations incompréhensibles, mais surhumaines. S'il y a quelque chose de compréhensible dans le flot de paroles incohérentes de Mallarmé, ce serait peut-être son admiration pour les préraphaélites. C'est lui qui a rendu les symbolistes attentifs à cette école et les a poussés à son imitation. Les mystiques français ont reçu, par Mallarmé, le « médiévalisme » et le néo-catholicisme de leurs modèles anglais. Ajoutons encore, pour être complet, qu'on remarque chez Mallarmé « des oreilles longues et pointues de satyre [1] ». R. Hartmann [2], Frigerio [3] et Lombroso [4] ont, après Darwin, qui le premier appuya sur le caractère simiesque de cette particularité, déterminé la signification atavique et dégénérative de pavillons de l'oreille démesurément longs et pointus, et démontré qu'on les rencontre surtout fréquemment chez les criminels et les aliénés.

Le troisième parmi les esprits dirigeants des symbolistes est M. Jean Moréas, un Grec faisant des vers français, qui, à trente-six ans accomplis (ses amis prétendent, mais

---

1. Jules Huret, *op. cit.*, p. 55.
2. R. Hartmann, *Le Gorille* (en allemand), Leipzig, 1881, p. 34.
3. D' L. Frigerio, *L'Oreille externe. Étude d'anthropologie criminelle*. Lyon, 1888, p. 32 et 40.
4. Lombroso, *L'Homme criminel*, p. 239.

probablement par méchanceté de camarades, qu'il se rajeunit considérablement), a produit en tout trois très minces recueils de vers, de cent à cent vingt pages au plus chacun, qui portent ces titres : *Les Syrtes, Les Cantilènes* et le *Pèlerin passionné*. Évidemment, l'étendue du volume ne fait rien à l'affaire, si celui-ci est exceptionnellement remarquable. Mais quand un homme caquette des années entières, dans d'interminables séances de café, sur le renouvellement de la poésie et la révélation d'un art de l'avenir, et que finalement il présente, comme résultat de ses efforts destinés à émouvoir le monde, trois plaquettes de vers enfantins, l'insignifiance matérielle de la production devient aussi, en ce cas, un trait de ridicule.

Moréas est un de ceux qui ont trouvé le mot « symbolisme ». Pendant quelques années il a été le grand-prêtre de cette doctrine secrète, et il a desservi son culte avec le sérieux requis. Puis, un beau jour, il abjura soudainement la religion fondée par lui-même, déclara que le « symbolisme » n'avait jamais été qu'une plaisanterie destinée à mener les nigauds par le nez, et que le véritable salut de la poésie se trouvait dans le « romanisme ». Sous ce mot il prétend entendre le retour au langage, à la forme de vers et à la manière de sentir des poètes français à l'issue du moyen âge et à l'époque de la Renaissance ; mais on fera bien de suivre avec prudence ses explications, car il se peut que dans deux ou trois ans il dévoile aussi son « romanisme » comme une farce de brasserie, ainsi qu'il l'a fait avec le « symbolisme ».

L'apparition du *Pèlerin passionné*, en 1891, fut célébrée par les symbolistes comme un événement à dater duquel commençait une ère nouvelle pour la poésie. Ils organisèrent en l'honneur de Moréas un banquet où, au dessert, on l'adora comme le libérateur qui brisait les vieilles formes et les vieilles idées, comme le Sauveur qui amenait le royaume de Dieu de la vraie poésie. Et les mêmes littérateurs qui s'étaient assis à table avec lui, qui lui avaient adressé des allocutions exaltées ou avaient applaudi à celles-ci, le couvrirent, peu de semaines après, de railleries et de mépris. « Et Jean Moréas? Symboliste? » s'écrie Charles Vignier. « L'est-il par ses idées? Mais écoutez-le rire! Ses idées! Elles ne pèsent pas lourd, les idées de Jean Moréas ». — « Moréas! » demande Adrien Remacle; « nous en avons ri, tous, toujours; c'est ce qui l'a monté à la gloire! ». René Ghil nomme son *Pèlerin passionné* « des vers de mirliton écrits par un grammairien », et Gustave Kahn prononce ce jugement : « Moréas n'a pas de talent.... Il n'a jamais rien fait de bon; il a son jargon à lui [1] ». Ces jugements laissent reconnaître tout ce qu'il y a de creux et de mensonger, au fond, dans le mouvement symbolique que, hors de la France, des imbéciles et des spéculateurs en sensation s'entêtent à présenter comme un mouvement sérieux, tandis que ses inventeurs français s'égosillent jusqu'à extinction de voix à persuader au monde qu'ils ont tout simplement voulu mystifier les philistins et se faire en même temps à eux-mêmes de la réclame.

Après ces jugements de ses frères du Parnasse symbo-

---

1. Jules Huret, *op. cit.*, p. 102, 106, 401.

lique, je pourrais en rester là avec Moréas. Je veux cependant donner quelques échantillons de son *Pèlerin passionné*, afin que le lecteur puisse se faire une idée du degré de ramollissement du cerveau qui se révèle dans ces vers.

Voici le début de la première pièce du recueil, *Agnès* [1] :

Il y avait des arcs où passaient des escortes
Avec des bannières de deuil et du fer
Lacé (?), des potentats de toutes sortes
— Il y avait — dans la cité au bord de la mer.
Les places étaient noires, et bien pavées, et les portes,
Du côté de l'est et de l'ouest, hautes ; et comme en hiver
La forêt, dépérissaient les salles de palais, et les porches,
Et les colonnades de belvéder.

    C'était (tu dois bien t'en souvenir) c'était aux plus
        beaux jours de ton adolescence.

Dans la cité au bord de la mer, la cape et la dague lourdes
De pierres jaunes, et sur ton chapeau des plumes de perroquets,
Tu t'en venais, devisant telles bourdes,
Tu t'en venais entre tes deux laquais
Si bouffis et tant sots — en vérité, des happelourdes ! —
Dans la cité au bord de la mer tu t'en venais et tu vaguais
Parmi de grands vieillards qui travaillaient aux felouques,
Le long des môles et des quais.

    C'était (tu dois bien t'en souvenir) c'était aux plus
        beaux jours de ton adolescence.

Et ce radotage continue encore ainsi pendant huit strophes, et nous trouvons à chaque ligne les signes caractéristiques du langage des débiles, tels que les relève Sollier dans sa *Psychologie de l'Idiot et de l'Imbécile* : le rabâchage des mêmes expressions, l'incohérence de

---

1. *Le Pèlerin passionné*. Paris, 1891, p. 3.

rêve du discours, et l'intercalation de mots qui n'ont aucun rapport avec le sujet.

Citons encore deux courtes chansons [1] :

> Les courlis dans les roseaux
> (Faut-il que je vous en parle,
> Des courlis dans les roseaux?)
> O vous joli' Fée des eaux.
>
> Le porcher et les pourceaux !
> (Faut-il que je vous en parle,
> Du porcher et des pourceaux?)
> O vous joli' Fée des eaux.
>
> Mon cœur pris en vos réseaux !
> (Faut-il que je vous en parle,
> De mon cœur en vos réseaux?)
> O vous joli' Fée des eaux.

On a marché sur les fleurs au bord de la route,
Et le vent d'automne les secoue si fort, en outre.

La malle-poste a renversé la vieille croix au bord de la [route;
Elle était vraiment si pourrie, en outre.

L'idiot (tu sais) est mort au bord de la route,
Et personne ne le pleurera, en outre.

Le truc rusé à l'aide duquel Moréas veut engendrer ici, par l'évocation des trois tableaux associés de fleurs foulées aux pieds et houspillées par le vent, d'une croix renversée et vermoulue et d'un idiot dont personne ne déplore la mort, une disposition d'âme désolée, fait de cette pièce un modèle de poésie à intentions profondes, à l'usage des Petites-Maisons.

Là où l'auteur du *Pèlerin passionné* n'est pas ramolli,

---

1. *Le Pèlerin passionné*, p. 21 et 23.

il étale une enflure oratoire qui rappelle les plus inférieures productions de notre Hofmann de Hofmannswaldau. Un seul exemple de ce genre [1], et nous en aurons fini avec Jean Moréas.

> J'ai tellement soif, ô mon amour, de ta bouche,
> Que j'y boirais en baisers le cours détourné
> Du Strymon, l'Araxe et le Tanaïs farouche ;
> Et les cent méandres qui arrosent Pitané,
> Et l'Hermus qui prend sa source où le soleil se couche,
> Et toutes les claires fontaines dont abonde Gaza
> Sans que ma soif s'en apaisât.

Derrière les chefs Verlaine, Mallarmé et Moréas, se presse la tourbe des petits symbolistes, dont chacun, il est vrai, se tient pour le seul grand poète de la bande, mais auxquels leur manie des grandeurs n'a pas encore donné de droits suffisants à ce qu'on s'occupe spécialement d'eux. On leur rendra toute la justice qui leur est due, en caractérisant leur nature d'esprit par la citation de quelques-uns de leurs vers. Jules Laforgue, qui « est comme l'unique, non point dans cette génération, mais dans la littérature », s'écrie :

> Ah ! que la vie est quotidienne !

et dans son poème *Pan et la Syrinx*, nous rencontrons des « vers » comme les suivants :

> O Syrinx ! Voyez et comprenez la Terre et la merveille de cette
> [matinée et la circulation de la vie.
> Oh, vous là ! et moi, ici ! Oh, vous ! Oh, moi ! Tout est dans Tout !

Gustave Kahn, un des théoriciens et philosophes du symbolisme, chante ainsi dans sa *Nuit sur la Lande* :

1. *Le Pèlerin passionné*, p. 48.

De tes beaux yeux la paix descend comme un grand soir
et des pans de tentes lentes descendent gemmées de
tissés de rais lointains et de lunes inconnues. [pierreries

« Des pans de tentes lentes » qui « descendent » sont un charabia fou et entièrement incompréhensible, mais dont on peut expliquer l'origine. Les mots qui composent la phrase forment une écholalie pure ; c'est un alignement de sons similaires qui s'appellent l'un l'autre comme des échos. (La psychiatrie nomme cette manière de parler de la « verbigération ».)

Charles Vignier, l' « élève favori de Verlaine », dit à sa maîtresse :

> Là-bas c'est trop loin,
> Pauvre libellule,
> Reste dans ton coin
> Et prends des pilules....
>
> Sois Edmond About
> Et d'humeur coulante,
> Sois un marabout
> Du Jardin des Plantes.

Et voici un autre de ses poèmes :

> Dans une coupe de Thulé
> Où vient pâlir l'attrait de l'heure,
> Dort le sénile et dolent leurre
> De l'ultime rêve adulé.
>
> Mais des cheveux d'argent filé
> Font un voile à celle qui pleure,
> Dans une coupe de Thulé
> Où s'est éteint l'attrait de l'heure.
>
> Et l'on ne sait quel jubilé
> Célèbre une harpe mineure,
> Que le hautain fantôme effleure
> D'un lucide doigt fuselé!...
> Dans une coupe de Thulé.

Ces vers rappellent si complètement le genre où s'essayent parfois, en Allemagne, des étudiants joyeux, et que nous connaissons sous le nom de « non-sens fleuri », qu'en dépit des affirmations solennelles de critiques français, je suis convaincu que leur auteur a voulu rire. Si cette supposition est juste, alors les vers cités, naturellement, ne caractériseraient pas l'état mental de M. Vignier, mais celui de ses lecteurs, admirateurs et critiques.

Louis Dumur interpelle ainsi la Néva :

> Puissante, magnifique, illustre, grave, noble reine !
> O Tsaristsa (sic!) de glace et de fastes ! Souveraine !
> Matrone hiératique et solennelle et vénérée !...
> Toi qui me forces à rêver, toi qui me déconcertes,
> Et toi surtout que j'aime, Émail, Beauté, Poème, Femme.
> Néva ! j'évoque ton spectacle et l'hymne de ton âme !

Et René Ghil, un des symbolistes le plus souvent nommés (il est le chef d'une école dite « évolutive-instrumentiste », qui professe à la fois une philosophie et une théorie d'art), tire de sa lyre les sons que voici :

> Ouïs ! ouïs aux nues haut et nues où
> Tirent-ils d'aile immense qui vire...
>     et quand vide
> et vers les grands pétales dans l'air plus aride —
> (Et en le lourd venir grandi lent stridule, et
> Titille qui n'alentisse d'air qui dure, et !
> Grandie, erratile et multiple d'éveils, stride
> Mixte, plainte et splendeur ! la plénitude aride)
> et vers les grands pétales d'agitations
> Lors évanouissait un vol ardent qui stride....
> (des saltigrades doux n'iront plus vers les mers....)

Il faut reconnaître une chose : tous les symbolistes déploient un talent étonnant dans l'invention de leurs titres.

Le livre lui-même peut n'être que de la littérature d'asiles d'aliénés, le titre est toujours remarquable. Nous avons vu que Moréas a donné le nom de *Syrtes* à un de ses recueils de vers. Il aurait pu aussi bien l'intituler « le Pôle Nord », « la Marmotte » ou « Abd-el-Kader », car ces mots ont tout autant de rapport que celui de *Syrtes* avec le contenu de la plaquette ; mais on ne peut nier que, sur ce nom géographique, se posent un éblouissement de soleil africain et un reflet plus pâle d'antiquité classique faits pour plaire à l'œil du lecteur hystérique. Édouard Dubus intitule ses poésies : *Quand les violons sont partis* ; Louis Dumur, *Lassitudes* ; Gustave Kahn, *Les Palais nomades* ; Maurice du Plessis, *La Peau de Marsyas* ; Ernest Raynaud, *Chairs profanes* et *Le Signe* ; Henri de Régnier, *Sites* et *Épisodes* ; Arthur Rimbaud, *Les Illuminations* ; Albert Saint-Paul, *L'Echarpe d'Iris* ; Viélé-Griffin, *Ancæus*, et Charles Vignier, *Centon*.

Quant à la prose des symbolistes, j'en ai déjà donné quelques échantillons. Je voudrais seulement citer encore quelques passages d'un livre que les symbolistes prônent comme une de leurs plus fortes manifestations intellectuelles : *La Littérature de tout à l'heure*, de Charles Morice. C'est une sorte de revue du développement littéraire tout entier jusqu'à nos jours, une critique rapide des livres et des auteurs les plus récents, et une espèce de programme de la littérature de l'avenir. Ce livre est un des plus étonnants qui existent en aucune langue. Il a beaucoup de ressemblance avec *Rembrandt éducateur*, ce livre allemand dont nous avons parlé ; mais il dépasse encore celui-ci par le complet non-sens de ses juxtapositions de mots.

C'est un monument de pure « graphomanie », et ni Octave Delepierre dans sa *Littérature des Fous*, ni Philomneste (Gustave Brunet) dans ses *Fous littéraires*, ne citent d'exemples d'une plus complète confusion mentale qu'on ne la rencontre à chaque page de ce volume. Nous livrons à l'appréciation du lecteur la profession de foi suivante de M. Charles Morice : « Quoique en ce livre de seule esthétique, — pourtant d'esthétique fondée sur la métaphysique, — on entende autant que possible s'abstenir de purement philosopher, il faut bien donner une approximative définition d'un mot qu'on emploiera plus d'une fois et qui, dans le sens principal où il est pris ici, n'est pas indéfinissable. — Dieu est la cause première et universelle, la fin finale et universelle, le lien des esprits, le point d'intersection où deux parallèles se rencontreraient, l'achèvement de nos velléités, la perfection correspondante aux splendeurs de nos rêves, l'abstraction même du concret, l'Idéal invu et inouï et pourtant certain de nos postulations vers la Beauté dans la Vérité. Dieu, c'est par excellence LE « mot propre », — le mot propre, c'est-à-dire ce verbe inconnu et certain dont tout écrivain a la notion incontestable mais indiscernable, ce but évident et caché qu'il n'atteindra jamais et qu'il approche le plus possible. En esthétique, pour ainsi dire, pratique, c'est l'atmosphère de joie où s'ébat l'esprit vainqueur d'avoir réduit l'irréductible Mystère aux Symboles qui ne périront pas [1] ». Que des théologiens trouvent tout à fait compréhensible

---

1. Charles Morice, *op. cit.*, p. 30, note.

ce galimatias sans pareil, c'est ce dont je ne doute pas un instant. Ils découvrent, comme tous les mystiques, un sens dans chaque son, c'est-à-dire qu'ils se persuadent et persuadent aux autres que les aperceptions nébuleuses que le son éveille dans leur cerveau par l'association d'idées, sont le sens de ce son. Mais ceux qui demandent aux mots de servir de véhicules à des idées déterminées, reconnaîtront, en présence de ce radotage, que l'auteur ne pensait à rien, bien qu'il rêvât de beaucoup de choses, quand il écrivait cela. « La religion est », pour M. Charles Morice, « la source de l'art, (et) par essence l'art est religieux » (P. 56), affirmation qu'il a empruntée à Ruskin, mais sans le citer. « Nos savants, nos penseurs,... les têtes de lumière du xixe siècle » sont « Edgar Poe, Carlyle, Herbert Spencer, Darwin, Auguste Comte, Claude Bernard, Berthelot » (P. 57). Edgar Poe à côté d'Herbert Spencer, de Darwin et de Claude Bernard : jamais encore les idées n'ont dansé, dans un cerveau détraqué, un plus fou quadrille !

Et ce livre, que caractérisent suffisamment les endroits cités, des critiques en France, absolument comme *Rembrandt éducateur* en Allemagne, l'ont déclaré « étrange, mais intéressant et suggestif ». Un pauvre diable de dégénéré qui s'oublie en un pareil griffonnage, et un lecteur imbécile qui suit son radotage comme des nuages qui passent, sont simplement à plaindre. Mais quel mot de mépris serait assez fort à l'égard des drôles sains d'esprit qui, pour ne se brouiller avec personne, ou pour se donner l'apparence d'une compréhension particulière, ou pour feindre l'équité et la bienveillance même envers celui dont ils ne partagent pas toutes les vues, assurent découvrir dans des livres de cette espèce « mainte vérité, beaucoup d'esprit à côté d'étrangetés capricieuses, une chaleur idéale et de fréquents éclairs d'idées? »

Les inventeurs du symbolisme, ainsi que nous l'avons vu, ne se représentent rien sous ce mot. Comme ils ne poursuivent pas consciemment une tendance artistique déterminée, il n'est pas non plus possible de leur démontrer que cette tendance est fausse. Le cas est différent pour quelques-uns de leurs disciples, qui se sont attachés à eux en partie par désir de la réclame; en partie parce qu'ils croyaient, dans la lutte des camps littéraires, se ranger du côté des plus forts et des plus assurés de la victoire; en partie simplement aussi par niaiserie imitative des modes nouvelles et par suite de l'action qu'exerce sur les esprits sans critique toute nouveauté bruyante. Moins débiles que les chefs, ils ont senti le besoin de donner au mot « symbolisme » un certain sens, et ils ont posé en fait quelques thèses qui les guident, affirment-ils, dans leurs travaux. Ces thèses sont assez claires pour qu'on puisse s'engager dans leur discussion.

Les symbolistes réclament une plus grande liberté dans le traitement du vers français. Ils s'insurgent impétueusement contre l'antique alexandrin avec césure au milieu et terminaison nécessaire de la phrase à la fin, contre l'interdiction de l'hiatus, la loi de l'alternement régulier des rimes masculines et féminines. Ils emploient avec défi le « vers libre » de longueur et de rythmes arbitraires et la rime qui n'est pas pure. L'étranger ne peut que sourire des gestes farouches des combattants. C'est une guerre d'écoliers contre un livre détesté qui est solennellement mis en pièces, foulé aux pieds et brûlé. Toute cette querelle au sujet de la prosodie et de la rime est pour ainsi dire une affaire exclusivement française qui n'a aucune importance au point de vue de la littérature universelle. Nous autres Allemands possédons depuis bien longtemps déjà tout ce que les poètes français se mettent en devoir d'obtenir à l'aide des barricades et du carnage dans les rues. Nous avons dans le *Prométhée*, le *Chant de Mahomet*, le *Voyage au Harz en hiver*, de Gœthe, dans le *Cycle de la mer du Nord*, de Henri Heine, etc., des modèles achevés de vers libres ; nous entrelaçons les rimes comme nous voulons, nous faisons suivre les rimes masculines et féminines comme bon nous semble, nous ne nous enchaînons pas à la loi sévère des antiques mesures classiques, mais laissons alterner dans la marche balancée de notre vers, selon notre sentiment de l'harmonie, l'anapeste avec l'iambe ou le spondée. Les poésies anglaise, italienne, slave, ont réalisé les mêmes progrès, et si les poètes français sont seuls restés en arrière et ressentent enfin le besoin de jeter leur vieille perruque emmêlée et mangée des vers, cela est tout à fait raisonnable ; mais ils se rendent tout bonnement ridicules aux yeux de tous ceux qui ne sont pas Français, quand ils crient par-dessus les toits que leur laborieuse course à cloche-pied derrière les autres poésies, de beaucoup en avant de la leur, est une ouverture de voies inouïe, une poussée enthousiastement idéale dans l'aurore de l'avenir.

Une autre exigence esthétique des symbolistes, c'est que le vers provoque par sa seule sonorité, indépendamment de tout sens, une émotion cherchée. Le mot ne doit pas agir par l'idée qu'il renferme, mais en qualité de son; le langage doit devenir de la musique. C'est une chose caractéristique, que beaucoup de symbolistes ont donné à leurs livres des titres faits pour éveiller des idées musicales. Nous trouvons *Les Gammes*, de Stuart Merrill; *Les Cantilènes*, de Jean Moréas; *Cloches dans la nuit*, d'Adolphe Retté; *Romances sans paroles*, de Paul Verlaine, etc. Mais cette idée d'employer le langage à l'obtention d'effets purement musicaux est du délire mystique. Nous avons vu que les préraphaélites réclament des beaux-arts qu'ils ne représentent pas le concret plastiquement ou optiquement, mais expriment l'abstrait, c'est-à-dire jouent simplement le rôle de l'écriture alphabétique. Pareillement, les symbolistes déplacent toutes les limites naturelles des arts et assignent au mot une tâche qui n'appartient qu'à la note musicale. Mais tandis que ceux-là prétendent élever les beaux-arts à un rang plus haut qu'il ne leur convient, ceux-ci dégradent considérablement le mot. A ses débuts, le son est musical. Il n'exprime pas une aperception déterminée, mais une émotion générale de l'animal. Le grillon joue du violon, le rossignol fait des trilles, quand l'un et l'autre sont excités sexuellement; l'ours gronde, quand il entre en fureur combative; le lion rugit de plaisir en dépeçant une proie vivante, etc. Selon la mesure où le cerveau se développe dans la série animale et où la vie intellectuelle devient plus riche, se perfectionnent et se différencient aussi les moyens d'expression vocaux; et ils deviennent capables de rendre perceptibles non seulement des émotions générales et simples, mais des groupes d'aperceptions plus étroitement et plus nettement délimitées, et même, si les observations du professeur Garner sur le langage des singes sont exactes, des aperceptions isolées passablement exclusives. Enfin, le son, comme moyen d'expression des faits psychiques, atteint sa plus haute perfection dans le langage cultivé, grammaticalement articulé, puisqu'alors il peut suivre exactement le travail d'idées du cerveau et le rendre objectivement perceptible dans tous ses détails les plus délicats. Ramener le mot lourd d'idées au son émotionnel, c'est vouloir renoncer à tous les résultats de l'évolution organique et rabaisser l'homme, heureux de posséder le langage, au rang de grillon qui grésillonne ou de grenouille qui coasse ; aussi bien, les efforts des symbolistes conduisent à un radotage dépourvu de sens, mais nullement à la musique de mots cherchée, car celle-ci n'existe tout simplement pas. Nul mot humain de n'importe quelle langue n'est musical en soi. Certaines langues ont plus de consonnes, dans d'autres dominent les voyelles. Celles-là exigent, lorsque l'on parle, une plus grande gymnastique de tous les muscles en jeu ; leur prononciation passe en conséquence pour plus difficile, et elles paraissent moins agréables à l'oreille de l'étranger que les langues riches en voyelles. Mais cela n'a rien à faire avec le côté musical. Où est l'effet sonore du mot, quand il est murmuré sourdement ou n'est visible que sous forme d'image écrite ? Et cependant il peut, dans les deux cas, éveiller absolument les mêmes émotions que si, plein de sonorité, il arrivait à la conscience par l'ouïe. Qu'on essaye donc de faire lire à haute voix à quelqu'un une série, si habilement choisie qu'elle soit, de mots d'une langue qui lui est complètement inconnue, et de lui donner par le seul effet sonore une émotion déterminée! On constatera toujours que cela est impossible. C'est le sens du mot, non le son du mot, qui détermine sa valeur. Le son n'est en soi ni beau ni laid. Il devient l'un ou l'autre par la voix qui lui donne l'existence. Sortant d'un gosier d'ivrogne, même le premier monologue de l'*Iphigénie* de Gœthe est laid. Prononcé d'une voix d'alto chaude et agréable, le hottentot même, comme j'ai pu m'en convaincre, a un son très joli.

Plus insensé encore est le délire d'une subdivision des symbolistes, les « instrumentistes », qui ont pour chef M. René Ghil. Ils rattachent au son une sensation colorée déterminée et exigent que le mot n'éveille pas seulement une émotion musicale, mais produise en même temps un effet esthétique comme harmonie de couleurs. Cette folie a son origine dans un sonnet beaucoup cité de M. Arthur Rimbaud, *Les Voyelles*, dont le premier vers porte :

A noir, E blanc, I rouge, U vert, O bleu.

M. Charles Morice témoigne expressément (ce dont ne doutera d'ailleurs aucun homme d'esprit sain) que Rimbaud voulait se payer une de ces sottes plaisanteries habituelles aux imbéciles et aux idiots [1]. Mais quelques-uns de ses camarades prirent implacablement le sonnet au pied de la lettre, et en tirèrent une théorie d'art. René Ghil donne, dans son *Traité du Verbe*, les valeurs chromatiques non seulement des voyelles isolées, mais aussi des instruments musicaux. « Constatant les souverainetés, les harpes sont

1. Charles Morice, *op. cit.*, p. 321.

blanches ; et bleus sont les violons mollis souvent d'une phosphorescence pour surmener les paroxysmes (J'espère que le lecteur apprécie à leur valeur ces juxtapositions de mots). En la plénitude des ovations, les cuivres sont rouges ; les flûtes, jaunes, qui modulent l'ingénu s'étonnant de la lueur des lèvres ; et, sourdeur de la terre et des chairs, synthèse simplement des seuls instruments simples, les orgues toutes noires plangorent... ». Un autre symboliste, qui compte de nombreux admirateurs, M. Francis Poictevin, nous enseigne, dans *Derniers songes*, à connaître les sentiments qui répondent aux couleurs : « Le bleu va, — sans plus de passion, — de l'amour à la mort, ou mieux il est d'extrémité perdue. Du bleu turquoise au bleu indigo, l'on passe des pudiques influences aux ravages finals ».

Les « compréhensifs » se trouvèrent naturellement aussitôt là, et établirent une théorie soi-disant scientifique de l'audition colorée. Chez beaucoup de personnes, les sons éveillent censément des sensations de couleur. D'après les uns, ce serait là le privilège particulier des natures nerveuses, d'une organisation exceptionnellement fine ; d'après les autres, cette disposition reposerait sur une communication accidentelle anormale des centres optique et acoustique avec le cerveau par des fibres nerveuses. Cette explication anatomique est absolument arbitraire, et nul fait ne la justifie. Mais l'audition colorée elle-même n'est nullement établie. Le livre le plus complet publié jusqu'ici sur ce sujet, celui de l'oculiste français Suarez de Mendoza [1],

---

1. D<sup>r</sup> F. Suarez de Mendoza, *L'Audition colorée : étude sur les fausses sensations secondaires physiologiques*. Paris, 1892.

résume toutes les observations relatives à ce soi-disant phénomène et croit pouvoir le définir de la façon suivante : « C'est une faculté d'association des sons et des couleurs, par laquelle toute perception acoustique objective, d'une intensité suffisante, ou même sa simple évocation mentale, peut éveiller et faire apparaître, pour certaines personnes, une image, lumineuse ou non, constante pour la même lettre, le même timbre de voix ou d'instrument, la même intensité ou la même hauteur de son ». Suarez est probablement dans le vrai, quand il dit : « Les phénomènes de pseudo-photesthésie dépendent tantôt d'une association d'idées, datant de la jeunesse..., tantôt d'un travail cérébral ou psychique spécial dont la nature intime nous échappe et qui aurait une certaine analogie avec l'illusion.... et avec l'hallucination ». Pour moi, il n'est pas douteux que l'audition colorée est toujours une suite d'association d'idées dont les origines restent nécessairement obscures, parce que la liaison de certaines représentations colorées avec certaines sensations acoustiques repose généralement sur des perceptions tout à fait fugitives du premier âge, qui n'étaient pas assez fortes pour éveiller l'attention, et sont par ce motif restées inconnues de la conscience. Qu'il s'agisse d'associations purement individuelles, amenées par le hasard de l'association d'idées, et non d'attachements organiques reposant sur des communications nerveuses anormales déterminées, c'est ce que rend déjà très vraisemblable le fait que chaque auditeur des couleurs assigne une couleur différente aux voyelles et aux instruments musicaux. Nous avons vu que, pour René Ghil, la flûte est jaune. Pour

L. Hoffmann, que cite Gœthe dans sa *Théorie des couleurs*, elle est vermillon. Arthur Rimbaud dit l'A noir. Des personnes mentionnées par Suarez entendaient cette voyelle bleue, etc.

Le rapport entre le monde extérieur et l'être vivant est originairement très simple. Dans la nature ont lieu continuellement des mouvements, et le protoplasma de la cellule vivante perçoit ces mouvements. A l'unité de cause répond une unité d'effet. Les animaux inférieurs n'apprennent rien du monde extérieur, sinon que quelque chose change en lui, et peut-être aussi que ce changement est fort ou faible, brusque ou lent. Ils reçoivent des impressions différentes quantitativement, mais non qualitativement. Nous savons, par exemple, que le siphon de la pholade (*pholas dactylus*), qui à chaque excitation se contracte plus ou moins énergiquement et rapidement, est sensible à toutes les impressions extérieures, lumière, bruit, contact, odeurs, etc. Ce mollusque voit donc, entend, sent, flaire avec cette seule partie du corps; son siphon lui sert à la fois d'œil, d'oreille, de nez, de doigts, etc. Chez les animaux supérieurs, le protoplasma se différencie; il s'y forme des nerfs, des ganglions, un cerveau, des organes des sens. Maintenant, les mouvements dans la nature sont perçus différemment. Les sens différenciés traduisent l'unité du phénomène dans la diversité de la perception. Mais même au cerveau le plus hautement différencié, il reste encore comme un très lointain et très obscur souvenir que la cause qui excite les différents sens est un même et seul mouvement, et ce cerveau forme des aperceptions et des notions qui seraient incompréhensibles, si nous ne pouvions admettre la vague intuition de l'unité originaire de l'essence de toutes les perceptions. Nous parlons de sons « élevés » et « profonds », et attribuons ainsi aux ondes sonores des rapports dans l'espace qu'elles ne peuvent avoir. Nous parlons également de coloris du son, et, à l'inverse, de tonalité des couleurs, et confondons ainsi les propriétés acoustiques et optiques des phénomènes. Lignes et tons « durs » et « mous », voix « douces », sont des expressions fréquentes qui reposent sur la transposition des perceptions d'un sens aux impressions d'un autre sens. Dans beaucoup de cas, cette manière de s'exprimer peut être rapportée sans aucun doute à une paresse de l'esprit, qui trouve plus commode de désigner la perception d'un sens par un mot familier, quoique emprunté au domaine d'un autre sens, que de créer un mot propre pour la perception particulière. Mais même cet emprunt par commodité n'est possible et compréhensible que si l'on admet que l'esprit perçoit, entre les impressions des différents sens, certaines ressemblances parfois explicables par l'association d'idées consciente ou inconsciente, mais plus souvent absolument inexplicables objectivement. Ici nous reste seulement cette hypothèse, que la conscience, dans ses assises les plus profondes, fait de nouveau abstraction de la différenciation des phénomènes par les différents sens, de ce perfectionnement obtenu très tard dans le développement organique, et traite simplement encore les impressions, qu'elles soient apportées par tel sens ou par tel autre, comme des matériaux non différenciés pour la connaissance du monde extérieur. On conçoit ainsi que l'esprit confonde les perceptions des différents sens, et transpose l'une dans l'autre. Binet a établi, dans d'excellents essais, cette « transposition des sensations » chez les personnes hystériques [1]. Une malade dont la peau était complètement insensible sur une moitié du corps ne s'apercevait de rien quand on la piquait avec une épingle, sans être vu d'elle; mais à l'instant de la piqûre surgissait dans sa conscience l'image d'un point noir (d'un point clair chez d'autres malades). La conscience transposait ainsi une impression des nerfs cutanés, qui, comme telle, n'avait pas été perçue, en une impression de la rétine, du nerf optique.

En tout cas, lorsque la conscience renonce aux avantages des perceptions différenciées du phénomène et confond négligemment les rapports des différents sens, c'est là une preuve d'activité cérébrale maladive et affaiblie. C'est rétrograder aux débuts du développement organique. C'est retomber de la hauteur de la perfection humaine au bas niveau de la pholade. Élever au rang d'un principe d'art l'attachement réciproque, la transposition, la confusion des perceptions de l'ouïe et de la vue; prétendre voir de l'avenir en ce principe, c'est proclamer comme un progrès le retour de la conscience humaine à celle de l'huître.

C'est d'ailleurs une vieille observation clinique, que la déchéance intellectuelle est accompagnée d'un mysticisme de couleurs. Un malade de Legrain « s'attachait à connaître le bien du mal par la distinction des couleurs, en remontant du blanc au noir. Quand il lisait, les mots avaient un

---

[1]. Alfred Binet, *Recherches sur les altérations de la conscience chez les hystériques*. Revue philosophique, 1889, 27ᵉ volume, p. 165.

sens caché qu'il comprenait [1] ». Lombroso cite des « originaux » qui, « comme Wigman, faisaient confectionner pour l'impression de leurs œuvres du papier orné de plusieurs couleurs sur la même page... Filon enduisit d'une couleur différente chaque page du livre composé par lui [2] ». Barbey d'Aurevilly, que les symbolistes honorent comme un précurseur, écrivait des épîtres où chaque lettre d'un mot était peinte avec une encre d'autre couleur. La plupart des aliénistes connaissent par expérience des cas analogues.

Les symbolistes les moins irresponsables expliquent leur mouvement comme « une réaction contre le naturalisme ». Certes, une réaction de ce genre était justifiée et nécessaire. Le naturalisme à ses débuts, en effet, tant qu'il se trouvait incarné en MM. de Goncourt et Émile Zola, était pathologique, et, dans son évolution ultérieure, il est devenu, entre les mains des imitateurs, vulgaire et véritablement criminel, comme nous le démontrerons plus tard. Le symbolisme est toutefois la chose la moins faite pour vaincre le naturalisme, car il est encore plus pathologique que celui-ci, et, en matière d'art, le diable ne peut être chassé par Belzébuth.

Enfin, on affirme encore que le symbolisme signifie « l'inscription d'un symbole dans une personne ». Exprimée dans un style non mystique, cette définition veut dire que, dans les poésies des symbolistes, chaque figure humaine ne doit pas seulement signifier son individualité propre et sa destinée contingente, mais représenter

1. Legrain, *op. cit.*, p. 62.
2. Lombroso, *Génie et Folie*, p. 233.

un type humain répandu et incarner une loi biologique générale. Or, cette qualité n'est pas seulement le partage des poésies symbolistes, mais de toutes les poésies. Nul véritable poète n'a jamais éprouvé le besoin de traiter un fait anecdotique absolument sans exemple antérieur et ne se produisant qu'une fois, ou un être monstrueux n'ayant pas son pareil dans l'humanité. Ce qui l'attache aux hommes et à leurs destinées, c'est précisément leur connexion avec l'humanité tout entière et avec les lois générales de la vie humaine. Plus est visible dans la destinée de l'individu l'action des lois générales, plus l'homme individuel incarne de ce qui vit dans tous les hommes, et plus l'un et l'autre sont attrayants pour le poète. Il n'est pas, dans toute la littérature de l'humanité, une seule œuvre reconnue comme remarquable qui ne soit symbolique en ce sens, dont les personnages, leurs passions et leurs destins, n'aient une signification typique dépassant de beaucoup leur cas particulier. C'est donc une sotte prétention des symbolistes, de revendiquer cette qualité pour les seules œuvres de leur tendance. Ils prouvent, d'ailleurs, qu'ils ne comprennent pas du tout leur propre formule, car ces mêmes théoriciens de l'école, qui réclament de la poésie qu'elle soit « un symbole inscrit dans un homme », déclarent en même temps que seul « le cas rare, unique », mérite d'occuper le poète, — c'est-à-dire le cas qui ne signifie rien que lui-même, qui est, par conséquent, le contraire d'un symbole [1].

1. Qu'il me soit permis de rappeler ici à ce sujet que, dès 1885, c'est-à-dire avant la publication du soi-disant programme symboliste, je posais cette thèse dans mes *Paradoxes* (édition populaire, 2ᵉ partie, p. 253), que le poète devait « dire à la majorité de ses

Nous avons vu maintenant que le symbolisme, de même que le préraphaélisme anglais auquel il a emprunté quelques-uns de ses mots d'ordre et de ses sentiments, n'est autre chose qu'une forme du mysticisme des dégénérés débiles et émotifs. Les tentatives de quelques suiveurs du mouvement pour introduire un sens dans le balbutiement de ses chefs et prêter à ce mouvement une sorte de programme, ne résistent pas un instant à la critique, mais s'affirment comme des radotages graphomanes sans le plus petit fonds de vérité et de bon sens. Un jeune écrivain français non hostile, assurément, à des innovations raisonnables, M. Hugues Le Roux, caractérise très justement le groupe des symbolistes, quand il dit d'eux : « Ridicules ankylosés, insupportables les uns aux autres, ils vivent incompris du public; plusieurs, de leurs amis; quelques-uns, d'eux-mêmes. Poètes ou prosateurs, leurs procédés sont identiques : plus de sujets, plus de sens, mais des juxtapositions, des mots éclatants, musicaux (?), des attelages de rimes prodigieux, des totaux de couleurs et de sons imprévus, des bercements, des heurts, des hallucinations et des suggestions provoquées [1] ».

---

lecteurs le profond *Tat twam asi!* (Ceci, c'est toi!) du sage hindou », et « pouvoir répéter à l'homme sain normalement développé, avec le vieux Romain : C'est toi qui es le sujet de la fable! »; en d'autres termes, que la poésie doit être « symbolique » en ce sens qu'elle montre des hommes, des destins, des sentiments et des lois vitales généraux.

1. Hugues Le Roux, *Portraits de cire*. Paris, 1891, p. 129-130.

# IV

## LE TOLSTOÏSME

Le comte Léon Tolstoï est devenu, dans ces dernières années, un des écrivains les plus cités et probablement aussi les plus lus de l'univers. Chacune de ses paroles éveille un écho chez tous les peuples civilisés. Sa forte action sur les contemporains est indéniable. Mais ce n'est pas une action artistique. On ne l'imite pas encore, au moins pour le moment. Il ne s'est formé autour de lui aucune école à la façon des écoles préraphaélite et symboliste. Les écrits déjà très nombreux auxquels il a donné lieu sont explicatifs ou critiques; ce ne sont pas des créations poétiques sur le modèle des siennes. L'influence qu'il exerce sur la manière de penser et de sentir contemporaine est une influence morale qui s'adresse infiniment plus à la grande masse des lecteurs qu'au cercle restreint des ambitieux littéraires cherchant un chef. Ce n'est donc pas une théorie esthétique, mais une conception du monde, qu'on peut définir par le nom de tolstoïsme.

Pour démontrer que le tolstoïsme est une aberration intellectuelle, une forme de dégénérescence, il est nécessaire d'examiner critiquement d'abord Tolstoï lui-même, puis le public qui s'enthousiasme pour ses idées.

Tolstoï est à la fois poète et philosophe, cette dernière qualité dans le plus large sens, c'est-à-dire également théologien, moraliste et sociologue. En tant que créateur d'œuvres d'imagination, il occupe une très haute place, bien qu'il n'atteigne pas la valeur de son compatriote Tourgueneff, qu'il semble actuellement avoir fait reculer dans l'estime de la foule. Tolstoï ne possède pas la pondération artistique superbe de Tourgueneff, chez lequel il n'y a jamais un mot de trop, jamais de longueur ni de digressions, et qui, authentique et grandiose créateur d'hommes, plane à la façon d'un Prométhée au-dessus de ses figures, auxquelles il insuffle la vie. Les plus grands admirateurs de Tolstoï eux-mêmes admettent qu'il est prolixe, se perd dans les détails, et ne sait pas toujours dans leur multitude relever avec un goût sûr l'essentiel et sacrifier ce qui n'est pas indispensable. M. de Vogüé dit, en parlant de *La Guerre et la Paix* : « L'appellation de roman convient-elle bien à cette œuvre compliquée?... Le fil très simple et très lâche de l'action romanesque sert à rattacher des chapitres d'histoire, de politique, de philosophie, empilés pêle-mêle dans cette polygraphie du monde russe... Le plaisir y veut être acheté comme dans les ascensions de montagne; la route est parfois ingrate et dure, on se perd, il faut de l'effort et de la peine... Les esprits passionnés pour l'histoire ne seront pas sévères à ce fouillis de personnages, à cette succession d'incidents banals qui encombrent l'action. En sera-t-il de même pour ceux qui ne cherchent dans la fiction romanesque qu'un divertissement ? Ceux-là, Tolstoï va dérouter toutes leurs habitudes. Cet analyste minutieux ignore ou dédaigne la première opération de l'analyse, si naturelle au génie français ; nous voulons que le romancier choisisse, qu'il sépare un personnage, un fait, du chaos des êtres et des choses, afin d'étudier isolément l'objet de son choix. Le Russe, dominé par le sentiment de la dépendance universelle, ne se décide pas à trancher les mille liens qui rattachent un homme, une action, une pensée, au train total du monde [1] ».

M. de Vogüé voit les choses remarquablement juste, mais il ne sait pas les interpréter. Il a nettement caractérisé, à son insu, la méthode avec laquelle un dégénéré mystique envisage le monde et en décrit le phénomène. Nous savons que ce qui constitue la particularité de la pensée mystique, c'est le manque d'attention. C'est celle-ci qui, dans le chaos des phénomènes, fait le choix et les groupe de façon qu'ils rendent claire une idée prédominante dans l'esprit de l'observateur. Si elle manque, le tableau du monde apparaît à celui-ci comme un écoulement monotone d'états énigmatiques qui apparaissent et disparaissent sans connexion et restent absolument inexpressifs pour la conscience. Ce fait primordial de la vie psychique, le lecteur doit toujours l'avoir présent à l'esprit. L'homme

---

[1]. V<sup>te</sup> E. M. de Vogüé, *Le Roman russe*. Paris, 1888, p. 293 et sqq.

attentif se trouve actif en face de l'univers; l'homme inattentif est passif. Celui-là le règle d'après un plan qu'il a élaboré dans son esprit; celui-ci subit le tumulte de ses impressions, sans tenter de les organiser, de les séparer et de les assembler. Il y a la même différence que dans la reproduction du monde par un bon peintre ou par une plaque photographique. Le tableau supprime certains traits et en met d'autres en relief, de sorte qu'il laisse immédiatement reconnaître soit quelque acte ou spectacle extérieur, soit quelque émotion intérieure du peintre. La photographie reflète sans choix le phénomène entier avec tous ses détails, de sorte qu'elle ne prend une signification que si l'observateur y applique l'attention que la plaque sensible n'a pu exercer. Remarquons d'ailleurs que la photographie elle-même n'est pas non plus une reproduction fidèle de la réalité, car la plaque sensible n'est telle que pour certaines couleurs; elle enregistre le bleu et le violet, et n'éprouve du jaune et du rouge qu'une faible impression, ou qu'une impression nulle. A la sensibilité de la plaque chimique correspond l'émotivité du dégénéré. Celui-ci aussi fait un choix dans le phénomène, non d'après la loi de l'attention consciente, mais d'après l'instinct de l'émotivité inconsciente. Il perçoit ce qui s'accorde avec ses émotions; ce qui ne s'accorde pas avec elles n'existe pas pour lui. Ainsi naît la méthode de travail signalée par M. de Vogüé dans les romans de Tolstoï. Les détails sont uniformément perçus et placés sur le même plan, non d'après leur importance pour l'idée fondamentale, mais d'après leur rapport avec l'émotion du poète. D'idée fondamentale, du reste, il n'y en a pas, ou à peine. Le lecteur doit commencer par la mettre dans le roman, comme il la mettrait dans la nature même, dans un paysage, dans une foule, dans la succession des événements historiques.

Le roman est seulement écrit parce que le poète a ressenti de fortes émotions, accrues par certains traits du tableau du monde se déroulant devant ses yeux. C'est ainsi que le roman de Tolstoï ressemble à la peinture des préraphaélites : une abondance de détails merveilleusement exacts [1], une idée fondamentale mystiquement vague et à peine apercevable [2], une profonde et forte émotion [3]. C'est ce que sent clairement aussi M. de Vogüé, mais de nouveau sans pouvoir se l'expliquer. « Par une singulière et fréquente contradiction, dit-il, cet esprit troublé, flottant, qui baigne dans les brumes du nihilisme, est doué d'une lucidité et d'une pénétration sans pareilles pour l'étude scientifique des phénomènes de la vie. Il a la vue nette, prompte, analytique, de tout ce qui est sur terre... On dirait l'esprit d'un chimiste anglais dans l'âme d'un bouddhiste hindou ; se charge qui pourra d'expliquer cet étrange accouplement : celui qui y parviendra expli-

---

1. Voir dans *La Guerre et la Paix* (Œuvres complètes de Léon Tolstoï, traduites en allemand, avec l'autorisation de l'auteur, par Raphaël Lœwenfeld, Berlin, 1892, t. V à VIII) : les conversations des soldats, 1re partie, p. 252; la scène d'avant-poste, p. 314 et sqq.; la description des troupes en marche, p. 332; la mort du comte Besoukhow, p. 142-145; la chasse à courre, 2e partie, p. 383-407, etc.

2. Même ouvrage : les pensées du prince Andréï blessé, 1re partie, p. 516; la conversation du comte Pierre avec le franc-maçon et martiniste Basdjejew, 2e partie, p. 106-114 et sqq.

3. *Ibid.* : l'aventure de la princesse Marie avec son prétendant, 1re partie, p. 410-423; l'accouchement de la petite princesse, 2e partie, p. 58-65; tous les endroits où le comte Rostow voit le tsar Alexandre ou ceux dans lesquels l'auteur parle de Napoléon Ier, etc.

quera toute la Russie... Ces phénomènes qui lui offrent un terrain si sûr quand il les étudie isolés, il en veut connaître les rapports généraux, il veut remonter aux lois qui gouvernent ces rapports, aux causes inaccessibles. Alors, ce regard si clair s'obscurcit, l'intrépide explorateur perd pied, il tombe dans l'abîme des contradictions philosophiques: en lui, autour de lui, il ne sent que le néant et la nuit [1] ».

M. de Vogüé souhaite une explication de cet « étrange accouplement » de la plus grande clarté dans la perception des détails, et de l'incapacité complète de comprendre leurs rapports les uns avec les autres. Cette explication, mon lecteur la possède maintenant. La pensée mystique, la pensée sans attention de l'émotif, amène à sa conscience des images isolées qui peuvent être très nettes, quand elles se rapportent à son émotion; mais cette pensée n'est pas capable de rattacher raisonnablement les unes aux autres ces images isolées, parce qu'elle manque pour cela de l'attention nécessaire.

Ainsi donc, quelque grandioses qualités que possèdent les œuvres d'imagination de Tolstoï, ce n'est pas à celles-ci qu'il est redevable de sa réputation universelle et de son action sur les contemporains. On s'accordait à voir dans ses romans des productions remarquables, mais, pendant de longues années, ni *La Guerre et la Paix*, ni *Anna Karénine*, ni les petits récits, n'eurent beaucoup de lecteurs en dehors de la Russie, et la critique ne payait son tribut d'admiration à leur auteur que sous réserve. En

---

1. V<sup>te</sup> E. M. de Vogüé, *op. cit.*, p. 282.

Allemagne, Franz Bornmüller disait encore de Tolstoï, en 1882, dans son *Dictionnaire biographique des écrivains du temps présent* : « Il possède un talent littéraire non ordinaire, mais insuffisamment achevé au point de vue artistique, et influencé par certaines manières de voir étroites sur la vie et sur l'esprit de l'histoire ». C'étaient là, il y a quelques années encore, l'opinion des personnes assez peu nombreuses, en dehors des Russes, qui le connaissaient !

La *Sonate à Kreutzer*, parue en 1889, porta pour la première fois son nom jusqu'aux limites de la civilisation ; ce petit récit fut le premier traduit dans toutes les langues, tiré à des centaines de milliers d'exemplaires, et lu, avec une vive émotion, par des millions de personnes. A partir de ce moment, l'opinion publique des peuples occidentaux le mit au premier rang des écrivains vivants ; son nom passa dans toutes les bouches, l'intérêt général ne se tourna pas seulement vers ses récits antérieurs, restés ignorés pendant de longues années, mais aussi du côté de sa personne et de sa destinée, et il devint au soir de sa vie, pour ainsi dire du jour au lendemain, ce qu'il est aujourd'hui sans conteste : une des principales figures représentatives du siècle à son déclin. La *Sonate à Kreutzer*, cependant, n'atteint pas au niveau poétique de la plupart de ses œuvres antérieures ; une gloire acquise d'un coup non par *La Guerre et la Paix*, *Les Cosaques*, *Anna Karénine*, etc., mais longtemps après la publication de ces riches créations par la *Sonate à Kreutzer*, ne peut donc pas reposer seulement ou principalement sur les mérites esthétiques. L'histoire de cette gloire démontre ainsi que ce n'est pas le « poète » Tolstoï qui est la cause du tolstoïsme.

En fait, c'est surtout et peut-être uniquement au « philosophe » Tolstoï que cette tendance d'esprit est imputable. Le philosophe a donc une importance plus grande que le poète au point de vue de notre enquête.

Tolstoï s'est formé, de la position de l'homme dans l'univers, de ses rapports avec l'humanité et du but de sa vie, une idée qui ressort de toutes ses œuvres, mais qu'il a aussi développée systématiquement dans plusieurs écrits théoriques, notamment dans *Ma Confession*, *Ma Religion*, *Court Exposé de l'Évangile*, et *Ma Vie*. Cette idée est peu compliquée et se laisse résumer en quelques mots : l'individu n'est rien, l'espèce est tout ; l'individu vit pour faire du bien à ses semblables ; penser et chercher, c'est là le grand mal ; la science est la perdition, la foi est le salut.

Comment il est arrivé à ce résultat, il le raconte dans *Ma Confession*. « Je perdis de bonne heure la foi. Je vécus un temps, comme tous les autres, des vanités de la vie. J'écrivis des livres et enseignai, comme les autres, ce que je ne savais pas. Puis le sphinx commença à me poursuivre toujours plus cruellement : Devine mon énigme, ou je te dévore. La science ne m'a rien expliqué. A mon éternelle question, la seule qui signifie quelque chose : Dans quel but est-ce que je vis ? — la science me donna des réponses m'apportant d'autres enseignements qui m'étaient indifférents. La science me dit seulement : la vie est un mal dépourvu de sens. Je voulus me tuer. Enfin, j'eus l'idée d'examiner comment vit l'immense majorité des hommes, non pas celle qui, comme nous, les prétendues classes supérieures, se livrent à la réflexion et à l'étude, mais celle qui travaille et souffre, et qui cependant est tranquille et a des idées nettes sur le but de la vie. Je compris que l'on doit vivre comme cette foule, revenir à sa foi simple ».

Si l'on examine sérieusement cette marche d'idées, on reconnaît immédiatement qu'elle est absurde. Poser ainsi la question : « Dans quel but est-ce que je vis », c'est la poser d'une façon défectueuse et superficielle. C'est présupposer implicitement l'idée de finalité dans la nature, présupposition sur laquelle l'esprit vraiment avide de vérité et de connaissance a précisément à exercer sa critique.

Pour demander : « Quel est le but de notre vie? », nous devons admettre avant tout que notre vie a un but déterminé, et comme notre vie n'est qu'un phénomène particulier dans la vie générale de la nature, dans l'évolution de notre terre, de notre système solaire, de tous les systèmes solaires, cette hypothèse renferme cette autre, que la vie générale de la nature a un but déterminé. Cette hypothèse à son tour présuppose nécessairement l'existence, dans l'univers, d'un esprit conscient, prévoyant et dirigeant. Qu'est-ce en effet qu'un but? L'effet voulu, placé dans l'avenir, de forces actives dans le présent. Le but exerce sur ces forces une influence, en ce qu'il leur trace une direction; il est par conséquent lui-même une force. Mais il ne peut exister objectivement, dans le temps et l'espace, car alors il cesserait d'être un but futur, il deviendrait une cause présente, c'est-à-dire une force à classer dans le mécanisme général des forces naturelles, et le sol se déroberait à toute spéculation relative à la finalité. Mais s'il n'est pas objectivement, s'il n'existe pas dans le temps et l'espace, il doit, pour qu'on puisse encore se le représenter, exister quelque part virtuellement, comme idée, plan et dessein; or, ce qui renferme en soi un dessein, une idée, un plan, nous le nommons conscience; et une conscience qui élabore un plan de l'univers et emploie consciemment les forces de la nature à sa réalisation, est synonyme de Dieu. Or, si l'on croit à un Dieu, on perd immédiatement le droit de poser cette question : « Dans quel but est-ce que je vis? ». Car, alors, elle est une arrogante prétention, une tentative de l'homme petit et faible pour regarder Dieu par-dessus l'épaule, épier son plan, se soulever jusqu'à la hauteur de l'omniscience. Mais elle est inutile aussi, car on ne peut s'imaginer un Dieu sans la suprême sagesse, et, s'il a conçu un plan de l'univers, ce plan est certainement parfait, toutes ses parties sont harmoniques, le but auquel est employé chaque collaborateur, le plus petit comme le plus grand, est le meilleur imaginable, et l'homme peut en toute quiétude et en toute assurance vivre conformément à ses forces et à ses instincts déposés en lui par Dieu, vu que dans tous les cas il remplit, en collaborant au divin plan cosmique, inconnu de lui, une haute et digne mission.

Si, au contraire, on ne croit pas à un Dieu, on ne peut non plus former l'idée de finalité, car alors le but futur, qui ne peut exister que comme idée dans une conscience, n'a, en l'absence d'une conscience universelle, aucun endroit où il puisse exister, et il ne peut y avoir pour lui aucune place dans la nature. Et s'il n'y a pas de finalité, on ne peut non plus demander : « Dans quel but est-ce que je vis? ». Alors la vie n'a pas un but prédéterminé, elle n'a plus que des causes. Nous n'avons donc plus qu'à nous préoccuper de celles-ci, au moins des plus proches, accessibles à notre examen, car les causes éloignées et notamment les causes dernières se dérobent pour l'instant totalement à notre connaissance. Notre question alors doit être : « Pour quelle cause vivons-nous? », et la réponse n'est pas difficile. Nous vivons parce que nous sommes, comme toute la nature cognoscible, sous la loi générale de la causalité. Celle-ci est une loi mécanique qui n'exige aucun plan préétabli ni aucun dessein, par conséquent aussi aucune conscience universelle. En vertu de cette loi, les phénomènes du présent ont leur racine dans le passé, non dans l'avenir. Nous vivons, parce que nous sommes engendrés par nos parents, parce que nous avons reçu d'eux une quantité déterminée de force qui nous permet de résister un temps donné aux forces dissolvantes de la nature agissant sur nous. Comment se façonne notre vie, cela résulte des effets réciproques constants de nos forces organiques héritées et des influences extérieures. Considérée objectivement, notre vie est donc la résultante nécessaire de l'activité régulière des forces naturelles mécaniques. Subjectivement, elle implique une certaine quantité de joies et de douleurs. Nous sentons, comme joies, la satisfaction de nos instincts organiques; comme douleurs, leur aspiration vaine à cette satisfaction. Dans l'organisme sain qui possède un haut degré d'adaptabilité, se développent seuls les instincts dont la satisfaction est possible, au moins jusqu'à un certain point, et n'est pas accompagnée de suites fâcheuses pour l'individu; dans son existence, conséquemment, les joies l'emportent d'une façon décidée sur les douleurs, et il sent la vie non comme un mal, mais comme un grand bien. Dans l'organisme détraqué, il existe des instincts dégénérés qui ne peuvent être satisfaits, ou dont la satisfaction nuit à l'individu ou le détruit; ou bien l'organisme dégénéré est trop faible ou trop maladroit pour satisfaire même les instincts légitimes; dans son existence, nécessairement, prédominent alors les douleurs, et il sent la vie comme un mal. Mon interprétation de l'énigme de la vie est proche parente de l'interprétation eudémonique bien connue, mais elle est fondée sur une base biologique, et non métaphysique. Elle explique l'optimisme et le pessimisme tout simplement comme force vitale suffisante ou insuffisante, comme adaptabilité existante ou manquante, comme santé ou maladie. L'observation impartiale de la vie montre que l'humanité tout entière occupe consciemment ou inconsciemment le même point de vue philosophique. Les hommes vivent volontiers, et plutôt doucement joyeux que tristes, aussi longtemps que l'existence leur offre des satisfactions. Les souffrances sont-elles plus fortes que le sentiment de plaisir qu'apporte la satisfaction du premier et plus important de tous les instincts organiques : l'instinct vital ou de la conservation, — alors ils n'hésitent pas à se tuer. Quand le prince de Bismarck disait un jour : « Je ne sais pas pourquoi je devrais supporter tous les ennuis de l'existence, si je ne croyais pas à Dieu et à une vie future », il montrait simplement qu'il n'avait qu'une connaissance insuffisante des progrès de la pensée humaine depuis Hamlet, qui posait à peu près la même question. Il supporte les ennuis de l'existence, parce qu'il peut les supporter et aussi longtemps qu'il le peut, et il rejette infailliblement celle-ci au moment où sa force n'est plus suffisante pour les supporter. Voilà pourquoi l'incrédule vit et reste joyeux, aussi longtemps que les douceurs prédominent dans sa vie; et voilà pourquoi le croyant, lui aussi, rejette l'existence, comme nous voyons la chose arriver à tout moment, lorsqu'il constate que le bilan de sa vie se chiffre par un déficit de satisfactions. L'argument de la foi a incontestablement, dans l'esprit du croyant, — comme, d'ailleurs, l'argument du devoir et de l'honneur, dans l'esprit de l'incrédule, — une force persuasive, et doit être inscrit à l'avoir dans les comptes de la vie. Cependant il n'a aussi qu'une valeur limitée et ne peut que balancer son équivalent de souffrances, et pas davantage.

De ces considérations il résulte que la terrible question : « Dans quel but est-ce que je vis ? », qui a presque poussé Tolstoï au suicide, pouvait être résolue, sans difficulté, d'une façon satisfaisante. Le croyant, qui admet que sa vie doit avoir un but, vivra conformément à ses inclinations et à ses forces, et se dira que, de cette façon, il accomplit correctement la part de travail qui lui est assignée dans l'univers, même sans connaître les buts derniers de celui-ci, absolument comme un soldat fait volontiers son devoir sur le point du champ de bataille où il est placé, sans avoir le moindre soupçon de la marche générale de la bataille et de l'importance de celle-ci pour la campagne tout entière. L'incrédule, qui est convaincu que sa vie est un cas particulier de la vie universelle de la nature, que sa personnalité est éclose à l'existence comme un effet normal et nécessaire des forces organiques éternelles, sait aussi très exactement non seulement pourquoi, mais à quoi bon il vit : il vit parce que la vie, et aussi longtemps que la vie, est pour lui une source de satisfactions, c'est-à-dire de joie et de bonheur.

Tolstoï, avec ses efforts désespérés, a-t-il trouvé une autre réponse ? Non. Les lumières que ne lui apportèrent pas ses réflexions et ses études, il les rencontra, comme nous l'avons vu dans le passage plus haut cité de *Ma Confession*, auprès de « l'immense majorité des hommes… qui travaille et souffre, et qui cependant est tranquille et a des idées nettes sur le but de la vie ». « Je compris, ajoute-t-il, que l'on doit vivre comme cette foule, revenir à sa foi simple ». La phrase finale est arbitraire; c'est un saut d'idées mystique. « La foule vit tranquille et ayant des idées nettes sur le but », non parce qu'elle a une « foi simple », mais parce qu'elle est saine, parce qu'elle est contente de se sentir vivre, parce qu'à chaque fonction organique, à chaque exercice de ses forces, à tout moment, la vie lui donne des satisfactions. La « foi simple » est un phénomène accidentel accompagnant cet optimisme naturel. Sans doute, la majorité des illettrés dans le peuple, qui représente la partie saine de l'humanité et par cette raison est heureuse de vivre, reçoit dans sa jeunesse un enseignement religieux, et ne rectifie que rarement plus tard par ses propres réflexions les erreurs qui lui ont été inculquées de par l'État; mais sa croyance demi-inconsciente est une suite de sa pauvreté et de son ignorance, comme ses mauvais vêtements, sa nourriture insuffisante et son logement insalubre. Dire que la majorité « vit tranquille et ayant des idées nettes sur le but », parce qu'elle a une « foi simple », cela est tout aussi logique que de dire, par exemple, que cette majorité « vit tranquille et ayant des idées nettes sur le but », parce qu'elle mange surtout des pommes de terre, ou habite dans des caves, ou prend rarement des bains.

Tolstoï a très bien vu que la majorité ne partage pas son pessimisme et est contente de vivre; mais ce fait, il l'a interprété à la manière mystique. Au lieu de reconnaître que l'optimisme de la foule est simplement une manifestation de sa force vitale, il le ramène à sa foi, et cherche alors lui-même dans la foi des éclaircissements sur le but de sa propre existence. « Je fus amené au christianisme », raconte-t-il dans un autre de ses écrits, « non par les études théologiques ou les recherches historiques, mais par cette circonstance que, à l'âge de cinquante ans, m'étant demandé à moi-même et ayant demandé aux sages de mon entourage quelle signification avaient mon « moi » et ma vie, je reçus cette réponse : « Tu es un enchaînement fortuit de petites parties; la vie n'a aucune signification; la vie est en soi un mal ». Alors je me livrai au désespoir et voulus me tuer. Mais me rappelant que jadis, dans mon enfance, au temps où je croyais, la vie avait eu pour moi un sens, et que les hommes croyants qui m'entourent, — et dont la majeure partie n'a pas été corrompue par la richesse, — mènent une véritable vie, je doutai de la justesse de la réponse que j'avais reçue des sages de mon entourage, et je m'efforçai de comprendre la réponse que fait le christianisme aux hommes qui mènent une véritable vie [1] ».

La réponse en question, il la trouva « dans les Évangiles, cette source de lumière ». « Cela, continue-t-il, m'était complètement indifférent : Jésus-Christ était-il Dieu ou non Dieu, l'Esprit saint émanait-il de celui-ci ou de celui-là? Je n'avais également aucun besoin de savoir quand ou par qui avaient été composés l'Évangile ou telle parabole, et si on pouvait les attribuer au Christ ou non. Ce qui m'importait, c'était cette lumière qui, depuis dix-huit cents ans, a éclairé et éclaire le monde; quant à nommer la source de cette lumière, à connaître sa composition, à savoir qui l'a allumée, cela m'était absolument égal ».

Apprécions cette marche d'idées d'un esprit mystique : l'Évangile est la source de la vérité, mais il n'importe aucunement de savoir si l'Évangile est une révélation de Dieu ou une œuvre humaine, s'il renferme la tradition non altérée des destinées du Christ, ou s'il a été rédigé, des siècles après la mort de celui-ci, sur un fonds de légendes obscurcies et défigurées! Tolstoï sent tout le premier qu'il commet ici une lourde faute de raisonnement; mais il prend le change, à la façon habituelle des mystiques, en employant une comparaison et en se faisant accroire à lui-même que son image est la pure réalité; il

---

[1]. Léon Tolstoï, *Court exposé de l'Évangile.* Traduit du russe (en allemand) par Paul Lauterbach. Leipzig, Bibliothèque universelle de Reclam, p. 13.

appelle en effet l'Évangile une lumière, et s'écrie qu'il n'importe pas de savoir quel nom donner à la lumière et de quoi elle est composée. Cela est juste, s'il s'agit d'une lumière véritable et matérielle. Mais ce n'est que par métaphore que l'Évangile est une lumière, et il ne peut évidemment être comparé à une lumière que s'il renferme la vérité ; s'il renferme la vérité, c'est ce qui ne peut être reconnu qu'à la suite d'une exégèse ; si cette exégèse démontre qu'il est une œuvre humaine et ne se compose que de légendes non prouvées, il ne serait naturellement pas un vase de vérité ; on ne pourrait plus le comparer à la lumière, et l'altière image à l'aide de laquelle Tolstoï prétend répondre à celui qui le questionne sur la source de la lumière, se dissiperait en fumée. Ainsi, en appelant l'Évangile une lumière et en niant la nécessité d'examiner ses sources, Tolstoï accepte tout simplement comme démontré ce qui précisément est à démontrer : à savoir que l'Évangile est une lumière. Mais nous connaissons déjà cette particularité des mystiques, qui consiste à appuyer toutes leurs conclusions sur les prémisses les plus absurdes, à feindre le mépris de la réalité, et à s'opposer à l'examen raisonnable de leur point de départ. Je rappelle seulement le mot de Rossetti : « Que m'importe que le soleil tourne autour de la terre, ou la terre autour du soleil ! », et l'assertion de M. Mallarmé : « Le monde est fait pour aboutir à un beau livre ».

De quelle façon Tolstoï traite l'Évangile afin d'en tirer les éclaircissements réclamés, on peut le voir soi-même dans son *Court Exposé*. Il ne se préoccupe pas le moins du monde du texte sacré, mais y fait entrer ce qui lui passe par la tête. L'Évangile si fantastiquement transformé par lui, qui offre à peu près autant de ressemblance avec les écrits canoniques qu'en offrent les *Fragments physionomiques* « tirés de sa propre tête » par « le joyeux petit maître d'école Maria Wuz d'Auenthal », de Jean-Paul, avec l'ouvrage de Lavater portant le même titre, enseigne ce qui suit à Tolstoï sur la signification de la vie : « Les hommes s'imaginent qu'ils sont des êtres particuliers, chacun libre de vivre à sa volonté; mais c'est une illusion. La seule vie véritable est celle qui reconnaît la volonté du Père comme origine de la vie. Cette unité de la vie est révélée par ma doctrine, qui représente la vie non comme des surgeons isolés, mais comme un arbre unique sur lequel croissent tous les surgeons. Celui qui vit dans la volonté du Père comme un surgeon sur l'arbre, celui-là seul vit; mais celui qui veut vivre à sa volonté, comme un surgeon arraché, celui-là meurt [1] ». Plus haut déjà il a dit que Dieu est l' « origine universelle infinie » et est synonyme d' « Esprit ». Si ce passage a un sens, ce sens ne peut donc être que celui-ci : la nature entière n'est qu'un seul être vivant, chaque être vivant en particulier, par conséquent aussi chaque homme, est une partie de la vie universelle, et cette vie universelle est Dieu. Mais ce n'est pas Tolstoï qui a inventé cette doctrine. Elle porte un nom dans l'histoire de la philosophie : elle se nomme le panthéisme. Elle est pressentie par le bouddhisme et même par l'hylozoïsme, et développée par Spinoza. Mais elle n'est sûrement pas contenue dans l'Évan-

---

[1]. Léon Tolstoï, *Court Exposé de l'Évangile*, p. 172.

gile, et constitue la négation déterminée du christianisme. Celui-ci, en effet, à quelque interprétation rationaliste et à quelque torture que l'on soumette ses écrits sacrés, ne peut jamais renoncer à la doctrine du Dieu personnel et de la nature divine du Christ, sans se vider de tout son contenu religieux, de tous ses organes vitaux essentiels, et cesser d'être une foi.

Ainsi nous voyons que Tolstoï, dans sa recherche de l'explication de l'énigme de la vie, croit en être arrivé à la foi chrétienne de la foule, et en est arrivé en fait au contraire de la foi chrétienne de la foule, au panthéisme. La réponse des « sages », qu'il est, lui, « un enchaînement fortuit de petites parties, et que la vie n'a aucune signification », l'a « presque poussé au suicide »; par contre, il est parfaitement tranquille en constatant que « la véritable vie... n'est pas la vie passée ou future, mais la vie présente, ce qui occupe chacun dans la minute actuelle »; il nie expressément, dans *Ma Religion*, la résurrection du corps et l'individualité de l'âme, et ne s'aperçoit pas que la doctrine qui le satisfait pleinement est absolument la même que celle des « sages » qui l'ont « presque poussé au suicide ». Car si la vie n'est que l'instant présent, elle ne peut avoir aucun but, vu que celui-ci nous montre un avenir; et si le corps ne ressuscite pas et si l'âme n'a pas d'existence individuelle, les « sages » ont absolument raison de nommer l'homme « un enchaînement de petites parties », non pas, certes, fortuit, mais nécessaire, parce qu'il est déterminé causalement.

La conception du monde de Tolstoï, le fruit du travail de réflexion désespéré de toute sa vie, n'est donc que brouillard, incompréhension de ses propres questions et réponses, et verbiage creux. Il n'en va pas beaucoup mieux de sa morale, à laquelle il attache lui-même un bien plus grand poids qu'à sa philosophie. Il la résume en cinq commandements, dont le plus important est le quatrième : « Ne pas s'opposer au mal, supporter l'injustice et faire plus que les hommes ne réclament; par conséquent, ne pas juger et ne pas laisser juger... Se venger enseigne seulement à se venger [1] ». Son admirateur M. de Vogüé exprime dans cette forme la doctrine morale de Tolstoï : « Ne résistez pas au mal,... ne jugez pas,... ne tuez pas. — Donc, pas de tribunaux, pas d'armées, pas de prisons, de représailles publiques ou privées. Ni guerres ni jugements. La loi du monde est la lutte pour l'existence, la loi du Christ est le sacrifice de son existence aux autres [2] ».

Est-il encore nécessaire de démontrer la complète déraison de cette doctrine morale? Elle saute nettement aux yeux de tout esprit sain. Si l'assassin n'avait plus à craindre l'échafaud, ni le voleur la prison, l'assassinat et le vol deviendraient bientôt les métiers les plus répandus, puisqu'il est beaucoup plus commode d'escamoter le pain déjà cuit et les bottes déjà faites, que de s'éreinter sur les champs et dans l'atelier. Si la société cessait de s'arranger de manière à ce que le crime soit une entreprise dangereuse, qu'est-ce qui retiendrait les méchants, — car il en existe aussi, d'après Tolstoï lui-même, — de s'adonner à leurs pires instincts, et qu'est-ce qui retiendrait même la

---

1. Léon Tolstoï, *Court Exposé de l'Évangile*, p. 60.
2. V<sup>te</sup> E. M. de Vogüé, *op. cit.*, p. 333.

grande masse des indifférents qui n'ont de penchant décidé ni pour le bien ni pour le mal, d'imiter l'exemple des criminels? A coup sûr, pas la doctrine de Tolstoï, suivant laquelle « la véritable vie est la vie présente ». La première fonction de la société, celle pour laquelle les hommes isolés se sont originairement formés en une société, c'est la défense de ses membres contre les malades affligés d'impulsions homicides et contre les parasites qui, déviations également pathologiques du type normal, ne peuvent vivre que du travail des autres et violentent sans hésiter, pour assouvir leurs désirs, tout être humain qu'ils rencontrent sur leur route. Les individus à instincts anti-sociaux formeraient bientôt la majorité, si les individus sains ne les combattaient et ne leur créaient des conditions défavorables à l'existence. Mais laissez-les devenir les plus forts, et la société, bientôt l'humanité elle-même, seraient nécessairement vouées à la ruine.

Outre le principe négatif que l'on ne doit pas s'opposer au mal, la morale de Tolstoï a aussi un principe positif: on doit aimer tous les hommes, leur sacrifier tout, même sa propre vie, leur faire du bien quand on le peut. « Il est nécessaire de comprendre que, quand l'homme fait du bien, il ne fait que ce à quoi il est forcé, ce qu'il ne peut pas ne pas faire.... Quand il sacrifie sa vie charnelle pour le bien, il ne fait rien qui mérite qu'on le remercie et qu'on le récompense.... Ceux-là seuls vivent, qui font le bien ». (*Court Exposé de l'Évangile*). « Ce n'est pas l'aumône qui est efficace, mais le partage fraternel. Celui qui a deux manteaux doit en donner un à celui qui n'en a pas ». (*Que doit-on faire?*). Cette distinction entre l'aumône et le partage ne peut pas être sérieusement maintenue. Chaque don qu'un homme obtient d'un autre homme sans travail, sans réciprocité, est une aumône, et c'est là une chose profondément immorale. Le malade, le vieillard, l'infirme qui ne peut pas travailler, doivent être nourris et soignés par leurs semblables ; c'est le devoir de ceux-ci, et aussi leur instinct naturel. Mais faire des présents à un homme en état de travailler, c'est, en toute circonstance, une faute et une duperie de soi-même. Si l'homme capable de travailler ne trouve pas de travail, cela tient manifestement à un défaut des institutions économiques de la société ; et chacun a le devoir de collaborer sérieusement à la suppression de ce défaut, et non pas d'en faciliter le maintien, en calmant pour un certain temps encore, par un présent, la victime de ces conditions défectueuses ; l'aumône n'a d'autre but, en ce cas, que d'étourdir la conscience de celui qui donne, et de lui fournir une excuse pour se dérober au devoir qui lui incombe de guérir les maux reconnus de l'ordre social Mais si l'homme capable de travailler déteste le travail, l'aumône alors le corrompt complètement et tue définitivement en lui le désir de mise en action de ses forces, qui seule maintient l'organisme sain et moral. C'est ainsi que l'aumône faite à un homme en état de travailler dégrade aussi bien celui qui la reçoit que celui qui la donne, et empoisonne le sentiment du devoir et la moralité de tous deux.

Mais, en y regardant de plus près, l'amour du prochain qui se manifeste par l'aumône ou même par le partage fraternel, n'en est pas en réalité. L'amour sous sa forme la plus simple et la plus primitive (je ne parle pas ici de l'amour sexuel, mais de la sympathie générale pour un autre être vivant, qui n'a pas même besoin d'être un être humain), est un instinct égoïste qui cherche uniquement sa propre satisfaction, et non celle de l'être aimé; à un degré supérieur de développement, au contraire, il a en vue principalement, ou même exclusivement, le bonheur de l'être aimé, et il s'oublie lui-même. L'homme sain qui n'a pas d'instincts anti-sociaux aime la société des autres hommes; il évite donc presque inconsciemment les actes qui éloigneraient de lui ses semblables et il fait ce qui, sans lui coûter de trop grands efforts, est suffisamment agréable à ses semblables pour les attirer vers lui. La représentation de souffrances, même de celles qui ne sont pas les siennes propres, provoque chez ce même homme sain une douleur plus ou moins forte, selon le degré d'excitabilité de son cerveau; plus vive est la représentation de la souffrance, et plus violent est le sentiment de douleur qui l'accompagne; comme les aperceptions provoquées par les impressions sensorielles directes sont les plus vives, les souffrances qu'il voit de ses propres yeux lui procurent la douleur la plus aiguë, et, afin d'y échapper, il fait des efforts proportionnés pour que la douleur étrangère cesse, parfois simplement aussi pour qu'il ne la voie pas. Ce degré d'amour du prochain est, comme nous l'avons dit, pur amour de soi-même, car il ne se propose d'autre but que de s'éviter la douleur et d'accroître ses propres sentiments de plaisir. Au contraire, l'amour du prochain que Tolstoï veut évidemment précher, se prétend désintéressé; il a en vue la diminution de la souffrance et l'augmentation du bonheur des autres; il ne peut donc plus être exercé d'instinct, car il exige une connaissance exacte des conditions d'existence, des sentiments et désirs d'autrui, et l'obtention de cette connaissance suppose observation, réflexion et jugement. On doit sérieusement peser ce qui convient réellement à son semblable et lui fait véritablement du bien. On doit complètement sortir de ses propres habitudes et idées, et s'efforcer d'entrer dans la peau de l'homme auquel on veut faire du bien. On doit voir avec l'œil de cet homme, sentir avec l'âme de celui-ci, et non avec son œil et son âme à soi, le bienfait qu'on se propose de lui départir. Tolstoï agit-il ainsi? Celles de ses œuvres où il montre en action son prétendu amour du prochain, témoignent absolument du contraire.

Dans le récit intitulé *Albert* [1], Delessow recueille chez lui, par admiration pour son haut talent et par pitié pour sa pauvreté et son délaissement, un joueur de violon, — un bohème malade. Comme l'infortuné artiste est un buveur, Delessow l'emprisonne en quelque sorte dans son logis, le place sous la surveillance de son serviteur Sachar, et lui refuse des boissons alcooliques. Le premier jour, Albert — l'artiste — se soumet, mais il est déprimé et de mauvaise humeur. Le second jour, il jette déjà à son bienfaiteur des « regards méchants ». — « Il paraissait craindre Delessow, une violente terreur se peignait sur son visage chaque fois que leurs regards se rencontraient.... Il

---

[1]. Léon Tolstoï, *Œuvres complètes*, traduction allemande, t. II : *Nouvelles et petits romans*, 1ʳᵉ partie.

ne répondait pas aux questions qui lui étaient posées ». Le troisième jour enfin, Albert se révolte contre la contrainte à laquelle il se croit soumis. « Vous n'avez pas le droit de me retenir ici! », s'écrie-t-il. « Mon passeport est en règle, je ne vous ai rien volé, vous pouvez me fouiller; j'irai chez le commissaire de police ». Le serviteur Sachar cherche à le calmer. Albert devient toujours plus furieux et « crie soudainement à plein gosier : La garde! ». Delessow le laisse partir, et Albert « s'en va sans dire adieu et en marmottant constamment des paroles inintelligibles ».

Delessow a recueilli Albert parce que l'aspect de l'artiste maladivement pâle, tremblant du froid de l'hiver russe, insuffisamment vêtu, était douloureux pour lui. Quand il le vit dans sa chaude demeure, devant une table richement servie, enveloppé de sa belle robe de chambre à lui-même, Delessow fut content et satisfait de sa manière d'agir. Mais Albert fut-il content aussi? Tolstoï nous atteste qu'Albert se sentit beaucoup plus malheureux dans sa nouvelle situation que précédemment; si malheureux, que bientôt il ne put plus la supporter, et s'y arracha avec un transport de fureur. Maintenant, à qui Delessow a-t-il fait du bien? A lui, ou à Albert?

Dans ce récit, il s'agit d'un homme à l'esprit malade, et à un homme de ce genre on doit parfois, en effet, imposer par la force un bienfait qu'il ne peut saisir ni sentir comme tel, — cela aussi, du reste, d'une façon plus logique, plus persévérante et plus prudente que ne l'a fait Delessow. Mais dans une autre histoire du même volume : *Le Journal du prince Nechljudow*, apparaît bien plus vivement encore et sans aucune excuse l'absurdité d'un amour du prochain qui ne se préoccupe pas des besoins réels du prochain.

Le prince Nechljudow a entendu, par une magnifique soirée de juillet, devant l' « Hôtel Suisse », à Lucerne, un chanteur ambulant dont les chansons l'ont profondément ému et charmé. Le chanteur est un pauvre petit diable bossu, mal habillé et à l'air famélique. A tous les balcons du somptueux hôtel s'étaient accoudés, avec leurs épouses, de riches Anglais qui avaient pris grand plaisir aux chansons du pauvre infirme ; mais quand celui-ci, ôtant son chapeau, avait sollicité une petite récompense, personne ne lui avait jeté la plus légère obole. L'indignation de Nechljudow est extrême. Il est irrité au plus haut point de ce que « le chanteur a pu solliciter trois fois une charité, et que personne ne lui a donné la moindre chose ; que la plupart même ont ri de lui ». Cela lui semble « un événement que les historiens de notre temps doivent inscrire en lettres de flamme inextinguibles dans le livre de l'histoire ». Il ne veut pas, pour sa part, être complice de ce crime inouï. Il court derrière le pauvre diable, le rattrape, et lui propose de boire avec lui une bouteille de vin. Le chanteur accepte. « Il y a près d'ici un petit café », dit-il, « on peut y entrer, — un petit café modeste », ajoute-t-il. « Ce mot « modeste » fit naître involontairement en moi », raconte Nechljudow dans son carnet, « l'idée de ne pas aller dans un modeste café, mais à l' « Hôtel Suisse », où se trouvaient les gens qui l'avaient écouté chanter. Bien qu'il refusât à plusieurs reprises, avec une timidité émue, d'aller à l' « Hôtel Suisse », beaucoup trop distingué, disait-il, je persistai dans mon idée ».

Il conduit le chanteur dans l'hôtel distingué. La domesticité lance des regards hostiles et méprisants au vagabond misérablement habillé, bien qu'il apparaisse en compagnie de l'hôte princier. Elle leur indique « la salle de gauche réservée au peuple ». Le chanteur est très embarrassé et se souhaite à mille lieues de là, mais il n'en laisse rien voir. Le prince commande du champagne. Le chanteur boit sans réel plaisir et sans confiance. Il raconte sa vie et dit soudainement : « Je sais ce que vous voulez : me rendre ivre, pour voir comment je serai ». Les mines railleuses et effrontées des serviteurs irritent Nechljudow, qui entraîne vivement son invité dans l'élégante salle à manger de droite, destinée aux clients de marque. Il veut être servi là, et rien que là. Les Anglais présents quittent la salle, indignés, les garçons sont stupéfiés, mais n'osent pas contrecarrer le prince russe irrité ; « le chanteur faisait un visage piteusement effrayé et me pria, ne comprenant évidemment pas pourquoi j'étais en colère ni ce que je voulais, de le laisser partir aussitôt que possible ». Le petit homme était assis « à demi mort, à demi vivant », auprès du prince, et fut très heureux quand enfin Nechljudow le congédia.

Que l'on remarque avec quelle absurdité sans nom le prince Nechljudow se comporte du commencement à la fin. Il invite le chanteur à boire une bouteille de vin, quoiqu'il dût se dire, s'il possédait la moindre étincelle de bon sens, qu'un souper chaud ou, mieux encore, une pièce de cent sous, serait beaucoup plus nécessaire et utile au pauvre diable qu'une bouteille de vin. Le chanteur propose d'entrer dans un modeste cabaret où il se sentirait à l'aise. Le prince ne prête pas la moindre attention à ce désir naturel et raisonnable, mais traîne le malheureux dans un hôtel distingué où, avec son misérable vêtement, sous le feu croisé des regards insolents et railleurs des garçons, il se sent excessivement gêné. Peu importe au prince. Il commande du champagne, auquel le chanteur n'est pas habitué et qui lui fait si peu de plaisir, qu'il en vient à s'imaginer que son noble amphitryon veut lui jouer un tour, — le voir ivre. Nechljudow commence à se quereller avec les garçons, pénètre dans la plus riche salle de l'hôtel, met en fuite les autres clients qui ne veulent pas souper avec le chanteur des rues, et ne se soucie pas, pendant tout ce temps, des sentiments de son invité, qui est assis sur des charbons ardents, voudrait disparaître sous terre, et ne respire de nouveau que quand son terrible bienfaiteur le laisse échapper de ses griffes.

Nechljudow a-t-il pratiqué l'amour du prochain? Non. Il n'a rien fait d'agréable pour le chanteur. Il l'a torturé. Il s'est satisfait lui-même, et c'est tout. Il a voulu se venger des Anglais au cœur dur, contre lesquels il était furieux, et il l'a fait aux dépens du pauvre diable. Il regarde comme un événement inouï que les riches Anglais n'aient rien donné au chanteur; mais son procédé à l'égard de celui-ci est pire. L'exécrable lésinerie des Anglais a peut-être attristé le chanteur un quart d'heure; l'hospitalité absurde de Nechljudow l'a torturé toute une heure. Le prince n'a pas pris un seul instant la peine d'examiner ce qui serait agréable et utile au pauvre diable; il n'a pensé qu'à ses propres émotions, à sa colère, à son mécontentement. Ce philanthrope au cœur tendre est un dangereux et criminel égoïste.

L'amour du prochain, dépourvu de discernement, du mystique émotif, manque nécessairement son but, parce qu'il n'a pas pour point de départ la connaissance des véritables besoins de son semblable. Le mystique pratique un anthropomorphisme sentimental. Il transporte sans hésitation sa propre manière de sentir sur d'autres êtres qui sentent tout différemment que lui. Il est capable de plaindre amèrement les taupes condamnées à rêver dans l'éternelle obscurité de leurs passages souterrains, et songe peut-être, avec des larmes dans les yeux, à introduire dans ceux-ci la lumière électrique. Puisque lui, qui voit, il souffrirait atrocement dans les conditions d'existence d'une taupe, il pense que cet animal est naturellement aussi à plaindre, bien qu'il soit aveugle et n'ait donc pas à regretter la lumière. Une anecdote raconte qu'un enfant, un jour d'hiver, versa de l'eau chaude dans l'aquarium du salon, parce que les petits poissons dorés auraient eu trop froid, et il est souvent question, dans les journaux comiques, de sociétés de bienfaisance qui envoient de chauds vêtements d'hiver aux nègres de l'Équateur. C'est l'amour du prochain de Tolstoï en action.

Un point spécial de sa doctrine morale est la mortification de la chair. Tout commerce avec la femme est à ses yeux une immoralité, le mariage est aussi impur que la liaison la plus libre. La *Sonate à Kreutzer* est l'affirmation la plus complète et, en même temps, la plus célèbre de ces principes. Le meurtrier par jalousie, Pozdnyscheff, dit : « Rien d'agréable dans la lune de miel, au contraire. C'est une gêne continuelle, une honte, une humeur noire, et, par-dessus tout, un ennui, un ennui épouvantable. Je ne puis comparer cette situation qu'à celle d'un jeune homme qui veut s'habituer à fumer : il a des envies de vomir, avale sa salive, et feint quand même d'éprouver un grand plaisir. Si le cigare doit lui donner des jouissances, c'est plus tard, comme pour le mariage. Avant d'en jouir, les époux doivent d'abord s'habituer au vice.

« — Comment, au vice ? (lui objecte son interlocuteur). Mais vous parlez d'une chose naturelle, d'un instinct.

« — Une chose naturelle ! un instinct ! Pas le moins du monde. Je suis arrivé, permettez-moi de vous le dire, à la conviction contraire, et j'estime, moi, homme corrompu et débauché, que c'est contre nature.... C'est un acte absolument contre nature pour toute jeune fille pure, tout autant que pour un enfant [1] ».

Plus loin, Pozdnyscheff développe la théorie délirante suivante de la loi de la vie : « Le but de l'homme, comme de l'humanité entière, est le bonheur, et, pour l'atteindre, il leur a été donné une loi qu'ils doivent suivre. Cette loi consiste dans l'union des êtres qui composent l'humanité. Les passions seules empêchent cette union, et, par-dessus toutes les autres, la plus forte, la pire, l'amour sensuel, la volupté. Quand on aura réprimé les passions, et, avec toutes, la plus forte, l'amour sensuel, l'union existera alors, et l'humanité, ayant accompli son but, n'aura plus

---

[1]. Léon Tolstoï, *Sonate à Kreutzer*. Traduit du russe par E. Halpérine-Kaminsky. Collection des auteurs célèbres, p. 72.

de raison d'exister ». Et ses derniers mots sont : « Il faut bien saisir le sens exact de l'Évangile selon saint Mathieu, v. 28; il faut bien comprendre que cette phrase : « Quiconque regarde une femme avec convoitise a déjà commis l'adultère », se rapporte aussi à la sœur et non seulement à la femme étrangère, mais aussi et surtout à sa propre femme [1] ».

Tolstoï en qui, comme dans tout dégénéré supérieur, vivent deux hommes, dont l'un remarque et juge les absurdités de l'autre, a, dans la *Sonate à Kreutzer*, encore le sentiment clair de la folie de sa théorie, et il fait dire par le proclamateur de celle-ci, Pozdnyscheff, qu' « il passe pour être fou [2] ». Mais dans son *Court Exposé de l'Évangile*, où il parle en son propre nom, il développe la même doctrine, quoique avec un peu plus de réserve. « La tentation de pécher contre le second commandement vient de ce que nous croyons que la femme est créée pour le plaisir charnel, et que, lorsqu'on laisse une femme et qu'on en prend une autre, on a plus de plaisir. Pour ne pas succomber à la tentation, il faut se souvenir que ce n'est pas la volonté du Père que l'homme ait du plaisir par le charme féminin... ». Et, dans *Le Roman du Mariage*, il expose également que l'homme et la femme, même s'ils s'épousent par amour, doivent, dans le mariage, devenir ennemis, et qu'il est absolument inutile de tenter une culture durable des sentiments primitifs [3].

Ce serait perdre son temps que de réfuter une théorie

---

1. *Sonate à Kreutzer*, p. 248-249.
2. *id. Ibid.*, p. 119.
3. Léon Tolstoï, *Le Roman du Mariage*. Traduit du russe par Michel Delines. Collection des auteurs célèbres.

qui insulte à toutes les expériences, à toutes les observations de la nature, à toutes les institutions et à toutes les lois développées historiquement, et qui a consciemment pour but d'anéantir l'humanité. L'idée de la combattre avec zèle ne pourrait venir qu'à des hommes qui eux-mêmes auraient l'esprit plus ou moins détraqué. Pour les cerveaux sains, il suffit de la résumer clairement. On la reconnaît alors immédiatement pour ce qu'elle est : de la folie.

Le grand ennemi, pour Tolstoï, c'est la science. Il ne se fatigue pas, dans *Ma confession*, de l'accuser et de la railler. Suivant lui, elle ne sert pas au peuple, mais aux gouvernements et aux capitalistes. Elle s'occupe de choses aussi oiseuses et vaines que l'examen du protoplasma et l'analyse spectrale, mais n'a jamais songé encore à rien d'utile, par exemple « à la meilleure façon de fabriquer une hache et son manche, au moyen de faire une bonne scie, de bon pain ; quelle sorte de farine convient le mieux pour celui-ci, comment il faut traiter le levain, bâtir le four et le chauffer ; quelles boissons et quels aliments sont les plus sains, quels champignons sont comestibles, etc., etc. ». Il a du malheur avec ses exemples, remarquons-le en passant, car des sujets qu'il énumère, les débutants même dans l'étude de l'hygiène et de la mécanique s'en occupent. Conformément à sa nature de poète, il a senti le besoin d'incarner aussi en une œuvre artistique ses vues sur la science. Il l'a fait dans la comédie intitulée *Les Fruits de l'Éducation*. Qui raille-t-il là ? De pauvres imbéciles qui croient aux revenants et vont, pleins d'angoisse mortelle, à la chasse des microbes. Le spiritisme et les opinions de gens du monde ignorants sur les microbes infectieux, opinions puisées dans les faits divers mal compris des journaux politiques, sont pour lui la science, et c'est contre cela qu'il lance les flèches de sa satire !

La science véritable n'a pas besoin d'être défendue contre des attaques de ce genre. J'ai déjà démontré, en appréciant les reproches que les symbolistes néo-catholiques et leurs protecteurs critiques soulèvent contre la science exacte, que toutes ces phrases sont ou puériles ou de mauvaise foi. L'imputation de mauvaise foi ne serait pas de mise à l'égard de Tolstoï. Il croit ce qu'il dit. Mais ses plaintes et ses railleries sont en tout cas enfantines. Il parle de la science comme un aveugle parle des couleurs. Il n'a visiblement aucun soupçon de sa nature, de sa tâche, de ses méthodes et des objets dont elle s'occupe. Il ressemble à Bouvard et Pécuchet, les deux idiots de Flaubert, qui, complètement ignorants, dépourvus de maîtres et de guides, feuillettent sans choix une quantité de livres, s'imaginent avoir acquis, en se jouant ainsi, un savoir positif, cherchent à l'employer avec l'innocence d'un crooboy dressé, commettent, naturellement, d'horribles sottises les unes sur les autres, et se croient ensuite autorisés à insulter la science et à la déclarer une bêtise et un leurre. Flaubert, en accommodant ainsi Bouvard et Pécuchet, se vengeait de la niaiserie de ses propres tentatives pour conquérir la science comme un lieutenant conquiert une chanteuse de café-concert; Tolstoï a déchargé sa colère sur la science, cette beauté orgueilleuse et prude qu'on ne peut gagner que par de sérieux et longs services désintéressés, en peignant sur les murs les imbéciles de ses *Fruits de l'Education*. Le dégénéré Flaubert et le dégénéré Tolstoï se rencontrent ici dans le même délire.

La route du bonheur est, pour Tolstoï, l'éloignement de la science, l'abdication de la raison et le retour à la vie naturelle, c'est-à-dire à l'agriculture. « Il faut abandonner la ville, renvoyer le peuple des fabriques, s'établir dans la campagne, travailler des mains ; le but de tout homme doit être de satisfaire seul tous ses besoins ». (*Que doit-on faire ?*)

Comme la raison et l'absurdité se mêlent étrangement aussi dans ce programme économique ! Les maux que traînent derrière eux le déracinement du peuple de la maternelle terre nourricière et la culture artificielle d'un prolétariat industriel des grandes villes, Tolstoï les a exactement reconnus. Il est vrai également que l'agriculture pourrait occuper sainement et utilement beaucoup plus d'hommes qu'actuellement, si le sol était la propriété de la collectivité et que chacun n'en reçût d'autre part, et seulement en part viagère, que celle qu'il pourrait cultiver à fond. Mais faut-il pour cela détruire l'industrie ? Ne serait-ce pas détruire la civilisation elle-même ? L'amour rationnel du prochain et l'équité n'ont-ils pas plutôt pour tâche de maintenir soigneusement la division du travail, ce résultat nécessaire et avantageux d'une longue évolution, mais en transformant, par un meilleur ordre économique, l'ouvrier industriel, de galérien des fabriques condamné à la misère et à la maladie qu'il est aujourd'hui, en un libre producteur de biens jouissant lui-même des fruits de son travail et ne peinant plus que dans la mesure où cela est compatible avec sa santé et ses droits à la vie ?

Mais c'est en vain qu'on cherche chez Tolstoï la plus légère allusion à une solution semblable. Il se contente de l'enthousiasme stérile pour la vie campagnarde, qui, beau encore chez Horace, est déjà ridicule et agaçant chez Rousseau, et il rabâche, à la suite du beau parleur genevois en proie au délire des persécutions, qui ne pouvait mener par le bout du nez qu'un siècle sentimental comme le sien, les phrases creuses sur l'inutilité de la civilisation. Retour à la nature! Il n'est pas possible de condenser en moins de mots plus de sottise. La nature est sur notre planète l'ennemi que nous devons combattre, devant lequel nous n'avons pas le droit de déposer les armes. Pour conserver notre vie, nous devons créer des conditions artificielles compliquées à l'infini : couvrir notre corps, construire un abri au-dessus de notre tête, amasser des provisions pour les nombreux mois pendant lesquels la nature nous refuse toute nourriture. Il n'y a qu'une étendue très étroite de notre planète où l'homme peut vivre sans efforts, sans inventions et sans arts, comme l'animal dans la forêt et le poisson dans l'eau : ce sont quelques îles de l'Océan Pacifique. Là, en effet, dans un printemps éternel, il n'a besoin ni de vêtements ni de demeure, ou tout au plus de quelques feuilles de palmier pour s'abriter contre une pluie momentanée. Là, il trouve en toute saison sa nourriture toujours prête dans le cocotier, l'arbre à pain, le bananier; dans quelques animaux domestiques, quelques poissons et coquillages. Nulle bête fauve ne menace sa sécurité et ne le force à déployer de la vigueur et à braver la mort. Mais combien d'hommes peut nourrir ce paradis terrestre? Peut-être un centième de l'humanité actuelle. Les quatre-vingt-dix-neuf autres centièmes n'ont que le choix ou de périr, ou de coloniser ces régions de notre planète où la table n'est pas servie et la couche voluptueuse pas dressée, mais où l'on doit se procurer artificiellement et péniblement tout ce que la vie réclame pour sa conservation. Le « retour à la nature », à nos degrés de latitude, signifie le retour à la mort par la faim et le froid, au dépècement par les loups et les ours. Ce n'est pas dans l'impossible retour « à la nature » qu'il faut chercher le traitement curatif de la misère humaine, mais dans l'organisation rationnelle de notre lutte contre la nature, je dirais volontiers dans le service obligatoire universel contre elle, dont les infirmes seuls pourraient être exemptés.

Nous avons vu maintenant une à une les idées qui, réunies, constituent le tolstoïsme. Comme philosophie, il explique le monde et la vie au moyen de quelques paraphrases absurdes ou contradictoires de versets de la Bible mal compris à dessein. Comme doctrine morale, il prescrit la renonciation à la résistance contre le vice et le crime, le partage des biens et l'anéantissement de l'humanité par une complète continence. Comme doctrine sociale et économique, il prêche l'inutilité de la science, le salut par l'abrutissement, la renonciation aux produits de l'industrie, et l'agriculture obligatoire, sans toutefois indiquer où le paysan prendrait le champ nécessaire. Ce qu'il y a de curieux dans ce système, c'est qu'il ne remarque pas sa propre superfluité. S'il se comprenait lui-même, il se limiterait à ce seul point : la continence. Car il est clair qu'il est inutile de se casser la tête sur le but et le contenu de la vie humaine, sur le crime et l'amour du prochain, et particulièrement sur l'existence à la campagne ou à la ville, si, par suite de continence, l'humanité doit finir avec la génération actuelle.

M. Édouard Rod nie que Tolstoï soit un mystique. « Le mysticisme, en effet, comme le mot l'indique(?), a toujours été une doctrine transcendantale. Les mystiques, surtout les mystiques chrétiens, ont toujours sacrifié la vie présente à la vie future.... Or, ce qui frappe au contraire un esprit non prévenu, dans les livres de Tolstoï, c'est l'absence presque complète de toute métaphysique, c'est l'indifférence où le laissent ce qu'on appelle les problèmes de l'au-delà [1] ».

Ce critique ne sait pas, évidemment, ce qu'est le mysticisme. Il restreint d'une façon inadmissible le sens de ce mot, s'il l'applique seulement à l'examen des « problèmes de l'au-delà ». Moins superficiel, il reconnaîtrait que la rêverie religieuse n'est qu'un cas particulier d'un état d'esprit général, et que le mysticisme est toute obscurité et incohérence maladives de pensée accompagnées d'émotivité, par conséquent celles aussi qui ont pour fruit le système à la fois matérialiste, panthéiste, chrétien, ascétique, rousseaulâtre et communiste de Tolstoï.

Raphaël Lœwenfeld, auquel nous devons la première traduction allemande complète des œuvres de Tolstoï, a aussi composé une biographie très méritante de l'écrivain russe, dans laquelle toutefois il se croit obligé non seulement de prendre passionnément parti pour son

---

[1]. Édouard Rod, *Les Idées morales du temps présent*. Paris, 1892, p. 241.

héros, mais aussi d'assurer par avance de son profond mépris les critiques possibles de celui-ci. « L'incompréhension, dit-il, les nomme (les « phénomènes originaux » de l'espèce de Tolstoï) des originaux ; elle ne peut supporter que l'un soit plus grand d'une tête que tous les autres. L'homme exempt de préjugés, qui a reçu en partage la faculté d'admirer les grandes choses, voit dans cette originalité la manifestation d'une force extraordinaire qui dépasse la puissance de l'époque et montre la voie à ceux qui viennent ¹ ». Il est peut-être osé d'accuser ainsi d' « incompréhension » tous ceux qui ne partagent pas votre opinion. Celui qui juge si souverainement devra souffrir qu'on lui réponde que celui-là se rend coupable d'incompréhension, qui aborde sans la préparation la plus élémentaire le jugement d'un phénomène exigeant, pour être compris, beaucoup plus que quelque savoir esthético-littéraire et des sensations personnelles. Lœwenfeld se vante de sa capacité d'admirer les grandes choses. Il a peut-être tort de ne pas supposer cette capacité chez d'autres aussi. Ce que précisément il faudrait prouver, c'est que ce qu'il admire mérite réellement la qualification de grandes choses ; mais son affirmation est la seule preuve qu'il produit en faveur de ce point si important. Il se dit exempt de préjugés. On peut lui accorder qu'il est exempt de préjugés, mais il est malheureusement exempt aussi des connaissances préliminaires qui seules autorisent à se former et à exposer avec assurance une opinion sur des phénomènes psychologiques qui frappent comme exceptionnels

---

1. Raphaël Lœwenfeld, *Léon N. Tolstoï, sa vie, ses œuvres, ses idées*. 1ʳᵉ partie, Berlin, 1892, préface, p. 1.

le profane lui-même. S'il possédait ces connaissances préliminaires, il saurait, par exemple, que Tolstoï, qui doit « montrer la voie à ceux qui viennent », n'est qu'un exemplaire-type d'un genre d'hommes qui a eu des représentants à toutes les époques. Lombroso cite, entre autres, un certain Knudsen, un fou qui vivait vers 1680 dans le Sleswig et « soutenait qu'il n'y avait ni Dieu ni enfer ; que les prêtres et les juges étaient inutiles et nuisibles, et que le mariage était une immoralité ; que l'homme cessait à la mort ; que chacun devait se laisser guider par ses lumières intérieures, etc.[1] ». Nous avons là les parties essentielles des idées de Tolstoï sur le monde, et de sa doctrine morale. Mais Knudsen a si peu « montré la voie à ceux qui viennent », qu'il n'est plus cité que dans les livres consacrés aux maladies mentales, et comme un cas instructif de folie.

La vérité est que toutes les particularités intellectuelles de Tolstoï peuvent être ramenées aux stigmates les mieux connus et le plus souvent observés de la dégénérescence supérieure. Il raconte de lui-même : « Le scepticisme me jeta durant un temps dans un état voisin de la folie. J'avais l'idée qu'en dehors de moi personne et rien n'existe dans l'univers entier, que les objets ne sont pas les objets, mais des représentations qui n'apparaissent que si je dirige sur elles mon attention, et que ces représentations disparaissent dès que je cesse de songer à elles.... Il y eut des heures où, sous l'influence de cette idée fixe, je parvins à un tel degré de confusion intellectuelle, que je me retournais parfois brusquement du côté opposé,

---

1. Lombroso, *Génie et Folie*, p. 256, note.

dans l'espoir d'être surpris, là où je n'étais pas, par le néant [1] ». Et, dans *Ma Confession*, il dit expressément : « Je sentais que je n'étais pas complètement sain au point de vue intellectuel [2] ». Son sentiment était juste. Il souffrait de la manie sceptique ou du doute, que l'on observe chez beaucoup de dégénérés supérieurs. Kowalewski déclare que la manie du doute est exclusivement une psychose dégénérative [3]. Griesinger raconte le cas d'un malade qui ne cessait de se casser la tête sur les idées du beau, de l'être, etc., et se répandait en questions sans fin sur ces sujets. Seulement, Griesinger était peu au courant des phénomènes de dégénérescence, et regardait par conséquent son cas comme « peu connu [4] ». Lombroso mentionne dans l'énumération des signes de ses fous de génie : « Presque tous sont douloureusement poursuivis par des doutes religieux qui excitent l'esprit et obsèdent comme un crime la conscience craintive et le cœur malade [5] ». Ce n'est donc pas la noble soif de la connaissance qui contraint Tolstoï à s'occuper incessamment des questions relatives au but et à la signification de la vie, mais la maladie dégénérative de la manie du doute, qui est stérile, parce qu'aucune réponse, aucun éclaircissement, ne peuvent la satisfaire. Il va de soi, en effet, qu'un « parce que » si clair, si définitif qu'il soit, ne peut jamais faire taire un « pourquoi » mécanico-impulsif provenant de l'inconscient.

Une forme particulière de la manie du doute est la rage

---

1. R. Lœwenfeld, *op. cit.*, p. 39.
2. R. Lœwenfeld, *op. cit.*, p. 276.
3. *The Journal of mental science*, janvier 1888.
4. Griesinger, *Sur un état psychopathique peu connu. Archives de psychiatrie* (en allemand), 1er volume.
5. Lombroso, *Génie et Folie*, p. 324.

de contredire et le penchant à des affirmations bizarres, que plusieurs cliniciens, Sollier entre autres, notent comme un des stigmates de la dégénérescence [1]. Elle s'est accusée fortement chez Tolstoï à certains moments. « Dans son effort vers l'indépendance », dit Lœwenfeld, « Tolstoï dépassa parfois les bornes du goût, en combattant la tradition uniquement parce que c'était la tradition. C'est ainsi... qu'il nomma Shakespeare un écrivailleur à la douzaine, et soutint que l'admiration... pour le grand Anglais n'avait, à vrai dire, d'autre cause que l'habitude de répéter machinalement les opinions des autres [2] ».

Ce qu'on trouve le plus touchant et le plus digne d'admiration chez Tolstoï, c'est son amour illimité du prochain. Que, dans ses prémisses et ses manifestations, cet amour, tel qu'il le comprend, soit absurde, je l'ai démontré plus haut. Mais il reste encore à prouver qu'il est également un stigmate de dégénérescence. Tourgueneff, cet esprit clair et sain, a, sans connaître les expériences des aliénistes, rien qu'en suivant son sentiment naturel, nommé « railleusement », dit Lœwenfeld, « l'amour ardent de Tolstoï pour le peuple opprimé » un amour « hystérique [3] ». Nous le retrouverons, chez beaucoup de dégénérés. « En opposition au débile égoïste », nous enseigne Legrain, « plaçons le débile bon jusqu'à l'exagération, philanthrope, échafaudant mille systèmes absurdes en vue du bonheur de l'humanité ». Et plus loin : « Tout plein de son amour pour l'humanité, le malade débile

---

1. Sollier, *Psychologie de l'Idiot et de l'Imbécile.*
2. R. Lœwenfeld, *op. cit.*, p. 100.
3. *Id. Ibid.*, p. 47.

aborde sans hésiter la question sociale par ses côtés les plus ardus, et la tranche imperturbablement par une série d'inventions grotesques[1] ». Cette philanthropie déraisonnable, non guidée par le jugement, que Tourgueneff, avec un pressentiment juste mais une désignation fausse, qualifiait d'« hystérique », n'est autre chose qu'une des formes de cette émotivité qui, pour Morel, constitue le caractère fondamental de la dégénérescence. Le fait que, pendant la dernière famine, Tolstoï a eu le bonheur de pouvoir déployer une activité des plus efficaces et des plus dévouées pour l'adoucissement de la détresse de ses compatriotes, ne peut rien changer à ce diagnostic. Le cas était simple. La détresse de ses semblables se présentait sous la forme la plus primitive : le manque de nourriture. La philanthropie pouvait également se manifester sous sa forme la plus primitive : la distribution d'aliments et de vêtements. Il n'était pas besoin, en cette circonstance, d'une vigueur particulière de jugement, d'une intelligence approfondie des besoins de ses semblables. Et si les dispositions prises par Tolstoï pour venir en aide aux malheureux ont été plus efficaces que celles des autorités, cela prouve simplement l'hébétement et l'incapacité de ces dernières.

De même, la position de Tolstoï vis-à-vis la femme, qui doit rester incompréhensible pour un esprit sain, deviendra facilement intelligible à la lumière de l'expérience clinique. Nous avons déjà répété ici, à plusieurs reprises, que l'émotivité des dégénérés a, en règle générale, une teinte

---

1. Legrain, *Du délire chez les dégénérés*, p. 28, 195.

érotique, parce que les centres sexuels sont chez eux pathologiquement altérés. L'excitabilité anormale de ces parties du système nerveux peut aussi bien avoir pour conséquence un penchant particulier pour la femme, qu'une aversion particulière pour elle. Le lien commun qui unit ces effets opposés d'un seul et même état organique, c'est la continuelle préoccupation de la femme, la continuelle obsession de la conscience par des représentations du domaine de la sexualité [1].

Dans la vie intellectuelle de l'homme sain, la femme est loin de jouer le rôle qu'elle joue dans la vie du dégénéré. Le rapport physiologique de l'homme à la femme est celui du désir périodique de la possession de celle-ci, et de l'indifférence quand l'état de désir n'existe pas. L'homme normal n'éprouve jamais d'aversion, encore moins d'hostilité violente à l'égard de la femme en général. Quand il la désire, il l'aime; quand son excitation érotique est calmée, il reste à son égard froid et étranger, mais sans dégoût ni crainte. Il est vrai que l'homme, s'il n'avait tenu compte que de ses besoins et de ses penchants physiologiques purement subjectifs, n'aurait jamais inventé le mariage, l'union durable avec la femme. Ce n'est pas là, en effet, une institution sexuelle, mais sociale; elle ne repose pas sur les instincts organiques de l'individu, mais

---

1. Je n'ai pas le dessein, dans un livre destiné avant tout au lecteur en général, de m'arrêter sur ce point scabreux. Ceux qui veulent en apprendre davantage sur l'érotisme maladif des dégénérés n'ont qu'à lire les ouvrages de Paul Moreau (de Tours), *Des aberrations du sens génésique*, 2ᵉ édition, Paris, 1883, et de Krafft-Ebing, *Psychopathia sexualis*, Stuttgart, 1886. Des travaux analogues de Westphal (*Archives de psychiatrie*, 1870 et 1876), de Charcot et de Magnan (*Archives de neurologie*, 1882), etc., ne sont guère accessibles aux profanes.

sur les besoins de la collectivité. Elle dépend de l'ordre économique existant et des conceptions régnantes de l'État, de sa mission et de ses rapports vis-à-vis l'individu, et change de forme avec ceux-ci. L'homme peut — ou devrait du moins — choisir par amour, pour épouse, une femme déterminée; mais ce qui, son choix fait et son but atteint, le retient dans le mariage, ce n'est plus l'amour physiologique, mais un mélange compliqué d'habitude, de reconnaissance, d'amitié asexuelle, de commodité, le désir de se procurer des avantages économiques (au nombre desquels il faut naturellement compter un intérieur bien réglé, la représentation mondaine, etc.), l'idée du devoir envers ses enfants et l'État, plus ou moins aussi l'imitation machinale d'un usage général. Mais des sentiments tels que ceux qui sont décrits dans la *Sonate à Kreutzer* et *Le Roman du Mariage*, l'homme normal ne les éprouve jamais à l'égard de sa femme, même s'il a cessé de l'aimer au sens biologique du mot.

Tout autres se présentent ces conditions chez le dégénéré. Il est complètement dominé par l'activité maladive de ses centres sexuels. Chez lui, l'idée de la femme a la puissance d'une obsession. Il sent qu'il ne peut résister aux excitations qui partent de la femme, qu'il est l'esclave désarmé de celle-ci, et qu'il serait prêt, sur un regard et un signe d'elle, à commettre toutes les folies et tous les crimes. Il voit donc nécessairement dans la femme une force de la nature sinistre et toute-puissante, offrant à la fois la plus haute volupté et exerçant une action destructrice, et il tremble devant cette puissance à laquelle il est livré sans défense. Si ensuite viennent s'ajouter à cela les aberrations qui ne manquent presque jamais, s'il commet réellement pour la femme des actes qu'il condamne lui-même et pour lesquels il doit se mépriser ; ou bien si la femme, sans qu'il aille jusqu'aux actes réels, éveille en lui des impulsions et des idées dont l'abjection ou la scélératesse l'épouvante, alors l'horreur que lui inspire la femme tournera, dans les moments d'épuisement où le jugement est plus fort que l'instinct, en dégoût et en haine furieuse. Le dégénéré érotomane se comporte vis-à-vis la femme comme le dipsomane vis-à-vis la boisson alcoolique. Magnan a tracé un tableau terrible des luttes que se livrent, dans l'esprit de l'ivrogne, la passion violente de la bouteille et le dégoût, l'horreur ressentis pour elle [1]. L'esprit de l'érotomane est le théâtre de luttes semblables, mais probablement plus fortes encore. Elles amènent parfois le malheureux qui ne voit pas d'autre moyen d'échapper à ses obsessions sexuelles, jusqu'à l'auto-mutilation. Il y a en Russie, on le sait, une secte tout entière de dégénérés, les skoptzi, qui pratique systématiquement la mutilation comme le seul procédé efficace pour échapper au diable et devenir bienheureux. Pozdnyscheff, dans la *Sonate à Kreutzer*, est un skopetz sans le savoir, et la morale sexuelle enseignée par Tolstoï dans ce récit et dans ses écrits théoriques est l'expression littéraire de la psychopathie sexuelle des skoptzi.

L'immense talent littéraire de Tolstoï a, sans aucun doute, une part au succès universel de ses écrits, mais

---

1. V. Magnan, *Leçons cliniques sur la dipsomanie, faites à l'Asile Sainte-Anne*. Recueillies et publiées par M. le D${}^r$ Marcel Briand. Paris, 1884.

non la plus grande part. Comme nous l'avons vu, en effet, au commencement de ce chapitre, ce ne sont pas ses créations les plus remarquables au point de vue artistique, les œuvres de ses meilleures années, mais ses travaux mystiques postérieurs, qui lui ont acquis ses fidèles. Cette action s'explique par des raisons non esthétiques, mais pathologiques. Tolstoï aurait passé inaperçu comme un Knudsen quelconque du xviie siècle, si ses rêveries de mystique dégénéré n'avaient trouvé les contemporains préparés à les accepter. L'hystérie d'épuisement si répandue était le sol indispensable sur lequel, seul, pouvait prospérer le tolstoïsme.

Que la naissance et la diffusion du tolstoïsme ne soient pas imputables à la valeur intrinsèque des écrits de Tolstoï, mais à l'état d'âme de ses lecteurs, cela ressort le plus clairement de la différence des parties de son système qui ont fait impression dans les différents pays. C'est que, chez chaque peuple, ces notes-là seules éveillent un écho, qui sont au diapason du système nerveux de ce peuple.

En Angleterre, c'est la morale sexuelle de Tolstoï qui eut le plus grand succès, car, en ce pays, les conditions économiques condamnent au célibat une masse effroyable de filles précisément des classes cultivées ; ces pauvres créatures doivent donc naturellement puiser de riches consolations pour leur vie solitaire et sans but, pour leur cruelle exclusion de leurs fonctions naturelles, dans une doctrine qui célèbre la chasteté comme la plus haute dignité et la plus sublime destination de l'homme, et stigmatise avec une sombre colère le mariage comme une effroyable dépravation. Aussi la *Sonate à Kreutzer* estelle devenue le livre d'édification de toutes les vieilles filles de l'Angleterre.

En France, ce qu'on apprécie particulièrement dans le tolstoïsme, c'est qu'il met la science à la porte, dépouille l'intelligence de tous ses emplois et dignités, prêche le retour à la foi du charbonnier, et n'estime heureux que les pauvres d'esprit. C'est là l'eau au moulin des néo-catholiques, et ces mêmes mystiques par intention politique ou par dégénérescence, qui bâtissent une cathédrale au pieux symbolisme, dressent aussi à Tolstoï un des maîtres-autels de leur église.

En Allemagne, on rencontre, en somme, peu d'enthousiasme pour la morale d'abstinence de la *Sonate à Kreutzer* et la réaction intellectuelle de *Ma Confession*, *Ma Religion* et *Les Fruits de l'Education*; par contre, les fidèles allemands de Tolstoï font leur dogme de son vague socialisme et de sa philanthropie maladive. Tous les cerveaux brumeux de notre peuple, qui éprouvent, non par sobre conviction scientifique, mais par émotivité hystérique, du penchant pour un socialisme douceâtre et mou aboutissant surtout à la délivrance de bons de soupe aux prolétaires et à la lecture ou à la contemplation passionnées de romans et de mélodrames sentimentaux tirés de la prétendue vie de l'ouvrier des grandes villes, voient naturellement dans le communisme mendiant de Tolstoï, qui nargue toutes les lois économiques et morales, l'expression de leur amour — très platonique — pour les déshérités; et dans les milieux où le rationalisme fade, retardant au moins de cent ans, de M. d'Egidy, a pu faire sensation et son premier écrit provoquer environ cent réponses, adhésions et commentaires, le *Court Exposé de l'Évangile* de Tolstoï, avec sa négation de la nature divine du Christ et d'une existence après la mort, avec ses effusions extravagantes d'un amour sans objet, de sanctification personnelle incompréhensible et de **moralité phraseuse, et notamment avec** son étonnante interprétation de endroits les plus clairs de l'Écriture, devait être un événement. Tous les adeptes de M. d'Egidy sont des suivants prédestinés de Tolstoï, et tous les admirateurs de Tolstoï commettent une faute de logique, quand ils n'entrent pas dans la nouvelle Armée du Salut de M. d'Égidy.

Par le timbre particulier de l'écho que le tolstoïsme a éveillé dans les différents pays, il est devenu un instrument qui, mieux qu'aucune autre forme de dégénérescence dans la littérature contemporaine, peut servir à déterminer, à mesurer et à comparer le genre et le degré de dégénérescence et d'hystérie chez les nations civilisées où l'on observe le phénomène du Crépuscule des Peuples.

# V

## LE CULTE DE RICHARD WAGNER

Nous avons vu, dans un chapitre précédent, que tout le mouvement mystique de l'époque a sa racine dans le romantisme, c'est-à-dire qu'il part originairement de l'Allemagne. Le romantisme allemand se transforma, en Angleterre, en préraphaélisme; celui-ci engendra en France, avec ce qui lui restait de force fécondante, les produits difformes du symbolisme et du néo-catholicisme, et ce couple de frères siamois contracta avec le tolstoïsme un mariage de banquistes à la façon de ceux qui ont lieu entre un estropié de place publique et un prodige de baraque de foire. Tandis que les descendants de l'émigré, — qui, à son exode de la patrie allemande, portait déjà en lui tous les germes des extumescences et des déformations ultérieures, — changés jusqu'à en être devenus méconnaissables, grandissaient dans les différents pays et se préparaient à regagner l'antique patrie pour essayer de renouer leurs rapports de famille avec les parents restés là-bas, l'Allemagne enfanta un nouveau phénomène qui, il est vrai, ne put être élevé qu'avec beaucoup de peine et ne fut l'objet, pendant de longues années, que de peu d'attention et d'estime; mais ce phénomène finit, néanmoins, par constituer sur la grande foire des fous du temps présent une force d'attraction incomparablement plus puissante que tous ses rivaux. Ce phénomène est le Richard-Wagnérisme. C'est la contribution allemande au mysticisme moderne, et elle dépasse de beaucoup l'apport fait à celui-ci par tous les autres peuples ensemble. Car l'Allemagne est puissante en tout, dans le mal comme dans le bien, et l'énormité de sa force élémentaire se manifeste d'une façon écrasante dans ses actions dégénératives, comme dans ses actions évolutives.

Richard Wagner est chargé à lui seul d'une plus grande quantité de dégénérescence que tous les dégénérés ensemble que nous avons vus jusqu'ici. Les stigmates de cet état morbide se trouvent réunis chez lui au grand complet et dans le plus riche épanouissement. Il présente dans sa constitution d'esprit générale le délire des persécutions, la folie des grandeurs et le mysticisme; dans ses instincts, la philanthropie vague, l'anarchisme, la rage de révolte et de contradiction; dans ses écrits, tous les caractères de la graphomanie, c'est-à-dire l'incohérence, la fuite d'idées et le penchant aux calembours niais, et, comme fond de son être, l'émotivité caractéristique de teinte à la fois érotomane et religieuse.

Quant au délire des persécutions de Wagner, nous avons le témoignage de son dernier biographe et ami Ferdinand Præger, qui raconte que, pendant de longues années, Wagner fut fermement persuadé que les juifs s'étaient ligués contre lui pour empêcher la représentation de ses opéras, délire qui lui inspira son furieux antisémitisme. Sa folie des grandeurs est tellement connue par ses écrits, ses conversations et toute sa conduite, qu'il suffit de la signaler; il convient d'avouer, d'ailleurs, que les agissements lunatiques de son entourage ne contribuèrent pas peu à l'augmenter. Même un équilibre beaucoup plus stable que celui qui régnait dans l'esprit de Wagner aurait infailliblement été détruit par la répugnante idolâtrie qui avait son foyer à Bayreuth. Les *Bayreuther Blætter* sont un phénomène sans précédents. Pour ma part, du moins, je ne connais pas un second exemple de journal fondé exclusivement en vue de la déification d'un homme vivant, et dans chaque numéro duquel, pendant de longues années, les prêtres préposés au culte du dieu du temple lui aient, avec le fanatisme sauvage de derviches hurlants et dansants, brûlé de l'encens, offert des génuflexions et des prosternations, et immolé ses adversaires en guise de sacrifices.

Nous voulons examiner de près le graphomane Wagner. Ses *Écrits et poèmes complets* forment dix gros volumes, et parmi les 4500 pages environ qu'ils renferment, on en trouverait difficilement une seule qui n'étonne pas le lecteur critique par une idée absurde ou une expression impossible. Parmi ses œuvres en prose, — nous nous occuperons plus tard des œuvres en vers, — la principale est certainement celle intitulée *L'Œuvre d'art de l'avenir*[1]. Les idées, — si l'on peut nommer ainsi les ombres

---

1. Richard Wagner, *L'Œuvre d'art de l'avenir*. Leipzig, 1850. (Les

dansantes d'aperceptions d'un dégénéré mystique-émotif, — exprimées dans cet écrit, ont occupé Wagner toute sa vie et ont été exposées à vingt reprises par lui sous des formes toujours nouvelles. *Opéra et Drame, Le Judaïsme dans la musique, Sur l'État et la Religion, Sur la Destination de l'Opéra, Religion et Art*, ne sont autre chose que des paraphrases et des amplifications de certains passages de *L'Œuvre d'art de l'avenir*. Cette répétition infatigable d'une seule et même suite d'idées est déjà, à elle seule, caractéristique à un haut degré. L'écrivain clair et sain de cerveau, qui se sent poussé à dire quelque chose, s'exprimera une bonne fois aussi nettement et vigoureusement qu'il lui sera possible, et sera satisfait ensuite. Il se peut qu'il revienne sur son sujet pour éclaircir des malentendus, repousser des attaques et combler des lacunes; mais il ne songera jamais à récrire une seconde et une troisième fois son livre tout entier ou partiellement en termes fort peu différents, même si plus tard il reconnaît qu'il n'a pas réussi à trouver la forme adéquate. Le graphomane au cerveau confus, au contraire, ne peut reconnaître dans son livre, une fois terminé, l'expression satisfaisante de ses idées, et il sera toujours tenté de recommencer à nouveau un travail qui est sans espoir, puisqu'il doit consister à donner à des notions informes une forme littéraire arrêtée.

L'idée fondamentale de *L'Œuvre d'art de l'avenir* est celle-ci : le premier en date comme en importance des arts a été la danse; l'essence véritable de la danse est le

chiffres des pages indiquées par nous, à propos de nos citations de cet écrit, se rapportent à cette édition).

rythme, et celui-ci s'est développé dans la musique ; la musique, composée du rythme et du son, a haussé (Wagner dit : condensé) son élément phonétique en langage, et produit la poésie ; la forme la plus haute de la poésie est le drame, qui s'est associé, en vue de la construction de la scène, l'architecture, et pour l'imitation du cadre des actions humaines, du paysage, la peinture ; la sculpture enfin n'est autre chose que la fixation du comédien en une forme morte et immobile, et l'art du comédien n'est que la vraie sculpture vivante, animée et fluide. Ainsi se groupent tous les arts autour du drame, et celui-ci devrait normalement les réunir. Actuellement, cependant, ils apparaissent isolés, au grand détriment de chaque art en particulier et de l'art en général. Cet éloignement et cet isolement réciproques des différents arts sont un état contre nature et une cause de décadence, et la tâche des vrais artistes doit être de retrouver le contact naturel et nécessaire. La pénétration et la fusion mutuelles de tous les arts en un art unique donneront la véritable œuvre d'art. L'œuvre d'art de l'avenir est donc un drame avec musique et danse qui se déroule dans un paysage peint, a pour cadre une création magistrale de l'art architectural mis au service de la poésie musicale, et est représenté par des mimes qui sont à proprement parler des sculpteurs, mais réalisent leurs inspirations plastiques par leur propre corps.

C'est ainsi que Wagner a arrangé à son usage le développement de l'art. Son système provoque la critique dans toutes ses parties. La filiation historique des arts qu'il tente d'établir est fausse. Si l'on peut admettre les rapports primitifs du chant, de la danse et de la poésie, le développement de l'architecture, de la peinture et de la sculpture est sûrement indépendant de la poésie dans sa forme dramatique. Que le théâtre emploie tous les arts, cela est vrai ; mais c'est une de ces vérités qui vont tellement d'elles-mêmes, que l'on n'a pas besoin de l'énoncer, et surtout avec des mines de prophète inspiré et les grands gestes hiératiques d'un annonciateur de révélations saisissantes. Chacun sait par expérience que la scène est dans un édifice, qu'elle montre des décors peints représentant des paysages ou des bâtiments, et qu'on y parle, chante, danse et mime. Wagner sent lui-même en secret qu'il se rend ridicule en s'efforçant d'exposer ce fait de banale expérience sur un ton d'oracle, avec un luxe énorme de pathos et d'exaltation ; aussi l'exagère-t-il jusqu'à l'absurdité. Il ne se borne pas à constater que dans le drame, — plus exactement dans l'opéra, ou le drame musical, comme Wagner préfère le nommer, — différents arts agissent ensemble ; mais il affirme que chaque art isolé n'atteint que par cette action d'ensemble sa plus haute puissance d'expression, et que les arts isolés doivent renoncer et renonceront chacun à leur indépendance comme à un égarement contre nature, pour ne plus exister que comme collaborateurs du drame musical.

La première affirmation est au moins douteuse. Dans la cathédrale de Cologne, l'architecture produit son effet sans qu'un drame y soit représenté ; l'accompagnement en musique n'ajouterait rien à la beauté et à la profondeur de *Faust* et de *Hamlet* ; la poésie lyrique de Gœthe et la

*Divine Comédie* n'ont pas besoin, comme cadre et arrière-fond, d'un paysage peint ; le « Moïse » de Michel-Ange fait difficilement une plus profonde impression, si l'on danse ou si l'on chante autour de lui, et la *Symphonie pastorale* de Beethoven n'exige pas, pour exercer pleinement son charme, d'être accompagnée de paroles. Schopenhauer, que Wagner a admiré comme le plus grand penseur de tous les temps, s'exprime très nettement sur ce point. « Le grand opéra, dit-il, n'est pas, à proprement parler, un produit du sens artistique pur, mais plutôt de l'idée un peu barbare de l'accroissement de la jouissance esthétique par l'accumulation des moyens, la simultanéité d'impressions tout à fait différentes, et le renforcement de l'effet par la multiplication de la masse et des forces agissantes ; tandis qu'au contraire la musique, en sa qualité du plus puissant de tous les arts, suffit à elle seule à remplir complètement l'esprit qui est ouvert à elle ; et même ses plus hautes productions, pour être comprises et goûtées comme il convient, réclament l'esprit tout entier, sans partage et sans distraction, afin qu'il se livre à elles et s'y plonge, pour saisir à fond leur langue si incroyablement intime. Au lieu de cela, on attaque l'esprit, pendant une musique d'opéra si hautement compliquée, en même temps par l'œil, au moyen de la pompe la plus bigarrée, des tableaux les plus fantastiques et des impressions de lumière et de couleurs les plus vives ; outre cela, l'affabulation de la pièce occupe encore l'esprit..... Strictement donc, on pourrait nommer l'opéra une invention anti-musicale au profit d'esprits non musicaux, chez lesquels la musique doit être introduite en contrebande par un intermédiaire qui lui est étranger, c'est-à-dire à peu près comme accompagnement d'une fade histoire d'amour longuement délayée et de ses maigres potages poétiques : car le texte d'un opéra ne supporte même pas une poésie serrée, pleine d'âme et d'idées ¹ ». C'est là une condamnation absolue de l'idée wagnérienne du drame musical comme œuvre d'art universelle de l'avenir. Il paraîtrait, il est vrai, que certaines expériences récentes de la psychophysique viennent au secours de la théorie de Wagner relative au renforcement réciproque des effets simultanés des différents arts. Charles Féré a montré que l'oreille entend mieux si l'œil est excité en même temps par une couleur agréable (dynamogène) ². Mais, d'abord, on peut interpréter ce phénomène ainsi : c'est que l'impression visuelle accroît l'acuité de l'ouïe non comme telle, non en tant que simple excitation sensorielle, mais seulement par sa nature dynamogène, et stimule tout le système nerveux en général à une activité plus vive. Ensuite, il s'agit uniquement, dans les expériences de Féré, de simples perceptions des sens, tandis que le drame musical doit éveiller une plus haute activité cérébrale, engendrer des aperceptions et des idées à côté d'émotions immédiates; alors chacun des arts agissant de concert produira, par suite de l'éparpillement fatal de l'attention sur lui, une sensation plus faible que s'il parlait seul aux sens et à l'esprit.

La seconde affirmation de Wagner, que le développement naturel de chaque art le conduit nécessairement à la

---

1. Arthur Schopenhauer, *Parerga und Paralipomena. Petits écrits philosophiques*. Leipzig, 1888, t. II, p. 465.
2. Charles Féré, *Sensation et Mouvement*. Paris, 1887.

renonciation à son indépendance et à sa fusion avec les autres arts, contredit si fort toutes les expériences et toutes les lois de l'évolution, qu'on peut la qualifier nettement de délirante [1]. Le développement naturel va toujours de l'unité à la diversité, et non au rebours ; le progrès consiste dans la différenciation, c'est-à-dire dans la transformation de parties primitivement semblables en organes particuliers de nature différente et de fonctions autonomes, et non dans le retour des êtres différenciés et d'une riche originalité à une archaïque gélatine sans physionomie. Les arts ne sont pas nés fortuitement ; leur différenciation est la conséquence d'une nécessité organique ; quand ils sont une fois parvenus à l'indépendance, ils n'y renoncent plus jamais. Ils peuvent dégénérer, ils peuvent même mourir, mais ils ne peuvent plus se rétrécir à l'état du germe qui a été leur point de départ. Toutefois, l'effort pour revenir aux commencements est une particularité de la dégénérescence et est fondé dans son essence la plus profonde.

---

[1]. *L'Œuvre d'art de l'avenir*, p. 169. « Ce n'est que quand le désir du sculpteur artistique est passé dans l'âme du *danseur*, de l'*interprète mimique*, de celui qui chante et qui parle, que ce désir peut être regardé comme véritablement apaisé. Ce n'est que quand l'art sculptural n'existera plus, qu'il suivra une autre tendance que celle de représenter des corps humains, où qu'il sera passé, en qualité de sculpture, dans l'*architecture*, quand la solitude rigide de cet homme *unique* taillé dans la pierre se sera dissipée dans la multiplicité infiniment coulante des véritables hommes vivants,... ce n'est qu'alors aussi que la vraie *plastique* existera ». Et p. 182 : « Ce que la peinture s'efforce *consciencieusement* d'atteindre, elle l'atteint de la façon la plus parfaite.... quand elle quitte sa toile et sa chaux pour monter sur la *scène tragique*...  Mais la peinture du paysage deviendra comme la dernière et la plus achevée conclusion de tous les beaux-arts, l'âme proprement dite et vivifiante de l'architecture ; elle nous enseignera ainsi à organiser la *scène* pour l'œuvre d'art dramatique de l'avenir, dans laquelle, vivante elle-même, elle représentera le chaud *arrière-fond* de la *nature* à l'usage de l'*homme vivant* et non plus imité ».

Le dégénéré est lui-même en train de descendre de la hauteur du développement organique atteinte par notre espèce ; son cerveau défectueux est inapte au dernier et plus délicat travail de la pensée ; pour cette raison, il se sent poussé à se faciliter ce travail, à simplifier la variété des phénomènes et à les rendre ainsi plus sommaires, à ramener toutes les choses vivantes et mortes à des échelons plus bas et plus anciens d'existence, afin de les rendre plus commodément accessibles à son intelligence. Nous avons vu que les symbolistes français veulent, avec leur audition des couleurs, dégrader l'homme jusqu'à la perception sensorielle non différenciée de la pholade ou de l'huître. La fusion des arts de Wagner forme le pendant de cette lubie. Son « œuvre d'art de l'avenir » est l'œuvre d'art d'un passé lointain. Ce qu'il tient pour de l'évolution est de la régression, un retour à l'état de choses des hommes primitifs, voire même des temps où les hommes n'existaient pas encore.

Beaucoup plus extraordinaire encore que l'idée fondamentale du livre est la langue de celui-ci. Que l'on apprécie, par exemple, les remarques suivantes sur l'art musical (P. 68) : « La mer sépare et relie les terres ; ainsi l'art musical sépare et relie les deux pôles extrêmes de l'art humain, la danse et la poésie. Il est le cœur de l'homme ; le sang qui prend de lui sa circulation donne à la chair tournée à l'extérieur sa chaude couleur vivante ; mais il nourrit, avec une force élastique ondoyante, les nerfs du cerveau qui aspirent à l'intérieur ». — « Sans l'activité du cœur, l'activité du cerveau resterait simplement un tour d'adresse mécanique, l'activité des membres extérieurs un agissement également mécanique et privé de sentiment ». « Par le cœur, l'intelligence se sent apparentée au corps tout entier, et le simple homme sensuel s'élève à l'activité intellectuelle ». — « L'organe du cœur est le *son*, son langage artistement conscient, l'art musical ». L'idée qui préoccupait ici Wagner, c'était une comparaison, déjà complètement absurde en soi, entre le rôle de la musique comme moyen d'expression des sentiments, et le rôle du sang comme véhicule des matières nutritives de l'organisme. Mais comme son cerveau mystique n'était pas capable de saisir nettement les diverses parties de cette idée corsée et de les ordonner parallèlement, il s'embarrassa dans l'absurdité d'une « activité du cerveau sans activité du cœur », d'une « parenté de l'intelligence avec le corps tout entier par le cœur, etc. », et en vint finalement à ce pur radotage d'appeler le son l' « organe du cœur ».

Il veut exprimer l'idée bien simple que la musique ne peut communiquer des aperceptions et des jugements déterminés, mais seulement des sentiments de nature générale, et il imagine dans ce but le galimatias qui suit (P. 88) : « Elle ne peut... jamais amener par elle seule l'homme sensoriellement et moralement déterminé à la représentation distinctive exactement perceptible ; elle est, dans son accroissement infini, toujours et rien que sentiment ; elle apparaît *à la suite* du fait moral, non comme *fait même* ; elle peut juxtaposer des sentiments et des dispositions d'âme, mais non développer, selon les nécessités, une disposition de l'autre ; il lui manque la *volonté morale* ».

Que l'on approfondisse cet endroit encore (P. 159) : « Seulement dans la mesure exacte où la femme, d'une féminité complète, a développé aussi, dans son amour pour l'homme et par son absorption dans son être, l'élément masculin de sa féminité et l'a complètement achevé en soi avec l'élément purement féminin, autrement dit dans la mesure où elle n'est pas seulement la maîtresse de l'homme, mais aussi son ami, l'homme peut trouver déjà dans l'amour de la femme une pleine satisfaction ».

Les admirateurs de Wagner affirment comprendre cet alignement de mots poussés les uns contre les autres au hasard. Ils les trouvent même remarquablement clairs. Cela ne doit pas nous étonner. Les lecteurs qui, par débilité d'esprit ou par distraction habituelle, sont incapables d'attention, comprennent toujours tout. Il n'y a pour eux ni obscurité ni absurdité. C'est qu'ils cherchent dans les mots, sur lesquels leur regard distrait glisse superficiellement, non l'idée de l'auteur, mais un reflet de leurs propres rêveries vagabondes. Ceux qui ont observé d'un œil sympathique ce qui se passe dans les *nursery*, ont pu assister fréquemment à ce spectacle : un enfant prenant un livre ou un morceau de papier imprimé, le mettant devant son visage, le plus souvent à l'envers, et commençant d'un air sérieux à y lire tout haut, parfois l'histoire que sa maman lui a contée la veille avant qu'il s'endorme, plus ordinairement les idées qui passent à l'instant même par sa petite tête. C'est à peu près la manière de faire des bienheureux lecteurs qui comprennent tout. Ils ne lisent pas ce qui se trouve dans les livres, mais ce qu'ils y mettent, et, en effet, pour les procédés et résultats de ce genre d'activité intellectuelle, il importe assez peu que l'auteur ait réellement pensé et dit ceci ou cela.

L'incohérence de la pensée de Wagner, déterminée par les excitations du moment, se manifeste par ses perpétuelles contradictions. Une fois il déclare (P. 187) : « Le but suprême de l'homme est le but artistique, le but artistique suprême est le drame », et peu après, dans une note de la page 194, il s'écrie : « Ces braves gens entendent et voient volontiers tout, excepté *l'homme réel, non défiguré*, qui se tient comme avertisseur à l'issue de leurs rêves. *Mais c'est précisément celui-ci que nous devons maintenant placer au premier plan* ». Il est clair que cette affirmation est diamétralement opposée à l'autre. L'homme « artistique », « dramatique », n'est pas l'homme « réel », et celui qui regarde comme sa tâche de s'occuper de l'homme réel ne verra jamais dans l'art « le but suprême de l'homme » ni ne tiendra ses « rêves » pour sa plus noble fonction.

A un endroit il dit (P. 206) : « Qui donc par conséquent sera l'*artiste de l'avenir*? Sans aucun doute, le poète. Mais *qui* sera le poète? Incontestablement l'*interprète. Qui* cependant sera à son tour l'interprète? Nécessairement l'*association de tous les artistes* ». Si cela a un sens, ce ne peut être que celui-ci : c'est qu'à l'avenir le peuple composera et représentera en commun ses drames; et Wagner témoigne qu'il a réellement eu cela en vue, en allant en ces termes au-devant de l'objection supposée par lui, à savoir que le créateur de l'œuvre d'art de l'avenir devrait donc être la populace (P. 225) : « Songez que cette populace n'est nullement un produit normal de la véritable nature humaine, mais plutôt le résultat artificiel de votre civilisation anti-naturelle ; que tous les vices et toutes les abominations qui vous répugnent en cette populace ne sont que les gestes désespérés de la lutte que la véritable nature humaine engage contre son cruel oppresseur, la civilisation moderne ». Que maintenant on mette en regard de ces assertions le passage suivant de l'écrit qui a pour titre : *Qu'est-ce qui est allemand ?* « Que du sein du peuple allemand soient sortis Gœthe et Schiller, Mozart et Beethoven, cela amène beaucoup trop facilement le grand nombre des médiocres à s'imaginer que ces grands esprits font de droit partie de leur nombre, et à laisser croire à la masse du peuple, avec une satisfaction démagogique, qu'elle est elle-même Gœthe et Schiller, Mozart et Beethoven [1] ». Mais qui donc lui a persuadé cela, sinon Wagner en personne, qui la déclare, elle, la masse du peuple, l'« artiste de l'avenir ? ». Et justement cette folie que, dans la remarque citée, il apprécie lui-même comme telle, a fait une grande impression sur la foule. Elle a pris à la lettre ce que Wagner lui a chanté sur tous les tons « avec une satisfaction démagogique ». Elle s'est véritablement imaginé être l'« artiste de l'avenir », et nous avons vu se former en divers lieux de l'Allemagne des sociétés qui voulaient construire un théâtre de l'avenir et y jouer eux-mêmes des œuvres de l'avenir ! Et à ces sociétés ne participaient pas seulement des étudiants ou de jeunes « calicots » pour lesquels un certain penchant à jouer la comédie est une maladie

---

[1]. Richard Wagner, *Écrits et Poèmes complets.* Leipzig, 1883, t. X, p. 68.

de croissance, et qui s'imaginent volontiers qu'ils servent l' « idéal », quand ils gesticulent et déclament avec une vanité enfantine, revêtus de costumes grotesques, devant leurs parents et connaissances émus, qui les admirent; non, de vieux épiciers au crâne déplumé et au ventre bedonnant abandonnaient leur bienheureux jeu de besigue et jusqu'à leur intangible verre de bière du matin, pour se préparer avec onction à leurs exploits dramatiques. Depuis la circonstance mémorable où Quince, Snug, Bottom, Flute, Snout et Starveling (dans *Le Songe d'une nuit d'été* de Shakespeare), étudièrent ensemble la « très lamentable comédie et la mort très cruelle de Pyrame et de Thisbé », le monde n'avait jamais vu spectacle semblable. Les radotages de Wagner étaient montés à la tête des boutiquiers sentimentaux et des garçons de magasin enthousiastes, et les provinciaux et philistins auxquels sa bonne nouvelle était parvenue, se mirent, à la lettre, en devoir de continuer, avec leurs forces réunies, Cœthe et Schiller, Mozart et Beethoven.

Dans le passage cité où il glorifie, dans la manière la plus passée de Jean-Jacques Rousseau, la populace, où il parle de la « civilisation anti-naturelle » et appelle la « civilisation moderne » le « cruel oppresseur de la nature humaine », Wagner trahit cet état d'esprit que les dégénérés partagent avec les réformateurs illuminés, les criminels-nés avec les martyrs du progrès humain : le mécontentement profond et dévorant de l'état de choses existant. Ce mécontentement, il est vrai, est d'autre nature chez le dégénéré que chez le réformateur. Celui-ci s'indigne seulement contre les maux réels et forme, pour y remédier, des projets raisonnables qui peuvent être en avance sur leur temps, supposer une humanité meilleure et plus sage que celle qui existe, mais se soutiennent toujours par des arguments logiques. Le dégénéré, au contraire, choisit, parmi les institutions de la civilisation, ou celles qui n'ont pas d'importance ou celles qui sont justement très utiles, pour se révolter contre elles. Sa colère vise des buts ridiculement insignifiants ou se déchaîne en l'air. Il ne songe d'ailleurs pas sérieusement à une amélioration, ou couve des projets de bonheur universel dont l'absurdité est renversante. Sa disposition d'esprit fondamentale est une fureur persistante à l'égard de tout et de tous, fureur qui se traduit en paroles virulentes, menaces sauvages et rage de destruction propre aux bêtes fauves. Wagner est un bon échantillon de cette espèce. Il voudrait écraser « la civilisation politique et criminelle », comme il s'exprime. Mais en quoi se manifestent à lui la corruption de la société et le caractère intenable de tous les états de choses? En ce qu'on joue les opéras avec des ariettes sautillantes et qu'on représente des ballets! Et comment l'humanité doit-elle parvenir au salut? En exécutant le drame musical de l'avenir! J'espère qu'on ne réclame pas de moi la critique de ce projet de panacée.

Wagner est anarchiste déclaré. Il développe nettement la doctrine de cette secte dans *L'Œuvre d'art de l'avenir* (P. 217) : « *Tous* les hommes ont seulement *un besoin* commun... : c'est le besoin de *vivre* et *d'être heureux*. En cela se trouve le lien naturel de tous les hommes.... Les besoins particuliers, tels qu'ils se manifestent et croissent selon le temps, le lieu et l'individu, peuvent seuls, dans l'état raisonnable de l'humanité future, fournir la base des associations particulières.... Ces associations changeront, prendront une autre forme, se dissoudront et se reconstitueront suivant que les besoins eux-mêmes changeront et reparaîtront[1] ». Il ne dissimule pas que cet « état raisonnable de l'humanité future » ne pourra être amené que par la violence (P. 228) : « La nécessité doit nous pousser, nous aussi, à travers la Mer Rouge, si nous voulons, purifiés de notre honte, parvenir à la terre promise. Nous ne nous y noierons pas. Elle n'est dangereuse que pour les *pharaons* de ce monde, qui une fois déjà... y ont péri corps et biens, — les pharaons arrogants et orgueilleux qui avaient oublié que, jadis, un pauvre fils de berger les avait préservés par ses sages conseils, eux et leur pays, de la mort par la faim ».

À côté de l'aigrissement anarchiste, une autre émotion domine toute la vie intellectuelle consciente et inconsciente de Wagner : l'émotion sexuelle. Il a été toute sa vie un érotique (dans le sens de la psychiatrie), et toutes ses idées tournent autour de la femme. Les impressions les plus banales et le plus éloignées du domaine sexuel éveillent infailliblement dans sa conscience de luxuriants tableaux de caractère érotique, et le trajet de l'association d'idées automatique est chez lui toujours dirigé vers ce

---

1. Rapprocher de ce passage celui-ci emprunté à l'*Apothéose du théâtre de Bayreuth*, 1882 (*Ecrits et Poèmes complets*, t. X, p. 384) : « Ceci (la sûre exécution de tous les faits sur, dessus, sous, derrière et devant la scène) est le résultat de l'anarchie, en ce que chacun fait ce qu'il *veut*, c'est-à-dire ce qui est bien ».

pôle de sa pensée. Qu'on lise, à ce point de vue, ce passage de *L'Œuvre d'art de l'avenir* (P. 44), où il cherche à exposer les rapports réciproques des arts de la danse, de la musique et de la poésie : « En contemplant cette ravissante ronde des muses les plus authentiques et les plus nobles, de l'homme artistique (?), nous les apercevons maintenant toutes trois enlacée gracieusement jusqu'à la nuque dans les bras l'une de l'autre; puis tantôt celle-ci, tantôt celle-là isolément, comme pour montrer à l'autre sa belle forme en pleine indépendance, se détachant de l'entrelacement et ne touchant plus que de la pointe extrême des doigts les mains des autres; à présent l'une, ravie de la vue de la double forme de ses deux sœurs vigoureusement entrelacées, s'inclinant vers elles; puis deux, transportées par le charme de l'une, la saluant d'un air plein de soumission, pour s'unir enfin toutes, fondues en une, poitrine contre poitrine, membres contre membres, dans un ardent baiser d'amour, en une seule forme voluptueusement vivante. — C'est là l'amour et la vie, la joie et le mariage de l'art, etc. » (Il y a en allemand : *Das Lieben und Leben, Freuen und Freien*, jeux de mots caractéristiques). Ici Wagner perd visiblement le fil de sa démonstration, il néglige ce qu'il voulait dire, et s'arrête en jouissant à l'image des trois jeunes filles dansantes apparues à son œil intérieur, suivant avec une concupiscence lascive les contours de leur forme et leurs mouvements excitants.

La sensualité éhontée qui règne dans ses poèmes dramatiques a frappé tous ses critiques. Hanslick parle de la « sensualité bestiale » de l'*Or du Rhin* et dit de *Sieg-*

*fried* : « Les accents exaltés d'une sensualité insatiable et brûlante jusqu'à l'extrême, ces râles de rut, ces gémissements, ces cris et ces affaissements si affectionnés par Wagner, produisent une impression répugnante. Le texte de ces scènes d'amour devient parfois, dans son exubérance, un pur non-sens [1] ». Qu'on lise au premier acte de *La Valkyrie* [2], dans la scène entre Siegmund et Sieglinde, les indications de jeu : « Interrompant ardemment », « il la saisit avec une ardeur brûlante », « dans un doux transport », « elle se suspend ravie à son cou », « les yeux dans ses yeux », « hors de lui », « au comble de l'ivresse », etc. A la fin, il est dit : « Le rideau tombe vite », et des critiques légers n'ont pas manqué ce trait d'esprit facile : « C'est très nécessaire ». Les lamentations, les glapissements et les fureurs amoureuses de *Tristan et Iseult*, tout le second acte de *Parsifal* entre le héros et les filles-fleurs, puis entre le même et Kundry, dans le jardin enchanté de Klingsor, s'ajoutent dignement à ces endroits. Cela fait vraiment grand honneur à la moralité du peuple allemand, que les opéras de Wagner aient pu être représentés publiquement sans provoquer le plus profond scandale. Combien innocentes doivent être les femmes et les jeunes filles qui sont en état de regarder ces pièces sans rougir jusqu'aux cheveux, ni, de honte, se réfugier sous terre! Combien innocents sont eux-mêmes les maris et les pères qui permettent à leurs femmes et à leurs filles d'assister à ces représentations de scènes de

---

1. Édouard Hanslick, *Stations musicales*. Berlin, 1880, p. 220 et 242.
2. Richard Wagner, *Écrits et Poèmes complets*, t. VI, p. 3 et sqq.

lupanar ! Évidemment, les spectateurs allemands des drames de Wagner ne voient rien de mal aux actions et aux attitudes de ses figures ; ils ne semblent pas soupçonner quels sentiments les excitent et quels desseins déterminent leurs paroles, leurs faits et gestes, et cela explique la candeur paisible avec laquelle ils assistent à des scènes dramatiques où, dans un public moins ingénu, personne n'oserait lever les yeux sur son voisin ni ne pourrait supporter son regard.

L'excitation amoureuse revêt toujours, dans la peinture qu'en fait Wagner, la forme d'une folie furieuse. Les amants se comportent dans ses pièces comme des matous enragés qui se roulent, avec des extases et des spasmes, sur une racine de valériane. Ils reflètent l'état intellectuel du poète, que connaissent bien les hommes spéciaux. C'est une forme du sadisme ; c'est l'amour des dégénérés, qui dans le transport sexuel deviennent des bêtes féroces [1]. Wagner est atteint de la « folie érotique » qui fait des natures grossières des assassins par luxure, et inspire aux

---

1. Dans un livre sur la dégénérescence, il n'est pas possible d'éviter complètement le terrain de l'érotisme, qui renferme précisément les phénomènes les plus caractéristiques et les plus frappants relatifs à ce sujet. Mais je m'arrête, par principe, le moins que je puis sur ce point, et veux pour cette raison indiquer seulement encore, quant à la caractéristique de la folie érotique de Wagner, un travail clinique, celui du Dr Paul Aubry : *Observation d'uxoricide et de libéricide suivis du suicide du meurtrier. Archives de l'anthropologie criminelle*, t. VII, p. 326 : « Cette affection (la folie érotique), dit Aubry, se caractérise par une rage de jouissance inconcevable au moment du rapprochement ». Et dans une note ajoutée au rapport d'Aubry sur le meurtre que le fou érotique, — un professeur de mathématiques de lycée, — avait commis sur sa femme et ses enfants, on lit : « Sa femme, qui parlait facilement et à tous des choses que l'on tient ordinairement le plus secrètes, disait que son mari était comme un furieux pendant l'acte sexuel ». Voir aussi Ball, *La Folie érotique*. Paris, 1891, p. 127.

dégénérés supérieurs des œuvres telles que *La Valkyrie*, *Siegfried*, *Tristan et Iseult*.

Non seulement le fond de ses écrits, mais déjà la forme extérieure de ceux-ci montre en Wagner un graphomane. Le lecteur a pu voir par nos citations à quel abus des mots en italiques Wagner se livre. Parfois il fait composer des demi-pages en lettres espacées. Ce phénomène est expressément constaté par Lombroso chez les graphomanes [1]. Il s'explique suffisamment par la particularité, souvent exposée ici, de la pensée mystique. Aucune forme de langage que le dégénéré mystique peut donner à ses spectres de pensée ne parvient à le satisfaire ; il a toujours la conscience que les phrases qu'il écrit n'expriment pas les faits confus se passant dans son cerveau, et comme il doit désespérer de les traduire par des mots, il cherche, à l'aide de points d'exclamation, de traits suspensifs, de points et de blancs, à faire entrer mystiquement dans ce qu'il écrit plus de choses que les mots n'en peuvent dire.

Une autre particularité des graphomanes (et des imbéciles), le penchant irrésistible aux jeux de mots, est développée à un haut degré chez Wagner. Voyons-en quelques exemples empruntés à *L'Œuvre d'art de l'avenir* (P. 56) : « Ainsi l'art musical acquiert par le son devenu langage... sa plus haute satisfaction en même temps que sa hauteur la plus satisfaisante ». (*Ihre* HÖCHSTE BEFRIEDIGUNG *zugleich mit ihrer* BEFRIEDIGENDSTEN ERHÖHUNG). (P. 94) : « Comme un second Prométhée qui, d'argile (*aus* THON), formait des hommes, Beethoven avait tenté de les former

---

1. Lombroso, *Génie et Folie*, p. 229.

avec le son (*aus* Ton). Ce n'est pas toutefois d'argile ou de son (*aus* Thon *oder* Ton), mais des deux choses à la fois, que l'homme, image de Zeus dispensateur de la vie, devait être formé ». Mettons particulièrement en relief ce passage étonnant (P. 103) : « Si la mode ou l'usage nous permettait de reprendre la seule et vraie manière d'écrire et de parler : *Tichten* pour *Dichten* (composer en vers), nous obtiendrions dans les noms réunis des trois arts primitifs, danse, musique et poésie (*Tanz, Ton und Tichtkunst*), une image sensuelle agréablement caractéristique de l'essence de ces trois sœurs trinitaires, c'est-à-dire une allitération parfaite.... Cette allitération serait particulièrement caractéristique aussi par la situation que la poésie (*Tichtkunst*) y occuperait : comme dernier membre de la rime, la poésie transformerait véritablement l'allitération en rime, etc. »

Nous arrivons maintenant au mysticisme de Wagner, qui pénètre toutes ses œuvres et est devenu une des causes principales de son action sur les contemporains, au moins en dehors de l'Allemagne. Bien que complètement irréligieux et se livrant à de fréquentes attaques contre les religions positives, leurs doctrines et leurs prêtres, il a conservé vivants, d'une enfance passée dans une atmosphère de convictions et de pratiques de foi chrétiennes protestantes, les sentiments et les idées qu'il transforma plus tard si étrangement dans son esprit dégénéré. Ce phénomène en vertu duquel continuent à subsister, au milieu des doutes et des négations ultérieurs, les conceptions chrétiennes de bonne heure acquises, qui agissent comme un ferment toujours actif, altèrent singulièrement toute la pensée et y subissent elles-mêmes de nombreuses désagrégations et déformations, nous pouvons fréquemment l'observer dans les cerveaux confus. Nous le rencontrerons, par exemple, également chez Ibsen. Au fond de tous les poèmes et écrits théoriques de Wagner se trouve un sédiment plus ou moins épais de doctrines défigurées du catéchisme, et dans ses plus luxuriants tableaux percent, sous les couleurs empâtées et criardes, d'étranges traits à peine apparents, qui trahissent que ces tableaux ont été brutalement appliqués sur un fond pâle de souvenirs évangéliques.

Une idée, ou plus justement un mot, s'est tout spécialement ancré au fond de son esprit et l'a poursuivi toute sa vie comme une véritable obsession : le mot « redemption ». Sans doute, il n'a pas chez lui la valeur qu'il possède dans le langage de la théologie. Pour les théologiens, la « rédemption », cette idée centrale de toute la doctrine chrétienne, signifie l'acte sublime d'un amour surhumain qui spontanément se charge de la plus grande souffrance et la supporte joyeusement, afin de délivrer de la puissance du mal les hommes, dont la propre force ne suffit pas pour atteindre ce but. Ainsi comprise, la rédemption a trois prémisses. On doit premièrement admettre le dualisme dans la nature, que la religion zend a le plus clairement développé, l'existence d'un principe originel du mal et du bien, entre lesquels l'humanité est placée et qui se la disputent; secondement, le rédimé doit être exempt de faute consciente et voulue, il doit être la victime de forces puissantes à l'excès qu'il est lui-même incapable de vaincre; troisièmement enfin, le rédempteur, pour que son acte soit véritablement un acte de salut et acquière la force rédemptrice, doit se sacrifier spontanément en remplissant une mission clairement reconnue et voulue. Parfois, il est vrai, s'est manifestée la tendance d'envisager la rédemption comme une grâce qui peut devenir le partage non seulement des victimes, mais aussi des pécheurs ; l'Église, toutefois, a toujours reconnu l'immoralité d'une telle conception et expressément enseigné que le coupable, pour obtenir la rédemption, doit y travailler activement lui-même, par le repentir et l'expiation, et non pas l'attendre passivement comme un cadeau complètement immérité.

Cette rédemption théologique n'est pas la rédemption au sens de Wagner. Elle n'a pas chez lui de sens bien net et sert seulement à désigner quelque chose de beau et de grand, qu'il n'indique pas autrement. Le mot a fait évidemment, à l'origine, une profonde impression sur son imagination, et il s'est servi de lui par la suite à peu près comme d'un accord mineur (disons la-do-mi), qui, lui aussi, ne signifie rien de précis, mais éveille néanmoins une émotion et peuple la conscience de représentations flottantes. Chez Wagner, on est constamment « rédimé ». Si (dans *L'Œuvre d'art de l'avenir*) la peinture cesse de peindre des tableaux et ne crée plus que des décors de théâtre, cela est sa « rédemption ». De même, la musique qui accompagne les mots d'un poème est une musique « rédimée ». L'homme est « rédimé » s'il aime une femme, et le peuple est « rédimé » s'il joue le spectacle. Ses pièces aussi ont toutes pour pivot la « rédemption ». Frédéric Nietzsche a déjà remarqué cela, et il s'en moque, avec des plaisanteries désagréablement superficielles, il est vrai.

« Wagner, dit-il, n'a médité sur rien autant que sur la rédemption » (assertion des plus fausses, d'ailleurs, car le radotage de Wagner sur ce sujet n'est sûrement pas le résultat de la méditation, mais un écho mystique de ses émotions d'enfant); « son opéra est l'opéra de la rédemption. Quelqu'un chez lui veut toujours être rédimé : tantôt un petit homme, tantôt une petite femme.... Qui nous a appris, sinon Wagner, que l'innocence rédime de préférence des pécheurs intéressants ? (Le cas Tannhæuser). Ou que le Juif-Errant lui-même est rédimé et devient sédentaire, quand il se marie ? (Le cas du Vaisseau-Fantôme). Ou que de vieilles gaillardes corrompues préfèrent être rédimées par de chastes jouvenceaux ? (Le cas Kundry). Ou que de belles jeunes filles aiment surtout être rédimées par un chevalier qui est wagnérien ? (Le cas des Maîtres chanteurs). Ou que des femmes mariées aussi sont volontiers rédimées par un chevalier ? (Le cas d'Iseult). Ou que le vieux bon Dieu, après s'être compromis moralement de toutes les manières, est rédimé par un libre penseur et un homme immoral ? (Le cas des Nibelungen). Admirez particulièrement cette dernière profondeur d'esprit ! La comprenez-vous ? Pour moi, je me garde de la comprendre [1] ».

L'œuvre de Wagner qu'on peut réellement nommer l' « opéra de la rédemption », est *Parsifal.* Ici nous sommes à même de saisir la pensée de Wagner dans son vagabondage le plus incohérent. Deux personnages sont rédimés dans *Parsifal* : le roi Amfortas et Kundry. Le roi s'est laissé séduire par les charmes de Kundry et a

---

1. Frédéric Nietzsche, *Le cas Wagner.* Leipzig, 1887.

péché dans ses bras. Pour le punir, la lance magique qui lui a été confiée lui est enlevée, et il est blessé avec cette arme sacrée. La blessure béante saigne continuellement et lui cause de terribles douleurs. Rien ne peut la guérir que la lance même qui l'a faite. Mais cette lance, seul « le pur niais savant par compassion » peut l'arracher au méchant sorcier Klingsor. Jadis, étant jeune fille, Kundry a vu le Sauveur gravissant son calvaire, et a ri de lui. Pour sa punition, elle doit vivre éternellement, aspirer vainement à la mort, séduire au péché tous les hommes qui l'approchent. Elle ne peut être rédimée de la malédiction, que si un homme résiste à ses avances. Un homme lui a résisté en fait, le sorcier Klingsor. Cependant sa résistance victorieuse ne l'a pas rédimée, comme cela devait être. Pourquoi ? C'est ce que Wagner n'explique pas par un traître mot. Celui qui apporte la rédemption aux deux maudits est Parsifal. Le « pur niais » n'a pas la moindre idée qu'il est destiné à rédimer Amfortas et Kundry, et il ne souffre, dans l'accomplissement de l'acte du salut, ni maux particuliers, ni ne s'expose à aucun danger sérieux. Il doit, il est vrai, quand il pénètre dans le jardin enchanté de Klingsor, s'escrimer un peu avec les chevaliers de celui-ci ; mais cette escarmouche est plutôt pour lui un plaisir qu'un ennui, car il est beaucoup plus fort que ses adversaires, et, après un assaut où il se joue, il les met en fuite couverts de sang. Il résiste, il faut le dire, à la beauté de Kundry, et cela est méritoire, mais ne constitue guère un acte d'immolation de soi-même. Il obtient, sans s'être donné aucune peine, la lance miraculeuse. Klingsor la brandit vers lui pour le tuer, mais l'arme « plane au-dessus de sa tête », et Parsifal n'a qu'à allonger la main pour la saisir commodément, et remplir ensuite sa mission.

Chaque trait de cette pièce mystique est en contraste direct avec l'idée chrétienne de rédemption qui pourtant l'a inspirée. Amfortas a besoin d'être rédimé par suite de sa propre faiblesse et de sa faute, non par suite d'une fatalité invincible, et il est rédimé sans avoir fait pour cela autre chose que gémir et geindre. Le salut qu'il attend, et que finalement il obtient, a sa source complètement en dehors de sa volonté et de sa conscience; il n'a, lui, aucune part à son obtention. Un autre l'acquiert pour lui et le lui offre en présent. La rédemption est quelque chose de purement extérieur, une heureuse trouvaille fortuite, non le prix d'un effort moral intérieur. Plus monstrueuses encore sont les conditions de la rédemption de Kundry. Non seulement il ne lui est pas donné de travailler elle-même à son salut, elle doit même employer toute sa force de volonté à rendre impossible son propre salut. Car sa rédemption dépend de ceci : qu'elle soit dédaignée par un homme, et la tâche à laquelle elle a été condamnée est précisément de déployer toute la puissance de séduction de la beauté et toute celle de l'amour passionné, pour attirer l'homme à elle. Elle doit empêcher par tous les moyens l'homme destiné à devenir son rédempteur, de devenir ce rédempteur. Si l'homme succombe à son charme, la rédemption est manquée sans qu'il y ait de sa faute, quoique par son action ; s'il résiste à la tentation, elle obtient la rédemption sans mérite de sa part, parce qu'elle l'obtient en dépit de son effort opposé. Il est impossible d'élucubrer une situation à la fois plus absurde et plus immorale. Le rédempteur Parsifal, enfin, est, du commencement jusqu'au bout, une réincarnation mystique de « Jean dans la prospérité », ce héros d'un conte populaire allemand. Tout lui réussit, comme à celui-ci, sans qu'il fasse rien pour cela. Il est en promenade pour tuer un cygne, et trouve le Graal et la couronne royale. Son rôle de rédempteur n'est pas pour lui un sacrifice personnel, mais une prébende. C'est une enviable charge honorifique à laquelle l'a appelé la faveur du ciel ; sur quelle puissante recommandation, c'est ce que Wagner ne dit pas. Mais en regardant de plus près, on découvre encore des choses pires. Parsifal, « le pur niais », est simplement un précipité de souvenirs confus de la christologie. Wagner, violemment empoigné par les éléments poétiques de l'histoire de la vie et des souffrances du Sauveur, a éprouvé l'ardent besoin d'extérioriser ses impressions et ses émotions, et il a créé Parsifal, auquel il départit quelques-unes des scènes les plus émouvantes de l'Évangile et qui est devenu sous sa main, partiellement peut-être à son insu, une caricature à la fois niaise et frivole de Jésus-Christ. La tentation du Sauveur dans le désert s'est transformée, dans la pièce mystique, en tentation de Parsifal par Kundry. La scène dans la maison du pharisien, où la pécheresse oint les pieds du Sauveur, est reproduite à la lettre : Kundry lave et oint les pieds de Parsifal, qu'elle essuie avec sa chevelure dénouée, et « le pur niais » singe les paroles du Christ : « Tes péchés te sont pardonnés », dans cette exclamation : « J'accomplis ainsi mon premier devoir : prends le baptême et crois au rédempteur ». Que l'habitué ordinaire du théâtre ne soit pas choqué de cette application abusive de la légende du Christ, qu'il retrouve même dans les fragments défigurés de l'Évangile quelques-unes des émotions que celui-ci peut jadis avoir excitées en lui, cela se conçoit. Ce qui est incompréhensible, c'est que les croyants sérieux, et, tout particulièrement, les zélateurs fanatiques de la foi, n'aient jamais senti quelle profanation de leurs idées les plus sacrées commet Wagner, en ornant son Parsifal des traits du Christ.

Relevons encore un des détails absurdes de *Parsifal*. Le vieux Titurel est échu au destin terrestre de la mort, mais, par la grâce du Sauveur, il continue à vivre dans le tombeau. La vue du Graal renouvelle toujours pour quelque temps sa force vitale défaillante. Titurel semble attacher une grande valeur à cette triste existence de mort-vivant. « Je vis dans le tombeau par la grâce du Sauveur », s'écrie-t-il joyeusement de son cercueil, et il réclame sur un ton impétueux que le Graal lui soit montré, pour que sa vie se prolonge. Dois-je contempler aujourd'hui encore le Graal, et vivre? », demande-t-il avec angoisse; et comme il ne reçoit pas de réponse immédiate, il se lamente : « Dois-je mourir, non accompagné du Sauveur? ». Son fils Amfortas hésite; alors le vieillard donne ses ordres : « Découvrez le Graal! » « La bénédiction! ». Et quand on a obéi à ses ordres, il s'écrie avec joie : « Oh! saintes délices! Comme le Seigneur nous salue aujourd'hui radieusement! ». Plus tard, Amfortas a négligé un certain temps de découvrir le Graal, et Titurel a dû mourir. Amfortas est désespéré. « Mon père! Béni entre les héros!... Moi qui seul voulais mourir, c'est à toi que j'ai donné la mort! ». De tout cela il résulte indubitablement que tous ces personnages voient dans la vie, fût-ce dans la vie d'ombre et vide d'un être déjà couché au cercueil, un bien excessivement précieux, et, dans la mort, un malheur amer. Et cela se passe dans la même pièce où Kundry subit la vie éternelle comme une effroyable malédiction, et aspire passionnément à la mort comme au bien par excellence ! Peut-on imaginer contradiction plus ridicule? L'épisode de Titurel est, au surplus, la négation de toutes les prémisses du *Parsifal*, bâti sur l'idée religieuse de la persistance de la personnalité après la mort. Comment la mort peut-elle effrayer l'homme qui est persuadé que les joies du paradis l'attendent? Nous sommes ici en face du même manque d'auto-compréhension de ses propres hypothèses qui nous a déjà frappés chez Dante-Gabriel Rossetti et Tolstoï. Mais c'est précisément là la particularité de la pensée pathologiquement mystique. Elle réunit des représentations qui s'excluent les unes les autres, elle se dérobe à la loi de la logique et joint ensemble, sans façons, des détails tout étonnés de se voir ainsi rapprochés. Chez le mystique par ignorance, par paresse de pensée, par imitation, nous n'observons pas ce phénomène. Il peut prendre une représentation absurde pour point de départ d'une suite d'idées ; mais celle-ci même se déroule raisonnablement et logiquement et ne souffre pas de grossière contradiction entre ses membres.

De même que la christologie a inspiré à Wagner la figure de Parsifal, l'eucharistie lui a inspiré la scène la plus émouvante de la pièce, celle des agapes des chevaliers du Graal. C'est la mise en scène de la messe catholique, en y ajoutant hérétiquement un trait protestant : la participation de la communauté à la communion sous les deux espèces. La mise à découvert du Graal répond à l'élévation de l'ostensoir. Les servants revêtent la forme des chœurs de garçons et d'adolescents. Dans les chants alternés et dans les actions d'Amfortas se trouvent des rapprochements avec les quatre parties de la messe. Les chevaliers du Graal psalmodient une sorte d'*Introitus* rabougri; la longue plainte d'Amfortas : « Non! Ne le découvrez pas! Oh! Dire que personne, personne ne conçoit cette torture! etc. », peut être regardée comme un *Confiteor*; les garçons chantent l'offertoire (« Prenez mon sang au nom de notre amour! » etc.). Amfortas procède à la consécration, tous prennent part à la communion, et il y a même comme une réminiscence parodiée de l'*Ite, missa est,* dans l'exclamation de Gurnemanz : « Sors, par là, vers ton chemin! » Ce que, depuis Constantin le Grand, ce que, depuis l'élévation du christianisme au rang de religion d'État, nul poète n'a osé, Wagner l'a fait : de l'action si incomparablement riche en émotions du sacrifice de la messe, il a tiré des effets de théâtre. Il a profondément senti la symbolique de la Cène, elle a provoqué en lui une forte émotion mystique, et il a éprouvé le besoin de revêtir d'une forme dramatique le fait symbolique, de revivre par les sens dans tous les détails et d'une façon complète ce qui, dans le sacrifice de la messe, est seulement indiqué, condensé et spiritualisé. Il voulait voir et sentir comment les élus goûtent, avec de violentes émotions, le corps du Christ et son sang rédempteur, et comment les phénomènes supra-terrestres, le rayonnement pourpré du Graal, la lente descente d'une colombe (dans la scène finale), etc., rendent en quelque sorte palpables la présence réelle du

Christ et la nature divine de la Cène. De même que Wagner a emprunté à l'église son inspiration pour les scènes du Graal et y a vulgarisé la liturgie à son propre usage, à la façon de la *Biblia Pauperum*, de même les spectateurs retrouvent sur son théâtre la cathédrale et la grand'-messe, et apportent dans la pièce toutes les émotions que les cérémonies d'église ont laissées dans leur âme. Le prêtre réel sous ses habits sacerdotaux, le souvenir de ses gestes, de la clochette et des génuflexions des servants, de la vapeur bleue et du parfum de l'encens, du mugissement de l'orgue et du jeu bigarré des rayons solaires à travers les vitraux coloriés de l'église, sont, dans l'âme du public, les collaborateurs de Wagner, et ce n'est pas son art qui berce celui-là dans un ravissement mystique, mais la disposition fondamentale que deux mille ans de sentiment chrétien ont inculquée à l'immense majorité des hommes de race blanche.

Mysticisme et érotisme, nous le savons, marchent toujours ensemble, notamment chez les dégénérés dont l'émotivité a principalement sa source dans un état d'excitation maladif des centres sexuels. L'imagination de Wagner est incessamment occupée de la femme. Mais il n'aperçoit jamais les relations de celle-ci avec l'homme sous la forme de l'amour sain et naturel, qui est un bienfait et une satisfaction pour les deux amants. De même qu'à tous les érotiques malades, — nous avons déjà remarqué cela chez Verlaine et Tolstoï, — la femme s'offre à lui comme une terrible force de la nature dont l'homme est la victime tremblante et impuissante. La femme qu'il connaît est l'effroyable Astarté des Sémites, l'épouvantable mangeuse d'hommes Kali Bhagawati des Hindous, une vision apocalyptique de riante volupté assassine, d'éternelle perdition et de tourment infernal, dans une incarnation diaboliquement belle. Nul problème poétique ne l'a plus profondément ému que celui des rapports entre l'homme et l'enivrante destructrice. Il a abordé ce problème par tous les côtés et lui a donné les différentes solutions répondant à ses instincts et à ses conceptions morales. Fréquemment l'homme succombe à la séductrice, mais Wagner se révolte contre cette faiblesse dont il n'a lui-même que trop profondément conscience, et, dans ses œuvres principales, il prête à l'homme une résistance désespérée, et finalement victorieuse. Ce n'est toutefois pas par sa propre force que l'homme s'arrache au charme paralysant de la femme; un secours surnaturel doit lui venir en aide. Il arrive le plus souvent d'une vierge pure et dévouée qui forme opposition avec le sphinx au corps moelleux de femme et aux griffes de lion. En vertu de la loi psychologique du contraste, Wagner imagine, comme contre-partie de la femme effroyable qu'il sent tout au fond de son être intime, une femme angélique qui est tout amour, tout dévouement, toute pitié céleste, une femme qui ne demande rien et donne tout, une femme qui berce, caresse et guérit, une femme, en un mot, à laquelle aspire de toutes ses forces un malheureux qui, dévoré par les flammes, se débat affreusement entre les bras brûlants de Belit. Les Elisabeth, Elsa, Senta, Gutrune de Wagner sont des manifestations excessivement instructives du mysticisme érotique, dans lesquelles cherche à prendre forme l'idée à demi inconsciente que le salut du dégénéré fou d'érotisme gît dans la pureté, la continence ou la possession d'une femme qui n'aurait d'individualité, de désirs, de droits d'aucune sorte, et qui par ces motifs ne pourrait jamais devenir dangereuse pour l'homme.

Dans un de ses premiers poèmes comme dans le dernier, dans *Tannhæuser* comme dans *Parsifal*, il traite le thème de la lutte de l'homme contre la corruptrice, de la mouche contre l'araignée, et témoigne ainsi que, pendant trente-trois ans, de sa jeunesse à sa vieillesse, ce sujet n'a cessé d'être présent à son esprit. Dans *Tannhæuser*, c'est la belle diablesse Vénus elle-même qui enguirlande le héros et avec laquelle il doit lutter désespérément pour le salut de son âme. La pieuse et chaste Élisabeth, cette créature de rêve tissée de clair de lune, de prière et de chant, devient sa « rédemptrice ». Dans *Parsifal*, la belle diablesse se nomme Kundry, et le héros n'échappe au danger dont elle menace son âme, que parce qu'il est « le pur niais » et se trouve en état de grâce.

Dans *La Valkyrie*, l'imagination de Wagner s'abandonne sans bride à la passion. Ici il se représente l'homme en rut qui se laisse aller sauvagement et follement à ses désirs, sans égard aux lois de la société, et sans tenter d'opposer une digue à l'impétuosité furieuse de ses instincts. Siegmund voit Sieglinde et n'a plus qu'une idée : la posséder. Elle a beau être la femme d'un autre, il a beau la reconnaître comme sa propre sœur, cela ne l'arrête pas un instant. Ces considérations sont comme une plume devant la tempête. Il paye, le lendemain, sa nuit d'amour par la mort. Car, chez Wagner, l'amour est toujours une fatalité, et autour de sa couche voluptueuse s'élèvent toujours les flammes de l'enfer. Et comme il n'a pas montré en Sieglinde elle-même les images de carnage et d'anéantissement que l'idée de la femme évoque en lui, il les personnifie à part dans les Valkyries. Leur apparition dans le drame est pour lui un besoin psychologique. Les traits qui sont inséparables, dans son esprit, de la conception de la femme et qu'il réunit d'ordinaire dans une figure unique, il les a ici séparés et élevés à la hauteur de types indépendants. Vénus, Kundry sont une séductrice et une destructrice en une seule personne. Dans *La Valkyrie*, Sieglinde est seulement la séductrice; quant à la destructrice, elle prend les proportions de toute une horde d'épouvantables amazones qui boivent le sang des combattants, jouissent au spectacle des coups meurtriers, et galopent en poussant des ululements de joie sauvages sur la plaine couverte de cadavres.

*Siegfried, Le Crépuscule des Dieux, Tristan et Iseult*, sont d'exactes répétitions de l'idée qui fait le fond de *La Valkyrie*. C'est toujours la personnification dramatique de la même obsession des épouvantes de l'amour. Siegfried aperçoit Brunhilde au milieu de son cercle de feu, et tous deux se ruent aussitôt, enragés d'amour, dans les bras l'un de l'autre; mais il doit expier son bonheur par la perte de la vie, et tombe sous l'acier de Hagen. La simple mort de Siegfried ne suffit pas à la fantaisie de Wagner, comme conséquence inévitable de l'amour; le destin doit se montrer plus terrible. La burg des Ases elle-même flamboie, et l'esclave de l'amour entraîne, en périssant, tous les dieux du ciel dans sa propre perdition. *Tristan et Iseult* est l'écho de cette tragédie de la passion. Ici aussi, complet anéantissement du sentiment du devoir et de la domination de soi-même par le débordement de l'amour chez Tristan comme chez Iseult; et ici aussi, la mort comme but naturel de l'amour. Pour expliquer son idée mystique fondamentale, que l'amour est une fatalité sinistre dont un destin inaccessible frappe le pauvre mortel incapable de défense, il a recours à un moyen enfantin : il introduit dans ses poèmes des philtres magiques, tantôt pour expliquer la naissance de la passion elle-même et caractériser sa nature surhumaine, comme dans *Tristan et Iseult*; tantôt pour arracher toute la vie morale du héros à l'autorité de sa volonté et montrer en lui un jouet de forces supra-terrestres, comme dans *Le Crépuscule des Dieux*.

Ainsi les poèmes de Wagner nous permettent de jeter un regard profond dans le monde des idées d'un dégénéré érotiquement émotif. Ils révèlent les états d'âme changeants d'une sensualité implacable, de la révolte du sentiment de moralité contre la tyrannie des désirs, de la défaite de l'être moral et de son repentir désespéré. Wagner était, nous l'avons dit, un admirateur de Schopenhauer et de sa philosophie. Il se faisait accroire, avec son maître, que la vie est un malheur, le non-être le salut et le bonheur. L'amour, en tant qu'incitation toujours active au maintien de l'espèce et à la continuation de la vie, avec toutes les douleurs qui l'accompagnent, devait lui paraître la source de tout mal; et la suprême sagesse et moralité, par contre, devait lui sembler la résistance victorieuse à cette incitation, la virginité, la stérilité, la négation de la volonté de perpétuer l'espèce. Et tandis que son intelligence l'attachait à ces vues, ses instincts l'attiraient irrésistiblement vers la femme et le contraignirent sa vie durant à faire tout ce qui insultait à ses convictions et condamnait sa doctrine. Ce désaccord entre sa philosophie et ses penchants organiques est la tragédie intime de sa vie intellectuelle, et ses poèmes forment un tout unique qui raconte les phases du combat intérieur. Il voit la femme, il se perd aussitôt et se noie complètement dans son charme. (Siegmund et Sieglinde, Siegfried et Brunhilde, Tristan et Iseult). C'est là un grave péché qui doit être expié; la mort seule est un châtiment suffisant. (Scènes finales de *La Valkyrie*, du *Crépuscule des Dieux*, de *Tristan et Iseult*). Mais le pécheur a une excuse faible et timide. « Je n'ai pas pu résister. J'ai été la victime de puissances surhumaines. Ma séductrice était de race divine » (Sieglinde, Brunhilde), « des philtres magiques m'ont privé de ma raison » (Tristan, Siegfried dans ses rapports avec Gutrune). Combien ce serait beau si l'on était assez fort pour dompter en soi le monstre dévorant de la concupiscence! Quelle altière et radieuse figure serait l'homme qui poserait le pied sur la tête du démon femme! (Tannhæuser, Parsifal). Et combien, d'autre part, serait belle et adorable une femme qui, au lieu d'allumer dans l'homme le feu infernal de la passion, l'aiderait au contraire à l'étouffer; qui n'exigerait pas de l'homme la révolte contre la raison, le devoir et l'honneur, mais serait pour lui un exemple de renonciation et de discipline de soi-même; qui, au lieu d'asservir l'homme, se dépouillerait, en esclave aimante, de sa propre nature, pour se fondre dans la sienne; en un mot, une femme qui rendrait sans danger pour lui le manque de défense de l'homme, parce qu'elle-même serait complètement désarmée! (Élisabeth, Elsa, Senta, Gutrune). La création de ces figures de femmes est une sorte de *De Profundis* du voluptueux apeuré, qui sent l'aiguillon de la chair et implore une aide qui doit le protéger contre lui-même.

Comme tous les dégénérés, Wagner est complètement stérile en tant que poète, bien qu'il ait écrit une longue série d'œuvres dramatiques. La force créatrice capable de rendre le spectacle de la vie générale normale lui est refusée. Il tire le fond émotionnel de ses pièces de ses propres émotions mystico-érotiques, et les faits extérieurs qui forment leur ossature sont les simples résultats de ses lectures, des réminiscences de livres qui ont produit sur lui de l'impression. C'est la grande différence entre le poète sain et le dégénéré qui sent d'après les autres. Celui-là est capable de « plonger en pleine vie humaine », suivant le mot de Gœthe, de la saisir toute vive et de la faire entrer, haletante et palpitante, dans un poème qui deviendra lui-même ainsi un morceau de vie naïve; ou bien, de la surmouler avec un art qui l'idéalise, de supprimer ses traits accessoires fortuits, de mettre en relief l'essentiel, et de montrer ainsi d'une façon convaincante, derrière le phénomène énigmatiquement déconcertant, la loi qui le régit. Le dégénéré, au contraire, ne peut rien faire avec la vie.

Il reste à son égard aveugle et sourd. Il est un étranger parmi les hommes sains. Il lui manque les organes pour la comprendre, voire même pour seulement la percevoir. Travailler d'après le modèle, cela n'est pas dans ses forces. Il ne peut que copier les dessins existants, et les colorier ensuite subjectivement avec ses propres émotions. Il ne voit la vie que si elle est couchée sur le papier, s'il l'a devant lui, noir sur blanc. Tandis que le poète sain ressemble à la plante chlorophyllienne qui plonge dans le sol et se procure par l'honnête travail de ses racines les matières nutritives dont elle construit ses fleurs et ses fruits, le dégénéré a la nature de la plante parasite qui ne peut vivre que sur un hôte et se nourrit exclusivement des sucs élaborés par celui-ci. Il y a des parasites modestes et des parasites superbes. Leur série va du lichen insignifiant à la merveilleuse rafflésia, dont la fleur large d'un mètre illumine, dans la sauvage magnificence de son rouge sanguinolent, les forêts sombres de Sumatra. Les poèmes de Wagner ont en eux quelque chose de l'odeur de charogne et de la beauté effrayante de cette plante de rapine et de putréfaction. A la seule exception des *Maîtres chanteurs*, ils sont greffés sur les « sœgur » islandais, sur les épopées de Gottfried de Strasbourg, de Wolfram d'Eschenbach et du chantre de la guerre de la Wartbourg du manuscrit de Manesse, comme sur autant de troncs d'arbres à demi morts, et ils en tirent leur force. *Tannhæuser*, la tétralogie des *Nibelungen*, *Tristan et Iseult*, *Parsifal* et *Lohengrin*, sont entièrement formés des matières que lui a livrées la vieille littérature. Il a emprunté *Rienzi* à l'histoire livresque, et *Le Vaisseau-Fantôme* à la tradition populaire cent fois utilisée. Des légendes populaires, c'est celle du Juif-Errant qui a fait sur lui, par suite de son côté mystique, la plus profonde impression. Une fois il l'a mise en œuvre dans *Le Vaisseau-Fantôme*, une autre fois traduite trait pour trait au féminin dans la personne de Kundry, non sans tisser quelques réminiscences de la légende d'Hérodiade dans cette mise à l'envers. Tout cela est du ravaudage et du dilettantisme. Wagner s'illusionne, sans doute inconsciemment, sur son incapacité de former des êtres humains, en ne représentant pas des hommes, mais des dieux et des demi-dieux, des démons et des spectres dont les actions s'expliquent non par des mobiles humains, mais par des destins mystérieux, des malédictions et des prophéties, des forces fatales et magiques. Ce qui s'agite dans les pièces de Wagner, ce n'est pas la vie, mais les apparitions, les sabbats de sorcières ou le rêve. C'est un fripier qui a acheté de seconde main les vieux habits des contes, et en refait, parfois non sans dextérité, de nouveaux costumes où l'on reconnaît, étrangement entremêlés et réunis les uns aux autres, les lambeaux des vieilles étoffes royales et les fragments des armures damasquinées. Mais ces costumes travestis ne servent de vêtement à aucun être de chair et de sang. Leurs mouvements apparents sont uniquement produits par la main de Wagner, qui s'est introduite dans les pourpoints et les manches vides, derrière les traînes ondoyantes et les longues robes pendantes, et s'y est démenée épileptiquement, pour éveiller chez le spectateur l'impression d'une ranimation spectrale de cette garde-robe obsolète.

Sans doute, des génies sains se sont rattachés aussi à la tradition populaire ou à l'histoire, comme Gœthe avec *Faust* et *Torquato Tasso*. Mais quelle différence entre la façon dont le poète sain et le poète dégénéré traitent la matière déjà existante qui leur est donnée! Pour le premier, elle est un vase qu'il remplit de vie fraîche et vraie, de sorte que le contenu nouveau devient l'essentiel ; pour le second, au contraire, l'enveloppe est et reste la chose principale, et sa part personnelle consiste au plus à la bourrer de la paille hachée de phrases dénuées de sens. Les grands poètes revendiquent aussi pour eux le privilège du coucou, de déposer leur œuf dans un nid étranger. Mais l'oiseau qui sort de cet œuf est tellement plus grand, plus beau et plus fort que les habitants primitifs du nid, que ceux-ci en sont impitoyablement chassés, et que ce dernier venu en reste le seul possesseur. Sans doute il y a, de la part du grand poète qui dépose son vin nouveau dans de vieilles outres, un peu de paresse, de pauvreté d'invention, un calcul assez peu noble sur des émotions préexistantes chez le lecteur ; mais on ne peut néanmoins lui tenir bien fort rigueur de cette petite lésinerie, parce qu'il donne, après tout, tant du sien. Qu'on se figure *Faust* privé de toutes ses parties tirées du vieux livret populaire, et il reste à peu près tout : il reste tout l'homme assoiffé de connaissance et se mettant à sa recherche, toute la lutte entre les bas instincts avides de jouissance et la moralité supérieure heureuse du renoncement, bref, précisément tout ce qui fait de l'œuvre un des plus fiers poèmes de l'humanité. Si, au contraire, on enlève aux vieilles marionnettes wagnériennes leurs armures et leur brocart, il ne reste rien, ou tout au plus de l'air et une odeur de moisi. Cent fois des esprits assimilateurs ont éprouvé la tentation de traduire *Faust* à la moderne. L'entreprise est si sûre de sa réussite, qu'elle est superflue ; Faust en habit noir ne serait autre chose que le Faust en personne et nullement modifié de Gœthe lui-même. Mais qu'on se représente Lohengrin, Siegmund, Tristan, Parsifal, comme contemporains! On ne pourrait même les utiliser pour la parodie, en dépit du persiflage du *Tannhæuser* par le vieux poète viennois Nestroy.

Wagner fanfaronnait au sujet de l'œuvre d'art de l'avenir, et ses adeptes l'acclamaient comme l'artiste de l'avenir. Lui, l'artiste de l'avenir! Il est un écho chevrotant du passé le plus reculé. Sa route ramène à des déserts que toute vie a depuis longtemps abandonnés. Wagner est le dernier champignon vivant sur le fumier du romantisme. Ce « moderne » est l'héritier appauvri d'un Tieck, d'un La Motte-Fouqué; bien plus, c'est triste à dire, d'un Jean-Frédéric Kind. Sa patrie intellectuelle est la *Gazette du Soir* de Dresde. Il tire sa subsistance du legs des poèmes du moyen âge, et meurt de faim quand le chèque du XIII$^e$ siècle n'arrive pas.

Seul, le sujet des poèmes wagnériens mérite un examen sérieux; quant à la forme, elle est au-dessous de toute critique. On a si souvent relevé et montré jusque dans les détails le ridicule de son style, sa platitude, la gaucherie de ses vers, son impuissance complète à revêtir ses sensations et ses idées de mots tant soit peu suffisants, que je puis m'épargner la peine de m'arrêter sur ces points. Mais une faculté qui fait nécessairement partie du don dramatique ne peut lui être refusée : celle de l'imagination pittoresque. Elle est développée chez lui jusqu'à la génialité. Le dramaturge Wagner est en réalité un peintre d'histoire de tout premier ordre. Nietzsche (dans *Le Cas Wagner*) veut peut-être indiquer cela, quand il le nomme en passant, sans s'arrêter d'ailleurs à cette importante constatation, à côté de « magnétiseur » et de « collectionneur de brimborions », un « peintre de fresques ». Cela, il l'est à un degré que n'a encore atteint aucun autre auteur dramatique d'aucune littérature. Chaque action s'incarne pour lui dans une suite de tableaux des plus grandioses, qui, quand ils sont composés tels que Wagner les a vus avec son œil intérieur, doivent bouleverser et ravir le spectateur. La réception des hôtes dans la salle de la Wartbourg, l'apparition et le départ de Lohengrin dans la barque tirée par un cygne, les ébats des trois filles du Rhin dans le fleuve, le défilé des dieux sur le pont d'arc-en-ciel vers la burg des Ases, l'irruption de la lumière lunaire dans la cabane de Hunding, la chevauchée des neuf Valkyries sur le champ de bataille, Brunhilde dans le cercle de feu, la scène finale du *Crépuscule des Dieux* où Brunhilde s'élance à cheval et fond dans le bûcher, tandis que Hagen se précipite dans le Rhin débordant et qu'au ciel flamboie le reflet de l'incendie du palais des dieux, l'agape des chevaliers dans le château du Graal, les funérailles de Titurel et la guérison d'Amfortas, — ce sont là des tableaux qui n'ont pas jusqu'ici leurs pareils dans l'art. Ce don d'invention de spectacles incomparablement grandioses a fait appeler Wagner par Nietzsche un « cabotin ». Le mot ne signifie rien, et, en tant qu'il peut avoir un arrière-goût de dédain, il est injuste. Wagner n'est pas un cabotin, mais un peintre-né. S'il avait été un génie sain doué d'équilibre intellectuel, c'est ce qu'il serait certainement devenu. Sa contemplation intérieure lui aurait mis de force le pinceau dans la main, et il aurait été contraint de la réaliser sur la toile par la couleur. Léonard de Vinci avait ce même don. Il fit de lui le plus grand peintre que le monde ait jusqu'ici connu, et en même temps un inventeur et un ordonnateur incomparable de fêtes, cortèges, triomphes et spectacles allégoriques, qui conquit en cette qualité, peut-être plus encore qu'en celle de peintre, l'admiration de ses protecteurs princiers, Ludovic le More, Isabelle d'Aragon, César Borgia, Charles VIII, Louis XII, François I$^{er}$. Mais Wagner, comme on l'observe chez tous les dégénérés, ne vit pas clair dans son propre être. Il ne comprit pas ses impulsions naturelles. Peut-être aussi, dans le sentiment d'une profonde faiblesse organique, redouta-t-il le pénible travail du dessin et de la peinture, et son instinct, conformément à la loi du moindre effort, se tourna-t-il vers le théâtre, où ses visions intérieures étaient incarnées par d'autres, les peintres décorateurs, les machinistes, les interprètes, sans qu'il eût besoin de tendre ses forces. Ses tableaux ont incontestablement une très grande part dans l'effet de ses pièces. On les admire, sans se demander s'ils sont amenés par la marche raisonnable du drame. Qu'ils soient complètement absurdes comme partie d'une action, ils se justifient artistiquement par leur propre beauté, qui en fait des manifestations esthétiques indépendantes. Dans l'énorme grossissement par les moyens scéniques, les séductions pittoresques sont perceptibles même pour l'œil des plus grossiers philistins, tandis qu'autrement ils n'ont pas de sens pour elles.

Du musicien Wagner, plus considérable en apparence que l'écrivain, le poète dramatique et le peintre de fresques, je parle en dernier lieu, car ce travail doit nous fournir la preuve de la dégénérescence de Wagner, et celle-ci est bien plus sensible dans les écrits que dans la musique, où certains stigmates de dégénérescence ne frappent pas, et où d'autres apparaissent directement comme des qualités. L'incohérence que les gens attentifs remarquent immédiatement dans le mot ne se manifeste dans la musique que si elle est excessive; l'absurdité, les contradictions, le radotage y apparaissent à peine, parce qu'elle n'a pas d'idée précise à exprimer, et l'émotivité n'a rien chez elle de maladif, puisque l'émotion est son essence même.

Nous savons, au reste, qu'un grand talent musical est compatible avec un état de dégénérescence très avancé, même avec la folie, la démence et l'idiotisme déclarés. Sollier dit : « L'instinct d'imitation nous amène à parler de certaines aptitudes qui se manifestent assez souvent chez les idiots et les imbéciles avec une grande intensité... C'est surtout pour la musique qu'on les rencontre... Quoique cela puisse paraître désagréable pour les musiciens, cela tend à montrer que la musique est le moins intellectuel de tous les arts [1] ». Lombroso remarque que « l'on a observé que l'aptitude musicale s'est manifestée presque involontairement et d'une façon inattendue chez beaucoup d'individus atteints d'hypocondrie et de manie, et même de folie réelle [2] ». Il cite entre autres cas : un mathématicien devenu mélancolique qui improvisait sur le piano; une femme atteinte de la folie des grandeurs qui « chantait de très beaux airs, en improvisant en même temps sur le piano deux motifs différents »; un malade

1. Sollier, *op. cit.*, p. 101.
2. Lombroso, *Génie et Folie*, p. 214 et sqq.

qui « trouvait de très belles mélodies nouvelles, etc. », et il ajoute que les personnes atteintes de la folie des grandeurs et de paralysie générale surpassent les autres aliénés en talent musical, « et cela pour le même motif d'où procède leur aptitude particulière à la peinture » : leur violente excitation cérébrale.

Wagner musicien a été très fort attaqué précisément par les musiciens. Il le constate lui-même. « Deux amis (Ferdinand Hiller et Robert Schumann) croyaient avoir bien vite découvert que je n'étais pas particulièrement doué comme musicien. Aussi mon succès leur paraissait-il fondé sur les textes écrits par moi-même [1] ». En d'autres termes, toujours la vieille histoire : les musiciens le tenaient pour un poète, et les poètes pour un musicien. Il est naturellement commode d'expliquer ultérieurement, quand Wagner avait pour lui le succès, les jugements tranchants d'hommes qui étaient à la fois des artistes musiciens éminents et de sincères amis de Wagner, par cette considération que la tendance de celui-ci était trop nouvelle pour pouvoir être immédiatement appréciée ou seulement même comprise par eux. Mais cette interprétation est précisément peu exacte à l'égard de Schumann, ami de toutes les innovations et que les hardiesses, même différentes des siennes, attiraient plutôt qu'elles ne le choquaient. Rubinstein, aujourd'hui encore, fait de fortes réserves au sujet de la musique de Wagner [2], et parmi les critiques musicaux sérieux de l'époque présente, qui ont

---

1. Richard Wagner, *Écrits et Poèmes complets*, t. X, p. 222.
2. Rubinstein, *Musiciens modernes*. Traduit du russe par Michel Delines. Paris, 1892.

été témoins de la naissance, du développement et du triomphe du culte de Wagner, Hanslick resta très longtemps récalcitrant; mais enfin, en face du fanatisme tout-puissant des hystériques wagnériens, il amena pavillon, ce qui n'était pas très crâne. Ce que Nietzsche, dans *Le Cas Wagner*, dit contre Wagner musicien, est sans importance, vu que la brochure d'abjuration est aussi follement délirante que la brochure de déification (*Wagner à Bayreuth*), écrite douze ans auparavant.

En dépit des jugements défavorables de maints de ses confrères, Wagner est incontestablement un musicien éminemment doué. Cette constatation exprimée sans frénésie semblera sûrement grotesque à ses fanatiques, qui le placent au-dessus de Beethoven. Mais un chercheur sérieux de la vérité n'a pas à se préoccuper des impressions qu'il provoque parmi ces gens-là. Wagner a trouvé, plus fréquemment d'ailleurs dans les premiers temps que par la suite, de très beaux morceaux dont bon nombre doivent être regardés comme des perles de la littérature musicale et jouiront sans doute longtemps de l'estime même des gens sérieux et raisonnables. Mais le musicien Wagner eut toute sa vie en face de lui un ennemi qui l'empêcha violemment de déployer tous ses dons artistiques, et cet ennemi fut le théoricien musical Wagner.

Dans sa confusion de graphomane, il a élucubré quelques doctrines qui représentent tout autant de délires esthétiques. Les plus importantes sont ses dogmes du *leitmotif* et de la mélodie sans fin. Aujourd'hui chacun sait sans aucun doute ce qu'il entend par le premier; l'expression est passée dans toutes les langues civilisées. Le « leitmotif », auquel devait logiquement aboutir « la musique de programme » définitivement enterrée, est une suite de notes qui doit exprimer une idée déterminée et apparaît dans l'orchestre quand le compositeur a l'intention de rappeler à l'auditeur l'idée correspondante. Par le « leitmotif », Wagner transforme la musique en un langage sec. L'orchestre qui s'élance de « leitmotif » en « leitmotif » ne traduit plus des émotions générales, mais a la prétention de s'adresser à la mémoire, à l'intelligence, et de leur communiquer des aperceptions nettement délimitées. Wagner réunit quelques notes en une figure musicale qui, en règle générale, n'est même pas très distincte ni originale, et fait avec l'auditeur l'arrangement suivant : « Cette figure signifie un combat, cette autre un dragon, cette troisième une épée, etc. ». Si l'auditeur n'accepte pas cette convention, les « leitmotifs » perdent toute signification, car ils n'ont rien en eux qui force à saisir le sens qui leur est arbitrairement prêté, et ils ne peuvent même avoir en eux rien de semblable, parce que les moyens d'imitation de la musique se limitent normalement aux phénomènes purement acoustiques et tout au plus à ceux des phénomènes optiques qui habituellement sont accompagnés par des sonorités. La musique peut, en imitant le tonnerre, exprimer la notion d'orage ; en imitant les sons de la trompette, exprimer celle d'armée, et cela de façon que l'auditeur puisse à peine conserver un doute sur la signification des suites de sons correspondantes. Au contraire, il est absolument refusé à la musique de rendre sans équivoque, avec les moyens dont elle dispose, le monde du visible ou du tangible, et à plus forte raison celui de la pensée abstraite. Les « leitmotifs » sont donc tout au plus de froids symboles qui, comme les lettres de l'écriture, ne disent rien en eux-mêmes et transmettent à l'initié et au lettré seuls une aperception donnée.

Ici nous retrouvons ce phénomène qu'à plusieurs reprises déjà nous avons indiqué comme caractéristique de la manière de penser des dégénérés : la façon inconsciente et somnambulesque dont ils s'élancent au delà des limites les plus sûres des différents domaines artistiques, suppriment la différenciation des arts obtenue par une longue évolution historique, et ramènent ceux-ci à l'état qu'ils peuvent avoir eu à l'époque des habitations lacustres et même des plus anciens habitants des cavernes. Nous avons vu que les préraphaélites réduisent le tableau à une écriture qui ne doit plus agir par ses qualités picturales, mais exprimer une pensée abstraite, et que les symbolistes font du mot le transmetteur conventionnel d'une idée, une harmonie musicale à l'aide de laquelle ils visent à éveiller non une idée, mais un effet de sonorité. Tout pareillement, Wagner veut dépouiller la musique de son essence propre, et, de transmetteuse d'émotion, la rendre transmetteuse de cogitation. Le déguisement à l'aide de l'échange réciproque d'habits est, de cette façon, complet. Les peintres se donnent pour écrivains, les poètes se comportent en symphonistes, le musicien joue au poète. Les préraphaélites qui veulent rédiger un apophtegme religieux ne se servent pas pour cela de l'écriture, qui ne laisse rien à désirer pour la commodité et dans laquelle ils seraient sûrement compris, mais se lancent dans le labeur d'une peinture détaillée et leur coûtant un temps considérable, qui, malgré tout son luxe de figures, est loin de parler aussi nettement à l'intelligence qu'une seule ligne d'un écrit raisonnable. Les symbolistes qui veulent éveiller une émotion musicale ne composent pas une mélodie, mais alignent des mots soi-disant musicaux quoique dépourvus de sens, qui peuvent provoquer peut-être la gaieté ou le courroux, mais non l'émotion visée. Quand Wagner veut exprimer l'idée de « géant », « nain », « casque qui rend invisible », il ne dit pas tout simplement « géant », « nain », « casque qui rend invisible », mais il remplace ces excellents mots par une série de notes dont nul, s'il n'en a la clef, ne devinera le sens. Est-il besoin d'insister davantage sur la complète folie de cette confusion de tous les moyens d'expression, de cette méconnaissance de ce qui est possible à chaque art?

Wagner a l'ambition d'imiter les étudiants facétieux qui apprennent à dire « papa » à leur chien. Il veut exécuter ce tour de force : faire dire à la musique les noms de « Schulze » et de « Müller ». La partition doit au besoin pouvoir remplacer l'almanach d'adresses. Le langage ne lui suffit pas. Il se crée à lui-même son volapük et prétend que ses auditeurs l'apprennent. On n'est pas admis, si l'on ne pioche sérieusement. Ceux qui ne se sont pas assimilé le vocabulaire du volapük wagnérien ne peuvent comprendre ses opéras; inutile de s'imposer le voyage de Bayreuth, si l'on ne peut causer couramment « leitmotiv ». Et combien pitoyable est, après tout, le résultat de cet effort délirant! Henri de Wolzogen, qui a écrit le *Guide thématique* de la tétralogie des Nibelungen, ne trouve en tout que quatre-vingt-dix « leitmotifs » dans ces quatre œuvres énormes. Une langue de quatre-vingt-dix mots, si amphigouriques qu'ils puissent être, tels que « motif de Siegmund fatigué », « motif de la manie de vengeance », « motif de l'asservissement, etc.! ». A l'aide d'un tel vocabulaire, on ne pourrait pas même échanger une idée sur le temps qu'il fait, avec un habitant de la Terre de Feu. Une page du lexique de Sanders renferme plus de moyens d'expression que tout le dictionnaire de Wolzogen consacré au langage en « leitmotifs » de Wagner. L'histoire de l'art n'enregistre pas d'aberration plus étonnante que cette folie du « leitmotif ». Exprimer des idées n'est pas la tâche de la musique; le langage se charge de cela autant qu'on peut le souhaiter. Quand le mot est accompagné par le chant ou l'orchestre, ce n'est pas en vue de le rendre plus clair, mais pour le renforcer par l'intervention de l'émotion. La musique est une espèce de table d'harmonie dans laquelle le mot doit éveiller quelque chose comme un écho de l'infini. Mais un tel écho de pressentiment et de mystère ne s'échappe pas de « leitmotifs » froidement accolés ensemble, qui reparaissent d'après un schéma mécanique, comme par le travail d'un consciencieux bureaucrate.

Il en est de la « mélodie infinie », le second précepte de Wagner, comme du « leitmotif ». Elle est un produit de la pensée dégénérée, un mysticisme musical. Elle est la forme dans laquelle se manifeste en musique l'inaptitude à l'attention. En peinture, l'attention mène à la composition; son absence, au traitement uniformément photographique de tout le champ visuel, comme chez les préraphaélites; en poésie, elle a pour résultat la clarté des idées, le cours logique de l'exposition, la suppression de ce qui n'a pas d'importance, et la mise en relief de ce qui est essentiel ; son absence amène le radotage, comme chez les graphomanes, et une prolixité pénible par suite de l'enregistrement sans choix de toutes les perceptions, comme chez Tolstoï ; en musique enfin, elle s'exprime par des formes arrêtées, c'est-à-dire par des mélodies délimitées ; son absence, au contraire, est marquée par la dissolution de la forme, l'effacement de ses limites, c'est-à-dire par la mélodie infinie, comme chez Wagner. Ce parallélisme n'est pas un jeu arbitraire de l'esprit, mais le tableau exact des processus parallèles dans la conscience des différents groupes de dégénérés, processus qui produisent dans les différents arts, conformément à leurs moyens et à leurs buts particuliers, des phénomènes différents.

Qu'on se rappelle ce qu'est la mélodie. C'est un groupement régulier de notes en une série de sons supérieurement expressive. La mélodie est, dans la musique, ce qu'est, dans le langage, la phrase logiquement bâtie, exposant clairement une idée, ayant un commencement et une fin nettement limités. Aussi peu le vagabondage rêveur d'idées nébuleuses à demi formées permet le moulage de phrases de cette sorte, aussi peu le mouvement flottant d'émotions sourdement confuses conduit à la formation d'une mélodie. Les émotions, de même, peuvent être plus moins nettes. Elles peuvent montrer un état chaotique et un état ordonné. Dans le premier cas elles se dressent, figures reconnaissables et vigoureusement éclairées par l'attention, dans la conscience qui saisit leur nature et leur dessein ; dans le second, elles sont pour la conscience une énigme inquiétante, et elle ne les perçoit que comme excitation générale, comme une espèce de tremblement et de grondement souterrains de cause et de direction inconnues. Les émotions sont-elles compréhensibles : elles voudront s'exprimer dans la forme la plus expressive et la plus saisissable possible. Sont-elles, au contraire, un état durable général sans cause déterminée ni but appréciable : leur extériorisation par le secours des sons sera aussi vague et nébuleuse qu'elles-mêmes. On peut dire : la mélodie est un effort de la musique pour dire quelque chose de précis. Il est clair qu'une émotion non consciente de ses motifs et de ses buts, non éclairée par l'attention, n'élèvera pas son expression musicale jusqu'à la mélodie, parce qu'elle n'a précisément rien de précis à dire.

La mélodie fermée est une conquête tardive de la musique, que celle-ci n'a faite qu'au bout d'une longue évolution. A ses débuts historiques, — et, bien plus encore, préhistoriques, — l'art musical ne la connaît pas. Originairement, la musique sort du chant et du bruit rythmique, (c'est-à-dire répété à des intervalles égaux ou réguliers) du pied frappant la terre, du cri, du battement de mains qui l'accompagnent, et le chant n'est autre chose que la parole s'élevant par suite d'une excitation des nerfs et se mouvant par intervalles plus espacés. De la littérature à perte de vue relative à ce sujet traité jusqu'à la banalité, je ne veux donner qu'une citation. Herbert Spencer dit, dans son travail bien connu *Sur l'origine et la fonction de la Musique* : « Toute musique commence par être vocale... Les chants qui accompagnent les danses des sauvages sont très monotones, et, par suite de cette monotonie, plus rapprochés du langage ordinaire que les chants des hommes civilisés... Les poésies primitives des Grecs, qui, il ne faut pas l'oublier, étaient des légendes sacrées traduites dans le langage figuré rythmique amené par les forts sentiments, n'étaient pas parlées, mais psalmodiées; les mêmes influences qui rendent la parole poétique rendirent musicaux les sons et la cadence... Cette psalmodie n'était pas ce que nous nommons le chant, mais se rapprochait de notre récitatif et était beaucoup plus simple encore que celui-ci, si l'on tire des conclusions du fait que l'ancienne lyre grecque, qui avait seulement quatre cordes, était maniée à l'unisson de la voix, qui par conséquent ne s'étendait qu'à quatre notes... Que le récitatif, — au delà duquel, soit dit en passant, les Chinois et les Hindous ne paraissent jamais s'être élevés, — soit naturellement né des modulations et des cadences d'un fort sentiment, c'est ce dont nous avons aujourd'hui encore des preuves vivantes. Un fort sentiment, actuellement encore, se donne parfois carrière de cette façon. Ceux qui ont jamais entendu prêcher un quaker dans une assemblée de coreligionnaires (ils ne prennent la parole que sous l'influence d'une émotion), auront été frappés des sons tout à fait insolites, semblables à une psalmodie étouffée, de son allocution [1] ».

Le récitatif, qui n'est qu'une parole intensive et ne laisse reconnaître aucune forme mélodique fermée, est donc la plus ancienne forme de la musique; il est le

---

[1]. Herbert Spencer, *The origine and function of Music*. The Humboldt Library of popular science literature. New-York, J. Fitzgerald and C°, t. I, p. 548, 550.

point de développement auquel est parvenu l'art musical chez les sauvages, les anciens Grecs, les peuples actuels de l'Extrême-Orient. La « mélodie infinie » de Wagner n'est autre chose qu'un récitatif richement harmonisé et mouvementé, mais un récitatif. Le nom accolé par Wagner à sa prétendue invention ne doit pas nous faire prendre le change. Dans la bouche du dégénéré, le mot n'a jamais le sens que lui prête le langage habituel. C'est ainsi que Wagner nomme tranquillement « mélodie », avec une épithète distinctive, une forme qui est en fait la négation et la suppression de la mélodie. Il fait de la mélodie sans fin un progrès de la musique, tandis qu'elle est le retour de celle-ci à son antique point de départ. Ici, de nouveau, se renouvelle chez Wagner ce que nous avons si souvent relevé dans les chapitres précédents : c'est que les dégénérés considèrent, par une étrange illusion d'optique, leur atavisme, leur retour maladif à des degrés de développement excessivement reculés et tout à fait bas, comme une montée dans l'avenir.

Wagner fut amené à sa théorie de la mélodie infinie par son peu d'aptitude à trouver des mélodies finies, c'est-à-dire de véritables mélodies. Sa faiblesse en matière de création mélodique a sauté aux yeux de tous les musiciens impartiaux. Dans sa jeunesse elle était moins prononcée, et il a créé (dans *Tannhæuser*, *Lohengrin*, *Le Vaisseau-Fantôme*), quelques mélodies superbes. Avec l'âge, cette veine s'appauvrit de plus en plus, et à mesure que le torrent de l'invention mélodique se desséchait en lui, il accentuait avec plus d'entêtement et de rudesse sa théorie de la mélodie infinie. Toujours la répétition de cette méthode connue, qui consiste à élucubrer ultérieurement une théorie destinée à donner un semblant d'argument rationnel en faveur de ce que l'on fait par une nécessité organique inconsciente. Wagner n'étant pas capable de différencier par une caractéristique purement musicale les différents personnages de ses opéras, imagina le « leitmotif [1] ». Éprouvant une grande difficulté, surtout en avançant en âge, à créer de véritables mélodies, il établit la nécessité de la mélodie infinie.

Toutes ses autres lubies de théorie musicale s'expliquent aussi par le sentiment clair d'insuffisances déterminées. Dans *L'Œuvre d'art de l'avenir*, il accable le contrepoint et les contrepointistes, ces ennuyeux cuistres qui rabaissent l'art le plus vivant à une mathématique desséchée et morte, d'une raillerie qui veut être mordante et qui fait seulement l'effet d'un écho des injures de son maître Schopenhauer à l'adresse des professeurs de philosophie allemands. Pourquoi? Parce que, en sa qualité de mystique inattentif voué à la rêvasserie informe, il devait se sentir insupportablement gêné par la discipline sévère et les règles certaines de la science du contrepoint qui, seule, a donné une grammaire à la langue musicale balbutiante et fait d'elle un digne moyen d'expression des émotions d'hommes civilisés. Il déclare que la musique instrumentale pure est finie avec Beethoven, qu'aucun progrès

1. Édouard Hanslick, *op. cit.*, p. 233 : « Les personnages du *drame musical* ne se distinguant pas par le caractère de leurs mélodies chantées, comme dans l'ancien *opéra* (Don Juan et Leporello, Donna Anna et Zerline, Max et Gaspard), mais se ressemblant tous les uns les autres par le pathos physionomique de leur parole, Wagner tente de remplacer cette caractéristique par les leitmotifs dans l'orchestre ».

n'est possible après lui, que la « déclamation musicale » est l'unique voie dans laquelle l'art musical puisse encore se développer. Il se peut que, après Beethoven, la musique instrumentale ne fasse plus de progrès pendant de longues années ou pendant des siècles. C'était un si immense génie musical, qu'il est en effet difficile de se figurer comment on pourra le dépasser, ou seulement l'atteindre. Léonard de Vinci, Shakespeare, Cervantès, Gœthe, produisent une impression semblable. Et en effet ces génies, jusqu'ici, n'ont pas été surpassés. Il est imaginable aussi qu'il y a des bornes qu'un art donné est incapable de franchir, de sorte qu'un très grand génie dit le dernier mot de cet art, et qu'après lui nul progrès n'est plus possible. Mais, en ce cas, l'ambitieux doit dire humblement : « Je sais que je ne puis faire mieux que le maître suprême de mon art; je me contente donc de travailler en épigone, à l'ombre de sa grandeur, satisfait si mon œuvre exprime quelques particularités de ma personnalité ». Il ne doit pas affirmer avec arrogance : « Prétendre lutter avec le vol d'aigle du colosse, cela n'a aucun sens; le progrès ne réside plus maintenant que dans mon battement d'ailes de chauve-souris ».

C'est exactement là ce que fait Wagner. N'étant pas particulièrement doué pour la musique instrumentale pure, comme le prouvent assez ses rares travaux symphoniques, il décrète sur le ton de l'infaillibilité : « La musique instrumentale est finie avec Beethoven. Prétendre glaner sur ce champ complètement brouté, c'est une aberration. L'avenir de la musique réside dans l'accompagnement de la parole, et la voie de cet avenir, c'est moi qui vous l'indique ».

Ici Wagner se fait simplement une vertu de sa pauvreté et un titre de gloire de sa faiblesse. La symphonie est la plus haute différenciation de l'art musical. C'est en elle que celui-ci a le plus complètement dépouillé sa parenté primitive avec la parole, et est parvenu à la plus grande indépendance. La symphonie est donc ce que la musique peut produire de plus musical. La désavouer, c'est désavouer la musique comme art indépendant et différencié. Mettre au-dessus d'elle la musique comme accompagnatrice du mot, c'est assigner à la servante un rang plus élevé qu'à la maîtresse. Il ne viendra à l'idée d'aucun compositeur véritablement musicien de sentiment et de pensée, de chercher, pour rendre ce qui s'agite dans son âme, des mots au lieu de thèmes musicaux. Si cette idée en effet lui vient, cela prouvera précisément que, dans son essence intime, il est poète ou écrivain, et non musicien. Il ne faudrait pas alléguer contre la justesse de cette thèse les chœurs de la neuvième symphonie. Dans ce cas-là, Beethoven fut maîtrisé par une émotion si forte et si univoque, que le caractère plus général et plus équivoque de l'expression musicale pure ne put lui suffire, et qu'il dut de toute nécessité appeler le mot à son secours. Dans la légende biblique, d'un sens si profond, l'âne même de Balaam acquiert la parole quand il a quelque chose de précis à dire. L'émotion qui devient nettement consciente de son contenu et de son but cesse d'être une simple émotion et se transforme en aperception, en idée et en jugement qui, eux, ne s'expriment pas en musique, mais en langage articulé. Si maintenant Wagner mettait, en principe, la musique accompagnant la parole au-dessus de la musique instrumentale pure, et cela non comme moyen d'expression des idées, — car, à ce sujet, il ne peut y avoir diversité d'opinion, — mais comme forme musicale proprement dite, cela prouverait simplement que, dans le fond intime de sa nature, en vertu de sa disposition organique, il n'a pas été un musicien, mais un mélange confus de poète balbutiant et de peintre paresseux, mêlant à tout cela un accompagnement de gamelang javanais. C'est le cas de la plupart des dégénérés supérieurs, avec cette différence que les fragments constitutifs de leur talent hybride, étrangement entremêlés, ne sont pas aussi forts et aussi grands que chez lui.

Les morceaux de musique les plus remarquables de Wagner, celui du Vénusberg, le mi-bémol-sol-si-bémol du « Wigala-Weia » cent trente-six fois répété des Filles du Rhin, la chevauchée des Valkyries, l'incantation du feu, la vie de la forêt, l'idylle de Siegfried, le miracle du vendredi-saint, — morceaux magnifiques à bon droit admirés, — montrent précisément tout ce qu'il y a d'anti-musical dans le génie de Wagner. Tous ces morceaux ont ceci de commun, qu'ils peignent. Ils ne constituent pas une émotion intérieure jaillissant de l'âme sous forme de sons, mais la vision psychique d'un œil de peintre génial, vision que Wagner, avec une puissance gigantesque, mais une gigantesque aberration, s'efforce de fixer en sons, au lieu de la fixer en lignes et en couleurs. Il s'attache à des sons ou bruits naturels, qu'il imite directement ou dont il éveille la représentation par l'association d'idées, — et reproduit le bruissement des vagues, le murmure des cimes des arbres et le chant des oiseaux des bois, acoustiques en eux-mêmes, ou, par un parallélisme acoustique, les phénomènes optiques des mouvements de la danse de formes féminines luxuriantes, du galop des chevaux s'ébrouant sauvagement, du flamboiement et du sautillement des flammes, etc. Ces créations ne sont pas nées d'émotions internes, mais ont été provoquées par les impressions extérieures sensorielles; elles ne sont pas la manifestation d'un sentiment, mais un reflet, c'est-à-dire, par conséquent, quelque chose d'essentiellement optique. Je comparerais volontiers la musique de Wagner, là où elle est la meilleure, au vol des poissons volants. C'est un spectacle étonnant et brillant et pourtant quelque chose d'innaturel, un égarement de l'élément naturel dans un élément étranger, et avant tout quelque chose d'absolument stérile qui ne peut servir d'exemple ni aux poissons ni aux oiseaux normaux.

Wagner a très clairement senti lui-même qu'on ne peut rien asseoir de plus sur le fond de ses peintures musicales. Il se plaint en effet, au sujet des tentatives de musiciens qui auraient volontiers fondé une école Wagner, que « de jeunes compositeurs se donnent beaucoup de mal pour l'imiter d'une façon déraisonnable [1] ».

Ce prétendu musicien de l'avenir est donc de tous points, comme nous l'a montré un examen attentif, le musicien d'un passé très reculé. Tous les traits de son talent indiquent la route non vers les temps futurs, mais vers les temps depuis longtemps écoulés. C'est de l'ata-

---

1. *Sur l'application de la musique au drame. Écrits et poèmes complets*, t. X, p. 242.

visme que son « leitmotif », qui rabaisse la musique à un symbole phonétique conventionnel; de l'atavisme, sa mélodie sans fin, qui ramène la forme arrêtée au récitatif vague des sauvages; de l'atavisme, sa subordination de la musique instrumentale hautement différenciée au drame musical, qui mêle encore la musique et la poésie et ne laisse arriver à leur pleine indépendance aucune des deux formes; de l'atavisme même, sa particularité de ne faire chanter presque jamais qu'une seule personne sur la scène et d'éviter les morceaux harmonisés à plusieurs voix. En tant qu'individualité, il occupera une place considérable dans l'histoire de la musique; en tant qu'initiateur ayant développé et fait avancer son art, il n'en occupera aucune, ou seulement une bien petite. Tout ce que des talents musicaux sains peuvent, en effet, apprendre de lui, c'est, dans l'opéra, à tenir le chant et l'accompagnement étroitement rapprochés de la parole, déclamer d'une façon vraie et caractéristique, et à suggérer à l'imagination, par l'effet orchestral, des aperceptions picturales. Mais je n'ose pas décider si ce dernier point doit être encore considéré comme un élargissement ou déjà comme une rupture des limites naturelles de l'art musical, et les disciples de Wagner devront, en tout cas, pour ne pas se fourvoyer, n'employer qu'avec beaucoup de prudence sa riche palette musicale.

La puissante action de Wagner sur ses contemporains ne s'explique ni par ses talents d'écrivain et de musicien, ni par aucune qualité personnelle, à l'exception peut-être de cette « persévérance entêtée dans une seule et même idée fondamentale », que Lombroso indique comme un des caractères des graphomanes [1], mais par les particularités de la vie nerveuse du temps présent. Sa destinée terrestre ressemble à celle de ces plantes bizarres de l'Orient, les roses de Jéricho (*anastatica*, *asteriscus*), qui, d'un brun effacé, coriaces et desséchées, roulent au gré de tous les vents, jusqu'à ce que, ayant trouvé un sol favorable, elles prennent racine et s'épanouissent en fleurs heureuses. Jusqu'au soir de sa vie, l'existence de Wagner n'a été que lutte et amertume, et ses fanfaronnades n'eurent d'autre écho que les rires non seulement des gens raisonnables, mais, malheureusement, aussi des sots. Ce n'est qu'après avoir dépassé depuis longtemps déjà la cinquantaine, qu'il commença à connaître l'ivresse de la gloire universelle, et dans les dix dernières années de sa vie il était placé parmi les demi-dieux. En résumé : le monde, dans l'intervalle, était devenu mûr pour lui — et pour les Petites-Maisons. Il avait eu le bonheur de durer jusqu'à ce que la dégénérescence et l'hystérie générales fussent suffisamment avancées pour fournir à ses théories et à son art un riche sol nourricier.

Le phénomène constaté et expliqué ici à diverses reprises, que les aliénés volent les uns vers les autres comme la limaille de fer vers l'aimant, frappe tout particulièrement dans la vie de Richard Wagner. Sa première grande protectrice a été la princesse de Metternich, fille du comte Sandor, cet original bien connu, et dont les propres excentricités ont défrayé la chronique de la cour napoléonienne. Son autre zélateur, qui s'enthousiasma

---

[1]. Lombroso, *Génie et Folie*, p. 225.

pour lui et le protégea, fut François Liszt, que j'ai caractérisé à un autre endroit (Voir mes *Lettres parisiennes choisies*, 2ᵉ édition, Leipzig, 1887, p. 172), et au sujet duquel je me contenterai, pour cette raison, de remarquer ici qu'il offrait la plus grande ressemblance avec Wagner : il était écrivain (ses œuvres, qui comprennent six gros volumes, occupent une place d'honneur dans la littérature des graphomanes), compositeur, érotomane et mystique, tout cela, il est vrai, à un degré incomparablement inférieur à celui de Wagner, qu'il ne surpassait que dans son talent extraordinaire de pianiste. Wagner s'éprenait d'admiration pour tous les graphomanes qui lui tombaient sous la main, par exemple pour ce A. Gleizès que Lombroso range expressément parmi les aliénés [1] et sur le compte duquel Wagner s'exprime en termes d'un enthousiasme exubérant [2], et il s'entourait en outre d'une cour de graphomanes d'élite, parmi lesquels nous citerons : Frédéric Nietzsche, dont la folie rendit nécessaire l'internement dans une maison de santé ; Henri de Wolzogen, dont la *Symbolique poétique du son* aurait pu être écrite par les plus exquis « symbolistes » ou « instrumentistes » français [3] ; Henri Porgès,

---

1. Lombroso, *Génie et Folie*, p. 226.
2. « L'auteur renvoie ici expressément au livre intitulé : *Thalysie ou le Salut de l'humanité*, de A. Gleizès.... Sans une connaissance exacte des résultats consignés dans ce livre, des recherches si précises qui semblent avoir absorbé la vie entière d'un des plus sympathiques et des plus profonds Français, il pourrait être difficile d'obtenir l'attention... pour la régénération de la race humaine ». Richard Wagner, *Religion et Art. Écrits et Poèmes complets*, t. X, p. 307, note.
3. « L'appel séduisant d'Alberich aux nixes étale le dur et mordant son N, qui répond si excellemment à toute sa manière d'être comme à la force négative du drame ; de même qu'il forme le con-

E. de Hagen, etc. Mais les relations les plus importantes de ce genre étaient celles qui l'unissaient au pauvre roi Louis II. Wagner trouva en lui l'âme qu'il lui fallait; en lui il trouva la pleine compréhension de ses doctrines et de ses créations. On peut affirmer que c'est Louis de Bavière qui a créé le culte de Wagner. C'est seulement quand le roi fut devenu le protecteur déclaré du musicien, que celui-ci et ses tendances acquirent une importance pour l'histoire de la civilisation : non seulement parce que Louis II offrit à Wagner les moyens de réaliser ses rêves artistiques les plus somptueux et les plus audacieux, mais surtout parce qu'il mit l'éclat de sa couronne au service de la tendance wagnérienne. Qu'on songe, en effet, combien l'immense majorité du peuple allemand est profondément monarchique, avec quel tremblotement de genoux respectueux le buveur de bocks salue la calèche de cour, même vide; quels battements de cœur de délicieux enthousiasme la vue d'un prince provoque chez la demoiselle bien élevée! Et ici un roi véritable, et de plus un roi admirablement beau, jeune, entouré d'une légende, dont la folie passait alors auprès de toutes les âmes sentimentales pour un « idéalisme » sublime, étalait un enthousiasme sans bornes pour un artiste et renouvelait en une bien plus large mesure les rapports de Charles-Auguste avec Gœthe! A partir de ce moment, Wagner

---

traste le plus accusé avec le W moelleux des esprits des eaux. Quand ensuite il s'apprête à grimper du côté des jeunes filles, les allitérations Gl et Schl, alliées au léger et glissant F, marquent drastiquement la glissade sur le rocher glissant. Woglinde lui crie pour ainsi dire : A vos souhaits! quand il éternue, en employant cette allitération si appropriée : Pr (Fr) ». Cité par Hanslick, *Stations musicales*, p. 255.

devait naturellement devenir l'idole de tous les cœurs
« loyalistes ». On était fier de partager le goût du roi
« idéal ». La musique de Wagner devint une musique
royale bavaroise avec couronne et blason, en attendant
de devenir plus tard une musique impériale allemande.
En tête du mouvement wagnérien s'avance, comme cela
était logique, un roi dément.

Louis II pouvait mettre Wagner à la mode chez le
peuple allemand tout entier (à l'exception toutefois des
Bavarois révoltés des prodigalités de leur roi), mais le
prosternement d'humbles sujets n'aurait pas à lui seul
enfanté un fanatisme wagnérien. Pour que la simple mode
Wagner grandît jusqu'à celui-ci, un autre élément encore
devait se mettre de la partie : l'hystérie de l'époque.

Cette hystérie n'est pas encore répandue en Allemagne
au degré où elle l'est en France et en Angleterre, mais
elle n'y manque pas non plus, et, depuis un quart de
siècle, elle y gagne de plus en plus de terrain. L'Allemagne en a été préservée, plus longtemps que les peuples
de l'Ouest, par le développement plus faible de la grande
industrie et par l'absence de grandes villes proprement
dites. Mais, dans la dernière génération, ces deux bienfaits lui ont été surabondamment accordés ; deux grandes
guerres ont fait le reste, pour rendre le système nerveux
du peuple allemand accessible aux influences pernicieuses
des grandes villes et des fabriques.

Les effets de la guerre sur les nerfs de ceux qui y ont
pris part n'ont pas encore été étudiés systématiquement,
et pourtant ce serait là un travail bien utile et bien nécessaire. La science sait quels désordres une seule forte émo-

tion morale, un danger de mort soudain, par exemple, produit dans l'homme ; elle a noté des centaines et des milliers de cas où des personnes sauvées d'une noyade, présentes à l'incendie d'un navire ou à un accident de chemin de fer, menacées par un assassin, etc., ont ou perdu la raison, ou ont été prises de maladies nerveuses graves et longues, souvent incurables. En temps de guerre, de nombreuses centaines de mille hommes sont exposées à toutes ces impressions terribles à la fois. Pendant des mois entiers, de cruelles mutilations ou une mort brusque les menacent à chaque pas. Ils ont fréquemment devant eux le spectacle de la dévastation, de l'incendie, des plus horribles blessures et d'effroyables monceaux de cadavres. En même temps, on exige énormément de leurs forces ; ils doivent marcher jusqu'à ce qu'ils tombent et ne peuvent compter ni sur une nourriture ni sur un sommeil suffisants. Et ces centaines de milliers d'hommes ne subiraient pas l'effet qu'un seul de ces événements, enregistrés en nombre incalculable par la guerre, peut, la chose est prouvée, amener avec lui ? Qu'on ne vienne pas dire que le soldat, en campagne, est émoussé contre les horreurs qui l'entourent. Cela signifie simplement qu'elles cessent d'exciter l'attention de sa conscience. Mais elles n'en sont pas moins perçues par les sens et leurs centres cérébraux et n'en laissent pas moins leurs traces dans le système nerveux. Si le soldat ne remarque pas à l'instant même le profond ébranlement et même la désorganisation qu'il subit, cela non plus ne prouve rien. L' « hystérie traumatique », la « moelle épinière des chemins de fer » (railway-spine), les maladies nerveuses consécutives à un choc moral, n'apparaissent, elles aussi, souvent que plusieurs mois après l'événement qui les a occasionnées.

Je crois qu'on ne peut pas mettre en doute que chaque grande guerre est une cause d'hystérie des masses, et que le plus grand nombre des soldats rapportent d'une campagne, quoique complètement à leur insu, une vie nerveuse quelque peu dérangée. Cette affirmation, il est vrai, s'applique bien moins au vainqueur qu'au vaincu, car le triomphe est une des plus hautes jouissances que puisse éprouver un cerveau d'homme, et l'action dynamogène de cette jouissance est bien faite pour contrecarrer les influences destructives des impressions de guerre. Mais elle aura de la peine à les contre-balancer complètement, et le vainqueur, lui aussi, laisse sur le champ de bataille et au bivouac une bonne portion de force nerveuse et de santé morale.

La « brutalisation des masses » après chaque guerre est devenue un lieu commun. Cette expression procède de l'observation qu'à la suite d'une campagne la manière d'être du peuple devient plus brusque et plus grossière, et que la statistique enregistre un plus grand nombre d'actes de violence. Le fait est exact, mais son interprétation superficielle. Si le soldat rentré dans ses foyers s'emporte plus facilement et va jusqu'à s'armer du couteau, ce n'est pas parce que la guerre l'a rendu plus brutal, mais parce qu'elle l'a rendu plus irritable. Or, cette irritabilité augmentée n'est qu'une des formes de la débilité nerveuse.

Sous l'influence des deux grandes guerres, en y rattachant le développement de la grande industrie et l'accroissement des grandes villes, l'hystérie a donc, depuis 1870, gagné chez le peuple allemand considérablement de terrain, et nous ne tarderons pas à rattraper l'avance peu enviable que les Anglais et les Français avaient sur nous dans cette direction. Seulement, chaque hystérie, comme chaque folie, comme chaque maladie, reçoit de la nature du malade son aspect particulier. Le degré de culture, le caractère, les penchants et les habitudes du détraqué donnent au détraquement sa couleur spéciale. Chez les Anglais, enclins de tout temps à la dévotion, la dégénérescence et l'hystérie devaient revêtir une teinte mystico-religieuse. Chez les Français, avec leur bon goût si développé et leur passion si répandue pour toutes les activités artistiques, il était naturel que l'hystérie prît une direction artistique et conduisît aux extravagances que nous savons dans la peinture, la littérature et la musique. Nous autres Allemands ne sommes en général ni très pieux ni très cultivés sous le rapport esthétique. Notre compréhension pour le beau dans l'art s'exprime le plus souvent par ces exclamations idiotes : « Charmant ! Ravissant ! », que la demoiselle bien élevée glapit indifféremment, d'une voix de tête aiguë et en montrant le blanc des yeux, à l'aspect d'un caniche tondu d'une manière drôle ou devant la Vierge de Holbein du musée de Darmstadt, et par le grognement de satisfaction avec lequel le bon bourgeois, à l'audition d'un orphéon, met le nez dans son verre de bière. Non pas que le sens du beau nous manque par nature ; je crois au contraire que, tout au fond de nous, nous le possédons plus que la plupart des autres peuples ; mais ce sens, par la défaveur des circonstances, n'a pu atteindre son développement complet. Depuis la guerre de Trente Ans nous avons été trop pauvres, nous avons eu à combattre trop durement avec les nécessités de la vie, pour qu'il nous restât quoi que ce fût à donner à un luxe quelconque, et les classes dirigeantes de notre peuple, profondément romanisées, esclaves de la mode française, étaient devenues si étrangères aux masses, que celles-ci, pendant deux siècles, ne purent avoir la moindre part à la culture, au goût, aux satisfactions esthétiques des classes supérieures séparées d'elles par un abîme infranchissable. Donc, le peuple allemand, dans sa grande majorité, ne s'intéressant pas à l'art et s'en préoccupant peu, l'hystérie allemande ne pouvait être non plus une hystérie artistique et esthétique.

Elle prit d'autres formes, en partie abominables, en partie ignobles, en partie ridicules. L'hystérie allemande se manifeste par l'antisémitisme, la forme la plus dangereuse de la folie des persécutions, dans laquelle l'individu qui se croit persécuté devient un persécuteur sauvage et capable de tous les crimes (le « persécuté-persécuteur » des aliénistes français)[1]. L'hystérique allemand s'occupe anxieusement, à la façon des hypocondriaques et des hémorroïdaires, de sa chère santé. Ses délires pivotent autour de ses transpirations et de ses fonctions alvines. Il s'éprend de fanatisme pour la camisole de flanelle de Jæger et pour le gruau que moulent eux-mêmes les végétariens. Il tombe en une violente émotion devant les asper-

---

[1]. Legrand du Saulle nomme le persécuteur qui se croit persécuté « persécuté actif ». Voir son livre fondamental : *Le délire des persécutions*. Paris, 1871, p. 194.

sions d'eau froide et les courses à pieds nus sur l'herbe humide, tant prônées par Kneipp. En même temps, il s'excite en un amour maladif pour les animaux (la « zoophilie » de Magnan) à cause des souffrances de la grenouille utilisée dans les recherches physiologiques, et comme note fondamentale de toute cette folie antisémitique, végétarienne, anti-vivisectionniste, jægerolâtre et kneippophile, perce un chauvinisme teuton mégalomane contre lequel nous a mis vainement en garde le noble empereur Frédéric. Tous ces troubles divers apparaissent en général simultanément, et, neuf fois sur dix, on ne se trompera pas si l'on tient l'adepte de Jæger pour un chauvin, l'enthousiaste de Kneipp pour un fanatique du pain de gruau, et le défenseur de la grenouille avide du sang des professeurs, pour un antisémite.

L'hystérie de Wagner revêtit, elle, toutes les formes de l'hystérie allemande. Il pouvait dire de lui-même, en modifiant légèrement le *Homo sum* de Térence : « Je suis un déséquilibré, et nul trouble intellectuel ne m'est étranger ». Il pouvait, comme antisémite, rendre des points au pasteur Stœcker [1]. Il maniait la phraséologie chauvine avec une maîtrise inimitable [2]. N'a-t-il pas été jusqu'à faire accroire à sa chapelle d'hystériques hypnotisés que c'étaient des figures foncièrement allemandes, les héros de ses pièces, — ces Français, ces Brabançons, ces Islandais et Norvégiens, ces femmes de la Palestine,

---

1. Richard Wagner, *Le Judaïsme dans la musique. Écrits et Poèmes complets*, t. V, p. 83; *Éclaircissements sur le Judaïsme dans la musique*, t. VIII, p. 299.
2. *Id.*, *Art allemand et Politique allemande. Écrits et Poèmes complets*, t. VIII, p. 39; *Qu'est-ce qui est allemand?* t. X, p. 51 et passim.

tous ces êtres fabuleux qu'il était allé chercher dans les poésies provençales et dans celles des trouvères, dans la saga du Nord, dans l'Évangile, et qui, — à part *Tannhæuser* et *Les Maîtres chanteurs*, — n'ont pas une seule goutte de sang allemand dans les veines, une seule fibre allemande dans leur corps! C'est de la même façon qu'un charlatan hypnotiseur faisait accroire à ses victimes, en des représentations publiques, qu'elles mangeaient des pêches, tandis que ce n'étaient que des pommes de terre crues. Wagner se fit le défenseur du végétarisme, et comme le fruit nécessaire pour nourrir le peuple de cette façon n'existe abondamment que dans les contrées chaudes, il conseilla, sans hésiter, de « diriger une émigration rationnelle des peuples vers la péninsule de l'Amérique du Sud, qui, affirme-t-on, est seule en état, grâce à sa productivité tout à fait surabondante, de nourrir la population actuelle de toutes les parties du monde [1] ». Il brandit son épée chevaleresque contre les physiologistes qui se livrent à des expériences sur les animaux[2]. Il ne s'enthousiasma pas pour la laine, parce que personnellement il préférait la soie, et c'est là l'unique lacune dans ce tableau d'ailleurs si complet. Wagner n'a pas été témoin de la grandeur du vénérable curé Kneipp; sans quoi il aurait vraisemblablement aussi trouvé des paroles profondes pour la sublimité incomparablement allemande des pieds mouillés et pour la puissance rédemptrice des arrosements du genou.

1. Richard Wagner, *Religion et Art. Écrits et Poèmes complets*, t. X, p. 311.
2. Id., *Lettre ouverte à M. Ernest de Weber, auteur de l'écrit : Les Chambres de torture de la science. Écrits et Poèmes complets*, t. X. p. 251.

Quand donc l'amitié romanesque du roi Louis de Bavière pour Wagner eut enfin donné à celui-ci le prestige nécessaire et attiré sur lui l'attention générale de l'Allemagne, quand le peuple allemand eut appris à connaître Wagner avec ses particularités, tous les mystiques du meurtre rituel juif, des chemises de laine, du menu végétal et des cures sympathiques, durent le saluer par des cris d'allégresse, car il était la personnification de toutes leurs obsessions. Sa musique, ils l'acceptaient simplement par-dessus le marché. L'immense majorité de ses fanatiques n'y comprenait rien. Les émotions que leur faisaient éprouver les œuvres de leur idole ne provenaient ni des chanteurs ni de l'orchestre, mais en partie de la beauté pittoresque des tableaux scéniques, et en plus grande partie des délires particuliers qu'ils apportaient avec eux au théâtre et dont ils honoraient en Wagner le porte-parole et le champion.

Je ne vais cependant pas jusqu'à prétendre que c'est uniquement le chauvinisme à skat[1] et l'idéalisme héroïque des cures naturelles, du riz aux fruits, du « les juifs à la porte » et du gilet de flanelle, qui faisaient battre plus vite, dans une émotion délicieuse, les cœurs des fidèles de Wagner à l'audition de sa musique. Cette musique était certainement aussi de nature à enchanter des hystériques. Ses forts effets d'orchestre amenaient chez eux des états hystériques, — à l'hôpital de la Salpêtrière, à Paris, on produit fréquemment l'hypnose en frappant soudainement sur un gong, — et la nature informe de la mélodie sans fin répondait complètement à la rêvasserie vagabonde de leur propre

---

1. Jeu de cartes affectionné par les teutomanes.

pensée. Une mélodie claire éveille et exige l'attention, et s'oppose par conséquent à la fuite d'idées de dégénérés à cerveau débile. Un récitatif coulant, sans commencement ni fin, ne réclame au contraire aucun effort d'esprit, car la plupart des auditeurs ne s'occupent pas du tout, ou ne s'occupent que très peu de temps, du jeu de cache-cache des « leitmotifs » ; on peut donc se laisser bercer et porter à la dérive par lui et on en émerge comme on veut, sans souvenir particulier, seulement avec le sentiment voluptueux d'avoir pris un excitant bain chaud de sonorités. Le rapport de la mélodie sans fin à la mélodie proprement dite est celui des arabesques capricieuses mille fois répétées, et ne représentant rien de précis, d'une décoration murale mauresque à un tableau de genre ou d'histoire, et l'Oriental sait depuis longtemps combien la vue de ses arabesques est favorable au « kef », cet état de rêve dans lequel l'intelligence est assoupie et où la folle du logis seule gouverne en maîtresse dans la maison.

La musique de Wagner initia les hystériques allemands aux mystères délicieux du « kef » turc. Nietzsche a beau railler à ce sujet, avec son idiot jeu de mots « *Sursum-Boum boum* » et ses observations sur l'adolescent allemand qui cherche des « pressentiments » ; on ne peut nier qu'une portion des fidèles de Wagner, celle qui apportait au théâtre un mysticisme maladif, trouvât chez lui des satisfactions, rien n'étant propre à évoquer des « pressentiments », c'est-à-dire des idées-frontière ambiguës et vaporeuses, comme une musique née elle-même d'ombres d'idées.

Quant aux femmes hystériques, Wagner les gagna avant

tout non seulement par l'érotisme lascif de sa musique, mais encore par sa façon de présenter les rapports de l'homme vis-à-vis de la femme. Rien n'enchante autant une femme romanesque que l'irrésistibilité démoniaque chez la femme et l'adoration tremblante de sa puissance surnaturelle chez l'homme. Prenant le contre-pied du mot de Frédéric-Guillaume Ier, qui s'écriait avec colère : « Je ne veux pas que vous me craigniez, mais que vous m'aimiez ! », les femmes de ce genre préféreraient crier à chaque homme : « Vous ne devez pas m'aimer, mais tomber à mes pieds, dans la poussière, plein d'épouvante et de terreur ». Madame Vénus, Brunhilde, Iseult et Kundry ont acquis à Wagner l'admiration des femmes, bien plus qu'Élisabeth, Elsa, Senta et Gutrune.

Après que Wagner eut conquis l'Allemagne et que la foi fervente en lui fut devenue le premier article du catéchisme patriotique allemand, l'étranger, de son côté, ne put longtemps se dérober à son culte. L'admiration d'un grand peuple a une puissance de persuasion extraordinaire ; il impose même, avec une suggestion irrésistible, ses aberrations aux autres peuples. Wagner a été un des principaux vainqueurs des guerres allemandes ; c'est pour lui qu'ont été remportées les victoires de Sadowa et de Sedan. Le monde devait, qu'il le voulût ou non, prendre position en face de l'homme que l'Allemagne déclarait son compositeur national. Il effectua sa marche triomphale autour du globe, couvert par le drapeau impérial allemand. Les ennemis de l'Allemagne étaient aussi ses ennemis, et cela força même ceux des Allemands restés froids à son égard, à prendre parti pour lui vis-à-vis l'étranger. Je m'en bats la poitrine : moi aussi j'ai combattu pour lui, par la parole et par la plume, contre les Français. Je l'ai défendu aussi contre les patronnets qui, à Paris, sifflaient *Lohengrin*. Comment se dérober à un devoir de ce genre ? Hamlet perce de son épée la tapisserie, sachant bien qu'un homme est derrière. Il faut alors lui courir résolument sus, si l'on est le fils ou le frère de Polonius. Wagner avait la chance de jouer vis-à-vis des Hamlets français le rôle de la tapisserie qui donne prétexte de diriger l'épée contre l'Allemagne-Polonius. Cela prescrivait impitoyablement à chaque Allemand l'attitude à tenir dans la question Wagner.

Au zèle des Allemands s'ajoutèrent encore à l'étranger toutes sortes de choses qui y favorisèrent le succès de Wagner. Une minorité composée en partie de natures vraiment indépendantes et noblement exemptes de préjugés, mais en partie aussi de dégénérés mus de manie de contradiction, prit parti pour lui, justement parce qu'il avait été furieusement et aveuglément attaqué par la majorité chauvine en proie à la haine nationale. « Il est inepte », s'écria cette minorité, « de condamner un artiste parce qu'il est Allemand. L'art n'a pas de patrie. Il ne faut pas juger la musique de Wagner avec des souvenirs de l'Alsace-Lorraine ». Cette manière de voir est si raisonnable et si noble, que ceux qui l'ont émise ont dû en être satisfaits et fiers. Ils se disaient nettement, en entendant la musique de Wagner : « Nous valons mieux et sommes plus intelligents que les chauvins », et cette idée les mettait nécessairement dans une si agréable et si bienveillante disposition d'esprit, qu'ils trouvèrent cette musique infiniment plus belle qu'ils n'auraient fait, s'ils n'avaient dû étouffer auparavant en eux des instincts banals et bas, et fortifier au contraire des pensées élevées, larges et distinguées. Les émotions qu'ils durent à leur satisfaction d'eux-mêmes, ils les attribuèrent ensuite par erreur à la musique de Wagner.

La circonstance aussi qu'on ne pouvait entendre qu'à Bayreuth celle-ci tout à fait authentique et non délayée, fut d'une grande importance pour l'estime qu'on en fit. Si on l'avait jouée dans chaque théâtre, s'il avait été possible d'assister sans peine et sans complications à une représentation de Wagner comme à une représentation du *Trouvère*, Wagner n'aurait pas acquis, à l'étranger, son public précisément le plus zélé. On devait, pour connaître le Wagner authentique, se rendre à Bayreuth; on ne pouvait le faire qu'à de longs intervalles et à des époques déterminées; il fallait se préoccuper longtemps à l'avance de ses places et de son logement. C'était un pèlerinage exigeant beaucoup d'argent et de temps, et auquel la plèbe, par conséquent, ne pouvait prendre part. L'excursion à Bayreuth devint ainsi le privilège des gens riches et distingués, et ce fut pour les snobs des deux mondes un grand mérite social que d'y être allé. On pouvait se vanter de ce voyage; on pouvait en être hautain. On n'appartenait plus à la foule, mais à l'élite; on était un hadji! Et les sages orientaux connaissent si bien la vanité spéciale aux hadjis, qu'un de leurs proverbes met expressément en garde contre l'homme pieux qui a été trois fois à la Mecque.

Ce fut donc un signe d'aristocratisme que d'avoir fait le pèlerinage de Bayreuth, et un signe de distinction intellectuelle que d'apprécier Wagner malgré sa nationalité. Le préjugé favorable pour lui était créé, et une fois qu'on venait à lui dans ces dispositions, il n'y avait aucune raison pour qu'il n'agît pas sur les hystériques étrangers comme sur ceux de l'Allemagne. *Parsifal*, notamment, devait complètement subjuguer les néo-catholiques français et les mystiques anglo-américains qui marchent derrière le drapeau de l'Armée du Salut. C'est surtout aussi avec cet opéra que Wagner triomphe auprès de ses admirateurs non allemands. Entendre la musique de *Parsifal* est devenu l'acte religieux de tous ceux qui veulent recevoir la communion sous forme musicale.

Tels sont les motifs qui expliquent que Wagner ait d'abord conquis l'Allemagne, puis le monde. L'absence de jugement chez la masse qui, dans la psalmodie, récite l'antiphonaire; l'imitation des musiciens sans originalité qui voyaient de son côté le succès et se cramponnaient aux pans de son habit comme les enfants qui veulent qu'on les emmène avec soi, ces choses firent le reste pour mettre l'univers à ses pieds. De tous les égarements du temps présent, le wagnérisme, le plus répandu, est aussi le plus sérieux. Le théâtre de Bayreuth, les *Bayreuther Blætter*, la *Revue Wagnérienne* de Paris, sont des monuments durables qui permettront à l'avenir étonné de mesurer toute l'étendue et toute la profondeur de la dégénérescence et de l'hystérie de notre temps.

# VI

## LES PARODIES DU MYSTICISME

Les formes artistiques et poétiques du mysticisme que nous avons étudiées jusqu'ici peuvent inspirer peut-être des doutes aux esprits superficiels ou insuffisamment renseignés quant à leur source dans la dégénérescence, et se présenter comme des manifestations d'un talent réel et fécond. Mais à côté d'elles en apparaissent d'autres où s'exprime un état d'âme qui fait cependant s'arrêter court et rend perplexe le lecteur même le plus crédule et le plus accessible à la suggestion de la parole imprimée et au charlatanisme s'affichant avec audace. Il se publie des livres et il s'affirme des doctrines dans lesquels le profane lui-même constate la profonde déchéance intellectuelle de leurs auteurs. Celui-ci prétend pouvoir initier le lecteur à la magie et pouvoir faire des prestiges lui-même; celui-là donne une forme poétique à des délires bien caractérisés et classés par la médecine mentale; cet autre écrit des livres qui rappellent la façon de penser et de sentir de tout petits enfants ou d'idiots. Une grande partie des œuvres que j'ai ici en vue justifierait, sans autre forme de procès, la mise en tutelle de leurs auteurs. Comme cependant, en dépit de la folie visible de ces œuvres, les « compréhensifs » bien connus s'acharnent à découvrir en elles « de l'avenir », de « nouvelles excitations nerveuses » et des beautés d'espèce mystérieuse, et à les présenter aux gobe-mouches ébahis comme des révélations du génie, il n'est pas superflu de leur consacrer un court examen.

Une portion pas trop grande de mysticisme mène à la foi, une plus grande nécessairement à la superstition, et plus la pensée est confuse et détraquée, plus insensée sera la nature de la superstition. En Angleterre et en Amérique, celle-ci prend le plus ordinairement la forme du spiritisme et de la fondation de sectes. Des hystériques et des détraqués reçoivent des inspirations divines et se mettent à prêcher ou à prédire, ou conjurent les esprits et ont commerce avec les morts. Les histoires de revenants commencent à occuper une large place dans la littérature de fiction de l'Angleterre et à jouer dans les journaux de ce pays le rôle de bouche-trous joué auparavant dans les journaux continentaux par le serpent de mer et le vaisseau-fantôme. Il s'est formé une société qui n'a pas d'autre but que de collectionner des histoires de revenants pour en contrôler la réalité, et même des savants en renom ont été saisis du vertige du surnaturel et condescendent à servir de garants aux aberrations les plus niaises.

En Allemagne aussi le spiritisme a trouvé accès, mais, somme toute, il a jusqu'ici conquis peu de terrain. Il peut y avoir dans les grandes villes quelques petites sociétés spirites; l'expression anglaise *trance* y est devenue si familière à quelques détraqués, qu'ils l'ont traduite en allemand par *trans*, en s'imaginant vraisemblablement, avec l'étymologie populaire, qu'elle signifiait « au-delà », tandis qu'elle est en réalité le mot anglais qui désigne l' « extase », c'est-à-dire l'état dans lequel doit, d'après l'hypothèse des spirites, se trouver le médium qui entre en communication avec le monde des esprits; mais le spiritisme a exercé encore peu d'influence sur notre littérature. Abstraction faite des derniers romantiques tombés dans l'enfance, notamment des auteurs de tragédies reposant sur l'idée de « la fatalité » (*Schicksalstragœdien*), peu d'écrivains ont osé introduire dans leurs créations le surnaturel autrement que sous forme de symbole. C'est au plus si, chez Henri de Kleist et Justinus Kerner, il prend une certaine importance, et les lecteurs sains ne considèrent pas cela comme un avantage pour les drames de l'auteur infortuné de *La Bataille d'Hermann* et pour *La Voyante de Prevorst* du poète souabe. D'autre part, il convient d'observer que l'élément spectral a précisément valu à ces deux écrivains, dans ces derniers temps, auprès des dégénérés et des hystériques allemands, un regain de jeunesse et de faveur. Maximilien Perty, qui vint évidemment trop tôt, ne rencontra de la part de la génération encore insuffisamment ramollie qui précéda la nôtre, avec ses épais volumes sur les apparitions des esprits, qu'une attention rare et plutôt moqueuse; et, parmi les contemporains, il n'y a guère que le baron Karl du Prel qui se soit fait une spécialité du monde des revenants dans ses écrits théoriques et dans ses romans. Tout compté, nos œuvres dramatiques et narratives sont encore peu hantées, à peine assez pour donner la chair de poule à une pensionnaire, et chez les écrivains éminents de l'étranger connus en Allemagne, chez Tourgueneff, par exemple, ce ne sont pas non plus les histoires d'apparitions qui attirent le lecteur allemand.

Les quelques voyants que nous avons pour le moment encore en Allemagne tentent également, cela va de soi, de donner à leur trouble d'esprit un vernis scientifique, et ils s'appuient pour cela sur quelques professeurs de mathématiques et de sciences naturelles, qui, disent-ils, sont complètement d'accord avec eux, ou du moins inclinent en partie vers eux. Mais leur tout est uniquement Zœllner, qui offre simplement la triste preuve que le professorat ne préserve pas de la folie, et ils peuvent peut-être invoquer encore des remarques occasionnelles de Helmholtz et d'autres mathématiciens sur les dimensions n (un nombre quelconque), qu'à dessein ou par faiblesse d'esprit mystique ils ont mal comprises. Le mathématicien peut, dans un problème analytique, poser à la place de une, deux ou trois dimensions, des dimensions n, sans que cette substitution change quelque chose à la loi du problème et aux dérivations régulières de celui-ci ; mais il ne lui vient pas à l'idée de se représenter sous l'expression géométrique « $n^{\text{ième}}$ dimension » quelque chose de donné dans l'espace et de saisissable par les sens. Quand Zœllner, avec l'exemple connu du renversement de la rondelle en caoutchouc, qui, parce qu'il n'est possible que dans la troisième dimension, devrait paraître absolument inimaginable et surnaturel à un être bi-dimensional, croit faciliter la compréhension de la formation d'un nœud dans un anneau fermé comme une action exécutable dans la quatrième dimension, il offre simplement un exemple de plus de la tendance connue du mystique à se leurrer, lui comme les autres, de mots qui semblent signifier quelque chose, qu'un imbécile, le plus souvent aussi, est convaincu de comprendre, mais qui, en réalité, n'expriment aucune idée et ne sont, par conséquent, que de vains sons dénués de signification.

C'est la France qui est en train de devenir la terre promise de la croyance aux apparitions. Les compatriotes de Voltaire ont déjà damé le pion aux pieux Anglo-Saxons sous le rapport du surnaturel. Je n'ai pas en vue par là les classes populaires inférieures, chez lesquelles la *Clef des Songes* n'a jamais cessé d'être, à côté de l'Almanach et parfois du *Paroissien*, le seul livre de la maison, ni les belles dames qui de tout temps ont assuré aux somnambules et aux tireuses de cartes de brillantes recettes, mais seulement les représentants mâles des classes cultivées. Des douzaines de sociétés spirites comptent des milliers de membres. Dans de nombreux salons de la meilleure société (meilleure dans le sens aussi de la plus cultivée !), on évoque les morts. Une revue mensuelle, *L'Initiation*, expose sur un ton profond et en prodiguant les technicismes philosophiques et scientifiques, la doctrine ésotérique des merveilles de l'ultra-terrestre. Une revue qui ne paraît que tous les deux mois, les *Annales des sciences psychiques*, s'intitule « Recueil d'observations et d'expériences ». A côté de ces deux revues, les plus importantes, il en existe encore toute une série d'autres de tendance semblable, et toutes sont fort répandues. Des travaux absolument spécia... sur l'hypnotisme et la suggestion ont éditions sur éditions, et c'est devenu une spéculation fructueuse pour les médecins inoccupés, qui se soucient peu de l'opinion de leurs confrères, de compiler sur ce sujet des manuels dépourvus, il est vrai, de toute valeur scientifique, mais que les profanes achètent comme des brioches. A part de rares exceptions, les romans en France n'ont plus de débit, mais des livres sur les phénomènes obscurs de la vie nerveuse s'écoulent brillamment, de telle sorte que des éditeurs habiles donnent à leurs auteurs découragés ce conseil : « Laissez pour le moment les romans, et écrivez sur le magnétisme ».

Quelques-uns des livres parus dans ces dernières années en France sur la magie se rattachent directement aux phénomènes de l'hypnotisme et de la suggestion : par exemple, *Les états profonds de l'hypnose*, de A. de Rochas, et *Traits de lumière*, « recherches physiques dédiées aux incrédules et aux égoïstes », de C.-A. de Bodisco. Plusieurs observateurs en ont conclu que les travaux et les découvertes de l'école de Charcot ont donné l'impulsion à tout ce mouvement. L'hypnotisme, disent les partisans de celui-ci, a mis en lumière tant de faits étonnants, que l'on ne peut continuer plus longtemps à douter de l'exactitude de certaines traditions, croyances populaires et récits anciens, que l'on tenait jusqu'ici pour des inventions de la superstition; possession, ensorcellement, double vue, guérison par l'imposition des mains, prophéties, commerce spirituel à la distance la plus éloignée sans intervention de la parole, ont été l'objet d'une nouvelle interprétation et ont dû être reconnus possibles.

Quoi de plus naturel alors que des esprits de peu ferme équilibre et insuffisamment préparés au point de vue scientifique, soient devenus accessibles au merveilleux contre lequel ils s'étaient défendus tant qu'ils le tenaient pour des contes de nourrice, quand ils le virent apparaître sous le costume de la science et se trouvèrent dans la meilleure société, en y croyant?

Pour si plausible que semble cette manière de voir, elle n'en est pas moins fausse. Elle attelle la charrue devant les bœufs; elle confond la cause avec l'effet. Nul homme complètement sain d'esprit n'a été amené par les expériences de la nouvelle science hypnotique à la croyance au merveilleux. Jadis, on n'avait pas pris garde aux phénomènes obscurs, ou l'on avait fermé à dessein les yeux devant eux, parce qu'ils ne se laissaient pas adapter aux systèmes régnants et qu'on les tenait par ce motif pour des billevesées ou des duperies. Depuis douze ans, la science officielle prend connaissance d'eux, et l'on s'en occupe dans les Facultés et les Académies. On ne songe toutefois pas un moment à les tenir pour surnaturels et à soupçonner derrière eux l'action de forces ultra-terrestres, mais on les classe avec tous les autres phénomènes naturels accessibles à l'observation des sens et déterminés par les lois générales de la nature. Notre connaissance a simplement élargi son cadre et accepté un ordre de faits qui auparavant étaient restés en dehors d'elle. Maintes actions de l'hypnose sont expliquées d'une façon plus ou moins satisfaisante; d'autres ne le sont pas du tout. Mais un esprit sérieux et sain n'attache pas grande importance à cela, car il sait qu'on ne va pas loin dans la prétendue explication des phénomènes, et que le plus souvent nous devons nous contenter de les déterminer d'une manière sûre et de connaître leurs conditions immédiates. Il n'est pas dit non plus que la nouvelle science a épuisé son objet et atteint ses limites. Mais quels que soient l'inconnu et le surprenant qu'elle puisse mettre à jour, il n'est pas douteux pour l'esprit sain qu'il s'agira toujours en cela de choses naturelles, et que les lois élémentaires de la physique, de la chimie et de la biologie ne peuvent être ébranlées par ces découvertes.

Si donc maintenant tant de gens interprètent les phénomènes de l'hypnose comme surnaturels et nourrissent l'espoir que la conjuration des esprits des morts, les voyages aériens sur le manteau magique de Faust, l'omniscience, etc., seront bientôt des arts aussi courants que l'écriture et la lecture, ce ne sont pas les découvertes de la science qui les ont conduits à cette illusion, mais l'illusion existante est heureuse de pouvoir se faire passer pour la science. Loin de se cacher, comme jadis, elle se montre fièrement dans la rue au bras de professeurs et d'académiciens. M. Paulhan a très bien compris la chose : « Ce n'est pas simplement l'amour du fait positif, dit-il, qui a entraîné les esprits; il y a eu certainement une sorte de revanche de l'amour du merveilleux, de désirs autrefois satisfaits et qui, comprimés à présent, sommeillaient inavoués à l'état latent. La magie, la sorcellerie, l'astrologie, la divination, toutes ces antiques croyances correspondent à un besoin de la nature humaine, celui de pouvoir agir facilement sur le monde extérieur et sur le monde social, celui d'avoir, par des moyens relativement aisés, les connaissances

requises pour que cette action soit possible et féconde [1] ».
La superstition jaillissant avec tant d'impétuosité n'a nullement sa source dans les recherches hypnologiques ; elle s'élance simplement dans le canal creusé par celles-ci. Nous avons déjà fait remarquer ici, à plusieurs reprises, que les déséquilibrés adaptent toujours leurs délires aux idées régnantes et s'emparent avec prédilection, pour les expliquer, des plus récentes découvertes de la science. Les physiciens étaient bien éloignés encore de s'occuper de magnétisme et d'électricité, que déjà les malades atteints du délire des persécutions ramenaient couramment leurs sensations désagréables et leurs hallucinations à des courants électriques ou étincelles que leurs persécuteurs leur envoyaient à travers les murs, les plafonds et les planchers ; et, de nos jours, les dégénérés furent également les premiers à s'approprier les résultats des recherches hypnologiques et à les employer comme preuves « scientifiques » de la réalité des esprits, des anges et des démons. Mais la foi au merveilleux, les dégénérés l'avaient auparavant ; elle est un de leurs traits caractéristiques [2], et ce ne sont pas les observations des hypnologistes des écoles de Paris et de Nancy qui l'ont créée.

S'il était besoin d'une autre preuve à l'appui de cette affirmation, on la trouverait dans ce fait que la plupart des « occultistes », comme ils se nomment, évitent, dans leurs traités des arts magiques et des sciences merveilleuses, de s'appuyer sur les résultats des essais hypnolo-

1. Fr. Paulhan, *Le nouveau mysticisme*. Paris, 1891, p. 104.
2. Legrain, *op. cit.*, p. 175. « Le besoin du merveilleux est presque fatal chez ces faibles d'esprit ».

giques, et, sans aucun prétexte de modernité, sans aucune concession à l'honnête science, ils reviennent directement aux plus antiques traditions. Papus (pseudonyme du Dr Encausse) écrit un *Traité méthodique de science occulte*, énorme volume grand in-octavo de 1050 pages avec 400 figures, qui introduit le lecteur dans la kabbale, la magie, la nécromancie et la chiromancie, l'astrologie, l'alchimie, etc., et auquel un vieil érudit non sans mérite, Adolphe Franck, de l'Institut, a eu l'imprudence de joindre une longue préface élogieuse, probablement sans avoir même ouvert le livre. Stanislas de Guaita, que les adeptes révèrent craintivement comme le maître par excellence en matière d'art magique et comme archi-sorcier, donne deux traités, *Au seuil du Mystère* et *Le Serpent de la Genèse*, d'une profondeur obscure auprès de laquelle Nicolas Flamel, le grand alchimiste que nul mortel n'a jamais compris, paraît clair et transparent comme le cristal. Ernest Bosc se limite à la doctrine de la sorcellerie des anciens Égyptiens. Son livre : *Isis dévoilée ou l'Égyptologie sacrée*, a pour sous-titre : « Hiéroglyphes, papyrus, livres hermétiques, religion, mythes, symboles, psychologie, philosophie, morale, art sacré, mystères, initiation, musique ». Nehor a également sa spécialité. De même que Bosc dévoile les mystères égyptiens, Nehor révèle les mystères assyro-babyloniens. *Les Mages et le Secret magique*, tel est le titre de la modeste brochure dans laquelle il nous initie aux sorcelleries les plus profondes des mobeds ou templiers chaldéens.

Si je ne m'étends pas davantage sur ces livres, qui ont trouvé des lecteurs et des admirateurs, c'est que je ne suis pas convaincu de leur sérieux. Leurs auteurs lisent et traduisent si couramment des textes égyptiens, hébreux et assyriens qu'aucun orientaliste de profession n'a encore déchiffrés, ils citent si fréquemment et si amplement des livres qui ne se trouvent dans aucune bibliothèque au monde, ils donnent avec une mine si intrépide des instructions minutieuses pour éveiller les morts, maintenir la jeunesse éternelle, entrer en rapport avec les habitants de Sirius, prophétiser par delà toutes les limites de temps et d'espace, qu'on ne peut se défendre de l'impression qu'ils ont voulu se moquer de sang-froid du lecteur.

Un seul de tous ces maîtres-sorciers est assurément de bonne foi, et comme il est en même temps de beaucoup le plus considérable parmi eux au point de vue intellectuel, je veux m'occuper un peu à fond de lui. Il s'agit de M. Joséphin Péladan. Il s'est attribué lui-même le titre royal assyrien de « sar », sous lequel il est généralement connu ; les pouvoirs publics seuls ne le lui donnent pas, mais ceux-ci ne reconnaissent en France aucune noblesse. Il affirme descendre des anciens mages et posséder tous les legs intellectuels de Zoroastre, de Pythagore et d'Orphée. Il est en outre l'héritier direct des templiers et des rose-croix et à fondu ensemble les deux ordres, qu'il a fait revivre sous la forme nouvelle d' « ordre de la Rose-Croix ». Il s'habille archaïquement d'un pourpoint de satin bleu ou noir ; il assujettit sa chevelure et sa barbe noires merveilleusement abondantes aux formes en usage chez les Assyriens ; il emploie une grande écriture droite rappelant à s'y méprendre celle du moyen âge, écrit de préférence avec de l'encre rouge ou jaune, et dans l'angle de son papier à lettres est dessinée, comme marque distinctive de sa dignité, une couronne royale assyrienne avec les trois renflements serpentins ouverts par devant. Il a comme armes le symbole de son ordre : sur un écu divisé de sable et d'argent, un calice d'or surmonté d'une rose pourpre à deux ailes éployées et chargée d'une croix latine de sable. L'écu est couronné d'un diadème avec trois pentagrammes en guise de pointes. M. Péladan a nommé toute une série de commandeurs et de dignitaires de son ordre (grands-prieurs, archontes, esthètes), qui compte en outre des postulants et grammairiens ou élèves. Il possède un costume particulier de grand-maître et de sar (Alexandre Séon a fait ainsi son portrait en pied), et un compositeur faisant partie de l'ordre a composé à son usage une fanfare qui doit être jouée à son entrée, dans les circonstances solennelles. Il se sert de formules extraordinaires. Il qualifie ses lettres de « mandements ». Il appelle les personnes auxquelles il les adresse, ou « magnifiques », ou « pairs », à l'occasion aussi « très cher adelphe » ou « synnoède ». Il ne leur dit pas : Monsieur, mais : Votre Seigneurie. Le début porte : « Salut, lumière et victoire en Jésus-Christ, le seul Dieu, et en Pierre, le seul roi », ou : « *Ad Rosam per Crucem, ad Crucem per Rosam, in ea, in eis gemmatus resurgam* ». C'est en même temps la devise de l'ordre de la Rose-Croix. On lit habituellement à la fin : « *Amen. Non nobis, Domine, non nobis, sed nominis tui gloriæ solæ* ». Il écrit le nom de son ordre avec une croix intercalée dans le milieu, de cette façon : Rose † Croix. Il qualifie ses romans d' « éthopées », lui-même d' « éthopoète », ses drames de « wagné-

ries », et le résumé de leur contenu, d' « eumolpées ».
Chacun de ses livres est orné d'une grande quantité d'images symboliques. Celle qui reparaît le plus souvent est une vignette montrant sur une colonne une forme accroupie à tête de femme soufflant des flammes et à poitrine féminine, avec des pattes de lion et l'arrière-train d'une guêpe ou d'une libellule se terminant en un appendice semblable à une queue de poisson. L'œuvre elle-même est toujours précédée de quelques préfaces, introductions et invocations, et souvent suivie aussi de pages du même genre. Je prends comme exemple le livre intitulé : *Comment on devient Mage* [1]. Après le double titre orné d'un grand nombre d'images symboliques (taureaux ailés assyriens, la rose-croix mystique, etc.), vient une longue dédicace « au comte Antoine de la Rochefoucauld, grand-prieur du Temple, archonte de la Rose † Croix ». Puis on rencontre en latin une « prière de saint Thomas d'Aquin, très propre à prémunir le lecteur contre les erreurs possibles de ce livre » ; ensuite un « élenctique » qui renferme une espèce de profession de foi catholique ; après cela, une invocation « aux ancêtres » dans le style des prières chaldéennes ; enfin une longue allocution « au jeune homme contemporain », après quoi commence seulement le livre proprement dit.

En tête de chaque chapitre se trouvent neuf formules mystérieuses. Citons-en deux exemples. « I. Le Néophyte. Nom divin : Jud. (La lettre hébraïque qui porte ce nom).

---

1. Sar Mérodack J. Péladan, *Amphithéâtre des sciences mortes : Comment on devient Mage*, Éthique. Avec un portrait pittoresque gravé par G. Poirel. Paris, 1892.

Sacrement : Baptême. Vertu : Foi. Don : Crainte de Dieu. Béatitude : Pauvreté d'esprit. OEuvre : Instruire. Ange : Michaël. Arcane : l'Unité. Planète : Samas. — II. La Société. Nom divin : El-lah (en caractères hébraïques inexactement transcrits, du reste, puisqu'ils doivent être lus effectivement : jah-el). Sacrement : Confirmation. Vertu : Espérance. Don : Piété. Béatitude : Douceur. OEuvre : Conseiller. Ange : Gabriel. Arcane : Le Binaire. Planète : Sin ».

Quant au reste de l'immense volume, je crois inutile d'en faire des citations. Il est en conformité complète avec ces titres de chapitres.

Les romans ou « éthopées » de M. Péladan, dont neuf ont paru jusqu'ici, mais que l'auteur doit porter jusqu'à quatorze, sont ordonnés par groupes de sept, le nombre mystique. M. Péladan a même établi un « schéma de concordance [1] » qui a la prétention de résumer leurs principales idées directrices. Écoutons de quelle façon il explique ses œuvres :

« Premier septénaire. — I. Le Vice suprême. Diathèse morale et mentale de la décadence latine. Mérodack, sommet de volonté consciente, type d'entité absolue; Alta, prototype du moine en contact avec le monde; Courtenay, homme-destin insuffisant, envoûté par le fait accompli social; L. D'Este, l'extrême fierté, le grand style dans le mal; Coryse, la vraie jeune fille; La Nine, androgyne, mauvais ou mieux, Gynandre; Dominicaux, pervers con-

---

[1]. Joséphin Péladan, *La décadence latine*. Éthopée IX : *La Gynandre*. Couverture de Séon, eau-forte de Desboutins. Paris, 1891, p. xvii.

scients, caractère d'irrémédiabilité résultant d'une théorie esthétique spécieuse pour chaque vice, qui tue la notion et partant la conversion. Chaque roman a un Mérodack, c'est-à-dire un principe orphique abstrait en face d'une énigme idéale.

« II. Curieuse. Phénoménisme clinique collectif parisien. Éthique : Nébo ; volonté sentimentale systématique. Érotique : Paule passionnée à prisme androgyne. La grande horreur, la Bête à deux dos, dans la Gynandre (IX) se métamorphose en dépravations unisexuelles. Curieuse, c'est le tous les jours et tout le monde de l'instinct, la Gynandre, la minuit gœthique et l'exceptionnel, etc. ».

Que cette « concordance » soit de nature à donner même la plus légère idée du contenu des romans de M. Péladan, je ne le crois pas un instant. Je veux donc dire quelques mots de ceux-ci en langage non magique.

Ils se meuvent tous dans ces trois cercles d'idées qui se pénètrent et s'entre-croisent diversement les uns les autres : le suprême but intellectuel de l'homme est d'entendre la musique de Richard Wagner et de l'apprécier complètement ; le plus haut développement de la moralité consiste à renoncer à la sexualité et à se transformer en un être hybride bisexuel (androgyne et gynandre) ; l'homme supérieur peut quitter et reprendre son corps à volonté, planer dans l'espace en qualité d' « être astral » et asservir à sa volonté la puissance surnaturelle tout entière du monde des esprits, les bons comme les mauvais.

Dans chaque roman apparaît en conséquence un héros qui réunit en lui les marques distinctives des deux sexes et combat avec horreur les instincts sexuels vulgaires, joue la musique de Wagner ou en jouit, vit lui-même quelque scène du théâtre wagnérien, et conjure les esprits ou doit repousser leurs attaques.

En scrutant les origines de toutes ces idées délirantes, on se rendra compte sans difficulté comment elles sont nées. En lisant la Bible, M. Péladan tomba sur le nom du roi babylonien Mérodak Béladan. La similitude de son entre « Béladan » et « Péladan » incita sa fantaisie à établir des rapports entre lui-même et le roi babylonien de la Bible, et une fois cette idée née, il trouva dans le galbe de son propre visage, dans la couleur de ses cheveux et la forme de sa barbe, des ressemblances avec les têtes des rois d'Assyrie représentées sur les plaques d'albâtre du palais de Ninive. L'idée put ainsi lui venir facilement qu'il était peut-être un descendant de Béladan ou d'autres rois assyriens, ou du moins que ce serait chose curieuse s'il l'était. Et il continua à travailler cette pensée, jusqu'à ce ce qu'il prît un jour résolument le titre de « sar ». Et s'il descendait des rois de Babylone, il pouvait être aussi l'héritier de la sagesse des Mages. Il commença en conséquence à proclamer les doctrines ésotériques de la magie.

A ces rêveries s'ajoutèrent ensuite les impressions qu'il reçut, dans un pèlerinage à Bayreuth, de *Tristan* et surtout de *Parsifal*. Il s'enfonça en imagination dans la légende du Graal, se voyait lui-même en chevalier du Graal, et créa son ordre de la Rose-Croix, qui est entièrement composé de réminiscences du *Parsifal*. Son invention de l'être hybride asexuel témoigne que son imagination est vivement préoccupée de représentations ayant un caractère génésique et cherche inconsciemment à idéaliser des « instincts sexuels contraires ».

La vie psychique de M. Péladan permet de suivre en un exemple excessivement clair les voies de la pensée mystique. Il est absolument dominé par l'association d'idées. Une assonance fortuite éveille en lui une série d'idées qui le pousse irrésistiblement à se proclamer roi assyrien et mage, sans que son attention soit en état de lui représenter qu'on puisse se nommer Péladan sans devoir pour cela descendre d'un Béladan biblique. Le flux de paroles dénué de sens des scholastiques du moyen âge le séduit, parce que ce flux se meut incessamment dans une « pensée analogique », c'est-à-dire parce qu'il suit exclusivement le jeu de l'association d'idées provoquée par les ressemblances les plus secondaires, les plus extérieures. Il subit avec la plus grande facilité chaque suggestion artistique. S'il entend les opéras de Wagner, il croit être un personnage wagnérien ; s'il poursuit des lectures sur les templiers et les rose-croix, il est grand maître du Temple et de tous les autres ordres secrets. Il a l'émotivité sexuelle particulière aux dégénérés supérieurs, et celle-ci lui inspire une étrange figure fabuleuse qui, à la fois chaste et concupiscente, incarne d'une façon étonnamment démonstrative les combats secrets qui se livrent dans sa conscience entre les instincts maladivement exacerbés et le jugement qui reconnaît leur danger.

M. Péladan croit-il à la réalité de ses représentations illusoires ? Autrement dit, se prend-il au sérieux ? La réponse à cette question n'est pas aussi simple que plusieurs le supposent peut-être. Les deux êtres que renferme l'esprit de chaque homme sont, chez des natures comme celle de M. Péladan, en proie à un étrange conflit. L'inconscient en lui se fond complètement avec le rôle de sar, mage, chevalier du Graal, grand-maître d'ordre, etc., qu'il a inventé; la conscience sait que tout cela est absurde, mais elle y trouve un plaisir artistique et laisse faire l'inconscient. C'est ainsi que les fillettes qui jouent à la poupée les caressent ou les punissent et les traitent comme si c'était un être vivant, tout en voyant bien au fond qu'elles n'ont devant elles qu'un objet en cuir et en porcelaine.

Le jugement de M. Péladan n'a pas d'empire sur son impulsion inconsciente. Il n'est pas en son pouvoir de renoncer au rôle d'un sar ou d'un mage, ou de ne plus se poser en grand-maître d'un ordre. Il ne peut s'empêcher de revenir continuellement à son absurdité « androgyne ». Tous ces égarements, de même que l'invention de néologismes et la prédilection pour les symboles, les titres longuement détaillés et les préfaces qui s'emboîtent les unes dans les autres, si caractéristiques pour les dégénérés supérieurs, proviennent des profondeurs de ses dispositions organiques et se dérobent à l'action de ses centres plus élevés. Dans sa partie consciente, l'activité cérébrale de M. Péladan est riche et belle. Il y a dans ses romans des pages à ranger parmi les plus magnifiques qui soient sorties d'une plume contemporaine. Son idéal moral est haut et noble. Il poursuit d'une haine ardente tout ce qui est bas et vulgaire, l'égoïsme, la fausseté, la soif des jouissances sous toutes les formes, et ses personnages sont des âmes absolument altières qui ne s'occupent que des intérêts les plus dignes, plutôt artistiques, il est vrai, de l'humanité. Il est profondément regrettable que l'envahissement d'idées mystiques maladives frappe d'une stérilité complète son talent peu ordinaire.

A une très grande distance au-dessous de M. Péladan, nous trouvons M. Maurice Rollinat, qui doit cependant être cité, d'abord parce qu'il incarne, d'une façon très instructive, une forme déterminée de dégénérescence mystique, et ensuite parce que tous les hystériques français et beaucoup d'hystériques étrangers célèbrent en lui un grand poète.

Dans ses poésies, qu'avec une connaissance caractéristique de lui-même il intitule *Les Névroses* [1], il trahit tous les stigmates de dégénérescence qui désormais doivent être assez familiers au lecteur pour qu'il suffise de les signaler.

Il sent en lui des instincts criminels (*Le Fantôme du Crime*) :

> La mauvaise pensée arrive dans mon âme
> En tous lieux, à toute heure, au fort de mes travaux...
> J'écoute malgré moi les notes infernales
> Qui vibrent dans mon cœur où Satan vient cogner;
> Et bien que j'aie horreur des viles saturnales
> Dont l'ombre seulement suffit pour m'indigner,
> J'écoute malgré moi les notes infernales...
> Le fantôme du crime à travers ma raison
> Y rôde (dans mon crâne)...
> Le meurtre, le viol, le vol, le parricide
> Passent dans mon esprit comme un farouche éclair....

---

1. Maurice Rollinat, *Les Névroses*. (Les Ames. — Les Suaires. — Les Refuges. — Les Spectres. — Les Ténèbres). Avec un portrait de l'auteur par F. Desmoulin. Paris, 1883. Un second recueil de poésies, publié par lui en 1891, *L'Abîme*, n'est pas moins caractéristique.

Le spectacle de la mort et de la putréfaction a pour lui une grande force d'attraction; il se repaît de la pourriture et se délecte de la maladie. Voyons-en des exemples empruntés à différentes pièces :

> Ma spectrale adorée, atteinte par la mort,
> Jouait donc devant moi, livide et violette...
>
> Osseuse nudité, chaste dans sa maigreur !
> Beauté de poitrinaire aussi triste qu'ardente !...
>
> Auprès d'elle une bière.....
> Ouvrait sa gueule oblongue avec avidité
> Et semblait l'appeler......
>
> <div style="text-align:right">(<i>L'Amante macabre</i>.)</div>

> Mademoiselle Squelette !
> Je la surnommais ainsi :
> Elle était si maigrelette !
>
> Crachant une gouttelette
> De sang très peu cramoisi...
> Elle était si maigrelette !...
>
> Sa phtisie étant complète ;...
> Sa figure verdelette...
> Un soir, à l'espagnolette
> Elle vint se pendre ici.
>
> Horreur ! une cordelette
> Décapitait sans merci
> Mademoiselle Squelette :
> Elle était si maigrelette !
>
> <div style="text-align:right">(<i>Mademoiselle Squelette</i>).</div>

> Pour arracher la morte aussi belle qu'un ange
>    Aux atroces baisers du ver,
> Je la fis embaumer dans une boîte étrange.
>    C'était par une nuit d'hiver.
>
> On sortit de ce corps glacé, raide et livide,
>    Ses pauvres organes défunts,
> Et dans ce ventre ouvert aussi saignant que vide
>    On versa d'onctueux parfums...
>
> <div style="text-align:right">(<i>La Morte embaumée</i>).</div>

Viande, sourcils, cheveux, ma bière et mon linceul,
La tombe a tout mangé : sa besogne est finie...

Mon crâne a constaté sa diminution,
Et, résidu de mort qui s'écaille et s'émiette,
J'en viens à regretter la putréfaction
Et le temps où le ver n'était pas à la diète...
(Le mauvais Mort).

Cette perversion du goût s'observe assez fréquemment chez les aliénés. Elle inspire simplement à M. Rollinat des vers écœurants. Il en est d'autres qu'elle mène à l'absorption avide d'excrétions humaines, et, sous ses pires formes, à l'amour avec les cadavres (nécrophilie).

Une violente excitation érotomane s'exprime dans une série de pièces du volume (Les Luxures), qui ne célèbrent pas seulement la sensualité la plus débridée, mais aussi toutes les aberrations de la psychopathie sexuelle.

Ce qui frappe le plus, cependant, ce sont les sensations de terreur vague qui remplissent continuellement l'auteur. Tout lui inspire de l'angoisse, tous les spectacles de la nature lui paraissent enfermer un effrayant mystère; il attend toujours, en tremblant, quelque chose inconnue, mais épouvantable.

Je frissonne toujours à l'aspect singulier
De certaine bottine ou de certain soulier.
Oui (que pour me railler vos épaules se haussent!)
Je frissonne : et soudain, songeant au pied qu'ils chaussent,
Je me demande : « Est-il mécanique ou vivant? »...
(Le Maniaque).

Ma chambre est pareille à mon âme...

Des rideaux lourds et très antiques
Se crispent sur le lit profond ;
De longs insectes fantastiques
Dansent et rampent au plafond.

Quand l'heure sonne à ma pendule,
Elle fait un bruit alarmant;
Chaque vibration ondule
Et se prolonge étrangement...

Meubles, tableaux, fleurs, livres même,
Tout sent l'enfer et le poison,
Et comme un drap, l'horreur qui m'aime
Enveloppe cette prison....

(La Chambre).

Elle (la bibliothèque) faisait songer aux très vieilles forêts.
Treize lampes de fer, oblongues et spectrales,
Y versaient jour et nuit leurs clartés sépulcrales
Sur ses livres fanés pleins d'ombre et de secrets.

Je frissonnais toujours lorsque j'y pénétrais :
Je m'y sentais, parmi des brumes et des râles,
Attiré par les bras des treize fauteuils pâles
Et scruté par les yeux des treize grands portraits...

(La Bibliothèque).

Dans le marais plein de rancune
Qui poisse et traverse ses bas,
Il s'entend appeler très bas
Par plusieurs voix qui n'en font qu'une.

Il trouve un mort en faction
Qui tourne sa prunelle mate
Et meut sa putréfaction
Avec un ressort d'automate.

Je montre à ses yeux consternés
Des feux dans les maisons désertes,
Et dans les parcs abandonnés
Des parterres de roses vertes...

Et la vieille croix des calvaires
De loin le hèle et le maudit,
En repliant ses bras sévères,
Qu'elle dresse et qu'elle brandit.

(La Peur).

Je ne veux pas multiplier ces échantillons jusqu'à satiété, et je me contenterai de citer seulement encore les titres de quelques-unes de ces poésies : *L'Enterré vif, Le Soliloque de Troppmann, Le Bourreau monomane, Le Monstre, Le Fou, La Céphalalgie, La Maladie, L'Enragé, Les Yeux morts, Le Gouffre, Les Larmes, L'Angoisse, Les Agonies lentes, L'Ensevelissement, La Bière, Le Glas, La Putréfaction, Rondeau du Guillotiné*, etc.

Toutes ces poésies sont les produits d'un délire que l'on observe fréquemment chez les dégénérés. Dostojewski, qui était, on le sait, atteint d'aliénation mentale, en a aussi souffert. « Dès que venait le crépuscule », dit-il de lui-même, « je tombais par degrés dans cet état d'âme qui s'empare de moi, si souvent, la nuit, depuis que je suis malade, et que j'appellerai frayeur mystique. C'est une crainte accablante de quelque chose que je ne puis définir ni concevoir, qui n'existe pas dans l'ordre des choses, mais qui peut-être va se réaliser soudain, à cette minute même, apparaître et se dresser devant moi, comme un fait inexorable, horrible, difforme ». (*Humiliés et Offensés*, p. 55 [1]). Legrain cite un dégénéré fou dont la folie commença « par des sensations d'angoisse, par des craintes imaginaires [2] ». Le professeur Kowalewski indique, comme degrés des troubles intellectuels de la dégénérescence, en premier lieu la neurasthénie, en second lieu les obsessions et les sentiments d'angoisse

---

1. Cité par le V<sup>te</sup> E. M. de Vogüé, *Le Roman russe*, p. 222, note.
2. Legrain, *op. cit.*, p. 246.

maladifs [1]. Legrand du Saulle [2] et Morel [3] décrivent cet état de crainte vague non fondée et forment pour lui le mot assez peu heureux de « panophobie ». Magnan le nomme plus exactement « anxiomanie », folie angoissante, et le considère comme un stigmate très habituel de la dégénérescence. La folie angoissante est une erreur de la conscience qui est remplie de représentations de crainte et en place la cause dans le monde extérieur, tandis qu'en réalité elles sont produites par des processus pathologiques se passant dans l'intimité des organes. Le malade se sent oppressé et inquiet, et il impute aux phénomènes qui l'entourent un aspect menaçant et sinistre pour s'expliquer à lui-même sa terreur dont la cause lui échappe, parce qu'elle a ses racines dans l'inconscient.

Si nous avons vu en Maurice Rollinat le poète de l'anxiomanie, nous allons voir en un autre écrivain dont le nom, dans ces deux dernières années, s'est répandu au loin, le Belge Maurice Mæterlinck, un exemple du mysticisme devenu absolument enfantin et idiotement incohérent. C'est surtout dans ses poésies que son état d'esprit se révèle de la manière la plus caractéristique [4]. Empruntons-leur quelques citations.

Voici la première pièce du recueil :

> O serre au milieu des forêts !
> Et vos portes à jamais closes !

---

1. *The Journal of mental science*, janvier 1888.
2. Legrand du Saulle, *Le délire des persécutions*. Paris, 1871, p. 512.
3. Morel, *Du délire panophobique des aliénés gémisseurs. Annales médico-psychologiques*. 1871, deuxième volume, p. 322.
4. Maurice Mæterlinck, *Serres chaudes*. Nouvelle édition. Bruxelles, 1890.

Et tout ce qu'il y a sous votre coupole !
Et sous mon âme en vos analogies !

Les pensées d'une princesse qui a faim,
L'ennui d'un matelot dans le désert,
Une musique de cuivre aux fenêtres des incurables.

Allez aux angles les plus tièdes !
On dirait une femme évanouie un jour de moisson,
Il y a des postillons dans la cour de l'hospice ;
Au loin, passe un chasseur d'élans devenu infirmier.

Examinez au clair de lune !
(Oh ! rien n'y est à sa place !)
On dirait une folle devant les juges,
Un navire de guerre à pleines voiles sur un canal,
Des oiseaux de nuit sur des lys,
Un glas vers midi,
(Là-bas sous ces cloches !)
Une étape de malades dans la prairie,
Une odeur d'éther un jour de soleil.

Mon Dieu ! mon Dieu ! quand aurons-nous la pluie,
Et la neige et le vent dans la serre !

Ces successions de mots idiots sont intéressantes au point de vue psychologique, car elles laissent reconnaître avec une clarté instructive ce qui se passe dans un cerveau détraqué. La conscience n'élabore plus une idée fondamentale ou centrale. Les représentations surgissent telles que l'association d'idées purement mécanique les évoque. Nulle attention ne cherche à mettre de l'ordre dans le tumulte des images qui vont et qui viennent, à séparer celles qui n'ont pas de rapports raisonnables entre elles, à supprimer celles qui se contredisent, et à unir logiquement en une série unitaire celles qui sont apparentées.

Voyons encore, dans ces poésies, quelques exemples d'une suite d'idées exclusivement dominée par l'association d'idées affranchie de tout contrôle. Voici une pièce intitulée *Cloches de verre*.

O cloches de verre !
Etranges plantes à jamais à l'abri !
Tandis que le vent agite mes sens au dehors !
Toute une vallée de l'âme à jamais immobile !
Et la tiédeur enclose vers midi !
Et les images entrevues à fleur du verre !

N'en soulevez jamais aucune !
On en a mis plusieurs sur d'anciens clairs de lune.
Examinez à travers leurs feuillages :
Il y a peut-être un vagabond sur le trône,
On a l'idée que des corsaires attendent sur l'étang,
Et que des êtres antédiluviens vont envahir les villes.

On en a placé sur d'anciennes neiges.
On en a placé sur de vieilles pluies.
(Ayez pitié de l'atmosphère enclose !)
J'entends célébrer une fête un dimanche de famine,
Il y a une ambulance au milieu de la maison,
Et toutes les filles du roi errent un jour de diète à travers [les prairies.

Examinez surtout celles de l'horizon !
Elles couvrent avec soin de très anciens orages. [marais]
Oh ! il doit y avoir quelque part une énorme flotte sur un
Et je crois que les cygnes ont couvé des corbeaux !
(On entrevoit à peine à travers les moiteurs)

Une vierge arrose d'eau chaude les fougères,
Une troupe de petites filles observe l'ermite en sa cellule,
Mes sœurs sont endormies au fond d'une grotte vénéneuse !

Attendez la lune et l'hiver,
Sur ces cloches éparses enfin sur la glace.

En voici une autre, *Ame*.

Mon âme !
O mon âme vraiment trop à l'abri !
Et ces troupeaux de désirs dans une serre !
Attendant une tempête sur les prairies !

Allons vers les plus malades :
Ils ont d'étranges exhalaisons.
Au milieu d'eux, je traverse un champ de bataille avec ma [mère.
On enterre un frère d'armes à midi,
Tandis que les sentinelles prennent leur repas.

Allons aussi vers les plus faibles :
Ils ont d'étranges sueurs ;
Voici une fiancée malade,
Une trahison le dimanche
Et de petits enfants en prison.
(Et plus loin, à travers la vapeur,)
Est-ce une mourante à la porte d'une cuisine ?
Ou une sœur épluchant des légumes au pied du lit d'un [incurable?

Allons enfin vers les plus tristes :
(En dernier lieu, car ils ont des poisons.)
Oh ! mes lèvres acceptent les baisers d'un blessé !
                                          [tours de mon âme!
Toutes les châtelaines sont mortes de faim, cet été, dans les
Voici le petit jour qui entre dans la fête !
J'entrevois des brebis le long des quais
Et il y a une voile aux fenêtres de l'hôpital !

Il y a un long chemin de mon cœur à mon âme !
Et toutes les sentinelles sont mortes à leur poste !
                                          [de mon âme!
Il y a eu un jour une pauvre petite fête dans les faubourgs
On y fauchait la ciguë un dimanche matin ;
Et toutes les vierges du couvent regardaient passer les
Sur le canal, un jour de jeûne et de soleil.    [vaisseaux
Tandis que les cygnes souffraient sous un pont vénéneux ;
On émondait les arbres autour de la prison,
On apportait des remèdes une après-midi de juin,
Et des repas de malades s'étendaient à tous les horizons !

Mon âme !                                     [cela!
Et la tristesse de tout cela, mon âme ! et la tristesse de tout

Rien ne serait plus aisé que de composer, sur le modèle de ces « poésies », d'autres pièces qui dépasseraient même celles de Mæterlinck, celle-ci par exemple : *O fleurs!*

> Et l'on gémit si lourdement sous ces très anciens impôts!
> Un sablier contre lequel le chien aboie en mai,
> Et l'étrange enveloppe de lettre du nègre qui n'a pas dormi.
> Une grand'mère qui mangerait des oranges
> Et ne pourrait écrire!
> Des matelots en ballon, mais bleus! bleus!
> Sur le pont ce crocodile,
> Et l'agent de la police à la joue enflée
> Fait des signes, silencieux!
> O! deux soldats dans l'étable,
> Et le rasoir est ébréché!
> Mais ils n'ont pas gagné le gros lot.
> Et sur la lampe il y a des taches d'encre, etc.

Mais à quoi bon parodier Mæterlinck? Son genre ne supporte aucune parodie, vu qu'il atteint déjà les bornes extrêmes de l'idiotie, et il n'est pas non plus très digne de la part d'un esprit sain de se moquer d'un pauvre diable d'idiot.

Quelques poésies de Mæterlinck sont simplement composées d'assonances rapprochées les unes des autres sans égard au sens et à la signification, comme, par exemple, la courte pièce intitulée *Ennui* :

> Les paons nonchalants, les paons blancs ont fui,
> Les paons blancs ont fui l'ennui du réveil;
> Je vois les paons blancs, les paons d'aujourd'hui,
> Les paons en allés pendant mon sommeil,
> Les paons nonchalants, les paons d'aujourd'hui,
> Atteindre indolents l'étang sans soleil,
> J'entends les paons blancs, les paons de l'ennui,
> Attendre indolents les temps sans soleil.

On s'explique le choix de ces mots : ils renferment

presque tous la voyelle nasale « en » ou « an » ou
« aon ». C'est un cas de cette forme d'écholalie qui n'est
pas rare chez les aliénés. Un tel malade dit, par exemple
(en allemand) : *Man kann dann ran Mann wann
Clan Bann Schwan Hahn*, et il continue à débiter avec
monotonie cette psalmodie, jusqu'à ce qu'il se fatigue ou
qu'un mot prononcé devant lui devienne le point de départ
d'une nouvelle série de rimes.

Quand on lit avec quelque attention les poésies de Mæterlinck, on reconnaît bientôt que les images confuses qui s'y suivent pêle-mêle, comme dans un rêve, sont empruntées à un cercle très restreint de représentations qui renferment une émotion, soit pour tout le monde, soit seulement pour lui. « Étrange », « vieux », « lointain », sont les adjectifs qu'il répète continuellement; ils ont cela de commun qu'ils indiquent quelque chose de vague, de difficile à reconnaître, de reculé jusqu'à l'extrême horizon, et répondent ainsi au nébuleux penser mystique. Un autre adjectif qui le fait rêver est « lent ». Il produit aussi cet effet sur les symbolistes français, qui pour cette raison l'aiment beaucoup. Ils l'associent manifestement à la représentation des mouvements du prêtre lisant sa messe, et il éveille en eux les émotions de la foi mystique. Ils trahissent cette association d'idées, en ce qu'ils emploient fréquemment « lent » à côté de « hiératique ». Mæterlinck songe en outre continuellement à des hôpitaux avec leurs malades et à tout ce qui en fait partie (religieuses, remèdes, opérations chirurgicales, bandages, etc.), à des canaux couverts de bateaux et de cygnes, et à des princesses. Les hôpitaux, ainsi que les canaux qui forment un trait du paysage belge, sont peut-être liés aux premières impressions de son enfance et produisent en lui, pour cette raison, des émotions. Mais les princesses enfermées dans des tours, souffrant la faim, s'égarant, pateaugeant à travers les marais, etc., lui sont incontestablement demeurées dans l'imagination à la suite de la lecture des puériles ballades des préraphaélites, dont celle de Swinburne a été reproduite, comme échantillon, dans un chapitre précédent. Hôpitaux, canaux, princesses : tels sont les tableaux qui reparaissent toujours, avec l'opiniâtreté d'obsessions, et qui, seuls, laissent apercevoir quelques contours un peu arrêtés, au milieu du chaos nébuleux de son galimatias.

Quelques-unes des poésies de Mæterlinck sont écrites dans la forme poétique traditionnelle ; d'autres, au contraire, n'ont ni mesure ni rime, et consistent en lignes de prose de longueur arbitrairement changeante, non à la façon des poésies libres de Gœthe ou des *Lieder de la mer du Nord* de Henri Heine, qui voguent d'un mouvement rythmique fortement accusé, mais aussi sourdes, cahotantes et boiteuses qu'une énumération d'inventaire. Ces pièces sont une imitation servile des éjaculations de Walt Whitman, cet Américain fou pour lequel Mæterlinck, conformément à la loi d'attraction mutuelle des aliénés entre eux, devait nécessairement éprouver de la sympathie.

Je voudrais placer ici quelques remarques sur Walt Whitman, qui est également une des idoles auxquelles les dégénérés et les hystériques des deux mondes dressent depuis quelque temps des autels. Lombroso le range expressément parmi les « génies fous [1] ». Fou, Walt Whitman l'était sans aucun doute. Mais un génie? Cela serait difficile à prouver. C'était un vagabond et un infâme débauché, et ses poésies renferment des explosions d'érotomanie comme on n'en voit guère un second exemple d'une égale impudeur naïve dans la littérature signée d'un nom d'auteur [2]. Il doit précisément sa réputation à ces pièces bestialement sensuelles qui ont commencé par attirer sur lui l'attention de tous les saligauds américains. Il est atteint de folie morale et incapable de distinguer entre le bien et le mal, la vertu et le vice. « Telle est la profonde doctrine de l'impressionnabilité », dit-il à un endroit : « ni préférence, ni exclusion. Le nègre à tête crépue, le bandit des grands chemins, le malade, l'ignorant, nul n'est renié ». Et, ailleurs, il déclare qu'il « aime d'un même amour l'assassin et voleur, l'homme pieux et bon ». Un radoteur américain, W. D. O'Connor, l'a appelé pour cette raison « the good

---

1. Lombroso, *Génie et Folie*, p. 322. « Walt Whitman, le poète des Anglo-Américains modernes, et très sûrement un génie fou, était typographe, professeur, soldat, menuisier, et pour quelque temps aussi bureaucrate, le plus étrange des métiers pour un poète ». Lombroso indique avec raison ce changement fréquent de carrière comme un des signes caractéristiques du trouble d'esprit. Un admirateur français de Whitman, Gabriel Sarrasin (*La renaissance de la poésie anglaise : 1798-1889*. Paris, 1889, p. 270, note), pallie dans les termes suivants cette preuve d'instabilité et de faiblesse de volonté organiques : « Cette facilité américaine à passer d'un métier à un autre choque nos vieux préjugés d'Europe et notre indécrottable vénération pour les carrières bien hiérarchiques, bien bureaucratiques, et bien routinières. Nous restons à cet égard comme à tant d'autres essentiellement étroits, et n'arrivons pas à comprendre que la variété des aptitudes donne à l'homme une valeur sociale bien plus grande ». C'est bien là le procédé du hâbleur esthétique, qui trouve pour chaque fait qu'il ne comprend pas des phrases bien tournées à l'aide desquelles il explique et justifie tout à sa propre satisfaction.

2. Walt Whitman, *Leaves of Grass*. A new edition, Glascow, 1884.

grey Poet » (le bon vieux poète). Mais nous savons que cette « bonté », qui est en réalité de l'obtusion morale et de la sensiblerie maladive, accompagne fréquemment la dégénérescence et apparaît même chez les plus cruels assassins, chez Ravachol, par exemple. Walt Whitman est atteint de la folie des grandeurs et dit de lui-même : « A partir de cette heure, je décrète que mon être est affranchi de toutes les barrières et limites; je vais où je veux, maître incontesté et absolu de moi-même. Je respire profondément dans l'espace. L'Est et l'Ouest sont à moi. A moi sont le Nord et le Sud. Je suis plus grand et meilleur que moi-même l'avais pensé. J'ignorais qu'il y eût en moi tant d'infinie bonté… Celui qui me renie ne me cause aucune peine. Celui ou celle qui me reconnaît sera béni et me bénira ». Il est atteint de folie mystique, et il s'écrie : « J'ai le sentiment de tout, je suis tout et crois à tout. Je crois que le matérialisme est vrai et que vrai aussi est le spiritualisme; je ne rejette rien ». Et dans un autre passage encore plus caractéristique : « Santa spirita! (*sic*). Souffle, vie, au delà de la lumière, plus léger que la lumière, au delà des flammes de l'enfer, joyeux, sautant légèrement par-dessus l'enfer, au delà du paradis, parfumé seulement par mon parfum, saisissant toute vie sur la terre, atteignant et comprenant Dieu, comprenant le Sauveur et Satan, pénétrant tout (car que serait tout, que serait Dieu sans moi?), essence des formes, vie des identités réelles, vie du grand globe rond du soleil et des étoiles et de l'homme, moi, l'âme universelle… ». Dans ses poésies patriotiques il flagorne cette corrompue démocratie d'argent américaine qui achète les suffrages, suborne les fonctionnaires et abuse du pouvoir, et il rampe devant la suffisance yankee la plus arrogante. Dans ses poésies guerrières, les célèbres *Drum Taps* (Roulements de tambour), ce qu'on remarque surtout, c'est l'amphigouri fanfaron et le pathos creux. Ses morceaux purement lyriques avec leurs « ô! » et leurs « ah! » extatiques, leurs phrases douceureuses de fleurs, prairies, printemps et soleil, rappellent les endroits les plus arides, les plus douceâtres et les plus mollasses de notre vieux Gessner, heureusement enterré et oublié. En tant qu'homme, Walt Whitman offre une ressemblance surprenante avec Paul Verlaine, dont il partageait tous les stigmates de dégénérescence, le genre de destinée, et, chose étonnante, même l'ankylose rhumatismale. En tant que poète, il a renoncé à la strophe arrêtée, comme trop difficile, à la mesure et à la rime, comme trop gênantes, il a donné carrière à sa fuite d'idées émotive en exclamations hystériques auxquelles la définition de « prose devenue folle » convient infiniment mieux qu'aux braves hexamètres réguliers de Klopstock. Le parallélisme des psaumes et le style éruptif de Jérémie semblent lui avoir, à son insu, servi de modèles. Nous avons eu, au siècle précédent, les *Paramythies* de Herder et l'insupportable « prose poétique » de Gessner déjà mentionné. Notre goût sain n'a pas tardé à nous faire reconnaître tout ce qu'il y a de peu artistique et de rétrograde dans ce style informe, et depuis un siècle cette aberration du goût n'a plus trouvé chez nous un seul imitateur. Les admirateurs hystériques de Walt Whitman louent au contraire chez lui, comme « de l'avenir », ce retour à une mode surannée, et voient une invention du génie dans ce qui n'est que l'incapacité d'un travail méthodique. Néanmoins, il est intéressant de signaler que deux personnalités aussi dissemblables que Richard Wagner et Walt Whitman sont arrivées sur des terrains différents, sous la contrainte des mêmes motifs, au même but : celui-là à la « mélodie infinie », qui n'est plus une mélodie; celui-ci à des vers qui ne sont plus des vers, tous deux par suite de leur impuissance à soumettre leur pensée capricieusement vacillante au joug de ces règles qui régissent la mélodie « finie » comme le vers lyrique pourvu de mesure et de rime.

Ainsi donc, Mæterlinck a imité servilement dans ses poésies le fou Walt Whitman, en exagérant encore ses absurdités. Outre les poésies signalées, il a encore écrit des choses qu'il faut bien appeler des drames, puisqu'elles sont coulées dans la forme du dialogue. Le plus connu de ces drames est *La princesse Maleine* [1].

Les *dramatis personæ*, comme l'auteur, fidèle en cela à l'usage romantico-mystique des préraphaélites et des symbolistes, intitule la liste de ses personnages, sont les suivantes : Hjalmar, roi d'une partie de la Hollande; Marcellus, roi d'une autre partie de la Hollande; le prince Hjalmar, fils du roi Hjalmar; le petit Allan, fils de la reine Anne; Angus, ami du prince Hjalmar; Stéphano et Vanox, officiers de Marcellus; Anne, reine du Jutland; Godelive, femme du roi Marcellus; la princesse Maleine, fille de Marcellus et de Godelive; la princesse Uglyane, fille de la reine Anne. A cela s'ajoutent toutes les poupées

---

[1]. Maurice Mæterlinck, *La princesse Maleine*. 10ᵉ (!) édition, Bruxelles, 1890.

articulées et les pantins bien connus empruntés aux recoins les plus poussiéreux du vieux débarras romantique : un fou, trois pauvres, deux vieux paysans, des seigneurs, des pèlerins, un cul-de-jatte, des mendiants, des vagabonds, une vieille femme, sept béguines (le nombre mystique !), etc.

Il faut remarquer les noms que Mæterlinck donne à ses figures. En sa qualité de Flamand, il sait très bien que Hjalmar n'est pas un nom hollandais, mais scandinave, et que Angus est un nom écossais. Mais il commet cette confusion à dessein, pour effacer de nouveau les contours précis dont il semble délimiter ses personnages en les qualifiant de « rois de Hollande », pour les détacher de nouveau du sol ferme sur lequel il fait semblant de les placer, pour supprimer les coordonnées qui leur assignent une place dans l'espace et le temps. Ils doivent porter des vêtements, avoir des noms et occuper un rang humain, et n'être cependant en même temps que des ombres et des nuages.

Le roi Hjalmar arrive avec le prince Hjalmar au château du roi Marcellus, afin de demander pour le prince la main de la princesse Maleine. Les deux jeunes gens se voient pour la première fois et seulement quelques moments, mais tombent aussitôt amoureux l'un de l'autre. Au banquet en l'honneur du roi éclate une querelle au sujet de laquelle on ne nous renseigne pas ; le roi Hjalmar, gravement offensé, jure vengeance et quitte en courroux le château. Dans l'entr'acte, Hjalmar porte la guerre chez Marcellus, le tue, lui et sa femme Godelive, et rase son château et sa ville. La princesse Maleine et sa nourrice ont été à cette occasion — comment, pourquoi et par qui? on ne nous le dit pas — emmurées en une chambre voûtée dans une tour; mais la nourrice parvient, après trois jours de travail, à desceller avec ses ongles une pierre de la muraille, et les deux femmes gagnent le large.

Comme Maleine aime Hjalmar et ne peut l'oublier, elles se mettent en route vers le château de son père. Les choses y vont mal. Là demeure la reine Anne du Jutland, qui, chassée par ses sujets, a trouvé auprès du roi Hjalmar, avec sa fille adulte Uglyane et son jeune fils Allan (ici aussi le Danois a reçu systématiquement un nom écossais), un accueil hospitalier. La reine Anne a tourné la tête au vieillard. Elle est devenue sa maîtresse, le domine complètement et le détraque de corps et d'âme. Il veut que son fils épouse sa fille à elle. Hjalmar est désespéré des défaillances de son père. Il exècre sa belle-mère de la main gauche et frémit à la pensée d'un mariage avec Uglyane. Il croit que Maleine a été, pendant la guerre, tuée avec ses parents, mais il ne peut néanmoins l'oublier.

Maleine, pendant ce temps, a traversé avec sa nourrice une sorte de forêt enchantée et de village incompréhensible où elle a une série de rencontres et de conversations étranges avec des mendiants, des vagabonds, des paysans, des vieilles femmes, et elle arrive au château de Hjalmar où personne ne la connaît, mais où elle n'en devient pas moins aussitôt demoiselle d'honneur de la princesse Uglyane.

Un soir, cependant, le prince Hjalmar se décide à se

rapprocher d'Uglyane, et il lui donne à cette fin un rendez-vous nocturne dans le parc du château, non un rendez-vous secret, mais en quelque sorte officiel, un rendez-vous de fiançailles consenti par son père à lui, par sa mère à elle. Maleine y met obstacle, en disant à Uglyane qui s'habille et se pare somptueusement, que le prince Hjalmar est allé dans la forêt et ne viendra pas. Ensuite elle se rend elle-même dans le parc et se fait reconnaître de Hjalmar, qui arrive ponctuellement. Il la mène tout ravi à son père, qui la salue comme sa bru future, et il n'est plus question des fiançailles de Hjalmar avec Uglyane. La reine Anne résout de se débarrasser de la gêneuse. Elle affecte à son égard de l'amitié et lui assigne une belle chambre dans le château; puis, dans la nuit, elle contraint le roi, qui résiste longtemps, à pénétrer avec elle dans la chambre de Maleine, au cou de laquelle elle passe un lacet et qu'elle étrangle. Cet acte est accompagné de signes et de prodiges. Une fenêtre s'ouvre violemment sous un coup de vent, une comète apparaît, une aile du château s'écroule, une forêt prend feu, un cygne tombe mort, blessé par une main invisible, etc.

Le lendemain matin, on découvre le cadavre de la princesse Maleine. Le roi Hjalmar, que la nuit du meurtre a privé du dernier reste de sa raison, trahit le secret du crime. Alors le prince Hjalmar poignarde la reine Anne et s'enfonce ensuite à lui-même la lame dans le cœur. Après quoi, la pièce se termine ainsi :

LA NOURRICE. — Venez, mon pauvre seigneur.
LE ROI. — Mon Dieu! mon Dieu! elle attend à présent sur les quais de l'enfer!

LA NOURRICE. — Venez! venez!

LE ROI. — Y a-t-il quelqu'un ici qui ait peur de la malédiction des morts?

ANGUS. — Oui, sire, moi....

LE ROI. — Eh bien, fermez les yeux alors et allons-nous-en!

LA NOURRICE. — Oui, oui, venez, venez!

LE ROI. — Je viens, je viens! Oh! oh! comme je vais être seul maintenant! — Et me voilà dans le malheur jusqu'aux oreilles! A soixante-dix-sept ans! Où donc êtes-vous?

LA NOURRICE. — Ici, ici.

LE ROI. — Vous ne m'en voudrez pas? — Nous allons déjeuner; y aura-t-il de la salade? — Je voudrais un peu de salade....

LA NOURRICE. — Oui, oui, il y en aura.

LE ROI. — Je ne sais pas pourquoi, je suis un peu triste aujourd'hui. — Mon Dieu, mon Dieu! que les morts ont donc l'air malheureux!... (*Il sort avec la nourrice*).

ANGUS. — Encore une nuit pareille, et nous serons tout blancs! (*Ils sortent tous, à l'exception des sept béguines, qui entonnent le* MISERERE *en transportant les cadavres sur le lit. Les cloches se taisent. On entend les rossignols au dehors. Un coq saute sur l'appui de la fenêtre et chante*).

Lorsque l'on commence à lire cette pièce, on s'arrête et on se demande : Pourquoi tout cela me semble-t-il si connu? Qu'est-ce que cela me rappelle donc? — Au bout de quelques pages, la clarté se fait soudain : tout cela est une espèce de centon de Shakespeare! Chaque figure, chaque scène, chaque expression quelque peu essentielle! Le roi Hjalmar est composé du roi Lear et de Macbeth; du roi Lear par sa folie et par la façon dont elle se manifeste, de Macbeth par sa participation au meurtre de la princesse Maleine; la reine Anne est un ravaudage de lady Macbeth et de la reine Gertrude; le prince Hjalmar est incontestablement Hamlet, avec ses discours obscurs, ses profondes allusions, et sa lutte intérieure entre ses devoirs de fils et la moralité; la nourrice est celle de Juliette, Angus est Horatio, Vanox et Stéphano sont Rosenkranz et Guldenstern, avec des alliages de Marcellus et de Bernardo (dans *Hamlet*), et toutes les figures accessoires : le fou, le médecin, les courtisans, etc., portent la physionomie des figures shakespeariennes.

La pièce commence de la façon suivante : « Les jardins du château. (*Entrent Stéphano et Vanox*). — Vanox. Quelle heure est-il ? — Stéphano. D'après la lune, il doit être minuit. — Vanox. Je crois qu'il va pleuvoir ». Que l'on rapproche de cela la première scène d'*Hamlet* : « Une plate-forme devant le château. (*Francisco est en faction, Bernardo vient à lui*)... Francisco. Vous venez très exactement à votre heure. — Bernardo. Minuit vient de sonner... — Francisco. Le froid est aigre, et je suis transi jusqu'au cœur ». On pourrait ramener ainsi tout, scène par scène, mot par mot, si la chose en valait la peine, à quelque endroit de Shakespeare ayant servi de modèle. On trouve successivement dans *La princesse Maleine* la description de la terrible nuit d'orage de *Jules César* (acte I$^{er}$, scène III), l'épisode du *Roi Lear* dans le château d'Albany (acte I$^{er}$, scène VI : « Lear. Je ne veux pas attendre un moment de plus le déjeuner. Va, et apporte-le-moi... »), la scène nocturne de *Macbeth* où lady Macbeth presse son époux de commettre l'assassinat, le triple « ô ! ô ! ô ! » d'*Othello*, poussé ici par la reine Anne, les conversations d'Hamlet avec Horatio, etc. La mort de la princesse Maleine a été inspirée à la fois par le souvenir de Desdémone et par celui de la princesse Cordélia, qu'on a pendue. Tout cela est, il est vrai, entremêlé de la manière la plus folle et souvent défiguré jusqu'à être méconnaissable, ou bien pris à contre-pied; mais, avec quelque attention, on s'y retrouve pourtant.

Que l'on s'imagine un enfant à l'âge où il est juste en état de suivre la conversation de grandes personnes, devant lequel on aurait joué ou lu *Hamlet*, *Le Roi Lear*, *Macbeth*, *Roméo et Juliette*, *Richard II*, et qui, retourné dans la chambre de ses petits frères et sœurs, leur raconterait à sa façon ce qu'il a entendu. On aura alors une idée juste de *La princesse Maleine*. Mæterlinck s'est gavé l'estomac de Shakespeare et rend les morceaux non digérés, mais transformés d'une manière répugnante et avec un commencement de décomposition putride. Cette image n'est pas ragoûtante, mais elle peut seule donner une idée claire du processus intellectuel qui se produit lorsque des dégénérés font ce qu'ils appellent « créer ». Ils lisent avidement, reçoivent, par suite de leur émotivité, une très forte impression; celle-ci les poursuit avec la puissance d'une obsession, et ils ne sont pas tranquilles tant qu'ils n'ont pas rendu, en le parodiant d'ailleurs tristement, ce qu'ils ont lu. Leurs œuvres ressemblent ainsi à ces monnaies des Barbares qui imitent les modèles romains et grecs, mais qui révèlent pourtant que leurs confectionneurs ne pouvaient lire et ne comprenaient pas les lettres et les symboles maladroitement copiés par eux.

*La princesse Maleine* de Mæterlinck est une anthologie shakespearienne à l'usage d'enfants ou d'habitants de la Terre de Feu. Les figures du grand Anglais sont devenues des rôles pour les artistes du théâtre de singes. Elles rappellent encore à peu près les attitudes et les mouvements des personnes qu'elles imitent, mais elles n'ont pas de cervelle humaine dans la tête et ne peuvent pas dire deux mots cohérents et sensés. Voici quelques exemples de la conversation des personnages de Mæterlinck.

Le roi Marcellus cherche (acte I*er*, scène II) à dissuader la princesse Maleine de son amour envers Hjalmar. Il lui parle ainsi :

MARCELLUS. — Eh bien, Maleine?
MALEINE. — Sire?
MARCELLUS. — Tu ne comprends pas?
MALEINE. — Quoi, Sire?
MARCELLUS. — Tu me promets d'oublier Hjalmar?
MALEINE. — Sire....
MARCELLUS. — Tu dis? — Tu aimes encore Hjalmar?
MALEINE. — Oui, Sire!
MARCELLUS. — « *Oui, Sire!* ». Ah! démons des tempêtes! Elle avoue cela cyniquement, et elle ose me crier cela sans pudeur! Elle a vu Hjalmar une seule fois, pendant une seule après-midi, et la voilà plus chaude que l'enfer!
GODELIVE. — Seigneur!...
MARCELLUS. — Taisez-vous! « *Oui, Sire!* ». Et elle n'a pas quinze ans! Ah! c'est à les tuer sur place!
GODELIVE. — Seigneur!
LA NOURRICE. — Est-ce qu'elle ne peut pas aimer comme une autre? Allez-vous la mettre sous verre? Est-ce une raison pour crier ainsi à tue-tête après une enfant? Elle n'a rien fait de mal!
MARCELLUS. — Ah! elle n'a rien fait de mal! — Et d'abord, taisez-vous; je ne vous parle pas, et c'est probablement à vos instigations d'entremetteuse...
GODELIVE. — Seigneur!
LA NOURRICE. — Entremetteuse! moi, une entremetteuse!
MARCELLUS. — Me laisserez-vous parler enfin! Allez-vous-en! Allez-vous-en toutes deux! Oh! je sais bien que vous vous

entendez, et que l'ère des intrigues est ouverte à présent; mais attendez!.... Maleine, il faut être raisonnable. Me promets-tu d'être raisonnable?

MALEINE. — Oui, Sire.

MARCELLUS. — Ah! tu vois! alors tu ne songeras plus à ce mariage?

MALEINE. — Oui.

MARCELLUS. — Oui? — c'est-à-dire que tu vas oublier Hjalmar?

MALEINE. — Non.

MARCELLUS. — Tu ne renonces pas encore à Hjalmar?

MALEINE. — Non.

MARCELLUS. — Et si je vous y oblige, moi! et si je vous enferme? et si je vous sépare à jamais de votre Hjalmar à face de petite fille! — vous dites? — (*Elle pleure*). Ah! c'est ainsi! — Allez-vous-en; et nous verrons! Allez-vous-en!

Voici maintenant la scène du second acte, où Maleine et Hjalmar se rencontrent dans le parc sombre du château.

HJALMAR. — Venez....

MALEINE. — Pas encore.

HJALMAR. — Uglyane! Uglyane! (*Il l'embrasse; ici le jet d'eau, agité par le vent, se penche et vient retomber sur eux*).

MALEINE. — Oh! qu'est-ce que vous avez fait?

HJALMAR. — C'est le jet d'eau!

MALEINE. — Oh! oh!

HJALMAR. — C'est le vent!

MALEINE. — J'ai peur!

HJALMAR. — Ne songez plus à cela; allons plus loin. Ne songeons plus à cela. Ah! ah! ah! je suis tout mouillé!

MALEINE. — Il y a quelqu'un qui pleure ici.

HJALMAR. — Quelqu'un qui pleure ici?

MALEINE. — J'ai peur.

HJALMAR. — Mais n'entendez-vous pas que c'est le vent?

MALEINE. — Mais qu'est-ce que tous ces yeux sur les arbres.

HJALMAR. — Où donc? Oh! ce sont les hiboux qui sont

LES PARODIES DU MYSTICISME 423

revenus! Je vais les chasser. (*Il leur jette de la terre*). Allez-vous-en! allez-vous-en!

MALEINE. — Il y en a un qui ne veut pas s'en aller!
HJALMAR. — Où est-il?
MALEINE. — Sur le saule pleureur.
HJALMAR. — Allez-vous-en!
MALEINE. — Il ne s'en va pas!
HJALMAR. — Allez-vous-en! allez-vous-en! (*Il lui jette de la terre*).
MALEINE. — Oh! vous avez jeté de la terre sur moi!
HJALMAR. — J'ai jeté de la terre sur vous?
MALEINE. — Oui, elle est retombée sur moi!
HJALMAR. — Oh, ma pauvre Uglyane!
MALEINE. — J'ai peur!
HJALMAR. — Vous avez peur auprès de moi?
MALEINE. — Il y a là des flammes entre les arbres.
HJALMAR. — Ce n'est rien; — ce sont des éclairs, il a fait très chaud aujourd'hui.
MALEINE. — J'ai peur! Oh, qu'est-ce qui remue la terre autour de nous?
HJALMAR. — Ce n'est rien; c'est une taupe, une pauvre petite taupe qui travaille.

(La taupe d'*Hamlet!* Saluons cette connaissance!)

MALEINE. — J'ai peur!...

Et après quelques autres phrases du même style :

HJALMAR. — A quoi songez-vous?
MALEINE. — Je suis triste!
HJALMAR. — Vous êtes triste? A quoi songez-vous, Uglyane?
MALEINE. — Je songe à la princesse Maleine.
HJALMAR. — Vous dites?
MALEINE. — Je songe à la princesse Maleine.
HJALMAR. — Vous connaissez la princesse Maleine?
MALEINE. — Je suis la princesse Maleine.
HJALMAR. — Quoi?

MALEINE. — Je suis la princesse Maleine.
HJALMAR. — Vous n'êtes pas Uglyane?
MALEINE. — Je suis la princesse Maleine.
HJALMAR. — Vous êtes la princesse Maleine! Vous êtes la princesse Maleine! Mais elle est morte!
MALEINE. — Je suis la princesse Maleine.

A-t-on jamais vu, dans n'importe quelle œuvre poétique des deux mondes, des idiots plus accomplis? Ces « ah! » et ces « ô! », cette façon de ne rien comprendre aux remarques les plus simples, cette répétition quadruple ou quintuple des mêmes expressions stupides, donnent un tableau clinique des plus fidèles d'un incurable crétinisme. Ce sont précisément ces endroits que louent le plus les admirateurs de Mæterlinck. Suivant eux, tout cela est fait dans un but profondément artistique. Un lecteur sain n'en croira rien. Les personnages stupides de Mæterlinck ne disent rien, parce qu'ils n'ont rien à dire. Leur créateur n'a pu leur mettre une seule idée dans leurs crânes vides, parce que lui-même n'en a pas une seule. Ce ne sont pas des êtres humains pensant et parlant qui s'agitent dans sa pièce, mais des têtards ou des limaces considérablement plus bêtes que les puces savantes que l'on montre dans les foires.

Tout, d'ailleurs, n'est pas rêvasserie pseudo-shakespearienne dans *La princesse Maleine*. Les « sept béguines », par exemple, appartiennent à Mæterlinck. C'est une invention étonnante. Tout le temps on les voit évoluer en un monôme fou à travers la pièce, serpenter en psalmodiant à travers toutes les chambres et tous les corridors du château, dans la cour, le parc, la forêt, tournant à l'improviste le coin au milieu des scènes, entrant au galop sur la scène, sortant de l'autre côté, sans que l'on comprenne jamais d'où elles viennent, où elles vont, pourquoi elles marchent à travers le théâtre. Elles sont une obsession vivante qui se mêle irrépressiblement à tous les incidents de la pièce. Nous retrouvons du reste ici tous les tics intellectuels que nous avons remarqués dans *Serres chaudes*. La princesse Maleine elle-même est l'incarnation des princesses affamées, malades, errantes par les prairies, qui apparaissent dans ses poésies et ont incontestablement pour mère *La Fille du Roi*, de la ballade de Swinburne. Les canaux aussi jouent leur rôle (P. 27 : « Et son regard !... on était tout à coup comme dans un grand canal d'eau fraîche »; (P. 110 : « Nous avons été voir les moulins à vent le long du canal »), et de malades et de maladie, il en est question presque à chaque page (P. 110 : « ANNE. — J'ai été malade moi aussi. LE ROI. — Tout le monde est malade en arrivant ici. HJALMAR. — Il y a beaucoup de malades au village ».)

Outre *La princesse Maleine*, Mæterlinck a écrit quelques autres pièces. L'une, *L'Intruse*, traite cette idée, que la mort pénètre vers minuit dans une maison où se trouve une femme gravement malade, qu'elle traverse le jardin d'un pas que l'on entend, coupe d'abord avec sa faux quelques brins du gazon devant l'habitation, comme pour s'exercer, puis frappe à la porte, enfonce celle-ci, qu'on ne veut pas lui ouvrir, et enlève sa victime. Dans une seconde, *Les Aveugles*, on nous montre un certain nombre de pensionnaires d'un asile d'aveugles menés dans une forêt par un vieux prêtre. Celui-ci meurt subitement, sans proférer un son. Les aveugles, d'abord, ne s'aperçoivent de rien. Enfin ils s'inquiètent, tâtent autour d'eux, trouvent le cadavre déjà froid, établissent, par des questions réciproques, que le défunt était leur guide, et attendent alors, dans le plus terrible désespoir, la mort par la faim et le froid. Car cette belle histoire se déroule au milieu d'une île sauvage située haut dans le Nord ; entre la forêt et l'asile il y a une rivière impossible à traverser sans l'aide d'un pont que les aveugles ne peuvent trouver en l'absence d'un guide qui voit. Que dans l'asile, où il y a aussi — on le mentionne expressément — des sœurs de charité, on ne remarque pas le long attardement de tous les aveugles et qu'on n'envoie personne à leur recherche, c'est ce que ni Mæterlinck ni aucun de ses aveugles inconsolables n'admet comme possible. Le lecteur n'attend pas, je suppose, que je perde mon temps à démontrer l'absurdité du point de départ de ces deux pièces, ou que, après ces échantillons, je raconte et dissèque aussi deux autres pièces de l'auteur, *Les sept Princesses* (sept ! naturellement !) et *Pelléas et Mélisande*!

*L'Intruse* a été traduite en beaucoup de langues et représentée dans plusieurs villes. A Vienne, on a ri de cette bêtise. A Paris et à Londres, on a secoué la tête. A Copenhague, un public d'appréciateurs de la poésie de l' « avenir » a été ému, charmé, enthousiasmé. C'est là un accueil aussi caractéristique pour l'hystérie de l'époque que la pièce elle-même.

Excessivement curieuse et instructive aussi est l'histoire de la célébrité de Mæterlinck. Ce triste infirme intellectuel végétait depuis des années dans son coin à Gand, sans que même les symbolistes belges, qui dament encore le pion aux symbolistes français, lui prêtassent la plus légère attention; quant au grand public, personne ne soupçonnait son existence. Voilà qu'un beau jour, en 1890, ses écrits tombèrent par hasard sous la main de l'excellent romancier français Octave Mirbeau. Il les lut, et soit qu'il voulût se moquer, en grand style, de ses contemporains, soit qu'il obéît à quelque impulsion maladive, il publia dans *Le Figaro* un article d'une exubérance inouïe, où il présentait Mæterlinck comme le poète le plus radieux, le plus sublime, le plus émouvant que les trois derniers siècles eussent produit, et lui assignait une place à côté et même au-dessus de Shakespeare. Et alors le monde fut témoin d'un des exemples de suggestion les plus extraordinaires et les plus probants. Les cent mille lecteurs riches et cultivés auxquels s'adresse *Le Figaro* adoptèrent immédiatement la manière de voir que leur avait impérieusement imposée Mirbeau. Ils virent tout de suite Mæterlinck avec l'œil de Mirbeau. Ils trouvèrent en lui toutes les beautés que Mirbeau affirmait y trouver. Ce fut la répétition trait pour trait du conte d'Andersen relatif aux habits invisibles du roi. Ils n'existaient pas, mais toute la cour les voyait. Les uns s'imaginaient réellement voir ces superbes habits absents, les autres ne les voyaient pas, mais se frottaient les yeux jusqu'à ce qu'ils en vinssent du moins à douter s'ils les voyaient ou non; d'autres enfin ne parvenaient pas à s'en faire accroire à eux-mêmes, mais n'osaient pas contredire les autres. C'est ainsi que, par la grâce de Mirbeau, Mæterlinck devint en un tour de main un grand poète, un poète de l' « avenir ». Mirbeau avait donné aussi des citations qui pouvaient complètement suffire à un lecteur non hystérique, non irrésistiblement livré à la suggestion, pour voir en Mæterlinck ce qu'il est réellement : un pasticheur débile d'esprit ; mais précisément ces citations arrachèrent au public du *Figaro* des cris d'admiration, car Mirbeau les avait indiquées comme des beautés de premier ordre, et l'on sait qu'une affirmation impérieuse suffit à faire manger à des hypnotisés des pommes de terre crues comme autant d'oranges, ou à les convaincre qu'ils sont des chiens ou d'autres quadrupèdes.

Il se trouva bientôt en tous lieux des apôtres pour annoncer, expliquer, célébrer le nouveau maître. Parmi les « gigolos » de la critique, qui mettent leur orgueil à adopter les premiers, voire même à pressentir, — qu'il s'agisse de la couleur et de la forme des cravates ou des manifestations littéraires, — les toutes dernières modes, la mode de demain, parmi ces « gigolos » critiques se livra une véritable lutte d'émulation à qui surpasserait l'autre dans la déification de Mæterlinck, avec ce résultat que, depuis la suggestion de Mirbeau, il y a eu dix éditions de sa *Princesse Maleine* et que ses *Aveugles* et son *Intruse* ont été représentés en différents endroits.

Nous connaissons maintenant les différentes formes sous lesquelles le mysticisme de la dégénérescence se manifeste dans la littérature contemporaine. La magie d'un Guaita et d'un Papus, l'androgynie d'un Péladan, l'anxiomanie d'un Rollinat, le radotage idiot d'un Mæterlinck, peuvent être regardés comme ses aberrations culminantes. Je ne puis du moins imaginer qu'il serait possible au mysticisme de dépasser, même de l'épaisseur d'un cheveu, ces points extrêmes, sans que les hystériques, les badauds et les snobs de modernité encore un peu capables de discernement reconnussent eux-mêmes dans ce mysticisme un profond et complet enténébrement intellectuel.

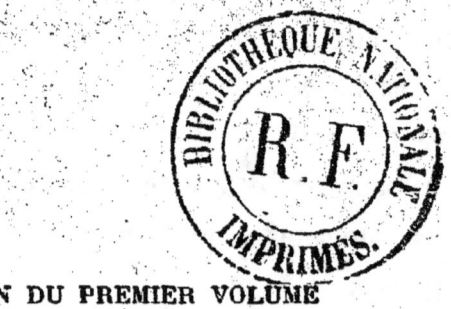

FIN DU PREMIER VOLUME

# TABLE DES MATIÈRES
## DU TOME PREMIER

## LIVRE PREMIER
### FIN DE SIÈCLE

|  | Pages. |
|---|---|
| I. — Crépuscule des Peuples | 3 |
| II. — Symptômes | 15 |
| III. — Diagnostic | 30 |
| IV. — Etiologie | 62 |

## LIVRE DEUXIÈME
### LE MYSTICISME

| | |
|---|---|
| I. — Psychologie du Mysticisme | 83 |
| II. — Les Préraphaélites | 121 |
| III. — Les Symbolistes | 178 |
| IV. — Le Tolstoïsme | 256 |
| V. — Le Culte de Richard Wagner | 304 |
| VI. — Les Parodies du Mysticisme | 384 |

Coulommiers. — Imp. Paul BRODARD.

www.ingramcontent.com/pod-product-compliance
Lightning Source LLC
Chambersburg PA
CBHW071111230426
43666CB00009B/1915